U0558356

◆ 主　编/冷必元

◆ 副主编/谢米隆

◆ 编　委/唐淑艳　刘桂新　冯骁聪

THE

RESEARCH ON TECHNICAL RULE OF LAW VOL. 1

技术法治研究

2024年 第1卷

台海出版社

图书在版编目（CIP）数据

技术法治研究 . 2024 年 . 第 1 卷 / 冷必元主编 .
北京：台海出版社 , 2024. 7. -- ISBN 978-7-5168
-3920-1

Ⅰ . D912.17
中国国家版本馆 CIP 数据核字第 2024Q16A53 号

技术法治研究 . 2024 年 . 第 1 卷

主　　编：冷必元

责任编辑：戴　晨

出版发行：台海出版社
地　　址：北京市东城区景山东街 20 号　　　　　　邮政编码：100009
电　　话：010-64041652（发行，邮购）
传　　真：010-84045799（总编室）
网　　址：www.taimeng.org.cn/thcbs/default.htm
E - m a i l：thcbs@126.com

经　　销：全国各地新华书店
印　　刷：三河市龙大印装有限公司
本书如有破损、缺页、装订错误，请与本社联系调换

开　　本：710 毫米 × 1000 毫米　　　　1/16
字　　数：362 千字　　　　　　　　印　　张：19.75
版　　次：2024 年 7 月第 1 版　　　　印　　次：2024 年 7 月第 1 次印刷
书　　号：ISBN 978-7-5168-3920-1

定　　价：99.00 元

本卷要目

数字法学新进展

新兴技术法律治理

知识产权新界域

前 言

随着科技的飞速发展，技术对社会生活的影响日益深刻，它不仅改变了我们的生产方式、生活方式，也对法律体系和法治实践提出了新的挑战。人工智能、生物技术等颠覆性技术不断涌现，数字化转型广度深度持续拓展。与此同时，科学研究范式也在发生深刻变革，学科交叉融合不断发展，科学技术和经济社会发展加速渗透融合。面对新一轮科技革命和产业变革的突飞猛进，我国将科技创新摆在国家发展全局的核心位置。实现高水平科技自立自强，进入创新型国家前列，被纳入2035国家发展的总体目标。为保障科技创新发展，应对科技革命和产业变革带来的新变化，在法治轨道上全面建设社会主义现代化国家，我们应加强科技创新法治建设。为此，湖南工业大学法学院结合国家战略与学校特色，提出了"走一条法学与工业科学交叉融合的差异化特色道路"，注重技术法治人才培养与理论研究。在这个背景下，《技术法治研究》辑刊应运而生，旨在深入探讨技术与法治之间的互动关系，为法治社会的建设提供新的视角和思考。辑刊将围绕技术法治的核心议题展开，包括但不限于人工智能与法律的交融、大数据时代的隐私保护、网络安全与法治建设、生物科技的法律伦理等。我们希望通过这些议题的探讨，揭示技术在法治领域中的新趋势、新问题和新挑战，同时探索适应技术发展需求的法治创新路径。

《技术法治研究》第1卷共收录论文20篇，分为三个主题，其中数字法学新进展主题论文8篇，新兴技术法律治理主题论文7篇，知识产权新界域主题论文5篇。

数字法学新进展主题聚焦大数据时代背景下，信息网络及人工智能等科学技术在不同社会领域运用所产生的法律问题。《帮助信息网络犯罪活动罪中"明知"的认定规则》一文从主观方面对帮助信息网络犯罪活动罪中"明知"的要素进行了界定，并提出发挥综合认定规则对推定规则的限制与规范作用。《智慧养老视域下的告知同意规则：缘起、认定与适用》一文从规则认定与规则适用角度切入，分析智慧养老服务过程中告知同意规则的适用路径，提出在规则认定上采用类型化区分，在规则适用上，从规范的体系协同适用关系出发，建立分层规则。《数字经济下智能税收征管的制度构建》一文对结合了人工智能技术的税收征管制度进行系统化建构，提出以税收法定为核心，并从管理服务、征收监控、税务稽查、税务执行四个方面进行制度设计。《公共安全视频图像信息系统地方立法问题研究》一文从城乡安全治理角度审视公共安全视频图像信息系统工作的规范化、法治化，并针对地方性立法中存在的实践问题，提出解决对策。《互联网时代司法公信力塑造的实践经验与优化路径》一文运用大量典型案例，对当前互联网时代疑难案件裁判进行策略分析，并形成可供参考的策略类型，以期缓解疑难案件的不当审理对司法公信力的影响。《论数字弱势群体基本权利的国家义务》一文聚焦数字时代下数字弱势群体基本权利难以得到保障的问题，并从国家义务角度出发，结合立法、司法、执法提出保护路径。《检察大数据赋能企业合规评估：法理逻辑、风险检视与优化路径》一文通过阐述检察大数据应用企业合规的法理逻辑论证必要性与可行性，并对实践中可能存在的风险进行全面检视，进而从模型适用条件、算法控制机制及行政参与机制等方面提出优化路径。《人工智能辅助医疗中的侵权责任认定》一文通过对人工智能医疗设备应用的实践场景进行类型化梳理，分析人工智能辅助医疗归责存在的困境，并针对性地提出完善路径。

新兴技术法律治理主题主要针对新兴技术发展带来的道德伦理、行为规范、社会秩序等方面的法律难题。《犯罪认定与技术标准的脱节与协调》一文从追求刑法、行政法、技术标准三者的协调统一的角度，在对不同规范层面关于危险物质有关规则的梳理基础上，提出了技术标准与刑法协调的定罪方案。《新论近现代技术进步与哲学和刑法学发展之辩证唯物关系》一文就科学技术发展与刑事法"理念"之间的关系进行了深入探讨。《自动化行政的解释难题及其纾解》一文针对自动化行政自带的技术壁垒导致的解释难题，在进行域外考察和借鉴的基础上，结合算法与人工智能发展的特点，提出相应的解释方案。《技术法治视野下的轻罪治理思考》一文从技术维度出发，对现有轻罪治理体系中存在的问题进行分析，从刑事一体化的角度，提出技术治理与轻罪治理的结合路径。《推进民生权利保障科技化的复合模式及其法治路径》一文基于类型化视角，对推进民生权利保障科技化的模式及内在逻辑进行分析，并从动态的法治角度提出保障路径。《科技伦理审查的法治化建构——以对合成生物技术的审查为例》一文通过对科技伦理审查现有规范梳理，结合司法实践，分析科技伦理审查存在的问题，从规范体系、审查机制、监督机制等方面提出完善建议。《论自动驾驶汽车危害行为的刑法认定》一文从认定要件及利益衡量角度，对自动驾驶汽车危害行为对现行刑事法律体系带来的挑战进行分析，并从归责路径、主体刑事责任认定及理念方面提出完善路径。

知识产权新界域主体聚焦科技发展在知识产权领域产生的法律问题。《知识产权全球治理中的中小企业融入全球价值链路径探索》一文从知识产权全球治理的角度，对我国中小企业融入全球价值链存在的困境进行了分析，并提出了可行的实现路径。《竞争法视角下反网络爬虫技术利用的违法性认定》一文基于竞争法视角，对反网络爬虫技术违法性的实践困境进行了分析，并对规则体系的完善进行了研究。《个人信息处理行为的风险类型及其治理模式研究》一文通过风险类型分析，在域外经验比较与借鉴的基础上，分析不同治理模式运行逻辑，基于数据生命周期特点，从立法、执法与经营结合等方面提出风险综合治理模式。《云计算服务提供者避风港规则的实证观察》一文运用实证分析，观察云计算服务提供者在规则适用中存在的困境，进而提出在比例原则的框架下，对避风港规则合理适用进行探索。《群体隐私理论视角下——基因隐私保护的现实困境与优化路径》一文基于群体隐私理论，对传统基因隐私保护体系进行检视，并结合群体隐私保护理论的内在原理，对基因隐私中的群体利益保护提出完善路径。

目 录
CONTENTS

01

主题一

数字法学新进展

帮助信息网络犯罪活动罪中"明知"的认定规则

刘　科① 　赵梦园②

（北京师范大学刑事法律科学研究院）

[**内容摘要**]帮助信息网络犯罪活动罪罪状中"明知"要素含义不明、罪过范畴不统一、表述形式不一致，在一定程度上影响了司法机关打击网络犯罪的可操作性，造成该罪适用率低的现状。为避免过度刑法化的隐患，有必要准确把握该罪的主观要素。该罪中的"明知"要素仅指"明确知道"，不包括"可能知道"和"应该知道"；"明知"内容中的"犯罪"指的是"符合犯罪构成意义上的犯罪"。推定规则的介入解决了该罪"明知"认定难的问题，但其设计不能完全满足当前刑事司法的现实诉求，司法解释中还存在表述形式不统一的问题。应发挥综合认定规则对推定规则的限制与规范作用，在符合推定情形时，依然要用综合认定规则加以检验。

[**关键词**]帮助信息网络犯罪活动罪；明知；推定规则；综合认定规则

互联网的普及和发展带来了高速、广泛的信息传播，但也给一些不法分子利用网络渠道实施各种犯罪活动提供了可乘之机。其中，电信诈骗、网络赌博等信息网络犯罪逐渐成为社会关注的焦点。这些犯罪活动通常需要相关人员进行协助，例如，提供技术支持、转账代办等方式，以达到其不法目的。《刑法修正案（九）》增设帮助信息网络犯罪活动罪，弥补了法律对这类帮助行为的规制空白。该罪名的引入，不仅使实际从事信息网络犯罪的主要犯罪分子受到追究，而且可以对涉及提供技术支持、转账代办等帮助行为的人员进行打击，使得整个犯罪链条得到有效遏制。随着2020年"断卡"专项活动的展开，该罪在规制电信诈骗、网络赌博和维护网络秩序方面发挥了巨大的作用。但是行为人主观心理状态难以直接观测，"明知"要素的认定一直是

---

① 刘科，北京师范大学刑事法律科学研究院教授、博士生导师，主要研究方向为刑法学。

② 赵梦园，北京师范大学法学院，硕士研究生，主要研究方向为刑法。

司法实践中的难点。就帮助信息网络犯罪活动罪来说，本罪罪状中"明知"的理解不可能脱离《中华人民共和国刑法》（以下简称《刑法》）总则、分则及其司法解释中的相关规定。

一、《刑法》总则、分则以及司法解释中"明知"内涵的规范检视

（一）《刑法》总则、分则关于"明知"的规定

我国现行《刑法》中共有41个条文共计46处使用了"明知"一词，其中总则只有第14条一个条文，该条文涉及的"明知"被作为认识要素，与"希望、放任"的意志要素共同构成犯罪故意的内容。刑法分则中有35个条文使用了"明知"这一表述，根据其内容可概括为四种类型：第一种是对特定人的"明知"，例如第三百一十条窝藏、包庇罪中对"犯罪人"的明知；第二种是对特定物的"明知"，例如，第一百七十一条出售、购买、运输假币罪中对"伪造的货币"的明知；第三种是对特定事实状态的"明知"，例如，第二百五十八条重婚罪中对"他人有配偶"的状态的明知；第四种是对特定行为的"明知"，例如，第二百八十七条之二帮助信息网络犯罪活动罪中对"他人利用信息网络实施犯罪"的明知。全面梳理总则与分则关于"明知"的规定，笔者发现存在如下问题：

第一，立法没有明确界定"明知"的含义。涉及的41个条文大多是对行为客体、状态的规定，并没有强调"明知"的具体内涵。第二，"明知"的罪过范畴不统一。45个条文涉及的都是故意犯罪，仅有一个条文是过失犯罪，即第138条"教育设施重大安全事故罪"规定"明知校舍或者教育教学设施有危险"。有学者认为，"明知"在《刑法》中被标注为犯罪故意的认识因素，将其置于过失犯罪的法律条文中，导致文理混乱，欠缺实质公正，违反了罪责刑相适应原则，应将《刑法》第一百三十八条中的"明知"修改为"已经预见"。[①] 也有学者认为，第一百三十八条中的"明知"并非故意犯罪的"明知"，仅仅指的是行为人已经预见到侵害结果发生的危险。[②]

---

① 王新.我国刑法中"明知"的含义和认定——基于刑事立法和司法解释的分析［J］.法制与社会发展，2013（1）：67.

② 张明楷.刑法学（第六版）［M］.北京：法律出版社，2021：731.

（二）司法解释关于"明知"的规定

司法解释作为"次级一般性规则"，让司法者能够具体化立法文本，从而建立起立法文本与具体案件的涵摄关系。[①]"明知"在《刑法》条文中语义模糊，对该要素的理解和认定向来是司法实践中的一大难题，不同的司法解释对此有不同的规定。

在"明知"的含义上，不同时间段的司法解释对此有不同的规定。2007 年之前相关司法解释通常将"明知"解释为"知道或者应当知道"，例如，最高人民法院、最高人民检察院于 1992 年 12 月 11 日公布的《关于办理盗窃案件具体应用法律的若干问题的解释》中，表述为"知道或者应当知道是不符合保障人体健康……"，此后的司法解释在很大程度上延续了这种表述方式。然而在 2009 年之后，相关司法解释开始抛弃"知道或者应当知道"的表述方式，同时不再适用与"明知"相关的概念用语。这样的调整是为了避免与"应当知道""可能知道"等类似概念产生混淆。[②]

在"明知"的认定上，现行有效的司法解释采用了不同的表述模式，包括"列举＋兜底"、结合主客观因素综合认定、可反驳的客观推定三种模式。首先，一种常见的表述模式是"列举＋兜底"，其将在司法实践中普遍出现的客观事实情况进行列举，作为可推定的基础事实，这种模式有助于在判断"明知"情况时消除司法机关可能产生的疑惑。同时通过兜底条款，在不穷尽各种具体情形的情况下，为处理司法实践中复杂多样的案情预留了一定的法律空间。其次，一种表述模式是"结合行为人具体情况等主客观因素综合认定"，这种表述形式给"明知"的认定提供了具体规则，以条文的形式明确了认定"明知"必备的要素，便于司法机关在具体案件中操作。最后，另有司法解释增加了"可反驳的客观推定"规则，避免了被告人被绝对化推定为有罪，有效限制了过度推定。正如王新教授所说，推定必须是可辩解的，否则就会违背合法性的最低标准。[③]通过对有关"明知"规定的梳理，总的来说存在以下几个方面问题：

第一，"明知"含义不明，就生活习惯用语来说，"明知"为"明确知道"；《刑法》条文大多是对行为的客体和状态的规定，并没有强调"明知"的具体内涵；司法惯例中"明知"与"应知"常常并列表述；理论界有学者认为"明知"包含"可能知道"

---

① 高巍.重构罪刑法定原则［J］.中国社会科学，2020（3）：142.

② 例如：《关于审理洗钱等刑事案件具体应用法律若干问题的解释》第 1 条"明知"的认定列举了六种典型情形，最后以"其他可以认定行为人明知的情形"兜底。

③ 王新.我国刑法中"明知"的含义和认定——基于刑事立法和司法解释的分析［J］.法制与社会发展，2013（1）：72.

不包含"应当知道"。① 第二，罪过范畴不统一，"明知"的表述在故意犯罪与过失犯罪中交叉使用。第三，司法解释对"明知"认定的表述形式不同，造成司法实践的适用混乱现状。

二、帮助信息网络活动罪中"明知"的应有之义

我国《刑法》中对"明知"的规定颇多且表述方法不一，因此在刑法学界引发了关于"明知"含义的持续争论，主要归纳为以下三种观点：

第一种观点认为，"明"应被理解为"显然如此或确实"，"知"有"认识"之意，"明知"就是"明确知道"。② "明知"的本意为"明确知道"，其文义上的缺憾，不应以违反刑法解释基本原理为代价。③ "明知"不能是抽象的、模糊的，帮助者对帮助行为和被帮助者的实行行为不存在一般性的认识，认识必然是具体的、有针对性的。④ 行为人对于其行为危害性质和违法后果的认识可以分为三个不同的程度，即"知道""可能知道""不知道"。"知道"表示行为者有100%的了解，"不知道"表示行为者有0%的概率了解，"可能知道"介于这两个数字之间，而"可能知道"也就意味着行为人"可能不知道"，并不能区分出谁占上风。第二种观点认为，"明知"包含"知道和应当知道"，该观点在我国的司法解释中已经得到了验证。有学者将"应当知道"的真实含义解释为"推定知道"，是故意范畴，属于"明知"。⑤ 第三种观点认为，"明知"包含"明确知道"和"可能知道"，根据犯罪故意认识因素和意志因素的排列组合，"明确知道"和"可能知道"能更好地包含"必然＋希望、可能＋希望、必然＋放任、可能＋放任"四种情况。⑥ 综合考量，笔者认为第一种观点较为妥当。理由如下：

第一，依据文义解释的方法，"明知"来源于成语"明知故犯"，指"明明知道"或"明确知道"。就帮助信息网络犯罪活动而言，"明知"包含两层含义，帮助者"明确知道"被帮助者利用信息网络实施犯罪，帮助者"明确知道"自己的行为将对犯

① 刘德法，魏璐瑶.论刑法中的明知［J］.周口师范学院学报，2019（1）：102.

② 蔡桂生.国际刑法中"明知"要素之研究——以《国际刑事法院罗马规约》第30条为例［J］.法治论丛（上海政法学院学报），2007（5）：67.

③ 刘科.帮助信息网络犯罪活动罪探析——以为网络知识产权犯罪活动提供帮助的犯罪行为为视角［J］.知识产权，2015（12）：48.

④ 涂龙科.网络内容管理义务与网络服务提供者的刑事责任［J］.法学评论，2016（3）：73.

⑤ 陈兴良."应当知道"的刑法界说［J］.法学，2005（7）：83.

⑥ 贾宇，舒洪水.洗钱罪若干争议问题研究［J］.中国刑事法杂志，2005（5）：47.

罪活动产生积极的促进作用。第二,"应当知道"属于过失因素,不属于"明知"这一故意因素的范畴,将之纳入有违罪刑法定原则。一方面,"应当知道"包含了"的确不知道","应当知道"是他人根据客观事实对行为人的主观认知所作出的评价与判定,并没有考虑行为人对客观事实是否知情。如果行为人事实上并不知道"他人利用信息网络实施犯罪",怎么能算"明知"呢?另一方面,本罪"明知"的内容是"他人利用信息网络犯罪",但并没有明确被帮助者实行行为的具体罪名,在法条并没有规定被帮助者实行行为的具体罪名的情况下,扩大"明知"的范围,有使本罪成为网络犯罪的"口袋罪"之嫌。第三,将"可能知道"纳入"明知"的范畴,容易造成刑罚的肆意。理论上分析,"可能知道"是"知道"与"不知道"的中间游离状态,介于 0% 与 100% 之间,并不能区分出其主要倾向,而"明知"明显更多倾向于"知道"。司法实践中"可能知道"很难量化,一旦使用这一表述,会扩大本罪的适用范围,容易导致司法实践中"明知"的认定缺少确定性。第四,将"明知"限定为"明确知道",可能会出现处罚范围过窄的问题,可以通过刑事推定制度来解决。运用经验法则和社会常识对"明知"进行推断,可以在一定程度上揭示行为人在特定情况下是否存在"明知"的认识。这种推断方法与司法认知的一般规律相契合,也与罪刑法定原则相适应,而且还能从根本上解决"明知"认定在司法实践中的难题,有助于确保《刑法》的有效实施,保障社会公平正义。

三、帮助信息网络犯罪活动罪中"明知"的内容梳理

(一)总则"明知"与分则"明知"的关系

"明知"因其在《刑法》总则与《刑法》分则所处位置不同,对于他们的关系,理论界有"同一性质说"和"并列关系说"两种对立的观点。前一种观点认为,即便在《刑法》分则中并无"明知"的有关条文,成立故意犯罪也要求行为人"明知"犯罪构成的客观方面要件,因而,分则中的"明知"规定是一种提示性规定,与总则中的"明知"具有相同的性质。后一种观点认为,总则的"明知"属于有责性要素,分则的"明知"属于主观违法要素,《刑法》分则规定的"明知"为《刑法》总则规定的"明知"的先决条件,并非其自身因素。[1]

笔者认同"并列关系说"。"同一性质说"的观点一方面强调《刑法》分则的"明知"仅仅是总则"明知"的提示性规定,另一方面又说两者有所不同,分则的"明

---

[1] 陈兴良.刑法分则规定之明知:以表现犯为解释进路[J].法学家,2013(3):91.

知"是一种特定的"明知"，具有其特殊功能，前后矛盾。《刑法》第十四条中的"明知"是故意的认识因素，其涵盖了对认识因素的主观认识，是事实层面和规范层面的认识，不仅仅是对特定人、物、事实状态、行为的认识，而且还有对结果、因果关系的认识。分则的"明知"只强调对事实层面的认识，因而与总则的"明知"并不一致。采用"并列关系说"可以对两者之间的关系作如下阐释：总则中的"明知"与分则中的"明知"是一般和特殊的关系。当分则中的"明知"可以确证时，才能进一步确定是否符合总则的"明知"；如果不符合分则"明知"的规定，即使符合总则规定，也会因为缺乏主观违法性要素得出不可罚的结论。

上述理论应用到涉及帮助信息网络犯罪活动罪的情景中，行为人只有在明知"他人利用信息网络实施犯罪"的情况下，才可能意识到自己的帮助行为和网络犯罪所致的危害结果之间存在因果关联，从而对自己的行为可能造成的法益损害有所认识。若行为人不知他人利用信息网络从事犯罪行为，即使提供技术支持，因为缺乏必备的主观要素，也不能以帮助信息网络犯罪活动罪对其刑事处罚。因此，司法机关在判断行为人是否"明知"时，首先需要判断行为人是否知道被帮助行为的危害性质和违法后果，如果查明行为人并不具备法条规定的特定认知要素，就没有深入进行下一步判断的必要。

（二）明知"他人利用信息网络实施犯罪"

如前所述，确证分则中的"明知"是关键，这是进一步确认是否符合总则中的"明知"的前提。对于帮助信息网络犯罪活动罪而言，明知"他人利用信息网络实施犯罪"是认识"明知"的第一步。对这一要素的理解，核心在于"犯罪"的界定问题，理论界主要有三种观点：一是"狭义说"，持该观点的学者主张，"犯罪"应当严格地解释为符合相应犯罪构成从而被认定为相应罪名的行为。按照这个观点，如果被帮助者的行为并不严格满足犯罪构成的要求，那么帮助行为将失去归责的基础。[①] 二是"例外说"，持该观点的学者认为，本罪的帮助对象通常以构成狭义犯罪为前提，三种例外情况下可不构成狭义犯罪：帮助对象人数众多；情节远高于"情节严重"的程度；由于客观情况，不能确定是否已经达到了犯罪程度，但是经查证确实是分则规

---

① 刘宪权.论信息网络技术滥用行为的刑事责任——《刑法修正案（九）》相关条款的理解与适用［J］.政法论坛，2015（6）：102.

定的行为（一般违法行为除外）。^①三是"广义说"，持该观点学者认为，本罪的被帮助行为应当包括违法行为在内。^②综合考量，以上三种观点都有其不合理之处。

第一，"狭义说"的界定范围过于受限。将帮助对象仅限定于"符合犯罪构成意义上的犯罪"，具体来说，这意味着根据传统四要件体系，需要具备犯罪客体、客观方面、主体、主观方面四个要件；按照大陆法系的三阶层体系，被帮助者的实行行为需要具备构成要件该当性、违法性和有责性三个要件。被帮助者不仅要有不法行为，而且要具备有责性，这虽然符合罪刑法定原则，但假若被帮助者没有达到刑事责任年龄、没有刑事责任能力、没有违法认识可能性、不具备期待可能性，或者被帮助人实施的违法行为情节不够严重，又或者被帮助者主观方面是过失，则帮助者不构成本罪。对于打击网络犯罪的帮助行为，应该确保法律界定的罪名能够涵盖各种可能的情况，以保护网络空间的安全和秩序。"狭义说"不仅与应对网络犯罪的需要不相符，还可能与司法解释存在冲突，导致本罪的适用范围过于狭窄，最终可能会使本罪的立法目的落空。

第二，"例外说"违背罪刑法定原则。要求本罪的帮助对象为符合犯罪构成意义上的犯罪，同时设置了三个例外可不构成"狭义"犯罪的情况。最高人民法院、最高人民检察院公布的《关于办理非法利用信息网络、帮助信息网络犯罪活动等刑事案件适用法律若干问题的解释》（以下简称《解释》）中，第十二条规定了六种"情节严重"的情形^③，其包括了"例外说"前两种例外情形，也就是说前两种例外情形已经获得了司法解释的认可。第三种情形其实是指将比一般不法更高，但比犯罪更低的刑事违法行为作为帮助对象，帮助行为也应受到处罚，虽然符合打击网络犯罪帮助行为的实际需要，但是与罪刑法定原则不符。

第三，"广义说"需要对"违法行为"进行一定的限缩。将违法与犯罪放在同一位置，一般的违法行为和犯罪行为都包含在本罪的帮助对象范围内，过于宽泛。持该观点的学者论述的理由源于《解释》第七条，该条规定非法利用信息网络罪中的"违法犯罪"范围较广，包括犯罪行为以及虽不构成犯罪但仍属于分则所列行为范畴的违

① 陈俊秀，岳美莲.帮助信息网络犯罪活动罪中"明知"之扩张趋势及其限缩［J］.大连海事大学学报（社会科学版），2023（1）：33.

② 孙运梁.帮助信息网络犯罪活动罪的核心问题研究［J］.政法论坛，2019（2）：85.

③ 1.经监管部门告知后仍然实施有关行为的；2.接到举报后不履行法定管理职责的；3.交易价格或者方式明显异常的；4.提供专门用于违法犯罪的程序、工具或者其他技术支持、帮助的；5.频繁采用隐蔽上网、加密通信、销毁数据等措施或者使用虚假身份，逃避监管或者规避调查的；6.为他人逃避监管或者规避调查提供技术支持、帮助的；7.其他足以认定行为人明知的情形。

法行为。但是该观点存在如下不合理之处：一方面，"违法行为"包括刑事违法、民事违法、行政违法三个方面，本罪帮助的对象应该限制在刑事违法层面，不应将民事和行政违法包含其中；另一方面，不能将帮助信息网络犯罪活动罪与非法利用信息网络罪等同起来，前者是帮助行为正犯化，后者则是预备行为实行化，二者规制的范围不同。况且《刑法》第二百八十七条之二的帮助对象是"犯罪"而不是"违法犯罪"，表明了立法机关将二者区分的态度。

笔者认为，帮助信息网络犯罪活动罪中的"犯罪"应当指符合犯罪行为意义上的犯罪，在三阶层体系中，只要满足了该当性、违法性即可，不需要考虑有责性；四要件体系中，符合客观方面行为要件即可。一方面，网络帮助行为本身存在独立的社会危害性，并不仅仅依赖于上游犯罪行为。当前网络犯罪帮助行为的特征就是，成本低、门槛低，帮助者无需具备专业计算机知识，甚至仅仅提供银行卡就能为他人犯罪提供便利，因而在网络犯罪整个利益链条中占比最高。从这一趋势来讲，网络犯罪帮助行为本身已经具有一定程度的社会危害性，上游犯罪仅仅是本罪构成要件的一个要素，并不起决定性作用，因而在判断"明知"要素时，无需要求认识到被帮助对象符合完整的犯罪构成，仅需认识到是犯罪行为即可。另一方面，"犯罪行为意义上的犯罪说"与司法解释立场一致，并未超出国民预测可能性。根据《解释》第十二条、第十三条规定，被帮助者实施的犯罪行为可以确认的或者其犯罪情节符合法定条件的，可以认定其构成帮助信息网络犯罪活动罪追究其刑事责任。而且本罪有"情节严重"的入罪情节，把"犯罪"理解为"犯罪行为意义上的犯罪"，只是在"明知"方面放宽了条件，并不会导致处罚范围扩大。

四、帮助信息网络犯罪活动罪中"明知"的认定规则

（一）推定规则介入的合理性

有的学者认为，"明知"是一个多余的限制，不便在司法实践中适用，故办案中不必对行为人是否"明知"予以认定。[①]这种观点违反了罪刑法定原则，在《刑法》条文明确规定了"明知"的情况下，司法机关对该要件负有举证责任。证明的路径有两个，"直接证明"和"间接推定"。前者是根据一定的案件证据证明行为人知道，主要指的是获取行为人的口供。采用"表现犯"的解释进路，"明知"在分则中属于主观违法要素，在总则中属于主观有责要素，主观违法要素和主观有责要素都不能直接

---

① 王尚国. 关于假冒商标犯罪的几个问题［J］. 政法论坛，1993（1）：23.

表现在行为上。如何通过客观外在的证据，将犯罪主体内心的主观世界呈现出来，这是一切涉及主观方面案件的难点所在。司法实务部门在处理帮信罪案件时普遍遇到的难题，就是多数行为人主张自己的行为是合法的业务行为，并不知道他人利用这些业务行为实施网络犯罪活动，从而陷入行为人是否明知无法证明的困境。而为了认定帮助者的行为符合本罪的犯罪构成，又必须证明帮助者"明确知道"被帮助者利用信息网络实施犯罪，此时就可以适用"推定规则"认定"明知"的存在。

（二）"明知"推定规则的实践性反思

推定，指的是以法律规定或者经验法则为依据，以查明的基础事实为前提，遵循事物发展的规律性和普遍联系，对待定事实性质或状态进行判断的活动。推定行为人知道，其法律效果与行为人明确知道并无区别。① 因此，本罪"明知"的合理思路就是适用司法解释中的"推定规则"，根据经验法则和一般社会常识理性推断帮助人"明知"的存在。但是，现行的司法解释本身的推定规则设计有诸多不合理之处：

1. 推定规则设计不能完全满足实践需求

一方面，司法实践被相应的刑事政策所影响，在网络犯罪逐步形成产业链的情况下，犯罪也渐渐表现出虚拟化、隔离性、技术性的特点，要想切断网络犯罪的链条，对网络犯罪行为展开有效的打击，源头治理至关重要，这是治理网络犯罪新的政策目标。另一方面，《解释》第十一条列举了"明知"推定规则适用的七种情形。对可以推定的情形采取"列举 + 概括"的表述方式，即先列举司法实践中通用的几种情形，最后以概括的方式规定一项兜底情形。对于法律条文中"明知"这一要素的认定，在司法实践中应该具体情况具体分析由法官进行个案判断，而无须通过司法解释加以笼统规定。② 不论是司法解释还是刑事政策，其目的都是扩大刑法对帮助犯的打击力度，但是从司法实践来看，法官应用推定规则对"明知"进行认定的状况不尽如人意。有学者对此进行了统计和分析，在有关帮助信息网络犯罪活动罪的1081份判决书（2131名被告人）中，根据列举规定情形认定"明知"存在的占15.3%（仅有325名），在这部分被告人中，适用情形七"其他足以认定行为人明知的情形"这一情形的只占

---

① 皮勇.论新型网络犯罪立法及其适用［J］.中国社会科学，2018（10）：146.

② 朱军彪，郭旨龙.网络共同犯罪中"明知"推定的规范协调［J］.北京警察学院学报，2020（4）：15.

6.46%，适用情形二"接到举报后不履行法定管理职责的"的一例都没有。^①可以看出，司法机关并不经常引用司法解释规定的七种明知推定情形，特别是情形二基本没有司法实践予以适用。推定规则与司法实践的脱节，笔者认为是以下几个原因：

第一，设定模式在实践中难以成立。《解释》第十一条规定的七种情形中，情形一和情形二是两种经监管、举报后拒不履行相关义务的推定途径，将本罪客观行为由主动的帮助变为不作为形式的帮助，这种设定模式在实践中难以成立。一是，监管部门一旦确定某人涉嫌违法犯罪便会取缔该平台，使其无后续帮助行为的可能，即使存在经监管部门告知后依然对信息网络犯罪行为提供帮助的行为人，对其刑事侦查时也可以直接据此认定其主观恶性，不用再进行推定。二是，"明知"推定的成立不是取决于网络服务商自身的认知，而是与行政部门命令的有无、执行联系在一起，是一种作茧自缚的立法态度。^②情形三"交易价格或者方式明显异常"的设定思路十分符合逻辑，交易价格异常与网络犯罪行为之间存在着较高的共生性，但是对明显异常与否很难判断。同一技术在互联网上没有一个统一的市场价标准，费用波动很大，确定难度极高。

第二，推定出罪情形缺失。根据推定效力是否允许被反驳或推翻，将推定分为可反驳的推定与不可反驳的推定。^③不可反驳的推定本质上属于实体法规则，是推定中的边缘性类型，属于法律规则。例如，法条规定不满十四周岁推定为无责任能力，在司法实践中一旦行为人不满十四周岁就推定其不具备责任能力，相反的证据将不被听取。由于《解释》第十一条规定"有相反证据的除外"，帮信罪中"明知"的推定属于可反驳的推定。但是，该规定对入罪的情形详细列举了七种，对出罪的情形没有明确列举，仅仅概括性表述为"有相反证据的除外"。在严厉打击网络犯罪这一刑事政策的大背景下，司法工作人员在处理帮信罪案件时，常常倾向于只重"入"而轻"出"。因此，这就要求在立法上更加关注本罪"明知"推定的出罪条件，从而转变司法工作人员的重"入"轻"出"思维，从而更好地保护公民的权利。

反驳标准不明。在刑事诉讼中举证责任由控方承担，被告人并无证明自己无罪或者罪轻的义务，因而《解释》第十一条"有相反证据的除外"的规定不是被告人的义务，而属于被告人的抗辩权。那么被告人行使抗辩权的标准为何？由于被告人在收集和固定刑事证据方面本来就比司法机关困难，且法定刑事诉讼的证明责任是在控方身

---

① 周振杰，赵春阳.帮助信息网络犯罪活动罪实证研究——以 1081 份判决书为样本 [J].法律适用，2022（6）：88.

② 李本灿.拒不履行信息网络安全管理义务罪的两面性解读 [J].法学论坛，2017（3）：142.

③ 劳东燕.认真对待刑事推定 [J].法学研究，2007（2）：22.

上，若要求被告人在行使抗辩权时提供的证据必须"确实、充分"，这与人权保障的司法理念不符，对被告人过于苛刻。既违背了刑事诉讼举证责任由控方承担的规定，又架空了《解释》第十一条的例外规定。因而有学者认为应当降低对被告人行使抗辩权的要求，当被告人的反驳达到排除合理怀疑标准时，裁判者就需要重新考虑推定是否合理。[①] 更有学者认为，排除合理怀疑的标准也不现实，只要被告人通过反驳，冲击到检察机关适用推定规则需要的基础事实，动摇法官的自由心证即可，即被告人的反驳只需要达到"高度可能性"的标准。[②]

2. 司法解释表述形式不统一

目前对帮助信息网络犯罪活动罪中"明知"问题的认定，主要是根据两个司法解释进行的。《解释》第十一条以"列举＋兜底"的表述模式规定了"明知"推定在司法实践中的适用规则。2021 年 6 月 17 日最高人民法院、最高人民检察院、公安部公布《关于办理电信网络诈骗等刑事案件适用法律若干问题的意见（二）》（以下简称《意见（二）》），第八条以"结合行为人具体情况等主客观因素综合认定"的表述模式具体规范了"明知"的认定规则。

前述二者的分歧点主要集中在，"综合认定"属于推定还是推论。推定是从基础事实中推导出推定事实，而推论是从部分事实中推导出整个事实。[③] 综合认定是运用直接证据、间接证据，结合各种主客观因素，对要件事实或者待证事实进行认定，属于推论。推定与综合认定的区别体现在以下几方面：第一，两者的结构存在差异。推定过程涉及证明出基础事实，然后根据逻辑法则和经验法则推出推定事实；而综合认定则是通过直接证据和间接证据确定间接事实，再基于这些间接事实进行逻辑推理以支持待证事实。第二，在推定中，基础事实与推定事实之间存在选择关系；而在综合认定中，间接事实与待证事实之间存在排他关系。第三，在推定过程中，基础事实的证明只能支持推定事实成立，若辩护方的反驳意见被采纳，推定事实的效力将被否定；然而，在综合认定中，公诉方需要承担证明间接事实的责任，一旦达到证据证明标准，证明活动即告完成。因此，《意见（二）》第 8 条的规定实际上并非推定规则，与《解释》第十一条的推定规则之间也不存在冲突。

---

① 陈俊秀，岳美莲.帮助信息网络犯罪活动罪中"明知"之扩张趋势及其限缩［J］.大连海事大学学报（社会科学版），2023（1）：35.

② 曾磊.帮助信息网络犯罪活动罪中"明知"的判断逻辑与范围限定［J］.中国人民公安大学学报（社会科学版），2023（1）：65.

③ 褚福民.事实推定的客观存在及其正当性质疑［J］.中外法学，2010（5）：672.

（三）推定规则的完善路径——综合认定规则限制与规范推定规则的适用

在司法实践中，法官大多秉持"有推定用推定，无推定用综合认定"的原则，将综合认定作为推定的后置规则。[①] 笔者认为，综合认定规则和推定规则适用没有先后之分，推定规则不能作为一种最先适用的基本方法，综合认定规则对"明知"要素认定的简化范围和程度做出了约束，是对推定规则的限制与规范。理由如下：

第一，法律具有同等的效力。首先，对其作出规定的法律条文均为司法解释，且处于同一位阶，两者之间的价值冲突不能用价值排序原则解决。其次，由于两部司法解释在内容上存在差异，且都现行有效，在处理法律冲突时，不应采用"新法优于旧法、特别法优于一般法"的方法。因此，在特定情况下，当某一案件中既具备符合推定规则的情形，又具备符合综合认定规则的情形，应当同时运用推定规则和综合认定规则来确证行为人的"明知"。

第二，规范制定的目的不同。2015 年颁布的《刑法修正案（九）》单独设立帮助信息网络犯罪活动罪，但该规定较为笼统，仅表述为"明知他人利用信息网络实施犯罪"。然而，由于"明知"因素存在举证困难的问题，司法实践中鲜有以帮信罪入罪的案例。2019 年公布的《解释》第十一条规定了推定规则，大大降低主观明知的证明难度，颁布后办案机关在查证其他犯罪时发现的客观帮助行为被大幅入罪，帮信罪的适用呈井喷态势。2021 年又颁布了《意见（二）》，其中第八条规定了综合认定规则。从规范性文件的制定顺序可以看出，为了避免单纯地基于推定规则来界定行为人是否"明知"，从而导致对行为人客观行为的过分偏重，有必要对推定规则的适用进行更为具体的限制和改正，进而引入综合认定规则以应对这一问题。推定规则过分强调行为人的客观行为，而忽视了其主观方面的证明，这与主客观统一原则不符，应当通过"综合认定规则"予以修正。

第三，在司法实务中，有关认定帮助信息网络犯罪活动罪的规范性文件中也表现出了"以综合认定规则限定推定规则"的逻辑。2022 年 3 月 22 日，最高人民法院刑事审判第三庭、最高人民检察院第四检察厅、公安部刑事侦查局通过了《关于"断卡"行动中有关法律适用问题的会议纪要》，第一条就强调在认定行为人"明知"时，应当坚持主客观相一致原则，既要结合各种主客观因素，又要注重行为人辩解，避免简单客观归罪。

由上述理由可得，适用综合认定规则对推定规则予以修正，主要路径有两条：第

---

① 何邦武，胡凌宇.论帮助信息网络犯罪活动罪中"明知"的证明——从推定到综合认定［J］.辽宁师范大学学报（社会科学版），2023（2）：63.

一条路径，先适用推定规则得出结论，后用综合认定规则对结论的合理性进行检验。第二条路径，将综合认定规则的应用贯穿于推定证明全过程，即法官在对某一客观行为进行推定的过程中，用综合认定规则审查是否可以进行推定。不论这两种路径的哪一种，推定事实都经过了综合认定的检验，能有效地防止片面强调客观行为的倾向，符合主客观相一致的原则，在实践中可以由法官根据个案情况进行选择。

五、结语

"明知"是帮助信息网络活动罪成立的主观要件，对该罪的成立起着举足轻重的作用，其认定一直是司法实践中的难点、痛点。明晰"明知"的内涵有利于帮助信息网络活动罪的认定。为了弥补现行《刑法》和司法解释对"明知"界分不清晰的不足，引入了推定规则，使本罪"明知"在司法实践中具有可操作性，破解了"明知"司法适用的难题。但法律推定毕竟不是一种证明方法，并非完全可靠，其适用容易导致片面关注行为人客观行为的倾向，要对其有所限制，符合主客观相一致原则的综合认定规则就是对法律推定的规范与限制。对于互联网行业来说，在打击犯罪的同时也要兼顾行业的蓬勃发展，绝不能因噎废食。刑法作为国家治理体系的重要组成部分，在保护和规范互联网行业健康有序发展方面发挥着至关重要的作用，既是互联网行业的保护者，又是科技进步和经济增长的支持者，两者并不冲突。

智慧养老视域下的告知同意规则：
缘起、认定与适用

罗蓉蓉[①]   肖攀诚[②]

（湖南师范大学法学院）

[**内容摘要**] 老龄化社会的到来叠加数字科技的发展，成为解决我国老龄化社会下公民养老难题的新途径。然而，智慧养老服务过程中告知同意规则的适用存在形式化、模糊化和无序化等问题和乱象。在规则认定上，应当将智慧养老机构的告知同意义务进行类型化区分，对告知同意规则认定的要件要素进行智慧养老情景化解释适用，使之形成"有效告知—充分知情—有效同意"的逻辑结构闭环。在规则适用上，应当厘清告知同意规则在智慧养老服务中的适用限度，阐明规范体系协同适用关系，构建"三重授权原则"与"动态同意"融合适用框架，并基于场景细分模式建立"年龄分级—情景分类"分层规则。以期探索形成规范衔接、理论耦合及场景导向的告知同意规则分层适用路径。

[**关键词**] 告知同意规则；智慧养老；个人信息保护；数据权利；老年人权益

一、问题的提出

伴随我国社会人口老龄化步伐的加速前进，适龄人群对养老服务需求与日俱增，加快养老领域服务产业发展，是我国全面建设社会主义现代化强国的必然要求，也是我国社会所达成的共识。我国传统养老主要包括家庭养老、居家社区养老和机构养老三种模式，万物互联与大数据时代到来后，前述三种传统养老模式显然无法适应

---

① 罗蓉蓉，湖南师范大学法学院讲师，博士，硕士生导师，研究方向为民商法学。

② 肖攀诚，湖南师范大学法学院民商法专业硕士。

当前的时代潮流。加之人工智能领域的迅猛发展，以"互联网＋人工智能＋医疗"为主的新医养结合智慧医疗养老模式、"互联网＋智能设备"为主的智慧居家养老模式等新型智慧养老模式应运而生。智慧养老既成为养老产业领域新的模式和路径，也成为解决我国日趋严重的老龄化问题的新途径。智慧养老依托互联网在信息处理和交换方面的优势，整合处于分割离散状态的社会养老服务资源，在一定程度上缓解了完全仅依靠人工养老面临的数据静态孤立、资源零散破碎、服务人员严重缺乏、服务精准化和精细化程度不足等问题，给养老服务产业的发展带来重大变革。[①] 基于上述社会背景，在国家层面，为解决养老服务中面临的亟待解决的痛点和短板，2021年，由工业和信息化部、民政部、国家卫生健康委共同制定的《智慧健康养老产业发展行动计划（2021—2025年）》提出加快推进智慧养老产业发展。[②] 2022年的全国两会上，多位全国政协委员也提出要深入推动智慧养老领域的变革发展，为推动智慧养老服务再上新台阶建言献策。可见，构建完善的智慧养老服务体系迫在眉睫。

尽管智慧养老作为新兴产业正如火如荼地发展，智慧养老在实际应用过程中也出现了较多问题，尤其是有关老年人养老及医疗等数据收集不合规、数据泄露和数据被智慧养老机构滥用等问题。2020年Cybernews团队发现两个数据库内含逾500万条大量敏感信息——如个人姓名、电话号码、住址等——存在数据泄露的情况，两个数据库分属两个不同的中国公司，其中属于上海孝信网络科技有限公司旗下的产品孝信通数据库中包含了大量老年人敏感个人信息：GPS位置、手机号码、地址等。孝信通作为智慧养老服务平台，由多个移动智能终端如老人、子女手机端App等组成，为老人提供养老服务。该数据库导致逾30万条老年人数据泄露，且其对老年人数据的收集和使用是否合规也无从考证，其中泄露的信息大多数被用于网络犯罪，给老年人的生命、财产安全带来了极大的威胁。[③] 此外，笔者在中国裁判文书网上以"人工智能""养老"为关键词进行检索，共检索到60篇判决书样本，时间跨度为2018年至2023年，样本数量总体呈逐年递增趋势，所涉及的案件类型也较为多样，其中包括传统养老机构使用智能技术或设备导致的侵权问题、服务侵权问题等。智慧养老产业目前尚处于起步阶段，有关智慧养老机构侵犯老年人知情同意权或数据权益而直接诉诸司法实践的案例并不多见。然而实践情况的复杂多变性决定

---

① 蒲新微，张馨康．从增量到提质：智慧养老服务的运行困境与推进路径［J］．吉林师范大学学报（人文社会科学版），2023（5）：41.

② 武萍，朱旭峰．智慧养老服务的风险规制与秩序建构［J］．新疆社会科学，2022（6）：153.

③ 万佳．国内两公司近500万敏感信息泄露含几十万老人及其家属数据［EB/OL］．（2020-07-10）［2023-10-03］．https://www.sohu.com/a/406853391_683048.

现实中的类案侵权往往会更加隐蔽，难以查证。[①]在尚未出现大规模老年人数据侵权事件之前，更应未雨绸缪，从数据收集这一根源上规范智慧养老机构的数据处理流程。本文将基于上述背景结合学界一般告知同意规则建构智慧养老这一特定领域中智慧养老机构的告知同意规则，归纳智慧养老机构对老年人养老及医疗数据获取与使用的告知同意义务认定规则；在对智慧养老机构告知同意规则认定的基础上，进一步分析智慧养老机构对老年人数据合理利用的限度；进而探求智慧养老领域老年人养老及医疗数据的保护路径，在即将到来的老龄化社会中切实保障老年人的个人养老信息及数据权益。

二、智慧养老机构告知同意义务的缘起与性质

在建构智慧养老机构告知同意认定规则之前，有必要先明晰智慧养老机构告知同意义务的缘起历程与智慧养老机构告知同意义务的类型及其理论基础。

（一）智慧养老机构告知同意义务缘起

告知同意规则，通常又称知情同意规则。究其溯源，告知同意作为法学专业名词最早起源于医疗卫生领域，指医生有义务以通俗易懂的方式告知患者所患疾病、医疗行为的手段、目的、性质、后果和治疗计划等，并要求病人内心自愿接受该医疗行为。[②]智慧养老机构在获取老年人数据时所具有的告知同意义务缘起于智慧养老模式快速发展背景下老年人数据权利保护的内在要求。具体而言，智慧养老包含两种模式，其一是智慧医疗养老，又称智慧医养结合服务。智慧医养结合服务依托支撑医养结合业务运作的网络平台，老年人借助智能设备接入平台，社区或养老服务中心以及专业机构通过使用智能设备为老年人提供日常看护、医疗监测、康复治疗等服务。其二是智慧居家养老，又称智慧社区居家养老服务。智慧社区居家养老服务依托智慧居家养老服务信息平台和社区养老服务中心，利用智能设备和现代信息技术，为老年人提供远程监控检测、生活服务、跌倒报警等服务。相较于传统养老模式，智慧养老的主要特征是将养老与智能化设备相融合、互联从而使得老年人在养老过程中得到更加智能化、高效化、科学化的体验。[③]

① 苏炜杰.人工智能养老服务侵权问题探析［J］.兰州学刊，2021（4）：194.

② 朱沛智.论生物识别信息保护中的知情同意原则［J］.西北师大学报（社会科学版），2023（5）：126.

③ 陈友华，邵文君.智慧养老：内涵、困境与建议［J］.江淮论坛，2021（2）：139.

　　智慧养老产业的现实化发展与落地应用已初显成效。一方面，从国外研究来看，国外发达国家如英国、美国等都已率先进行了有关智慧养老项目的实践，并获得一定的成效。英国已在家庭或社区开始使用机器人护士，在完成日常护理的同时，还能够与老人互动，提供个性化的咨询建议。伯恩茅斯大学设计了一种用于家庭护理的多传感器行为识别系统，它利用身体传感器以帮助老年人尽可能长时间待在家里，预防或推迟进入养老机构。美国、加拿大已成功实施 NHIN 项目、Health infoway 项目等医疗大数据项目。欧盟提出了健康医疗大数据面临的几个主要挑战及应对措施，包括数据安全、数据可靠性、互操作性和数据管理等内容。[①] 国外部分学者则重点介绍了使用智能手机和可穿戴设备进行个人数据挖掘的潜在应用领域。[②] 另一方面，从国内研究来看，我国不少省市都在积极试点新型的智慧养老服务模式。例如，2021 年，上海虹桥社区积极开展针对老年人智慧居家养老服务项目；2022 年，北京市通州区打造城市副中心智慧居家养老新模式，以老年人养老服务应用场景为方向，以全面提升照护能力为动力，开发老年人智慧居家养老照护服务系统等。然而，上述地区智慧养老试点仍处于初级阶段，部分地区智慧养老服务信息平台建设缓慢，缺乏统筹规划和全局考虑；相关养老信息数据库不能及时共享，无法高效与政府相关部门以及医院、养老院实现信息对接，阻碍了智慧养老的快速发展；部分地方政府缺乏统一的智慧养老服务标准，而现行规范性文件缺乏系统性与协调性。[③] 总而言之，智慧养老产业链尚未形成完整的制度体系与法律规范体系，智慧养老产业各构成要素的合规性治理缺乏特别法规范与理论依据，在老年人隐私保护、数据权利、数据合理利用等方面存在较大的个人权益侵害风险。产业配套机制的缺陷无形中为作为个人信息处理者的智慧养老机构提出了更高的个人信息保护要求。在上述智慧养老的实践应用中，个人信息保护领域中传统告知同意规则在这一新兴产业中的适用或存抵牾，老年人群体的脆弱性与特殊性决定了需要对智慧养老机构科以更高强度的注意义务，故智慧养老机构对于涉及老年人数据尤其是敏感数据的获取与使用时，其告知同意义务自然也需要更为审慎严谨。本文通过对告知同意规则中各构成要件在智慧养老特定情景下的具体适用进行论证，将智慧养老产业特性与告知同意规则要素相融合，并对告知同意规则在新兴产

---

① 　KEELER L W, BERNSTEIN M J. *The future of aging in smart environments*: *Four scenarios of the United States in 2050*［M］. Bath: Futures，2021.

② 　LEWIS J E, NEIDER M B. Designing wearable technology for an aging population［J］. *Ergonomics in Design*, 2017，25（3）：4-10.

③ 　蒲新微，张馨康 . 从增量到提质：智慧养老服务的运行困境与推进路径［J］. 吉林师范大学学报（人文社会科学版），2023（5）：41.

业领域的解释性适用作具体阐释，以期为智慧养老机构的规范运行提供个人信息保护的具体规则指引。

（二）智慧养老机构告知同意义务类型与理论基础

1. 经授权后的告知同意义务

智慧养老机构经老年人授权之后的告知同意义务，通常是指老年人为获取智慧养老服务，与智慧养老机构签订养老服务协议或在合同中明确表明同意将包括医疗、健康、生活习惯等数据记录的个人相关信息授权给予智慧养老机构合法合规使用之后，智慧养老机构在合理使用老年人个人信息之前，需履行的告知同意义务。或老年人在使用智慧养老机构开发的线上 App 如健康监测等应用程序时，为获取完整的养老服务，在注册个人账号时经阅读知悉用户使用协议后同意将个人信息授权给予智慧养老机构合理合规使用，智慧养老机构需要获取老年人个人信息用于第三方共享或其他用途时的告知同意义务。智慧养老机构经老年人授权情景下使用老年人养老信息时，通过授权已取得了"有效告知"积极要件中的实质方面，故在履行告知同意义务过程中机构的注意程度相较于未授权时较低，此时其告知同意义务主要来源于通过形式上如口头通知、短信通知等向老年人告知《个人信息保护法》第十七条①规定的必要信息，尤其是在处理老年人养老信息时与该条规定中关联程度较高的信息，从而维护老年人的知情权。究其原因，首先，老年人已预先知情并对其养老信息进行了事前授权处分。不同于事前老年人未将相关个人信息处分权授予机构，老年人与机构双方已就个人信息权益处分问题达成了初步协议或合同合意，此时智慧养老机构需要进一步使用老年人养老信息（如对老年人个人健康信息进行研判分析）时，只需在遵守事前授权协议或合同的基础上履行形式上的告知义务以保证老年人知悉其养老信息的使用途径和知情权。一方面，此举可有效帮助老年人在进行个人决策时减少面对信息过剩导致的信息负担和信息冗余；另一方面，可以精简履行告知同意义务的流程，减少程序上的重复和琐碎对老年人造成的程序负担。其次，老年人的个人信息权益已得到了一定程度的事前保障。智慧养老机构履行告知义务的根本目的在于维护老年人的个人信息

---

① 《个人信息保护法》第十七条 个人信息处理者在处理个人信息前，应当以显著方式、清晰易懂的语言真实、准确、完整地向个人告知下列事项：（一）个人信息处理者的名称或者姓名和联系方式；（二）个人信息的处理目的、处理方式，处理的个人信息种类、保存期限；（三）个人行使本法规定权利的方式和程序；（四）法律、行政法规规定应当告知的其他事项。前款规定事项发生变更的，应当将变更部分告知个人。个人信息处理者通过制定个人信息处理规则的方式告知第一款规定事项的，处理规则应当公开，并且便于查阅和保存。

权益，该目的在事前已通过双方合意得到了一定程度的实现。最后，智慧养老机构已履行老年人信息获取前的关键告知程序——书面告知程序，并取得了对老年人信息合理使用的授权，初步具备了实质层面的"充分知情"的效果。老年人的信息在被使用前已通过授权具备了一定的程序性保障，其个人信息权益的保护程度经由智慧养老机构在使用前履行形式上的告知义务已较为充分。但需特别注意的是，我国《个人信息保护法》中对于有关敏感个人信息的告知规则作了特别规定：第三十条[①]明确规定个人信息处理者在第十七条的基础上处理敏感个人信息时，需对有关敏感个人信息处理的必要性及对信息所有者个人权益可能造成的影响另行告知。故上述中的老年人个人信息不包含敏感个人信息（个人敏感信息范围详见表1），若智慧养老机构需要获取与使用老年人敏感个人信息，需要另外履行完备的单独告知义务。

表1　个人敏感信息范围

个人敏感信息举例	
个人财产信息	银行账户、鉴别信息（口令）、存款信息（包括资金数量、支付收款记录等）、房产信息、信贷记录、征信信息、交易和消费记录、流水记录等，以及虚拟货币、虚拟交易、游戏类兑换码等虚拟财产信息
个人健康生理信息	个人因生病医治等产生的相关记录，如病症、住院志、医嘱单、检验报告、手术及麻醉记录、护理记录、用药记录、药物食物过敏信息、生育信息、以往病史、诊治情况、家族病史、现病史、传染病史等
个人生物识别信息	个人基因、指纹、声纹、掌纹、耳廓、虹膜、面部识别特征等
个人身份信息	身份证、军官证、护照、驾驶证、工作证、社保卡、居住证等
其他信息	性取向、婚史、宗教信仰、未公开的违法犯罪记录、通信记录和内容、通讯录、好友列表、群组列表、行踪轨迹、网页浏览记录、住宿信息精准定位信息等

资料来源：全国标准信息公共服务平台.信息安全技术 个人信息安全规范［EB/OL］.（2020-10-01）［2023-08-12］.https://std.samr.gov.cn/gb/search/gbDetailed?id=A0280129495AEBB4E05397BE0A0AB6FE。

智慧养老机构事前经老年人授权之后在处理老年人的个人信息如个人医疗数据、养老数据等时只需履行形式上告知同意义务的理论基础主要源于两个方面：第一，就必要性而言，从信息处理者一方来看，《个人信息保护法》第十四条、第十七条及第二十三条都涉及关于个人信息处理者需要获取信息主体"充分知情"同意的规则。机构得到老年人的授权只能保证"同意"达到"充分"的程度，要使老年人对信息处理

---

① 《个人信息保护法》第三十条：个人信息处理者处理敏感个人信息的，除本法第十七条第一款规定的事项外，还应当向个人告知处理敏感个人信息的必要性以及对个人权益的影响；依照本法规定可以不向个人告知的除外。

的过程达到"知情"还需机构履行形式上的告知义务，故机构在取得信息主体授权后，履行形式上的告知义务是使老年人的"同意"达到"充分知情"程度的题中应有之义。从信息主体一方来看，《个人信息保护法》第四十四条中规定了个人对个人信息享有知情权和决定权。机构取得处理老年人信息的授权后，只保障了第四十四条中规定的老年人对其个人信息处理的"决定权"，而"知情权"的保障同样有赖于机构在取得老年人授权后履行形式上的告知义务。第二，就重要性而言，一方面，机构履行形式上的告知义务是对老年人养老信息权益保护的补充，是《个人信息保护法》第五条规定处理个人信息应遵循合法、正当、必要和诚信原则的具体体现①，且是《个人信息保护法》第十七条规定"有效告知"要件中的形式要件，也是减少歧义、确凿无疑地保证老年人养老信息合理使用的形式要求。另一方面，在对老年人养老信息进行使用之前通过履行简洁明了的形式告知义务，机构不仅能满足《个人信息保护法》和《民法典》有关告知同意规则的合规要求，亦能使老年人通过告知形式获得个人信息保障的安全感，建立机构与老年人之间的信任关系，实现智慧养老机构与养老群体的良性互动和良性循环。

2. 未经授权的告知同意义务

智慧养老机构未经老年人授权时的告知同意义务，一般是指智慧养老机构事前并未与老年人就个人信息的使用达成一致合意，或事前并未通过服务合同取得老年人个人信息的合理使用权限。在未授权状态下智慧养老机构的告知同意义务来源于对老年人群体数据权益保护的实质要求。智慧养老机构未经老年人授权情景下需要获取与使用老年人数据时，其告知同意义务程度相对更高，当智慧养老机构获取老年人数据时需要向老年人有效告知并经老年人同意，形成"有效告知→充分知情→有效同意"的逻辑结构闭环。因此，要实现"未授权"向"已授权"状态的转换，智慧养老机构需具体满足三个方面的条件：第一，必须确保充分履行有效告知义务。在形式上，智慧养老机构除应向老年人告知《个人信息保护法》第十七条中所规定的各类信息外，还需根据老年人的理解能力与认知状况运用易于理解、简练清晰的语言文字向老年人释明所告知事项的具体含义，且不得含有诱导性、歧义性等内容。②在实质上，因老年人高龄化特征，其理解能力、认知能力、学习能力均与年龄增长呈高度关联性，故判断机构履行有效告知义务是否达到了引致充分知情的效果，需采取较"一般理性人充分知情"更高的标准，根据老年人的年龄段与认知水平具体判断（有效告知的认定要

---

①　阮神裕 . 个人信息权益的二元构造论［J］. 法制与社会发展，2023（4）：63.

②　贾丽萍 . 个人信息处理规则的结构性困境与路径优化［J］. 学习与探索，2023（6）：81.

件后文详述之）。第二，必须使老年人达到充分知情的效果。在有效告知义务已完全履行状态下，则需根据不同年龄阶段老年人的综合认知水平，以老年人的外在意思表示为判定标准，认定通过有效告知是否达到了使老年人充分知情的效果。第三，必须取得老年人的有效同意。智慧养老机构应当依照《个人信息保护法》第十四条之规定取得老年人自愿、明确的有效同意。对于老年人有效同意的判断，还需综合考量老年人的不同年龄阶段，在实践中的具体认定上，可采用"年龄分阶"模式，将老年人的年龄划分为不同阶段，与之相应配备不同的有效同意审查方式和判断标准，最后综合老年人自愿同意、明确同意等要素认定情况进行判断（有效同意的认定要件后文详述之）。综上所述，对于老年人未授权情况下，智慧养老机构履行告知同意义务不能一概而论，需根据老年人的具体状况具体分析判断。此外，当老年人拒绝数据获取与使用时，智慧养老机构必须告知老年人拒绝对其个人的养老及医疗数据获取及合理使用可能造成的不利后果。若要获取老年人的敏感个人信息，如病症、检验报告、手术记录等信息，则还需老年人的单独同意甚至书面单独同意。

智慧养老机构未经老年人授权时的告知同意义务理论基础来源于老年人所享有的个人信息决定权与知情权，老年人有权自行决定和处理其个人数据的使用途径。一方面，就必要性而言，老年人所享有的个人信息的决定权与知情权是老年人人格权的重要体现，也是《个人信息保护法》第四十四条明确规定的权利。《民法典》人格权编第六章规定了隐私权与个人信息保护，自然人均享有对个人信息的知情权和决定权。[①]信息处理者在获取使用老年人信息前，履行必要的告知同意义务，既是对老年人权益的合法保障，也是充分尊重老年人人格权的具象化表现。另一方面，就重要性而言，老年人所享有的个人信息决定权、知情权通常与老年人的个人财产权密切相关。在数字科技的泛化应用时代，个人数据与个人财产深度绑定，个人的银行卡信息、消费信息等财务信息与日常生活紧密相连；个人的痕迹信息、偏好信息也易被大数据和算法所"洞悉"而用以牟利，若个人信息被不当利用，极易被用于不当或非法用途。因此，老年人个人健康等信息的重要性不言而喻。

（三）智慧养老机构告知同意的性质

1. 机构"告知"的性质

《个人信息保护法》第十四条规定了"知情同意"这一个人信息处理的基本规则，

---

① 张建文，时诚.《个人信息保护法》视野下隐私权与个人信息权益的相互关系——以私密信息的法律适用为中心 [J].苏州大学学报（哲学社会科学版），2022（2）：46.

而影响个人是否充分知情的核心因素是个人信息处理者是否充分履行告知义务，对此，《个人信息保护法》第七条规定了个人信息处理的透明度原则，第十七条则对告知的内容、形式等事项作出了具体规定。然而实践中，各类应用的《隐私政策》或《用户协议》字数过万，其中不乏晦涩难懂的专业术语，用户往往难以全面阅读和充分理解所告知的相关内容。而当告知的对象是老年人时，需要花费更多步骤和更简洁易懂的表述以辅助老年人理解并在内心形成实质同意。已有的研究多集中于对告知同意规则中"同意"性质、要件等方面的研究，多数情况下忽视了"告知"在该规则中的前提性、重要性作用。因此，对智慧养老机构告知同意的要件进行认定之前，有必要先厘清何为有效的"告知"，并准确厘定智慧养老机构获取使用老年人养老及医疗数据时"告知"的性质。

首先，智慧养老机构的"有效告知"是"有效告知—充分知情—有效同意"链式递进逻辑结构中的逻辑起点，也是确保老年人"充分知情"的前提性条件。智慧养老机构履行"有效告知"义务的核心作用在于为告知同意逻辑结构中的下一步骤提供必要条件，以期达到引致老年人充分知情的法律效果，并最终获取处理老年人个人信息的有效同意。在该逻辑结构中，智慧养老机构履行告知义务只有足以使老年人充分知情并形成内心确信的程度，才能在实践中推定智慧养老机构所履行的告知义务为符合法律效果的"有效告知"，易言之，老年人是否"充分知情"是检验智慧养老机构是否完全履行"有效告知"义务的效果性要件之一。因此，智慧养老机构"有效告知"行为与老年人"充分知情"和"有效同意"之间的严密逻辑关系，也侧面反映履行告知义务环节在整个告知同意规则中的重要性地位。

其次，智慧养老机构的"告知"义务兼具公私法的双重性质和效力。一方面，《个人信息保护法》第十七条规定信息处理者需向用户真实、准确、完整地告知该条文所规定的事项，并应当公开其处理规则，履行必要的透明度义务。[①]《网络安全法》第四十一条则规定经营者需要明确收集他人个人信息的目的和方式，并公开其获取和使用个人信息的规则。《个人信息保护法》与《网络安全法》的相关规定均仅从告知义务履行环节对信息处理者作出明确规定，而在信息处理者告知义务履行完成后，对是否引致用户充分知情或形成有效同意的法律效果并未作出细化规定。质言之，《个人信息保护法》与《网络安全法》的告知义务规定本质上是对信息处理者获取使用他人信息之前作出的程序性要件，即公法意义上的最低法律要求。同理，智慧养老

---

① 林洹民．论个人信息主体同意的私法性质与规范适用——兼论《民法典》上同意的非统一性［J］．比较法研究，2023（3）：142．

机构履行的有效告知义务同样具备公法性质。另一方面，在告知义务的履行上私法性质相较于公法性质则更为严苛。就"有效告知—充分知情—有效同意"的私法逻辑结构角度而言①，智慧养老机构不仅需要履行形式上的告知义务，还需通过告知义务的履行而引致老年人有效同意的法律效果，即履行实质意义上的"有效告知"，而智慧养老机构履行有效告知义务与老年人对个人信息处分权利所形成的权利义务对等结构，属于典型的私法性效力结构。此外，就合同角度而言，智慧养老机构与老年人所签订的养老服务合同中若规定了更为细化的老年人个人信息获取与使用规则，由此合同履行过程中所形成的权利义务关系则同样具备私法性质。因此，从上述意义上来看，智慧养老机构的"告知"义务具有公法性质与私法性质。

最后，"有效告知"作为智慧养老机构必须履行的个人信息处理义务，是智慧养老机构在处理老年人信息过程中实现行为制约与自律监管的有效机制和程序规则。将"告知"作为智慧养老机构获取使用老年人个人信息的前置性义务，能最大限度促使智慧养老机构完善对老年人个人信息尤其是敏感信息的合规性处理方式，并有利于借助外部程序性约束和信息权利主体的监督间接强化对老年人个人信息的保护。故此，智慧养老机构的"告知"义务还具有制度监管性质，以保证个人信息处理的程序性公正。

2. 老年人"同意"的性质

2020 年 10 月公布的《个人信息保护法（草案）》中，在获取与使用个人信息之前，用户有效同意的性质被明确规定为"意思表示"。而 2021 年 4 月公布的《个人信息保护法（草案二次审议稿）》和最终通过的《个人信息保护法》正式规定中删除了"同意作为意思表示"的表述，这为"同意"的性质认定平添了诸多不确定性因素。鉴于此，学界对于告知同意规则中"同意"的性质提出了不同的观点，包括意思表示说（法律行为说）、准法律行为说、免责事由说、私权处分说等观点，笔者将综合分析上述观点并提出适宜认定老年人这一特殊群体"同意"性质的本文观点。

第一，若将用户"同意"的性质认定为准法律行为，与权利人权利行使的事实相悖，违背了意思自治的基本准则。有学者认为，"同意"应当作为准法律行为认定，个人信息处理者与用户之间的权利义务关系由法律具体规定，用户的"同意"自由应由法律实质性赋予。这有利于避免信息处理者通过强势地位强制用户对于"告知"的被动性接受，从而重塑信息处理公平与可信赖关系。②且同意并非设权行为，基于"同

---

① 于海防 . 个人信息处理同意的性质与有效条件［J］. 法学，2022（8）：100.

② 王琳琳 . 个人信息处理"同意"行为解析及规则完善［J］. 南京社会科学，2022（2）：80.

意”而进行信息处理的法律效果需要根据法律的相关规定具体认定。[①] 然而，用户通过同意的意思表示行使个人信息的自决权是人格权的重要组成部分，借由同意的意思表示形式，剔除了用户自行处理个人信息的违法性要素，本质上是意思自治和私法自治的法律效果外在表示。[②] 况且，用户通过同意与否的外在意思表示，实现个人的行动自由和意思表示自由，若将个人同意自决的权利完全交由法律规定，将弱化同意作为意思表示的规范性表达效果。[③] 具体到智慧养老机构中老年人的同意性质问题，若将老年人同意的意思表示自由交由法律规定，则不仅与意思自治的要求相背离，而且将阻滞老年人获得个人信息使用用途的个人自决权行使，加剧老年人的"数字鸿沟"。并将剥夺老年人基于错误认识而作出同意时所享有的撤回权。故将同意认定为准法律行为的观点值得商榷。

第二，"同意"的性质认定为免责事由或私权处分的观点并不周延。同意作为免责事由的观点认为个人信息处理中的用户同意并非作为法律行为的意思表示，也并非许可他人使用个人信息的意思表示，而是积极意义上个人信息处理活动中的正当化或合法化依据，以及消极意义上的免责事由或违法阻却事由。[④] 此外，通过同意个人信息处理者获得"得为"的法律地位，使得干预他人个人信息违法性的要素经由同意而被排除在外。[⑤] 该观点的不当之处在于忽视了个人信息处理者除了通过同意获致阻却违法和行为免责的消极效力之外，还包括个人信息处理者需履行妥善储存、利用、删除等行为的积极履行效力。同意作为私权处分的观点则认为同意是自然人对个人信息权益的处分行为，同意的目的在于限制个人信息处理者的行为风险，行使自身防御性个人信息权利。[⑥] 然而，作为人格权组成部分之一的个人信息权益并不能被抽象处分，且《民法典》中也并未直接规定可行使的个人信息权[⑦]，因而私权处分的观点尚存疑义。总而言之，同意的性质认定为免责事由或私权处分的观点有待进一步更严谨的

① 韩旭至 . 敏感个人信息处理的告知同意［J］. 地方立法研究，2022（3）：67.

② 王洪亮，李依怡 . 个人信息处理中"同意规则"的法教义学构造［J］. 江苏社会科学，2022（3）：102.

③ 陆青 . 个人信息保护中"同意"规则的规范构造［J］. 武汉大学学报（哲学社会科学版），2019（5）：119.

④ 程啸 . 论个人信息处理中的个人同意［J］. 环球法律评论，2021（6）：40.

⑤ 王洪亮，李依怡 . 个人信息处理中"同意规则"的法教义学构造［J］. 江苏社会科学，2022（3）：102.

⑥ 万方 . 个人信息处理中的"同意"与"同意撤回"［J］. 中国法学，2021（1）：167.

⑦ 萧鑫 . 个人信息处理的多元同意规则——基于同意阶层体系的理解和阐释［J］. 政治与法律，2022（4）：158.

证成。

第三，"同意"的性质认定为意思表示更契合智慧养老领域现实情景和规范内涵。一方面，同意的性质界定为意思表示，表明个人信息的处理必须基于自然人作出自愿、明确外在同意的意思表示，有助于以自然人的个人意思表示为导向对个人信息行使自决权，且对于自然人的意思表示判断可根据《民法典》中有关意思表示理论及其相关规则为理据，也间接促进《民法典》与《个人信息保护法》之间的体系化衔接。个人信息保护中的同意置于《民法典》体系下进行判断，有利于提升法律的实施效果。① 老年人的同意性质认定为意思表示也更便于智慧养老机构适时向老年人解释其个人信息的现实应用情况，所获取的老年人数据能有效用于健康分析、适老化应用等方面。另一方面，与《民法典》中其他包含"同意"要求的规则比较分析而言，如《民法典》第十九条、第一百六十八条、第二百二十条等，同意均具有基于特定事实或规定而让渡部分个人权益而允许他人合理处置，并在此基础上产生特定的法律效果。② 从国际视角来看，欧盟《通用数据保护条例》中同意的性质也大多认定为意思表示。概言之，《民法典》与《个人信息保护法》的具体规则和规范意蕴共同奠定了同意作为意思表示的理论基础，也为智慧养老这一特定领域中老年人的同意性质认定提供了明确规范依据。

三、智慧养老机构告知同意认定构造

智慧养老机构的"有效告知"与老年人的"有效同意"，共同决定了智慧养老机构在获取与使用老年人数据时是否达到了完全履行告知同意义务的程度。故需对"有效告知"和"有效同意"的认定要件进行体系性论证，为告知同意规则在老年人群体中的适用提供理论依据和规则指引。

（一）智慧养老机构"有效告知"的认定

"有效告知"是"有效同意"的基础与前提条件，学界普遍认为无有效告知则无有效同意。有效告知的要件可以分为积极要件和消极要件两个方面。智慧养老机构"有效告知"必须基于数据所有者即老年人用户的特点进行认定。

1. 积极要件

"有效告知"的积极要件包括形式积极要件与实质积极要件两个方面。一方面，

① 吕炳斌. 个人信息保护的"同意"困境及其出路 [J]. 法商研究, 2021（2）: 87.
② 高富平. 同意≠授权——个人信息处理的核心问题辨析 [J]. 探索与争鸣, 2021（4）: 87.

形式积极要件方面需具有《个人信息保护法》第十七条及其相关条文规定的五类信息。参照该规定，若智慧养老机构需获取老年人的个人信息，需直接或通过其开发应用 App 具体向老年人告知的信息具体包括：（1）信息处理者即智慧养老机构的机构信息、机构名称全称及明确联系方式；（2）智慧养老机构获取老年人个人信息后的使用目的、具体用途、使用方式以及需获取的老年人个人信息种类和存储期限，是否会按期消除其痕迹信息或无用个人信息；（3）智慧养老机构获取老年人个人信息后，需详细向老年人告知若需行使法律规定权利的方式、渠道和程序规则等，若为线上获取，涉及算法推荐、人工智能应用等方面则需具体告知与大数据决策、自动化程序等需要详细说明的信息；（4）智慧养老机构若需向境外机构如医疗机构、科研机构等传输老年人的个人信息，需老年人或其监护人以口头或书面告知数据跨境传输的必要性、作用、方式、程序等关联内容，并需获得老年人或其监护人的明确同意。（5）智慧养老机构若需获取老年人的个人敏感信息或与个人利益关系重大的信息，则需单独或书面告知。法律法规规定的其他应当告知的事项参照其规定。实践中可参照《信息安全技术个人信息安全规范》（GB/T 35273—2020）具体适用。另一方面，实质积极要件方面需达到引致老年人"充分知情"的程度，可借鉴《民法典》意思表示理论，即需达到"假想的尽到了认知上注意义务的一般理性谨慎之人"的充分知情程度。[①] 具体而言，智慧养老机构向老年人所告知的事项需使老年人能充分理解知悉作出同意或不同意的意思表示与智慧养老机构向老年人提供服务之间的关系及由此所产生的可能事实或法律后果。而鉴于老年人存在的"数字鸿沟"和理解能力、认知能力下降等问题，智慧养老机构在告知的表述上需针对老年人进行必要的适老化修改，如线上告知时采取加大呈现字体、附有讲解视频、语言简练易懂等措施；线下则可采取集中告知答疑、与监护人取得联系等措施。

2. 消极要件

智慧养老机构在向老年人告知个人信息获取与使用事项时，为避免使老年人产生"信息过载"而出现不真实的意思表示，导致决策错误，致使老年人的"同意"无效，应当尽可能确保告知的流程简洁明了，保证老年人对所告知内容形成实质意义上的"充分知情"。故智慧养老机构的"有效告知"还需满足特定消极要件。参考《民法典》《App 违法违规收集使用个人信息行为认定方法》《个人信息保护法》等法律法规的规定，可归纳出智慧养老机构"有效告知"应具备的消极要件。具体而言，智慧养老机构的告知程序中不得出现如下情形：（1）频繁索取老年人个人信息的使用权限。

---

① 程啸.论我国个人信息保护法中的个人信息处理规则［J］.清华法学，2021（3）：55.

通过线上方式获取老年人个人信息时应采取符合老年人理解能力的简要程序，若程序过于繁杂或反复索取老年人的同意权限，则存在诱导老年人同意之疑，据此取得老年人同意意思表示的法律效果将受到减损。（2）"一揽子式"统一告知。将获取使用老年人个人信息权限的告知内容与无关附带性告知内容整合在同一内容中要求老年人同意。此种告知程序与方式存在投机性获取老年人同意权限之嫌，具有使老年人误导性同意和无意识性同意的极大风险。（3）以老年人无法拒绝的方式告知。如通过 App 线上获取老年人个人信息权限时有意不设置隐私政策和告知内容的勾选框和便于老年人的阅读模式，直接通过系统索取老年人的同意权限。（4）将同意作为对等性条件以获取智慧养老服务性质的告知。此种条件式告知方式所获取的老年人同意属于意思表示不真实，不具有完全的法律效力，且违反《个人信息保护法》第十六条之规定，即告知老年人若不同意其处理非提供服务所必需的个人信息则拒绝提供智慧养老服务的情形。（5）可能致使老年人的同意意思表示不真实或违规获取老年人同意权限的其他情形。[①] 概言之，智慧养老机构需同时满足"有效告知"的积极要件与消极要件才能作为引致老年人"充分知情"和"有效同意"的充分条件。

（二）老年人"有效同意"的认定

老年人的"有效同意"若要具备法律效果必须达到"充分知情"与"自愿、明确"的程度，且与老年人的同意能力息息相关。

1. 同意能力

老年人具备同意能力是"有效同意"要件成立的基础性前提，也是老年人民事行为在告知同意规则中的具象化体现。《个人信息保护法》第三十一条所规定的关于同意能力年龄界限的划分与《民法典》民事行为能力的年龄划分存有出入，理论上《个人信息保护法》作为特别法应当优位于《民法典》而适用。老年人虽属于《个人信息保护法》规定年满十四周岁的成年人，具备独立作出同意意思表示的民事行为能力，但鉴于老年人生理年龄层面和意识认知层面均与青壮年存在较大差异，具有民事行为能力显著下降、认知理解能力下降、受欺骗可能性高等不利特征。故可考虑对老年人的同意能力作特别规定。一方面，应当采取老年人年龄分层模式，将老年人划分为不同层级的年龄段，根据老年人的年龄层级具体判断和区分老年人的同意能力。具体而言，可按年龄段将六十周岁至七十周岁区段老年人划分为低龄老年人；将七十周岁至八十周岁区段老年人划分为适龄老年人；将八十周岁及以上区段老年人划分为高龄老

---

① 于海防. 个人信息处理同意的性质与有效条件［J］. 法学，2022（8）：101.

年人，并根据不同年龄层级的老年人制定不同的同意能力认定标准。智慧养老机构应当根据《个人信息保护法》的具体规定和年龄分级模式，结合老年人的理解认知能力，制定可操作性的老年人同意能力认定标准实施细则。另一方面，对于患有特殊疾病的老年人、生理或心理具有缺陷的老年人等不适宜划归至统一性年龄层级模式中的其他老年人而言，则可采取复杂情形下的个案审核模式，对老年人是否能够具备"充分知情"和达到"有效同意"程度的同意能力进行实质性判断，根据不同老年人的个案实际情况，可分别通过专人点对点式告知个人信息获取使用注意事项、联系其监护人进行同意意思表示的双重确认等方式进行审核。概言之，对老年人同意能力的认定应当采取年龄分级模式和复杂个案审核模式的双轨制认定范式。

2. 自愿同意与明确同意

老年人"有效同意"法律效果的认定还需具备"自愿""明确"两个程度性要素。"自愿"要素的判断属于个体的内心状态和主观性意愿，仅依据单一性的外在行为表示难以准确认定，且老年人的意志性和认识性层面较青壮年相对迟缓，需综合多方面因素整体性判断。"明确"要素的判断与主体行为和意思表示的认定紧密相关，因而也需从更为细分要素进行综合认定。①

第一，关于"有效同意"中"自愿"要素的判断。判断个体自愿与否是对个体内心状态、主观意愿的综合研判，仅从主体外部的某一行为无法获知精确的结果，尤其是特殊群体如老年人、无民事行为能力人等，故此同意的"自愿"要素判断是"有效同意"认定的长期性议题。本文认为，在智慧养老机构提供智慧养老服务过程中，对于老年人"有效同意"中"自愿"要素的判断需综合多方面进行综合性判断：（1）在主体地位对等性方面，个人信息处理者与用户之间的主体地位应当属于基本对等性关系，若双方之间的权力或地位过于悬殊，可能导致用户作出并非真实、自愿的意思表示。智慧养老机构与老年人之间属于服务与被服务的合同关系，智慧养老机构向老年人提供智慧养老服务，而老年人则支付相应对价的经济利益，因此就主体地位对等性而言，双方的社会性地位并不悬殊，通常情况下不存在影响老年人同意意思表示不自由的情形。（2）在主体作出同意的自由意志方面，个人信息处理者不得运用技术手段或不同意无法获取服务的方式强制用户同意，变相压制用户同意自决的自由意志。②判断智慧养老机构是否剥夺老年人作出同意意思表示的自由意志，可根据智慧养老机

---

① 郭锋、陈龙业、贾玉慧.《个人信息保护法》具体适用中的若干问题探讨——基于《民法典》与《个人信息保护法》关联的视角［J］.法律适用，2022（1）：12.

② 郭锋、陈龙业、贾玉慧.《个人信息保护法》具体适用中的若干问题探讨——基于《民法典》与《个人信息保护法》关联的视角［J］.法律适用，2022（1）：18.

构是否在线上收集老年人信息时采取"不同意即不提供养老服务"的个人信息获取模式，以及其他若不同意则会带来不利影响性质的方式。（3）在附条件同意的认定问题方面，若个人信息处理者采取将同意与否与其他利益相绑定关联，则属于实质意义上的强制性要求用户同意。智慧养老机构不得以影响养老服务为由而以老年人的同意为条件换取与养老相关的其他方面利益，即以老年人个人信息换取完整的智慧养老服务。

第二，关于"有效同意"中"明确"要素的判断。"有效同意"中"明确"的要素至少包含了两个方面的要求：一方面，信息主体需要作出明确无歧义的同意行为；另一方面，信息主体作出的同意意思表示行为应准确表达其准许个人信息处理者获取和使用其个人信息。在智慧养老的服务过程中，在同意行为方面，老年人做出同意行为的方式可以多样化：口头同意、书面同意、线上阅读后同意、监护人代为同意等。[①]但无论何种同意方式，均需在老年人正确无误的理解下作出，并可通过老年人的积极行为推断出老年人的真实同意意图。线上向老年人告知后也需由老年人阅读告知内容后作出点击、勾选等积极行为才能视为明确同意。在同意的意思表示形式方面，沉默形式不得作为老年人明确同意的判断或推定形式，即老年人的"明确"同意不得以默示形式作出。默示形式本身即具有极大的不确定性特征，老年人群体在生理和心理上的弱势地位也间接赋予默示同意形式以朦胧、模糊的外在特性，若允许老年人以默示形式作出同意，将削弱告知同意规则的制度约束力，限缩了老年人的在同意形式上的人格属性[②]，故不得通过老年人的默示形式推定老年人为"明确"同意。

3.单独同意与书面同意

《个人信息保护法》对于收集敏感个人信息、向其他个人信息处理者提供个人信息等情形，规定个人信息处理者需要取得个人的单独同意，若法律、行政法规另有规定，还需取得个人的书面同意。同理，若智慧养老机构需获取老年人的敏感信息或将老年人的个人信息提供给其他机构，则需另外向老年人单独告知相关事项，并取得老年人的单独同意或书面同意。需注意的是，单独同意并非意味着要求智慧养老机构就每一项敏感信息逐项向老年人索取同意权限，这将极大削减同意的功能性作用。[③]智慧养老机构可采取将老年人的敏感信息与日常个人信息相区分的模式，将获取老年人的敏感信息与日常信息独立，分别获取老年人的同意权限，这既体现对敏感信息的重

---

① 程啸.论我国个人信息保护法中的个人信息处理规则［J］.清华法学，2021（3）：58.

② 姬蕾蕾.论同意规则在个人信息保护中的适用——以情景类型化为视角［J］.苏州大学学报（哲学社会科学版），2022（2）：74.

③ 韩旭至.敏感个人信息处理的告知同意［J］.地方立法研究，2022（3）：69.

视和满足程序要求，也避免老年人承受过重的信息密度。此外，从法律条文的体系性解释而言，书面同意较单独同意更为严格，因而需要老年人书面同意的场合应当是与老年人的核心物质利益或精神利益相关联的信息获取应当具备的程序性规定。书面同意的形式不应局限于纸质书面同意，线上的电子签名或电子文件形式也应当属于书面形式的范畴，具体形式应当视老年人的需求和实际情况确定。

（三）"有效告知"与"有效同意"关系厘定

厘清智慧养老机构有效告知与老年人有效同意之间的辩证关系有助于明确告知同意规则的内部逻辑结构，通过具体规则之间的程序性关联强化个人信息在智慧养老服务过程中作为老年人人格利益重要组成部分的重要性作用，在告知同意规则适用过程中，促进信息技术和规则的迭代更新，发挥个人信息在数据资源流通中的基础性作用。一方面，智慧养老机构的有效告知是老年人有效同意的基础和前提，无有效告知则无有效同意。在履行前文所述有效告知的认定要件后，应以老年人是否充分知情作为智慧养老机构有效告知的法律效果。易言之，充分知情是连接智慧养老机构有效告知和老年人有效同意之间的效力性桥梁。另一方面，老年人的有效同意是对智慧养老机构有效告知的认可与接纳，也是双方信赖利益关系的显性体现。质言之，老年人的有效同意既是告知同意规则逻辑闭环的终点，也是老年人作为信息主体让渡信息利益以换取智慧养老机构服务利益的平等主体之间交易达成的外在意思表示。总而言之，若将智慧养老机构视为形成"数据资源整体"的主体，老年人即为该整体中的"单一数据个体"，而在此进路中，两者之间的关系即为：老年人作为信息主体的有效同意授权是智慧养老机构作为经营者对"单一数据个体"进行聚合、挖掘、应用而使之形成"数据资源整体"过程的合法性基础。[①]

四、智慧养老机构告知同意规则适用限度

（一）养老利益最大化原则

智慧养老机构获取与使用老年人养老及医疗数据时应当首先遵循老年人利益最大化的原则限度，并以此为指导性原则对老年人个人信息等数据进行合理使用。智慧养

---

① 刘颖，王佳伟. 平台经济中个人信息"告知—同意"的性质认定与规范解释［J］.同济大学学报（社会科学版），2023（3）：116.

老服务涉及获取与使用老年人个人信息的情景主要集中于两个方面：一是用于监测记录老年人日常生活、健康信息、运动活动、医疗活动等全方位数据，并可直接穿戴在身上或植入人体的设备；二是由智慧养老机构开发应用并用于记录和呈现老年人全方位个人信息的各类型移动设备线上 App。因此，在智慧养老服务过程中保障老年人养老利益最大化，应当重点从前述两个方面着手。具体而言：

第一，智慧养老机构获取与使用老年人可穿戴设备中的个人信息需准确向老年人告知信息获取的特定目的。智慧养老机构不得仅以提供智慧养老服务或提供健康监测记录为理由作为告知内容使老年人知悉，必须在告知内容中明确获取老年人个人信息后的具体使用途径和应用目的。例如，获取老年人的血氧信息、心率信息、心电图信息等老年人健康信息时，需告知老年人具体作何分析用途及其充分必要性程度，且不得用于非健康监测之外的其他用途。[①] 智慧养老机构获取老年人个人健康信息后，必须应用于符合老年人个人利益的目的，如收集的个人健康信息必须用于分析老年人某方面的健康状况是否存在异常。第二，智慧养老机构获取与使用老年人移动设备中线上 App 中的个人敏感信息时需实质履行单独同意规则。获取老年人的个人健康信息等敏感个人信息不得与日常信息混合实行"一揽子"告知模式，而应当另行列明需获取老年人个人敏感信息的种类、名称、目的等内容 [②]，并在告知内容中统一向老年人另行获取同意权限，最后确保所告知的内容能够引致老年人达到充分知情的程度而作出有效同意的真实意思表示。第三，智慧养老机构通过告知同意规则合法获得老年人个人信息后不得用于大数据分析和算法推荐。算法推荐技术的"黑箱状态"易造成"算法偏见""精准营销"等问题，老年人的辨别能力和认知能力随年龄增长而逐渐降低，若结合老年人的个人信息而进行数据分析后对老年人推送"精准营销"内容，存在诱导老年人作出错误决策的可能性，且极易使老年人个人健康信息等敏感信息发生泄露或被窃取，进而侵害老年人的个人财产利益和人格利益等。

（二）保障老年人数据的删除权

智慧养老机构获取与使用的老年人数据应当在老年人死亡后或智慧养老服务终止后确保老年人的养老及医疗数据及时删除清零，建立完善的"择出机制"，并向老年

---

① 焦艳玲.智能穿戴技术下的个人健康信息保护［J］.福建师范大学学报（哲学社会科学版），2023（5）：105.

② 满洪杰，郭露露.可穿戴设备中的个人健康信息保护.以同意为核心的研究［J］.法学论坛，2023（2）：121.

人或其监护人、近亲属详细告知行使老年人数据删除权的方式、途径等，在保障死者基本人格利益的同时也应当维护死者亲属祭奠哀思的精神利益不受侵犯。我国《个人信息保护法》未明确规定被遗忘权制度，但在第四十七条规定了删除权制度以发挥被遗忘权的替代性价值。删除权并不等同于被遗忘权，删除权的性质属于个人信息的权能之一，是人格权请求权在个人信息领域的具象化表现。^①

第一，智慧养老机构应当在获取使用老年人个人信息的告知内容中明确告知老年人所享有的删除权内容和范围。个人信息实质上属于自决权，老年人行使删除权即信息自决权的现实化适用。《个人信息保护法》第四十七条规定了信息处理者应当及时删除或经请求后删除的五种情形，若在智慧养老服务过程中，发现存在前述五种情形之一条件成就的，智慧养老机构则应当及时履行删除老年人的过往个人信息记录和痕迹的主动删除义务，若智慧养老机构未履行该义务，则老年人或其监护人、近亲属有权请求智慧养老机构及时删除。行使删除权的方式既可直接向智慧养老机构主张，又可直接以诉讼的方式行使。^② 第二，当智慧养老服务终止或老年人死亡后，删除权可由老年人或其监护人、近亲属代为行使。智慧养老机构应当明确告知已终止服务的老年人或已死亡老年人的监护人、近亲属行使删除权的程序、方式和范围等内容。智慧养老机构的告知义务履行是否具有法律效果，可参考告知同意规则中"有效告知"的认定要件。此外，若老年人认为已被智慧养老机构获取的个人信息将会影响个人养老利益的，可主动请求智慧养老机构进行删除，智慧养老机构不得拒绝。

五、智慧养老机构告知同意规则适用路径

智慧养老产业中要想加强老年人数据权益保护，除了从技术层面完善相关应用的数据安全防护力度外，更重要是从根源上即智慧养老机构作为数据业主^③在对老年人数据进行处理前后履行更高标准的告知同意义务：一方面，《民法典》第一千零三十五条和《个人信息保护法》都明确规定了对个人信息进行处理前必须征得相关自然人的同意，这是信息主体对个人信息享有所有权和信息被使用前知情权的必然要求，作为信息处理者的智慧养老机构自然也不例外。另一方面，老年人——尤其是高龄且认知能力显著下降的老年人——作为特定弱势群体所涉及的个人养老、医疗等信

① 王利明.论个人信息删除权［J］.东方法学，2022（1）：38.

② 王义坤，刘金祥.被遗忘权本土化的路径选择与规范重塑——以《个人信息保护法》第47条为中心［J］.财经法学，2022（3）：96.

③ 业主，指物业的所有权人，引申为产业的所有者。数据业主即数据产业的所有者。

息更为敏感，在收集此类型信息过程中理应对信息处理者科以更高的注意义务，在数据使用过程中也理应更为审慎，智慧养老产业中的智慧养老机构作为收集和处理海量老年人数据的数据业主，为其建构起体系严密、安全高效的数据处理规则是题中应有之义。而数据处理规则的源头与关键即告知同意规则的现实化适用，智慧养老机构在数据处理前只有完全履行告知同意义务，老年人的数据被收集后才能在规范的轨道上流转使用，老年人对个人信息的使用途径才会有相应的认知和预期，进而能预先规划好自身敏感信息提供与否，在根源上减少老年人敏感数据泄露、窃取或在无认知情况下供机构使用。

（一）《个人信息保护法》与《民法典》协同适用路径

理论上，《个人信息保护法》属于特别法，应当优位于《民法典》而在先适用，然而《民法典》属于基本法的地位，又决定了《个人信息保护法》中告知同意规则这一核心规则应当在《民法典》的体系之下进行适用，这也有助于将《个人信息保护法》中的相关规则置于基本法体系之下进行解释，强化法律之间的体系性衔接与协调。例如，《民法典》第一百零九条规定的保护自然人人身自由和人格尊严的规定，是保护人格权益的价值基础。该条规定对人格权分编的各条文具有统领性作用，可作为人格权具体规则适用过程中的解释性价值依据。个人信息作为人格权的重要组成部分，该价值基础既可作为个人信息保护领域立法的上位法根据，也可作为《个人信息保护法》具体规则解释适用时的理论支撑，形成了充分的正当化基础。[①]告知同意规则在《民法典》的体系下适用更有助于老年人特殊群体的个人信息保护。《个人信息保护法》与《民法典》协同适用过程中应当重点协调以下两方面的问题：

第一，《个人信息保护法》同意年龄与《民法典》中民事行为能力年龄的衔接问题。如前文所述，老年人并不存在法律法规之间的年龄衔接问题，对老年人同意能力的认定可采取年龄分级模式和复杂个案审核模式的双轨制认定范式。然而，若老年人属于《民法典》所规定的不能辨认或不能完全辨认自己行为的成年人，则属于无民事行为能力人或限制行为能力人，此时应当依照《民法典》的规定，由其法定代理人根据养老利益最大化原则，代理老年人对智慧养老机构获取使用个人信息的告知内容作出是否同意的决定。第二，《个人信息保护法》同意效力认定应当与《民法典》意思表示理论协同适用。一方面，分析《民法典》中涉及需要"同意"情形的相关规定，不同规定中"同意"的法律效果虽有不同，但基本内涵均包含承认某种事实、认

① 吕炳斌.个人信息保护的"同意"困境及其出路［J］.法商研究，2021（2）：87.

可某种行为或让渡个人部分权益以换取其他利益等同义性内容，实质属于意思表示的范畴。例如，《民法典》第十九条、二十二条关于监护人选择的同意；第一百六十八、一百六十九条关于同意被代理人的规定等。^①因而将智慧养老服务过程中老年人的"同意"认定为意思表示并无不妥。另一方面，《个人信息保护法》第十五条规定的信息主体撤回权，在性质上其虽不具有《民法典》意思表示撤销权所产生直接导致权利变动和溯及既往的法律效果，但仍可参照适用《民法典》意思表示瑕疵规则的相关规定。经事后查明，若存在智慧养老机构在履行告知义务过程中存在欺诈、胁迫等情形^②，则不符合"有效同意"认定要件中的自愿性要件，故不构成老年人对告知内容的"有效同意"，不发生"同意"的法律效果。若老年人对告知内容存在重大误解，老年人可依据《个人信息保护法》第十五条规定行使撤回权。智慧养老机构也应事先制定规则并告知老年人行使撤回权的程序和方式。

（二）"三重授权原则"与"动态同意"耦合适用路径

"三重授权原则"涉及第三方主体数据获取问题，是对《个人信息保护法》第二十三条的规范指称，基本含义是指第三方主体若要获取平台方日常经营包含的用户数据，平台方需首先获得用户授权，同时第三方主体既需要获得平台方授权，又需获得用户的单独授权。^③三重授权的基本流程可概括为"用户同意平台方——平台授权第三方——用户同意第三方"。"三重授权原则"基于诚信原则衍生而形成，对于我国个人信息保护和数据高效流通具有积极意义，在个人信息侵权案件频发情形下，理应对用户的个人信息尤其是特殊群体的个人信息采取强保护模式，以规范信息处理者的信息获取程序及方式。本文认为，一方面，智慧养老服务过程中，智慧养老机构原则上不得将老年人个人信息共享给第三方主体。但若涉及为了老年人的养老利益、个人健康监测、改进服务等有利于老年人个人利益而需要向第三方共享信息，则应当严格履行"三重授权原则"所要求履行的告知同意程序，且老年人的同意并非等同于授权，若第三方主体滥用老年人个人信息，"三重授权原则"并非是对老年人个人信息侵权的免责事由。另一方面，"三重授权原则"可与"动态同意"耦合适用。"动态同意"多用于人脸识别的信息保护，"动态同意"允许信息主体自由选择符合其个人需

---

① 高富平.同意≠授权——个人信息处理的核心问题辨析［J］.探索与争鸣，2021（4）：87.

② 王洪亮，李依怡.个人信息处理中"同意规则"的法教义学构造［J］.江苏社会科学，2022（3）：102.

③ 向秦.三重授权原则在个人信息处理中的限制适用［J］.法商研究，2022（5）：133.

求的告知形式、频率、告知内容的表达方式等，且享有动态的同意撤回权，其核心即在于提高信息主体的参与度和强化撤回权。[①] 该模式对于保护老年人等特殊群体的个人信息具有参考借鉴意义。在具体适用上，若涉及必须与第三方主体共享老年人个人信息的情形，可将"三重授权原则"作为老年人个人信息获取的程序性要求，而在老年人同意环节，引入"动态同意"理论，智慧养老机构可在线上系统中建立动态同意系统模式，以供老年人根据自身的个人偏好、阅读习惯、理解能力等方面选择适合自己的告知方式，并可定制告知的形式、次数、时间等具体要素。信息获取完成后，若老年人认为信息获取目的已经完成或存在个人信息泄露风险、个人信息侵权等情形，可随时在动态同意系统中提出撤回同意申请，并建立动态的个人信息"择出机制"。[②] 总而言之，在动态同意模式中，老年人居于告知同意规则各环节的中心地位。

（三）基于"场景理论"对老年人数据分层适用路径

"场景理论"的核心价值即个人信息处理过程在多样化的场景中所受到的规范制约不同。"场景理论"划分不同的具体细分场景，而不同场景通常是影响个人信息不同保护程度和利用效度的重要因素，据此，通过对信息处理参与者的不同利益分配，实现将个人信息获取、个人信息利用和个人信息安全与特定的细分场景建立连接。[③] 鉴于老年人群体的特殊性，智慧养老服务可考虑转变事前静态的老年人个人信息保护模式，根据老年人个人信息的不同场景，构建场景导向框架下的告知同意规则和老年人个人信息保护模式。

一方面，在智慧养老机构处理老年人个人信息的类型化场景划分上，智慧养老机构可根据老年人信息处理目的将老年人信息划分为若干个不同的细分场景：如为老年人个人健康利益而需处理老年人信息的场景、为智慧养老服务优化而需处理老年人信息的场景、为智慧养老机构正常运作而需处理老年人信息的场景等。此外，根据不同标准，智慧养老机构可在标准的指引下对更为细化的场景进行垂直划分。基于场景而制定个人信息保护具体规则需要系统性规划[④]，这要求智慧养老机构在不同标准和要素组合下制定明确可行的实践性方案。另一方面，告知同意规则可基于场景细分框架对

---

① 石佳友，刘思齐.人脸识别技术中的个人信息保护——兼论动态同意模式的建构［J］.财经法学，2021（2）：60.

② 姜野.由静态到动态：人脸识别信息保护中的"同意"重构［J］.河北法学，2022（8）：126.

③ 廖丽环.个人信息处理中同意规则弱化适用的路径优化——基于情境脉络完整性理论的场景细分［J］.法制与社会发展，2022（6）：156.

④ 赵祖斌.从静态到动态：场景理论下的个人信息保护［J］.科学与社会，2021（4）：98.

老年人个人信息实行分层适用。分层同意规则在前述不同场景的细分基准上，应当构建分级分类的判断标准。在分级同意规则上，如前文所述，应以老年人年龄为划分标准，将不同年龄阶段老年人纳入不同年龄区段当中，根据不同年龄段老年人的特点制定具体的同意规则和程序。也可根据老年人个人信息的敏感级别进行分级划分，在相关标准规定的敏感信息范围内制定高中低等细分层级的敏感级别，并据此适用不同保护强度的同意规则。在分类同意规则上，智慧养老机构应当将老年人不同情景下所产生的个人信息实行类群化区分，例如，老年人的个人健康信息类别、日常活动信息类别、病例信息类别、运动记录信息类别等。根据不同类群的老年人个人信息重要性程度，设置与之相对应的同意程序规则和个人信息保护强度。换言之，场景细分下的同意规则应当形成在"年龄分级——情景分类"体系下分层衔接适用。

六、结语

随着人口结构发生变化，我国正加速步入老龄化社会。目前，我国养老产业仍然属于初步发展阶段，亟须法律法规的规范性引导和适用性解释。告知同意规则作为个人信息保护领域的核心性规则之一，在现实适用过程中存在较多难题，尤其是在老年人等特殊群体中的具体适用过程中，需要结合不同的行业特征、群体需求、规范关系等方面进行解释性分析。既要规范个人信息处理者一端积极履行有效告知义务，在获取与使用个人信息时以保障信息主体的信息利益为导向，在实质层面上尊重信息主体的人格权益；又要完善信息主体一端有效同意规则的构造和动态适用，避免同意规则成为信息主体让渡个人信息利益换取各类服务的形式要求。数字智能时代的到来，信息边界日益模糊，如何在现有法律规范体系下更系统地保护各类群体的个人信息权益，是立法者和理论研究者的长期性议题。

数字经济下智能税收征管的制度构建[①]

姜　美[②]　杨　铄[③]

（湖南第一师范学院商学院；湖南工业大学法学院）

[**内容摘要**] 数字经济时代的互联网技术不断升级，人工智能逐步运用于包括我国税收征管领域在内的各个领域，我国税收征管制度面临巨大挑战。但无论是哪种挑战，智能税收征管都是一把应对挑战的利刃。我国税收征管大致经历了手工征收、计算机辅助征收、金税工程、"互联网＋税务"等四个阶段，现正处在人工智能与大数据技术结合阶段。传统税收征管体系存在行政效率不高、信息安全度不够、信息公开度偏低等缺陷，而人工智能的高效性、准确性与税收征管制度的复杂性、公正性相联系，正好为智能税收征管的制度建构提供了合作空间。要对现阶段的税收征管进行制度建构，既需要借鉴智能税收征管制度的国际经验，又需要立足我国国情，以税收法定作为建构的核心，从管理服务、征收监控、税务稽查、税务执行四个方面进行制度设计。

[**关键词**] 数字经济；智能税收征管；制度构建

一、问题的缘起

数字经济的迅猛发展给世界各国带来新经济增长点的同时，也对包括跨境税收征管在内的税收征管体系带来了一系列挑战。[④] 为应对这种迫在眉睫的挑战，提升我

---

① 本文为湖南省教育厅科学研究重点项目《数字经济下税收征管法律问题研究》（批准号：湘教通〔2023〕361号）的阶段性成果。

② 姜美，湖南第一师范学院商学院副教授、硕士研究生导师。

③ 杨铄，湖南工业大学法学院硕士研究生。

④ 彭敏娇，袁娇，王敏. 数字经济下跨境税收征管问题及路径选择 [J]. 国际税收，2021（6）：75.

国税收征管能力，有必要有的放矢地探讨数字经济下我国税收征管现状、及时找准应对措施。自改革开放以来，我国税收征管体系经历了三个阶段，分别是"以账控税""以票控税"和"信息控税"，每一个阶段的税收征管体系建设都对应着不同社会经济发展的特殊背景。当前税收治理需要进一步提高资源利用效率，降低征纳成本，减少监管障碍[①]，智能税收征管必将成为我国税收征管制度的核心。

税收征管是国家税务机关依据税法以及其他有关的法律法规对税收征管过程进行组织、管理和检查等的总称，主要包括税收法定、管理服务、征管监控、税务稽查和税务执行五个方面。要在国家治理体系中实现税收智能化，必然要先推动税收征管的改革，以征管智能化推动税收智能化。人工智能作为一种对人的意识、思维的信息过程进行模拟的技术科学，其智能化的工作能力以及较高的学习效率正是数字时代所需，不但可以快速适应复杂的税收征管，而且可以有效解答税收征管实践中的困惑。人工智能所具备的高效性、准确性与税收征管的复杂性、公正性相契合，将为人工智能与税收征管进行深度融合提供合作空间。[②] 根据数字经济时代的特点，考虑到人工智能的局限性，制度建构应以税务行政人员为主导、人工智能作为适当辅助进行完善。

二、我国税收征管发展的趋势：渐近"人工智能"

中华人民共和国建国初期到改革开放前 30 年，当属于手工征收阶段。我国根据当时的国情清理了旧税制，建立起了一套适用于当时经济发展的复合税制体系，后又经过了两次较大规模的税制改革，对当时的税制进行了两次简化。在 1978 年以前，国家采取"一员进户，各税统管，征管查合一"的税收征管模式，实施高度集中的计划经济体制，此为基于当时的基本国情而设。税收征管的组织形式根据不同的经济状况、行业属性、地域因素而设立，工作人员根据纳税户的规模、税收工作的复杂程度来安排，采取税务人员上门催缴的征收方式，管理方面主要通过传统的手工操作。此方式效率偏低，容易出错，随着经济的逐步发展，手工征收的局限性日益凸显。

1978 年后逐步进入计算机辅助征收阶段。随着对外开放、对内搞活的经济政策施行，税收征管出现了许多新特点，全国纳税户和税种成倍增加，税源更加分散，税收征管人员素质参差不齐，税收征管难度不断加大，同时出现了偷税、抗税、以税谋私

---

① 茅孝军.算法治税：人工智能时代税收治理的范式优化与架构设计［J］.河北法学,2023（10）：79.

② 鲁钰锋，马涛，王斯文.人工智能技术在税收征管中的应用［J］.国际税收，2018（5）：20.

等偏离法治轨道的现象，税收征管制度亟需完善。1985 年在安徽省歙县拉开了我国税收征管改革的序幕，召开了全国第一次征管工作会议；1986 年 4 月 21 日，国务院发布了《税收征收管理暂行条例》；经过多年的论证，国家税务局于 1992 年提请全国人大常委会审议并通过了《税收征管法》。在这期间，我国对改革初期的税收征管模式进行了完善，特别是在 1990 年的全国税收征管工作会议上确立了征管查"三分离"模式，其主要特点是将税务部门的职能分工为征收、管理和检查，对税收征管权力进行分离和限制。1994 年分税制建立初期，在保持原有征管模式的同时，在部分地区试行了"三位一体"模式，即"纳税人申报、税务代理人代理和税务机关稽查"三位一体的征管模式。这是一种新的尝试，虽然其并未在全国范围内得到普遍推广，但其取消了税务专管员管户制度，将税务申报、税务代理与税务机关有机结合，形成了互相联系、互相制约的整体。此时，计算机在税收征管中的作用开始显现，逐步占据一席之地。这一阶段，税务部门开始建立税收征管信息系统，税收征管的部分业务流程逐步自动化。

1999 年金税工程的启动为税收征管智能化的加速剂。1995 年，党的十四届五中全会以后，我国开始从计划经济体制向市场经济体制转变，社会经济的改革推动了税收征管制度的变动。1997 年，我国税务总局确定新征管模式，在全国范围内实施以独立自主申报和优化税收征管服务为基础、以互联网为支点的模式，重点是征收和稽查。与传统税收征管模式相比，新征管模式有四大特色：（1）传统的模式采用分散型和粗放型的税收征管模式，新征管模式在管理上更加集中化和规范化；（2）传统税收征管模式主要是手工操作，新征管模式更加现代化和智能化；（3）传统模式主要采取上门征收税款的方式，新模式更加独立和自主；（4）传统模式主要由税务专管员管户，效率很难提高，新征管模式更加的高效和专业。[1] 新税收征管模式的重心是管理体系的变化，不但注重突出纳税申报状况，优化税收征管服务，体现征税的公平性和法律保障性，加强了对管理手段的强化，主要以计算机为支撑，加强对税收征管与现代信息化技术的融合，提高了税收征管的效率。在互联网交易领域，打通网络平台与税务机关之间的"数据鸿沟"是现实有效税收征管的基础。[2] 金税工程更是税收征管智能化的里程碑，项目实施后，我国税收征管信息化水平大幅提升，税收效率提升，错误率降低。

---

① 袁娇、陈彦廷，王敏．"互联网 +"背景下我国税收征管的挑战与应对［J］.税务研究，2018（9）：82.

② 李昊源．"数据管税"：新时代税收征管的核心模式——以互联网交易为例的分析［J］.现代管理科学，2018（12）：39.

互联网技术的发展也不可避免地影响到了税收征管模式，"互联网＋税务"的模式让接下来的税收征管如虎添翼。2015年，中共第十二届全国人民代表大会第三次会议上，李克强总理在政府工作报告中首次提出制定"互联网＋"行动计划。2017年，中共第十九次全国代表大会的报告中，习近平总书记提议，"建设现代化经济体系，必须把发展经济的着力点放在实体经济上，把提高供给体系质量作为主攻方向，显著增强我国经济质量优势。加快建设制造强国，加快发展先进制造业，推动互联网、大数据、人工智能和实体经济深度融合……"。与此同时，国家税务总局根据以往的税收征管模式进行了新一轮改革，以加快税收信息管理，实现税收征管的专业化和智能化，构建日趋完善的税收征管智能系统，突出信息技术在税收征管中的作用，实现以信息技术为支撑的税收专业化管理。随着人工智能、区块链、大数据等新兴技术的快速发展，现代信息技术已经成为支撑我国经济高质量发展的核心力量。[①]这一阶段，网上办税、移动办税等新型服务模式成为税务部门的新宠，纳税服务更加便民和高效。

近年来，人工智能与大数据技术的发展推动了新的税收征管模式的出现。税务部门开始利用二者对税收数据进行深度分析，以助推税收风险预警和防范能力。2018年，我国税收征管模式经历了更深层次的革新，尝试以信息化推动税收征管模式创新，如取消了原来的国税、地税分开征管的方式，实现了国税地税合并，将大数据、云计算和人工智能等先进技术应用到税收征管，推广电子税务局，优化纳税服务，降低纳税人的遵从成本，通过对大数据的深度挖掘促使税务机关精准识别和打击逃避税行为，深化国际税务交流与合作，推进了税收征管的一体化和智能化。

三、数字经济下我国税收征管制度的不足与成因

随着社会的发展，互联网技术越来越成熟，纳税人的经营范围也相对越来越宽泛，经济形势越来越复杂，单纯依靠传统的税收征管制度显然跟不上纳税人日益增长的多样化和个性化要求，也无法满足纳税服务管理的精细化和科学化的需求。传统的税收征管制度存在着行政效率不高、信息安全度不够和信息公开度偏低等不足，因此需要更加高效便捷的智能化模式来应对现代生活的各种变化。

（一）传统税收征管制度不入时宜

基于传统的税收征管制度设置已经不适合时代进步的需要，导致税收征管的行政相对效率逐步降低。在税收行政事务处理上，我国目前主要采取混合式的模式，即综

---

① 曾鸿静.现代信息技术在税收征管中的应用建议［J］.财务与会计，2023（13）：76–77.

合运用"线上+线下"的多渠道管理模式。具体而言，纳税人需要依据有关立法规定或者税务机关的具体要求准备相关材料，然后通过线上的方式登录税务系统，也可以直接到税务大厅提交所准备好的材料，接下来税务机关则会在约定的时间内给予反馈。税收效率原则是税收基本原则之一，其中，税收征管行政效率是其要求之一，税收行政效率主要的测量指标有征税成本率、纳税成本率和人均征税额。与部分税制发达的国家相比较，我国的征税成本还有待进一步降低，这与我国税务机关人员繁杂、信息化水平较低是分不开的。同时，我国部分税务机关的办事效率有待提高，这不仅增加了纳税人的征税成本和时间成本，而且损害了税务机关在公众面前的形象，甚至有可能激化征纳双方之间的矛盾。"人工智能将助力税收治理走向信用监管，不但有效降低税收征管成本，还会让税收治理结构更加扁平化，并由此影响税收结构的设置，让税收治理模式由标准化向个性化转变。"[1]

税收征管信息系统的安全度需要随着时代的发展不断提升。出于税收征管工作的需要，在征管过程中，税务机关会了解和收集到纳税人的大量信息，如果对此信息保护不到位，会使得税务信息的安全度相对较低。有鉴于此，我国税务机关在制度上和实践中均采取了多重措施来对信息进行保护，这些措施包括但不限于：税务信息管理系统内的"防火墙"，针对信息泄露行为的问责机制。但我国税务信息管理系统仍存在诸多问题，影响管理效果。首先，来自用户以及物理环境的隐患。由于管理的错误或疏忽，一些获得法律授权的用户可能会出现操作失误，滥用授权，甚至可能导致系统损坏；也有来自非法用户的威胁，如黑客攻击不但会引发常见的网络安全风险，还可能引发税务机关管理风险。至于纳税人在税务机关或税务系统的信息，则隐含着较多的个人隐私，如交易活动、财富状况、婚姻状况、家庭情况等，这些信息又暗含着一定的经济价值，一旦被盗或者被泄露，纳税主体的安全可能受到威胁，税务机关的公信力也将不复存在。同时，物理环境也可能产生安全隐患，如因自然灾害或者电源中断等原因导致税收征管的信息系统出现问题，妨碍税务工作的顺利开展。[2]其次，目前互联网技术发展飞速，无线局域网等大大扩展了网络边界，增加了边界保护的难度，由于缺乏抵制入侵的有针对性的保护措施，导致税收征管信息系统的安全度大大降低。

税收征管信息公开度偏低。在税务实践中，税务机关会按照要求或者规定公开部分信息，但公开的内容、方式、途径和频率等不一定是服务对象所喜闻乐见的，有时

① 杨金亮，孔维斌，孙青.人工智能对税收治理的影响分析［J］.税务研究，2018（6）：24.

② 葛玉御，宫映华.借势人工智能，实现税收现代化［J］.税务研究，2018（6）：13.

候内容有限，公布还不及时，纳税人获取信息渠道不畅通，影响纳税遵从度。随着纳税人权利意识逐步增强，对纳税信用等领域的信息公开需求日益上涨，但税务机关在信息公开方面仍存在短板，缺乏透明度，使不少纳税人利益受损。[①] 纳税人想要获取信息还有提交申请等途径，但缺乏奖惩机制的途径是否有效完全依赖于接收申请的税务工作人员的职业道德。对于具有良好职业素养的工作人员，有没有奖惩制度，其回复都会是及时有效的；反之，申请可能得不到回复或者得不到有效的回复。况且，没有制度保障的途径是没有持续性的，也会让人无所适从。对于申请的不及时回复、消极怠工等行为将折损纳税人对税务机关的信赖，甚至影响其对税收制度的信仰，间接影响了税收对经济的推进功能。

（二）传统税收征管制度不足的原因分析

1. 宏观税收环境的制约

首先，税负水平与经济发展水平需要一定的磨合期。我国的经济一直在增长，但我国的经济发展水平仍有待提高。从宏观税负的角度来看，美国等西方发达国家的税负水平远远高于我国，我国纳税人的名义税负较低，但非税财政负担依然不轻；从微观税负的角度来看，我国少部分税种税率偏高。此外，税收征管受税收计划的影响，对各地的经济发展情况和税收相互关联性的酌量不够，与市场经济的契合度降低。其次，税收征管能力与税收制度有效运行之间有一定的差距。税收征管能力的强弱意味着税收制度的有效实施程度，然而我国目前的税收征管能力落后于经济发展的需求。自 1994 年以来，随着税收征管模式的变革，各地都在征收管理上进行不断的摸索，但大部分地方仍停留在征收的建设方面，税收信息化水平不够高，加之税务机关队伍中专业素质高的征管人员比重偏低，征管能力较弱。最后，税收征管法制建设与制度的实践之间存在鸿沟。目前，税收法律制度建设和征管体系尚不完善，有法不依、税收管理不善的现象还大量存在。税务机关相对落后的技术手段和不健全的法律机制导致整个社会依法纳税的法律意识淡薄，实际的税收征管操作与配套设施难以契合，银行和工商部门对税务部门的协助也没有得到有效发挥。

2. 微观税收制度本身的不足

随着市场经济的不断发展，新的法律关系不断出现，税收法制出现了不少问题，例如：税收法律存在明显缺陷，税务违章处罚、税务行政诉讼、纳税人权利保护等需

---

① 杨志勇. 人工智能、税收政策与税收理论［J］. 税务研究，2018（6）：6.

要更健全的法律；[1] 税收法律形式比较复杂，除了全国人民代表大会及其常委会通过的法律以及国务院颁布的行政法规外，还有财政部、国家税务总局和地方政府的行政法规和规章等。整体的发展离不开局部的和谐推进，科学的地方税制可以促进系统内的优势互补，助推税收征管的升级。但目前地方税制参差不齐，部分调节机制不完善，地方的税收收入无法集中，非法纳税人一直存在且数量不少，导致地方税收征管难度极高。由于缺乏严密规范的税制结构，税款征收存在较多漏洞；相关专业人员素质较低，征税方法不够先进，以致部分地方税严重流失。[2]

传统税收征管制度的不足使得新的税收征管模式的产生成为必要与可能，但新的税收征管模式不可能凭空产生，乃是在条件具备的情况下顺应时代潮流的产物，高效便捷的智能税收征管模式也不可能一蹴而就，需要不断的破旧立新、学习先进经验，同时需要合适的引导和规制。

四、数字经济下智能税收征管制度的国际经验借鉴

"数字经济企业在不设置物理常设机构的情况下，突破边界的限制开展线上业务，使传统的国际税收规则面临挑战。"[3] 税收征管在现代国家中扮演着越来越重要的角色，不同国家对税收征管表现出了不同程度的重视。美国作为一个高度发达的市场经济体，其税收体系与经济体系、政治体系高度契合，税收征管水平在世界上遥遥领先。2017 年 12 月，美国国会提出两党法案《人工智能未来法案》（FUTURE of Artificial Intelligence Act of 2017）。到现在为止，美国的全国数据处理中心和按地区建立的税收征管服务中心，贯穿了整个税收征管过程，包括纳税申报、征收税款、税收监控等。其将先进的互联网科学技术应用于税收征管领域中，提高了税收征管的效率和质量，大幅度减少税收成本，提高税务部门税收征管监控的能力，通过对计算机自动化的不断摸索和发展利用，实现"人机对话"，极大地方便了纳税人。税收智能化的基础是大量的数据，德国早已经把纳税人的信息全部纳入税务管理系统信息集中处理的范围。税收管理系统有着广泛的网络覆盖范围，数据的准确性较高，纳税人可以通过网络的方式及时处理、准确掌控信息；税务局可以利用网络进行税款征收和对部分纳税人进行网络监控，实现税收征管的全过程监控。"以数治税"是在数字时代推进税收征管现代化的重要实现路径，其在提升征管效率、防范税务风险、优化纳税服务等方

① 翁武耀，倪淑萍. 人工智能促进税收征管现代化的方式与影响［J］. 税务研究，2018（6）：19.
② 李伟. 数字税征收的国际实践及我国应对方案［J］. 江苏行政学院学报，2022（5）：41.
③ 周波，刘晶. 应对数字经济挑战的税收治理变革［J］. 税务研究，2023（12）：33–38.

面发挥着重要作用。[①]结合我国税收征管制度的现状，笔者认为我们可以借鉴两个方面的经验或者教训。

在纳税人的管理方面，借鉴美国《人工智能未来法案》及其相关政策，加快建设全国性的数据处理中心和税收征管服务中心，提高纳税服务的信息化程度。一方面，对于个体纳税人而言，为实现税收公平原则和实质课税原则，区别化地进行征管才是科学的。因为纳税人的个人情况、家庭成员收入情况等千差万别，现在的个税扣除政策差异化地处理不同纳税人的纳税，真正体现了税收公平。虽然仍是需要纳税人自行申报，但制度的存在就是公平的保障，何况也只有纳税人自己最了解自己，自己申报或者自己委托他人申报相对比较合适。在独立自主申报的时候，对缺乏税法基本常识的纳税人难度和成本也是非常大的。对于这一问题的解决，人工智能应该成为数字经济时代的一种选择。通过知识储备和多种经验数据的累计，人工智能应该能够初步判断纳税人的应纳税所得额和应纳税额，在授权范围内对受托工作给出咨询建议，形成智能化的纳税申报表，给纳税人提供纳税指引。以此类推，如果服务对象是企业，那人工智能同样可以利用其已有数据、实践中充实进去的数据和自带的学习能力，结合日常决策经验，确定可扣除的费用，给予企业纳税指引，并为税务专业人员生成参考报告以协助决策。从企业成本的角度来看，人工智能参与到税务相关决策活动中，可以使企业减少大量的运营成本，同时提高决策的准确性。此外，人工智能的数据收集和数据分析也能为未来的立法提供参考。人工智能通过对内部储存数据和实践过程中不断增多的数据进行定时统计、分析、比较，可以判断税收是否超过纳税人预期，或是否达到税务机关预期，纳税人的销售费用是否偏高，纳税人的组织架构是否科学，等等。这种参考的有效性取决于人工智能收集到的数据的真实性，纳税人的诚信意识与数据真实性密切相关。

在信息建设方面，税务部门可以学习德国的经验，实现对税务管理系统信息的高效处理和税收征管过程的线上监控，二者之间本来就是相辅相成的关系。人工智能对系统的有效管理可以从两个方面实现：一是发挥基本的处理功能，二是对税源的动态跟踪。前者管理税源，通过对税源的实时观察、分析和综合，及时作出预测与反馈，有效控制纳税人的避税风险。扣除项目主要由纳税人自主填报具有一定的合理性，但随着社会的进步和经济活动的多样化，税收征管日渐复杂，纳税人独立申报存在一定的道德风险，易造成税收秩序的破坏和税收不公。如果只是在税收征管的过程中加大

---

① 黎江虹，李思思. 重塑纳税人权利："以数治税"时代的底层逻辑［J］. 华中科技大学学报（社会科学版），2022（6）：79.

人力投入，很难起到预期的效果。人工智能利用其充实的数据和强大的算法功能，可以对纳税人纵横的相关数据进行多重比较，比较结果明显异常的，发出警示，让税务机关根据警示有的放矢地进行排查，堵塞管理漏洞，鉴定异常行为的性质，进行纳税评估。后者的目的在于建立持续的监督机制，即动态税源跟踪系统，监控税收的基本来源，随时随地观察税款征收的各个环节，及时发现纳税漏洞和异常行为。有了人工智能的配合，只要其系统运行正常，便可减少税款征收的随意性，提高税务机关的规范化征管水平。在税收征管中，税收流失问题不单是存在于纳税人的税收违规行为中，而是贯穿于税收征管的整个过程中，包括征税主体自身的不规范行为。例如，因为某些小型企业的纳税能力低，一些税务机关可能不会严格按照法律规定去确认这些企业的应纳税额。人工智能可以通过对税收规定的学习理解，基于法定的税率、计税依据和税收优惠等自行适用于税款征收中，从而对应纳税额的掌握，严格准确的确定应纳税额的数额。从而使税务机关准确掌握应纳税额，并且可以进行一定程度的监管，形成一个高效率的税收确认机制，同时将税务机关的征收管理行为规范化，减少税务机关纳税过程中的随意性，加强税收征管的法定化和专业化。

五、数字经济下智能税收征管的制度设计

未来，我国的税收征管模式逐步走向智能化，更加离不开数据驱动，更加注重为纳税人服务。持续的技术创新和制度改革不可避免地将成为未来税收征管日益完善的有力保障。税收征管领域首先要做到税收法定，其次做好管理服务、征收监控、税务稽查、税务执行四个方面的制度设计，既然要进行智能税收征管的制度建构，不可避免地要将这四个方面进行整体规范，让人工智能渗透到这几个领域，使其相互联系、相辅相成。"建设具有高集成功能、高安全性能、高应用效能的智慧税务，应通过发票电子化改革、探索数字身份应用、增加设计业务场景化组合、深度应用"信用＋风险"以及多元融合，最终实现税收征管的数字化、网格化、自动化、智能化、生态化。"[①]

（一）以税收法定作为制度建构的核心

通过税收立法，一方面，实现税收征管过程可控、结果可评、违纪可查、责任可追，推动税务机关遵纪守法，实现金融、海关、市场监管、公安、支付平台等其他涉税方数据合法共建共享，实现合法征管；另一方面，纳税人也将在法律的约束下不断

---

① 张有乾.智慧税务的构建与探索［J］.税务研究，2022（11）：43.

地自我监测、自我识别、自我应对和自我防范，推动税费服务从被动遵从到自动遵从，实现依法纳税。智能税收征管的构建，是适应时代需求而为，挑战与机遇并存，我们不需要因噎废食，应该通过制度的设置规范人工智能的权限，将人工智能的行为约束在合规的范围内。否则，人工智能将变成一柄双刃剑，在为我们人类提供多种便利的同时，其高效性将滋养出部分税务闲人，他们基于工作内容和工作压力等原因将大部分工作任务交由人工智能完成，而缺乏约束与监管的人工智能很可能沦为有心人以权谋私、权力寻租的工具，威胁市场交易安全和纳税人的合法权益。因此非常有必要为智能税收征管划定合理的界限，这个界限就是税收法定。不管是单独立法还是在其他法律中对人工智能做出相关规定，都能让人工智能在合法的范围内运行。在对人工智能单独立法前，我国可在《税收征收管理法》中明确规定税收征管领域可使用人工智能，并限制其使用原则、使用领域、使用方法以及使用后果等。同时，在税收征管活动中，在法律限度内，促进人工智能与税收征管活动二者的结合，发挥人工智能的应有作用，为完善税收征管法定制度提供一定的经验，提升我国数字经济在全球的竞争能力。[①]

（二）以人为本的税收征收管理服务是制度建构的基础

在税收征管的服务领域中，将人工智能运用于税收征管中，可以提高税收征管程序运行的效率，管理服务制度应该为此目标而设置。智能税收征管的职能之一是收集、整理、挖掘、分析和处理大量税收数据，通过数据采集、处理、分析和可视化的过程，使税务机关更全面地了解税收情况，预测税收趋势，科学决策。这就需要我们重视法律程序，注意平台搭建的规范性。其一，制度中应该明确与人工智能结合的目标，完善税收征管信息管理程序，进一步明确人工智能处理相关事务的范围以及规则、税务专干协助处理特殊事务的情况及职责。智能税收征管需要以人为本，人工智能来源于人，且人工智能并不具备独立的意识，或者其所拥有的"意识"还不足以让其应对千差万别的税收征管情况。目前，我们能够做的就是在智能税收征管中提前设置处理程序，规定在各项税收事务中人工智能的处理方法。[②]当新情况出现时，再升级补充处理程序。在新情况出现之后至升级程序之前，人工智能有一段时间是无法处理特殊情况的，需要设置经验丰富的税务专干协助进行，随时为人工智能工作的完善提供思路，也包括在突发情况下，人工智能与熟练管理员一起协作，寻求最佳解决方

① 李香菊，谢永清.数字经济背景下的税收征管问题研究［J］.北京行政学院学报，2022（5）：58.
② 王敬波，李帅.我国政府信息公开的问题·对策与前瞻［J］.行政法学研究，2017（2）：77.

案。其二，为构建智能化办税服务平台提供法律依据与权限范围，即达到规范平台的效果，又能促进平台健康地协调发展，更好地为税收征管以及相关人员服务。由于纳税人数量多，税务机关工作人员事务繁杂，办理相关税务手续又较为复杂，纳税人需要花费较多的时间才能办理手续，将人工智能应用于涉税审批事务中，通过机器的智能审核可以大幅度减少人力资源，节约时间成本，从而实现征税成本的降低，有效提高办税效率。传统的税收征管服务涉及税务登记、发票管理、税收申报、税款征收、税收优惠政策等诸多项目，数字经济下的税收征管服务拓展到在线办税、智能咨询、个性化服务、电子发票、移动支付等，适应数字经济时代的发展需求，鼓励人工智能在规定范围和权限内处理部分事务，纳税人通过互联网、移动终端等渠道就能随时随地办税，实现税务事项的远程办理，无疑可以提高效率，更好地为纳税人服务。

（三）强化征管监控和税务稽查，乃制度建构之"两翼"

绝对的权力导致绝对的腐败，在智能税收征管领域同样如此。通过对纳税人的涉税数据进行持续的分析、监控等，税务部门能够识别潜在的税收风险，采取有效措施提前防控，降低税收流失的可能。在智能税收征管中，征管监控和税务稽查两项制度的重要性毋庸置疑。

利用征管监控制度，人工智能可以在税额确定、税务稽查等方面建立预警程序，降低资源投入，提高效率，同时自身的税收征管行为也需要随时监控。人工智能既可以引导纳税人形成依法纳税意识和合规纳税行为，也能监督纳税人的纳税行为，一旦偏离法制轨道，可以先提醒，再对提醒之后屡教不改的进行惩戒。人工智能可以完成很多人类直接行为无法完成的工作，但其并不是万能的，也很可能出错，因此需要对人工智能的税收征管过程进行相应监管。人工智能的工作方式、内容、效率和结果等取决于其管理员的意志，如果管理员意志遭到篡改，原有正当程序被破坏，那人工智能在正常工作时能给我们带来多大益处，在其非正常运行时就能给税收征管、市场秩序带来多大破坏力。由此可见，在进行制度构建时，需要考虑随时监控人工智能行为的可能性，以便及时发现其非正常行为并纠正，确保人工智能可以合规履职。

利用税务稽查制度，税务机关可以确定稽查对象，进行稽查取证和数据核实，建立稽查数据库。税务稽查是堵塞税收漏洞的重要一环，税务稽查到位，使纳税人的侥幸心理得到遏制，税收遵从度提高，纳税意识在无形中得到增强。目前，我国税务机关主要确定高风险纳税人为稽查对象，而对其他纳税人则采取随机方式来确定，稽查对象确定的方式简单，税务机关难以确定全部的失信纳税人，且稽查对象确定的准确率也相对偏低。[①] 人工智能可以通过对历史数据（这些数据包括纳税人的历史交易情况、各个时期的应纳税所得额和应纳税额、信用等级等）的整理、分析和综合进行合理预测，为税务稽查提供相对科学的稽查范围，有效避免了无头苍蝇般的大面积搜索和抽查后发现做了大量无用功之后的尴尬。尽管预测的稽查范围内也有部分是无用信息，但相对于漫无目的的抽查，这样的稽查更加有效。根据预测的稽查范围发现可能违规的情况后，传统的做法是去实地取证，获取的信息都由纳税人提供，真伪难辨，费时费力，且效果一般；人工智能可通过已被输入的相关涉税信息来证明纳税人现场提供的信息真伪，核实现场获取数据的准确度，通过人工智能与税务行政人员的合作，提高税务机关现场稽查行为的有效性。[②] 最后，利用人工智能在税收征管过程中得到的数据建立稽查数据库，可以为今后的稽查活动提供重要参考。具体纳税人的情况千差万别，但纳税人的失信行为之间具有一定的相似性，有了稽查数据库，人工智能可以进行类型化分析，总结纳税人违规的通常途径和方式，防患于未然。

（四）将税务执行作为制度设计的关键点

广义的税务执行包括税务征收管理、税务稽查与审计、税收宣传与培训、纳税服务优化等，税务机关在执行时既需要积极响应当时当地的税收政策，更需要严格依照法律法规执行税务工作。从我国税收征管历史来看，人工智能是一个必然的趋势；我国的税收征管实践也在逐步向人工智能方向迈进，不同地区的制度逐步在不同程度地与人工智能相结合进行设计或完善。在今后很长一段时间，人工智能都将是我们不得不面对的税收征管主题之一。有鉴于此，我国《税收征收管理法》中应就智能税收征管设置专门的法律条文，将有关人工智能与税收征管结合的原则、规则、方法、责任等进行特别规范，如规定人工智能在税收征管过程中适用的领域，包括但不限于税务登记、纳税申报、信息管理、税务检查等。智能税收征管阶段，早就已经尝试在税务部门的各种平台引入人工智能服务，解决回复不及时、回复受时间限制、回复不专业、人工费用偏高等问题。因为之前的12366热线的工作人员多为税务机关聘用人员，未经过专门培训，给税务机关造成较大财政压力，难以及时处理纳税人疑难问题、实践问题。[③] 引入人工智能服务后，可随时接听问询、随时回复。再配合官网、微信公众号等平台的人工智能，随时接收各类问题，在一定时间内有规律地将问题分

---

① 刘宪权. 人工智能时代的"内忧""外患"与刑事责任［J］. 东方法学，2018（1）：134.

② 季卫东. 人工智能时代的司法权之变［J］. 东方法学，2018（1）：125.

③ 潘庸鲁. 人工智能介入司法领域的价值与定位［J］. 探索与争鸣，2017（10）：101.

类，及时更新和完善回复，并形成文字性资料在不同平台及时推出，增强信息交流与沟通，通过完善征纳双方的交流机制，构建和谐、合作的征纳关系。同时，自动化审核系统可以利用信息系统中的已有信息对纳税人提交的申报数据进行快捷、准确审核，发现异常情况、按照设置进行预警，提高征管效率，系统中积累的丰富案例和相关理论能为税务部门科学决策提供可行性依据，优化税收征管工作。

六、结语

人工智能迅猛发展，已经渗透到社会的方方面面，税收征管领域也不例外。因而，我们要正面人工智能给税收征管领域带来的新变革，并且在技术创新上不断摸索，将新技术融入更多的税务管理中，积极推进社会协同数据共享，持续深化"放管服"改革[①]，才能更好地面对数字经济时代的挑战。通过引入人工智能和大数据技术，智能税收征管能够更快捷、更准确地识别潜在的税收风险，自动化处理大量数据，减少人工操作的误差，在一定程度上提高税收征管的效率和准确度，减少偏离法治轨道的行为。作为未来税收管理的发展方向，智能税收征管还面临不少挑战，且会随着时代的发展出现新的挑战，如数据的安全性、个人的隐私保护。笔者此处主要就制度建构过程中所要重点遵循的原则性问题作探讨，具体制度设计需要在反复的理论论证和实践调研基础上方能进行，还需要作进一步的研究。未来，智能税收征管必将在法治的轨道上为提高税收治理水平、优化税收结构等发挥重要作用。

---

① 姜涛.进一步深化税收征管改革的探索和思考［J］.税务研究，2022（10）：54.

公共安全视频图像信息系统地方立法问题研究

张胜全^①　侯君昊^②

（株洲市人大常委会法制工作委员会；湖南工业大学法学院）

[**内容摘要**] 公共安全视频图像信息系统工作规范化、法治化是改善民生水平，加强城乡安全治理的重要手段。推进公共安全视频图像信息管理的立法工作，既要制定全国性的法律、部门规章，更要创制操作性较强的地方性法规。当前，我国公共安全视频图像信息系统立法的突出问题是专项性立法集中在地方政府规章的层次，出台实施的地方性法规阙如。公共安全视频图像信息系统地方性法规立法过程中主要涉及公共安全视频图像信息系统概念难以界定、个人信息权利保护条款缺失以及建设范围设定不当等问题难以解决。这些问题的解决既能推进公共安全视频图像信息系统地方性法规的尽快出台，也是地方治安防控体系建设的重要内容。

[**关键词**] 公共安全；视频监控；地方立法；个人信息保护

　　监控设备，即"摄像头"，正在以扩张之势入侵现代社会每一个普通公民的日常生活。起初其仅作为公共安全技术防范的手段之一被纳入各省市人大的技术防范立法中，但由于视频监控的技术发展和使用推广使其具备了不同于其他的技防手段对个人信息权利的极强的威胁性，成了需要专项立法规范调整才能保障公民基本权利不受侵害的对象。早在 2006 年重庆市政府就已出台了我国最早的地方性专门立法《重庆市社会公共安全视频图像信息系统管理办法》（渝府令第 196 号），将图像采集、传输、控制、显示等设备和控制软件组成的对固定区域进行监视、跟踪和信息记录的社会公

---

① 张胜权，株洲市人大常委会法制工作委员会主任，研究方向为地方立法学。

② 侯君昊，湖南省包装标准与法规重点研究基地研究助理，湖南工业大学法学院硕士研究生，研究方向为宪法学与行政法学。

共安全管理信息系统作为一个名为"公共安全视频图像信息系统"的整体进行规制，从而实现了我国首次对监控设备的地方性专项立法。该部法规具有开创性，其对公共安全视频图像信息系统的定义方式、安装范围等条款的设定为后续该领域的立法提供了借鉴思路和参考方向。随着监控技术的发展、立法水平的提高以及对个人信息权利保护的增强，该部规章存在的立法语言不精确，用词指涉迭代、概念界定方式落后等问题相继浮现。新时代的公共安全视频图像信息系统地方立法，应该在其基础上有所扬弃，以适应时代发展。

　　学界对"公共安全视频图像信息系统"的相关研究大致可以根据论述中使用概念分为三类，一类主要研究的概念是"公共视频监控"。其中"监控"更加强调设备采集端，"公共"则侧重以设备设施工作区域的公共性作为确定规范对象的重要依据，如李延舜[1]、李晓明[2]等以此为基础展开研究提出对公民隐私权的保护，童彬则对立法问题进行了比较法研究[3]；欧元军、王秀哲等则围绕"公共安全视频监控"概念开展立法研究，相对而言更强调信息采集处理的公益性和目的性。其中欧元军对总体立法进行了框架性论述[4]，王秀哲则偏重研究个人信息保护[5]；最后高菲、李蓉等直接使用"公共安全视频图像信息系统"作为研究对象，相较于"监控"更加强调对信息自采集到储存的整个过程的系统性规范。高菲强调应当完善采集信息的公开制度[6]、李蓉、祝千惠则关注对储存的视频图像信息应当及时删除[7]。这些研究从应然角度为公共安全视频图像信息系统的地方立法提供了深厚的理论支持和制度参照，但却未能很好地回应立法过程中的实然问题，譬如为何要通过制定地方性法规规制公共安全视频图像信息系统，如何明确定义公共安全视频图像信息系统以及如何规制安装范围等。本文在吸收现有研究成果的基础上，立足地方立法实践，通过梳理公共安全视频图像信息系统地方立法现状和需求，总结在具体地方立法过程中的法

[1]　李延舜.公共视频监控中的公民隐私权保护研究［J］.法律科学，2019（3）：54–63.

[2]　李晓明.论公共视频监控系统对公民隐私权的影响［J］.法学杂志，2010（11）：24–28.

[3]　童彬.公共视频监控图像信息利用与保护的基本法律问题与立法规制［J］.重庆邮电大学学报（社会科学版），2018（5）：55–63.

[4]　欧元军.公共安全视频监控立法问题研究［J］.科技与法律，2018（2）：44–49.

[5]　王秀哲.公共安全视频监控地方立法中的个人信息保护研究［J］.东北师大学报（哲学社会科学版），2019（5）：57–68.

[6]　高菲.公共安全视频图像信息公开制度的完善研究［D］.上海：华东政法大学，2023.

[7]　李蓉，祝千惠.公共安全视频图像信息适时删除制度研究［J］.湖南大学学报（社会科学版），2021（5）：45.

律问题，为我国的公共安全视频图像信息系统地方立法工作提供切实可行的参考建议。

一、公共安全视频图像信息系统地方立法的现状和需求

我国长期以来一直以政府规章作为唯一的规制公共安全视频图像信息系统的地方专项立法，这既是因为法治建设完善过程中曾长期对人大立法权力认识不足使得政府在立法中起主导作用，又是因为要遵循中央政府的整体政策规划。这使得部分省市政府进行规制公共安全视频图像信息系统的专项立法，都是在两次重要文件的发布后集中进行的。最早是在公安部2005年印发的《城市报警与监控系统建设"3111"试点工程实施方案》（以下简称《"3111"方案》）的导引下，各地政府开始对公共安全视频图像信息系统进行大规模的建设[①]，并于2006年进入第一个公共安全视频图像信息系统地方立法高峰期。首先是重庆，之后北京、成都、安阳、辽宁等省市纷纷开始以独立的地方政府规章规范本行政区域内的公共安全视频图像信息系统。而2015年9月九部门联合印发了《关于加强公共安全视频监控建设联网应用工作的若干意见》（以下简称《意见》），以其为指引，部分省级政府出台了地方政府规章，如《安徽省公共安全视频图像信息系统管理办法》《云南省公共安全视频图像信息系统管理规定》，以实现《意见》设定的到2020年我国基本实现"全域覆盖、全网共享、全时可用、全程可控"的公共安全视频图像信息系统建设联网应用目标。从《"3111"方案》与《意见》所引领的两次立法浪潮中不难看出我国公共安全视频图像信息系统的地方专项立法存在以全国性政策文件为引导，省市政府发挥主观能动性自行立法的特征。其中政府的规章制定权在立法过程中发挥了决定性作用，其遵照上级文件立法，出台迅速及时，填补了在公共安全视频图像信息系统大规模建设后规制其的法律空白，一定程度上规范了相关设备设施的使用，保障了公共安全。

不过尽管制定规章带来了种种益处，法律体系的建设仍然需要以法律法规为主干，由地方政府规章规制各地的公共安全视频图像信息系统在2015年《立法法》修改后显然已经不再合法。首先，《立法法（2015修正）》对地方政府规章的制定权限范围作出限制，即"没有法律、行政法规、地方性法规的依据，地方政府规章不得设定减损公民、法人和其他组织权利或者增加其义务的规范。"[②]但当前规制公共安全视频

---

① 柳晓川.中国安全防范行业年鉴（创新篇）[M].北京：解放军出版社，2006：313-315.

② 《中华人民共和国立法法（2015修正）》第83条第6款：没有法律、行政法规、地方性法规的依据，地方政府规章不得设定减损公民、法人和其他组织权利或者增加其义务的规范。

图像信息系统的地方政府规章都规定了管理人或使用人的义务。这些义务部分来自法律法规，如《娱乐场所管理条例》，就规定了娱乐场所对采集的视频图像信息数据的储存义务①并对储存时间和使用进行了规定②，但也有如《企事业单位内部治安保卫工作条例》仅规定按照有关国家标准设置技术防范设施③，而未对具体的使用和管理进行规定的情况，根据《立法法（2015 修正）》的规定，如果仅以这些法律法规为依据设定，那么将无法出台一部统一规范管理公共安全视频图像信息系统的地方政府规章。在《立法法（2015 修正）》限制了地方政府规章权限范围的情况下，想要实现对公共安全视频图像信息系统的统一管理，就必须进行专项立法。

其次，《立法法》在 2015 年修改后对地方政府规章提升为地方性法规的时间进行了硬性规定。《立法法（2015 修正）》第 82 条第 5 款规定："应当制定地方性法规但条件尚不成熟的，因行政管理迫切需要，可以先制定地方政府规章。规章实施满两年需要继续实施规章所规定的行政措施的，应当提请本级人民代表大会或者其常务委员会制定地方性法规。"但这一本该在当时对我国公共安全视频图像信息系统以地方政府规章为主体的地方立法形势造成巨大冲击的修改，至今仍然没有呈现任何效果。通过查询国家法律法规数据库和各级地方人民政府网站发现，截至 2023 年 3 月 31 日，现行有效的规制公共安全视频图像信息系统的专项性立法仍然全部为地方政府规章，其中省级政府规章 13 份，市级政府规章 10 份。说明在《立法法（2015 修正）》修改后直到《立法法（2023 修正）》颁布，在设区的市立法权限进一步增加情况下，仍然未有地方人大将同级政府制定的公共安全视频图像信息系统管理规章进行提升立法。即使是走在该领域前列的重庆市也只是几次修改规章，并于 2016 年出台了《重庆市公共安全视频图像信息系统管理办法》（渝府令〔2016〕304 号）。即使距今已近 8 年，

---

① 《娱乐场所管理条例》第 44 条 娱乐场所违反本条例规定，有下列情形之一的，由县级公安部门责令改正，给予警告；情节严重的，责令停业整顿 1 个月至 3 个月：（一）照明设施、包厢、包间的设置以及门窗的使用不符合本条例规定的；（二）未按照本条例规定安装闭路电视监控设备或者中断使用的；（三）未按照本条例规定留存监控录像资料或者删改监控录像资料的；（四）未按照本条例规定配备安全检查设备或者未对进入营业场所的人员进行安全检查的；（五）未按照本条例规定配备保安人员的。

② 《娱乐场所管理条例》第 15 条：歌舞娱乐场所应当按照国务院公安部门的规定在营业场所的出入口、主要通道安装闭路电视监控设备，并应当保证闭路电视监控设备在营业期间正常运行，不得中断。歌舞娱乐场所应当将闭路电视监控录像资料留存 30 日备查，不得删改或者挪作他用。

③ 《中华人民共和国企事业单位内部治安保卫工作条例》第 14 条：治安保卫重点单位应当确定本单位的治安保卫重要部位，按照有关国家标准对重要部位设置必要的技术防范设施，并实施重点保护。

却仍未制定相应的地方性法规。也有城市尝试直接出台地方性法规，如深圳市先后于 2019 年、2021 年向社会公布了《深圳经济特区公共安全视频图像系统管理条例（征求意见稿）》《深圳经济特区公共安全视频图像信息系统管理条例（草案）》并征求意见，详细的立法调研过程不得而知，但经过多次公开征求意见该条例至今却仍未出台。无论是提升立法层级或是直接立法，至今为止仍未有一部规制公共安全视频图像信息系统的地方性法规出台，这足以反映在公共安全视频图像信息系统地方立法过程中存在着许多亟待解决的问题。其中最重要的就是公共安全视频图像信息系统概念难以界定、个人信息权利保护条款缺失以及建设范围设定不当这三个问题。

二、公共安全视频图像信息系统地方立法界定

（一）公共安全视频图像信息系统的现有定义模式

现行地方政府规章几乎都规定了类似"本行政区域内公共安全视频图像信息系统的规划、建设、管理和应用等行为适用本办法"的条款。所以开展地方立法工作，首先应当明确公共安全视频图像信息系统的定义。只有明确这一定义，才能确定地方立法的调整对象。在法律位阶的规范性文件中，公共安全视频图像信息系统一词仅被《反恐怖主义法》使用，但仅对该词进行使用而未定义。追根溯源，"公共安全视频图像信息系统"一词最早在 2006 年由重庆市政府使用并定义。《重庆市社会公共安全视频图像信息系统管理办法》第二条第二款规定："本办法所称社会公共安全视频图像信息系统（以下简称'视频图像信息系统'）是指利用图像采集、传输、控制、显示等设备和控制软件组成的对固定区域进行监视、跟踪和信息记录的社会公共安全管理信息系统。"这是可查到的最早对公共安全视频图像信息系统进行使用和定义的地方政府规章。同年，北京市政府也作出类似定义，《北京市公共安全图像信息系统管理办法》第三条规定："本办法所称的公共安全视频图像信息系统，是指利用视频图像采集设备和其他相关设备对涉及公共安全的场所和区域进行信息记录的视频系统。"

2006 年后出台的地方政府规章如《辽宁省公共安全视频图像信息系统管理办法》《大同市公共安全视频图像信息系统管理办法》多沿用这种"公共安全＋设备＋地点＋行为"的概括式定义模式。2016 年公安部会同有关部门研究起草的《公共安全视频图像信息系统管理条例（征求意见稿）》也使用了此种定义模式，规定该条例所称公共安全视频图像信息系统，是指"为了维护公共安全，利用视频图像采集设备和其

相关设备，对涉及公共安全的区域或者场所进行视频图像信息采集、传输、显示、存储和处理的系统。"甚至一些学者在文章中也使用了类似概念，认为公共安全视频图像信息系统是"利用视频图像技术、设备，对涉及公共安全的场所、部位的图像信息进行采集、传输和处理的系统。"[①] 虽然对视频图像信息处理环节的构成表述有所不同，但定义模式是一致的。可以说这种对公共安全视频图像信息系统进行定义的模式，在一定程度上成了一种共识。

（二）现有定义模式在地方立法适用中的困境

"公共安全 + 设备 + 地点 + 行为"的概括式定义模式对设备、地点和行为进行了严格的列举式描述，唯独没有对"公共安全"进行严格定义，这使得公共安全视频图像信息系统指涉的对象难以界定，无法应用于地方立法实践中。想要解决该问题，最直接的方式是诉诸上位法，即全国人大及其常委会或者国务院出台的规制公共安全视频图像信息系统的法律、行政法规，将其中对"公共安全"的定义直接援引入地方性法规中。但目前为止尚未有一部法律或者行政法规能对公共安全视频图像信息系统中"公共安全"作出具体可适用的定义。

在没有上位法的定义可以直接援引时，找寻学界普遍认可的定义，将其转化应用于地方立法中，也是解决该问题的方案之一。检索现有的学术研究成果可以发现，刑法学领域对于"公共安全"多有论述，学界普遍认可将公共安全定义为不特定和（或）多数人的生命、健康和重大公私财产的安全。但公共安全视频图像信息系统一词又被《反恐怖主义法》使用，其又不完全属于刑法领域的法律规范。在地方立法中如果使用刑法学领域的定义，将可能出现违背上位法精神，造成立法"放水"。所以地方立法中同样不宜参照现有的学术定义对"公共安全"进行具象化的界定。这使得规定该条款的政府规章难以在司法实践中被适用。地方各级人民法院对于规章尚可以选择是否参照，但随着《立法法（2023 修正）》的颁布，设区市的立法权限进一步扩大，在不同宪法、法律、行政法规和本省、自治区的地方性法规相抵触的前提下，可以对城乡建设与管理、生态文明建设、历史文化保护、基层治理等方面的事项制定地方性法规。根据行政诉讼法规定，法院在审理案件时，必须适用地方性法规。在规制公共安全视频图像信息系统的地方立法中，如仍然使用此种定义，法院在审理具体行政案件时，将会处于必须适用但无法适用该地方性法规的窘境。

---

① 欧元军.公共安全视频监控立法问题研究［J］.科技与法律，2018（2）：46.

（三）地方立法中对公共安全视频图像信息系统界定的建议

为了使规制公共安全视频图像信息系统的地方性法规能够在司法实践中具体适用，地方立法必须对公共安全视频图像信息系统进行界定。从实用主义的角度出发，地方立法没有能力也并不需要对"公共安全视频图像信息系统"进行明确的概念辨析，只需要将现行所有内容规定了应当建设具有视频图像信息采集、传输、显示、存储等功能的设备设施、目的为维护公共安全的法律法规以及国家强制性标准纳入定义中，通过这些已有明确范围的法律规范来确定"公共安全视频图像信息系统"这一概念指涉的对象，实现该概念在司法实践中的可操作性。

具体而言，之所以在定义中引入现行其他法律法规及国家强制性标准，是因为在"公共安全视频图像信息系统"这一概念在立法实践中被适用之前，"建设具有信息图像采集、传输、显示、存储等功能的设备设施"往往被特定的法律法规作为实现其立法目的必要手段加以规定。并且由于仅规范特定行业或特定领域，这些法律法规应当建设的"具有信息图像采集、传输、显示、存储等功能的设备设施"的范围是明确的，只是作为一种手段，对这些设备设施的管理不会进行过于详细的文本规定。而在地方立法中，由于地方性法规的效力层级通常低于这些法律法规，所以应当在现行法律法规的基础上，对其规定应当建设的设备设施进行详细规定以实现管理目的即可，而不必定义出复杂概念导致可能与效力层级更高的法律法规相冲突。不过由于一直没有一个全国统一的"具有信息图像采集、传输、显示、存储等功能的设备设施"概念，在不同法条中对具有这种功能的设备设施表述不同，如《企业事业单位内部治安保卫条例》中表述为"技术防范设施"；《娱乐场所管理条例（2020修订）》中为"闭路电视监控设备"；《互联网上网服务营业场所管理条例（2022修订）》中为"经营管理技术措施"等。尽管这些概念具体指涉的对象或多或少，但都是具有信息图像采集、传输、显示、存储等功能中的一种或几种功能的设备设施，从物理性质看，这些概念指涉的实体设备设施或被公共安全视频图像信息系统所指涉的范围包含或是一致，这样"视频图像信息系统"部分就可以将这些法律法规规定应当建设的设备设施包含在内。进一步看《个人信息保护法》第26条规定，在公共场所安装图像采集、个人身份识别设备，应当为维护公共安全所必需。所以可以推定上述条例规定应当安装的视频图像采集设备设施，具有维护公共安全的目的。由此可以认定依照法律法规及国家强制性标准规定，在公共场所建设的图像采集、个人身份识别设备都应当属于公共安全视频图像信息系统。在建立大安全大应急框架、完善公共安全体系的精神指引下，这些维护公共安全所必需的视频图像信息设备设施，理应属于公共安全视频图像信息系统的一部分，由规制公共安全视频图像信息系统的地方立法进行统一管理。所以将公共安全视频图像信息系统定义为，"根据相关法律法规和国家强制性标准规定应当安装的，对涉及公共安全的区域、场所和重要设施，进行视频图像信息采集、传输、显示、存储等处理的系统"，就可以对地方立法的调整对象确定一个有限的范围，便于立法工作的开展。

三、公共安全视频图像信息系统地方立法个人信息权利保护

（一）地方立法中个人信息权利保护的依据

明确公共安全视频图像信息系统的定义，为地方立法解决了最基本的问题。在此之上地方立法中还应当贯彻个人信息权利保护理念，这既是公共安全视频图像信息系统建设的重要合法依据，也是上位法的明确要求。在公共安全视频图像信息系统地方立法实践中，各级地方政府规章曾长期不重视个人信息权利保护。这是因为公共安全视频图像信息系统地方立法的最初目的是回应公众对公共安全保障的需求："在存在安全危险的情境下……我们能够容忍在搜集情报上花费数十亿美元，接受对公共建筑和空间的视频监控"[1]。此外在建设伊始，公共安全视频图像信息系统数量有限且技术尚未成熟，对公共场所内个人信息收集的数量和程度都比较低，尚未达到对个人信息权利造成损害的程度。但随着图像采集、个人身份识别技术的发展、公共场所内的视频图像信息系统对个人信息权利的侵入性不断增强、"公共场所无隐私"的概念被打破，公众开始要求对公共场所的视频图像信息设备设施进行严格管理，在保障公共安全的同时不能侵害个人信息权利。立足风险社会，在公共空间运用监控措施必须兼顾安全保障与隐私保护，前者受预防风险、安抚公众的需求驱动，它证立了监控措施的合理依据，后者基于"公权力行使不得损坏私权利"的理念要求，它明确了监控措施的合法限度，两相结合，才能保障公共空间大规模监控的合法性与合理性。[2] 所以当个人信息权利保护与公共安全保障处于同一地位时，地方立法必须对个人信息权利保护要求作出回应，在立法过程中贯彻这一理念。

---

[1]　CHESTERMAN S. Privacy and Surveillance in the Age of Terror [J]. *Global Politics and Strategy*, 2010, 52（5）: 33.

[2]　刘艳红. 公共空间运用大规模监控的法理逻辑及限度——基于个人信息有序共享之视角 [J]. 法学论坛, 2020（2）: 34.

　　各级地方政府规章长期不重视对个人信息权利保护的另一个重要原因在于大多数规章制定时个人信息权利保护立法处于空白阶段，对个人信息权利的保护缺少合法依据和参照标准。但近年来随着对于个人信息权利保护重视程度加大，相继出台的《民法典》《个人信息保护法》等法律法规极大程度填补了立法空白，对个人信息权利进行了有力的法律保护。如《个人信息保护法》第一章第一节第五、六、七、八条等规定了个人信息保护的基本原则，同时于第二章第一节第二十六条规定了对个人身份信息、图像采集设备的规范，用以保护个人信息权利；而在第三节第三十三条到三十七条对国家机关处理个人信息时设置了特别规定，要求国家机关履行法定职责处理个人信息时要保障个人信息权利不被侵害。这些都对地方立法实践提出要求，要求地方立法需要依据上位法的规定，保护个人信息权利，将对个人信息的收集限定在公共场所的必要范围内和为保障公共安全的必要限度上。

（二）地方立法对个人信息权利保护的方式

　　保护个人信息权利，需要地方立法在贯彻个人信息权利保护理念的前提下，根据必要性原则规制公共安全视频图像信息系统的建设和使用。在建设的过程中要合理规划确定建设范围，只在涉及公共安全的场所、区域和重点部位建设。在使用的过程中根据必要性原则不收集无关信息，对于公共场所内的个人信息收集不超过公益需要。并且对所收集信息进行综合考虑，只保留需要信息并只在必要时间内储存，对非需要信息以及超出储存期限的信息及时处理。保护个人信息权利还要求在地方立法中适用比例原则。确保公共安全视频图像信息系统的建设和使用要与公共安全可能遭受的危险相适应，即国家机关以保障公共安全为目的进行的信息收集和使用所可能侵害的利益应小于国家机关进行信息收集和使用所要保护的利益，实现公共安全利益和个人信息保护之间的平衡。为了保障公共利益，地方政府有必要将公共安全视频图像信息系统所采取的信息进行部门之间的共享，该行为就应当基于保障信息安全和必要的前提进行。这就要求地方立法注重对个人信息的脱敏脱密。不同部门所需要的信息数量和清晰程度等往往并不一致，在进行信息共享时一定要考虑比例原则，确保被共享的信息刚好满足履行工作职责的需要，不会侵害到个人信息权利。

　　地方立法需要依据上位法，对现有地方政府规章涉及个人信息权利部分的立法成果和经验进行批判性借鉴。绝大多数现行有效的管理公共安全视频图像信息系统的地方政府规章都是在《民法典》《个人信息保护法》颁布之前出台的，且目前大多未做修改。在地方立法吸收现有立法经验时要注意不能直接对这些地方政府规章进行提升立法，而是应当根据上位法进行调整，增加或修改已有的个人信息保护条款。例如，大多数地方政府规章都规定了国家机关工作人员履行法定职责处理个人信息的条款，并提出了程序性要求。以《武汉市公共安全视频图像信息系统管理办法》为例，该办法第十五条对国家机关工作人员处理个人信息的程序进行了规定。[①] 而《个人信息保护法》第三十四条规定了国家机关为履行法定职责处理个人信息，应当依照法律行政法规规定的权限程序进行。显然此类要求与《个人信息保护法》之间存在冲突。地方立法应当遵循上位法限制性条款，不能违背。目前，大多地方政府规章关于个人信息保护的法条与上位法都有出入，为了与上位法律法规相适应，应当及时更改或删去，不能作为地方立法的参考。

四、公共安全视频图像信息系统地方立法建设范围

（一）地方立法中对公共安全视频图像信息系统建设范围的规定

在明确了地方立法的调整范围后，想要贯彻个人信息权利保护理念，最大限度实现公共安全和个人信息权利的双重保护，就要严格规范公共安全视频图像信息系统的建设。纵观过去的立法实践，除了《公共安全视频图像信息系统管理条例（征求意见稿）》第九条概括式规定了"应当在社会公共区域的重点部位以及法律、行政法规规定的有关场所或者部位建设公共安全视频图像信息系统"外，各地方政府规章几乎都进行了列举式规定，将一些重要的区域、场所和重点部位纳入了公共安全视频图像信

---

① 《武汉市公共安全视频图像信息系统管理办法》第 15 条 公安机关和其他主管部门查阅、复制或者调取未在市大数据平台共享的公共视频系统信息时，应当遵守下列规定：（一）不少于两名工作人员；（二）出示工作证件或者行政执法证件；（三）出示单位批准文件或者介绍信函；（四）履行登记手续。

息系统应当安装的范围。其中列举多的达 14 项①，少的也有 7 项②。所列举的区域、场
所和重点部位大致可以概括为以下七类：重要单位、重要交通枢纽、人员聚集的公共
场所、重要的城市基础设施、治安重点防控场所以及兜底的法律法规、规章规定的其
他区域或者场所等。通过列举的方式，各级地方政府规章明确了应当安装公共安全视
频图像信息系统的区域、场所以及重点部位。这种列举在法治建设的早期有着清楚直
接，为具体建设、安装提供指引的优点，但随着经济社会的发展和法治进程的推进，
规制各个行业、领域的法律法规相继出台，在地方立法中仍然采取这种列举式可能只
会变成对其他法律法规的重复，甚至产生冲突。

---

① 《西安市公共安全视频图像信息系统管理办法（2020 修正）》第 9 条 下列涉及公共安全的区域和
部位，应当建设公共安全视频图像信息系统：（一）城市主要出入口、干道、道路交叉口、重要道路节
点、要害部位、案件高发区域、城市广场、治安复杂场所等区域；（二）机场、火车站、汽车站、城市
轨道交通站点等重要交通枢纽，公共停车场（库）的出入口、主要人行通道及其他重要部位；（三）广
播电台、电视台、通讯社、报社等重要新闻单位的主出入口及其他重要部位；（四）国家机关驻地主
要出入口及其他重要部位；（五）电信、邮政等营业网点的出入口、营业场所的公共区域及其他重要部
位；（六）金融机构营业网点的出入口、营业场所的公共区域；（七）大型能源动力、供水、供电、供
气、供热等单位，加油（气）站、充电站的主出入口及其他重要部位；（八）大型物资储备单位、大中
型商贸中心、商业街，大型市场等单位主出入口、营业场所人员聚集部位及其他重要部位；（九）学
校、幼儿园、医院主入口，医院挂号大厅、候诊大厅等开放区域的人员聚集部位及其他重要部位；
（十）博物馆、纪念馆、展览馆、档案馆、重点文物保护等单位出入口及其他重要部位；（十一）研制、
生产、销售、储存危险物品或者实验、保藏传染性菌种、毒种场所的出入口及其他重要部位；（十二）
文化体育场所、公园、景区等出入口、安检区、室外人员聚集区域；（十三）城中村、住宅小区、旅
馆、公共娱乐场所、互联网上网服务营业场所等出入口、主要通道及其他重要公共区域；（十四）法
律、法规和省人民政府规定应当安装公共安全视频图像信息系统的其他区域和部位。
② 《山南市公共安全视频图像信息系统管理办法》第 6 条 下列涉及国家安全、公共安全的区域和场
所的出入口、主要通道和重点要害部位应当建设公共视频系统，并分级联网接入公共视频系统共享平
台：（一）防范恐怖袭击的重点目标、治安保卫重点单位和场所、关系群众生产生活的重要民生设施；
（二）重点国（边）境地段、边境通道、通外山口、边境村庄等边境管控区域；（三）商贸区、广场、
人行通道、公共停车场、城市和乡镇主要道路的重要路段、重要交通路口、城市主要出入口等社会公
共区域；（四）公园、住宅小区、客运站、旅游景区（点）、影剧院、旅馆、娱乐场所、互联网上网服
务营业场所、宗教活动场所等人员密集区域和场所；（五）城市公共交通车辆、长途客运车辆、出租车
等公共交通工具；（六）其他易发或者频发刑事、治安案件的区域和场所；（七）法律、法规、规章规
定的其他区域和场所。

（二）地方立法中列举式界定建设范围存在的弊端

1. 列举式无法穷尽所有范围

对公共安全视频图像信息系统建设范围进行列举式规定，事实上忽略了公共安全视频图像信息系统建设的从属性。作为保障公共安全的手段之一，建设公共安全视频图像信息系统必然是由特定法律法规以保障特定公共场所内的公共安全为目的规定的，作为保障公共安全的一系列条款中的一条甚至一项存在。随着经济社会的不断发展，新兴行业、领域的不断涌现，必然会导致有新的涉及公共安全的公共场所、区域或者重点部位出现，与之相对应的会有新的法律法规对其进行调整，而其中也必然规定应当建设与之配套的公共安全视频图像信息系统。可以预见，规定应当建设公共安全视频图像信息系统的法律法规的数量将会随着经济发展不断增加。近年来，新制定的各级地方政府规章如《武汉市公共安全视频图像信息系统管理办法》等，在公共视频系统安装范围的场所和类型列举上出现了扩大的趋势，这也从侧面反映出了地方立法中对安装范围的规定采取列举式无法穷尽所有场所、区域和重点部位的问题。[①]

2. 列举式对建设主体没有指引作用

目前，各级地方政府规章在进行列举式规定建设范围时，通常没有明确建设主体。应当履行建设义务的私主体并不会依据管理公共安全视频图像信息系统的法律法规履行义务，只会按照规范其从事的行业、领域的特定法律法规的规定建设公共安全视频图像信息系统。而对公共安全视频图像信息系统进行验收、检查的公务人员也是依据同样的规定开展工作，是否以列举式明确规定应当建设范围对其没有影响。21世纪初，我国法治建设尚处于起步阶段，对很多行业都没有依靠制定法律法规的方式进行管理。为了弥补立法空白，解决执行问题，只能以地方政府规章的形式对应当安装公共安全视频图像信息系统的范围进行列举式规定，发挥指引作用。而目前我国法治建设已相对成熟，各行各业配套的法律法规已相对完备。在地方立法中，将其他法律法规已经规定的应当安装的范围重复地列举式规定已没有太多的指引意义。

3. 列举式将造成立法冲突

在如《企业事业单位内部治安保卫条例》《娱乐场所管理条例（2020修订）》《互联网上网服务营业场所管理条例（2022修订）》等条例中出现的"技术防范设施""闭路电视监控设备""经营管理技术措施"等概念，在表述与"视频图像信息系统"并不一致，只是指涉对象与"视频图像信息系统"存在着交集或两者存在包含与被包含

---

① 马成龙.公共安全视频图像信息系统安装范围的立法规制研究［D］.北京：中国人民公安大学，2022.

关系。前文已论述过两者交集或包含的部分应当属于公共安全视频图像信息系统，由公共安全视频图像信息系统地方立法规制。但如果地方立法以列举式规定公共安全视频图像信息系统的建设范围，将这些条例所规制的区域、场所和重点部位纳入其中，则意味着该地方立法限缩了法律法规所规定应当建设的设备设施的种类，造成立法冲突。

（三）地方立法中对公共安全视频图像信息系统建设范围规定的建议

公共安全本就是一个相对宽泛的概念。涉及公共安全的区域、场所有很多，情形各异，包括食品药品安全、安全生产、防灾减灾救灾、社会治安防控各个方面。相较于难以穷尽的列举式，概括式规定建设范围可以避免列举不全的问题，同时对于公共安全视频图像信息系统的建设也作出了指引性规定。概括式规定建设范围具有更强的宏观指导作用与保障公共安全的兜底性作用。地方立法通过概括式规定建设范围，可以赋予地方政府更灵活的公共安全视频图像信息系统建设权力，使其可以对地方独有的治安复杂、案件高发区域进行针对性建设，实现对公共安全的各部门协同保障。同时也与九部门联合推进重点建设，各地区按照城镇道路交叉口无死角，主要道路关键节点无盲区，人员密集区域无遗漏，以及要害部位、重要涉外场所、案件高发区域、治安复杂场所主要出入口全覆盖的要求，有重点、有步骤地推进公共安全视频监控建设联网应用工作相呼应。概括式规定重点建设范围，可以更好地实现重点公共区域视频监控系统覆盖密度和建设的高质量。

五、结语

地方立法规制公共安全视频图像信息系统，将为中央立法统一管理各地方公共安全视频图像信息系统提供宝贵立法经验和重要支撑，为建立大安全大应急框架，完善公共安全体系提供重要的制度保障。为统合现行相关法律法规，可以在立法时以特征归纳的方法定义该系统，同时应当明确个人信息权利保护的边界，并通过立法规制其建设范围，以实现该系统建设所消耗的成本、追求的社会效益和视频图像信息采集过程中个人信息权利保护的平衡。

互联网时代司法公信力塑造的实践经验与优化路径

陈建华[①]

（湖南省郴州市中级人民法院）

[**内容摘要**] 针对当前互联网时代疑难案件裁判进行策略分析，对于提升我国的司法公信力具有十分重要的意义。随着当前司法实践中的疑难案件的不断涌现、案件裁判难度的不断加大，并且夹杂着网络媒体的压力，致使我国司法公信力不断被削弱。基于当前的司法背景，法院迫于无奈，往往选择只调不判、类案检索、寻找外援等手段来处置疑难案件。为了让疑难案件不再诘难司法公信力，可以从当前司法经验的视角进行充分地挖掘与探析，着力从司法理念的更新、社会效果的追求、注重纠纷的实际解决、建构多重机制等方面入手，构建起一条新的路径，从而充分保障我国司法公信力的提升。

[**关键词**] 司法公信力；疑难案件；裁判；网络媒体

一、问题的提出

"法律必须被信仰，否则它将形同虚设"。[②] 当今中国，是呼唤司法公信力的时代。所谓司法公信力，是指司法过程和裁判结果得到民众充分信赖、认同和尊重，体现了司法的权威和尊严，同时也体现了社会公众对司法的信仰和信任。[③] 党的二十大报告强调，"加快建设公正高效权威的社会主义司法制度"，这既是依法治国方略的重要内容，也是国家治理体系和治理能力现代化的重要标志。在公正高效权威的司法制度建

---

① 陈建华，男，1981年出生，法学博士，现任湖南省郴州市中级人民法院民三庭副庭长，四级高级法官。

② 伯尔曼.法律与宗教［M］.梁治平，译，上海：生活·读书·新知三联书店，1991：28.

③ 崔永东.司法公信力建设的多重维度［J］.政法论丛，2022（2）：130.

设进程中，强化司法公信力建设是关键环节。[1] 然而，我国"司法公信力不高是公认的事实"。[2] 司法实践证明，疑难案件的妥善、合理解决对于司法公信力的提升具有重要的作用，在某种程度上可以说起着决定作用。然而，近年来，随着司法实践中疑难案件的频频出现，裁判结果屡遭人们的广泛质疑。这些疑难案件成为考验法官的智慧和司法能力的"试金石"，互联网时代容易引起公众"围观"，稍有不慎将会导致外界对裁判和法官的信任危机，对法院的司法公信力造成重大的打击，甚至会有"毁灭性重创"。公正高效权威的司法制度建设，是依法治国方略的重要内容，也是国家治理体系和治理能力现代化的重要标志。强化司法公信力建设，公正高效权威的司法制度建设中的关键环节。笔者拟从司法实践对疑难案件的审理切入，分析司法公信力的形成及其困境，归纳出实践经验，并提出优化路径。

二、疑案聚焦：司法公信力就这样被反复削砍

对于何为疑难案件，学术界并无统一的认识。从国外来看，美国著名学者德沃金认为，疑难案件是指，"在规则手册中，没有清晰的规则规定以何种方式进行明确判决的案件……在现代法律体制下，典型的疑难案件之所以产生，不是因为在受争议的规则手册中什么也没说，而是因为手册中的规则是以一种不确定的声音道出的。"[3] 美国学者史蒂文·J. 伯顿则认为，"疑难案件之所以疑难，是由于该案中竞争的目的有冲突的含义。"[4] 德国著名法学家阿列克西则从法律论证的角度界定了疑难案件，他认为："在许多情形（案件）中，那种对某个法律纠纷作出裁决且可以用某个规范性语句表达的法律判断，并不是在逻辑上从预设有效的法律规范连同被认为是事实或证明是真实的经验语句之表达中推导出来的。"[5] 从国内来看，有学者认为，疑难案件就是指"事实清楚却没有明确的法律可以适用，或适用的结果不合情理或有悖'天理'，法官因此面临艰难抉择，需要'造法'或通过解释'造法'"。[6] 也有学者对疑难案件界定为"从已有的成文法中找不到现成答案或不能通过一般的逻辑推理方法解决的特

[1] 庄绪龙. 司法公信力遭遇的"柔性侵蚀"困境及破解思路——以系统思维为视角 [J]. 法学，2023（8）：16.

[2] 陈光中. 略谈司法公信力问题 [J]. 法制与社会发展，2015（5）：51.

[3] 罗纳德·德沃金. 法律帝国 [M]. 李常青，译. 北京：中国大百科全书出版社，1996：118.

[4] 史蒂文·J. 伯顿. 法律和法律推理导论 [M]. 张志铭，解兴权，译. 北京：中国政法大学出版社，2000：77.

[5] 徐继强. 法哲学视野中的疑难案件 [J]. 华东政法大学学报，2008（1）：4-5.

[6] 苏力. 法条主义、民意与难办案件 [J]. 中外法学，2010（1）：93.

别案件，它们往往表现为社会新出现的纠纷或极端复杂的、非典型的社会纠纷"。① 还有学者指出，所谓疑难案件包括两种，即法律规则上的疑难案件与案件事实上的疑难案件。法律规则上的疑难案件，是指因法律规则存有缺陷而使案件的处理存有争议的案件；而案件事实上的疑难案件，则是指案件事实扑朔迷离，真相难以查清的案件。② 在笔者看来，我国司法实践中的疑难案件一般指的是法律规则上的疑难案件，即法官在裁判案件过程中，在适用法律规则上面临的疑难、棘手问题的案件。

当前，法官在应对疑难案件时，基于有限的司法能力，固执于法律的僵化与刻板，不少法官作出背离了法律的基本精神和预设价值的裁判，导致民众认同度不高，司法公信力不足的现实。

案例一：1998 年 5 月 7 日，33 岁的李×× 在广西钦州市第一人民医院早产一男婴，既矮又小，并且严重窒息，医生还认为很难预料到男婴存活概率。面对这一状况，李×× 夫妇决定"处理掉"他们未满月的婴儿。该医院清洁工黄×× 在与他人闲聊的时候，听说妇产科厕所里有一遗弃的男婴。于是，黄×× 来到妇产科厕所里，发现这名躺在水泥地上、奄奄一息的婴儿，决定将其抱回家抚养，但是没有办理合法的收养手续。生母李×× 在遗弃男婴之后，直到出院再也没有问及、了解过男婴的情况。1999 年 10 月，李×× 通过同事得知了孩子的下落，在充分了解情况之下，于2000 年 1 月 7 日向法院提起黄×× 归还孩子的诉讼请求。一审法院认为，黄×× 在没有征求李×× 同意和未到民政部门办理收养手续的情况下抱养婴儿，收养行为于法无据，遂作出黄×× 将孩子的抚养权归还李××，李×× 给黄×× 补偿 5 万元抚育费的判决。黄×× 上诉后，二审驳回了上诉，维持了原判决。③

就该案来说，判决黄×× 归还孩子明显得不到民众的广泛认同。此案被新闻媒体曝光之后，在社会上引起了强烈的反响，民众广为关注，众多的读者积极参与，给法院和黄×× 纷纷来电、来函，各大网站广为关注，众多网民为养母黄×× 声援、呐喊和助威，在网上纷纷发帖子，并对一审、二审的裁判提出了严重的质疑。

案例二：2006 年 4 月 21 日 22 时许，许× 与郭××（已判刑）到位于广州市天河区黄埔大道西平云路的广州市商业银行离行式单台柜员机提款。在使用自己的仅有余额 170 余元的广州市商业银行银行卡提取工资时，许× 无意之中发现并利用该银行系统出现出错的机会，从该柜员机分 171 次取款共 175000 元。随后，许× 携款潜

① 严存生."法在事中"——从疑难案件的法律解释想起的［M］//陈金钊.法律方法（第 2 卷），济南：山东人民出版社，2003：386.

② 季涛.论疑难案件的界定标准［J］.浙江社会科学，2004（5）：39.

③ 参见刘作翔.法理学视野中的司法问题［M］.上海：上海人民出版社，2003：122-123.

逃，并将手上的全部赃款用完。一审法院在查清事实的基础之上，作出判决：许 × 犯盗窃金融机构罪，判处其无期徒刑。①

在许 × 案的前后两次审理当中，"公众舆论的持续关注，让许 × 案引起从最高法院到全国法律工作者的高度重视，使许 × 案发回重审"，正是在"高达九成网友不赞同初审重判许 ×"这一巨大的社会舆论攻势之下，致使该案重审后，对被判无期徒刑的许 × 改判为有期徒刑 5 年。这样的最终结局，让一审法院的裁判公信力遭到严重的损害。

案例三：2006 年 7 月 7 日，梁某在网上发布消息，召集网友报名参加一次户外探险。骆某积极响应，表示愿意参与该活动。7 月 8 日上午，12 名"驴友"乘坐由梁某提供的车辆出发。7 月 9 日晨，骆某被突发的洪水冲走并致死。骆某的父母以 11 名"驴友"对骆某之死负有责任向法院起诉。2006 年 11 月，一审法院作出判决：梁某、骆某与其余 11 名"驴友"按照 2.5 ∶ 6 ∶ 1.5 比例承担赔偿责任。理由是：户外探险活动具有一定的危险性，虽然 12 名参与人约定相互之间无需对活动中因人为、不可抗力的主观和客观因素造成的意外事故和伤害承担任何责任，即为"免责条款"，但根据我国《合同法》的有关规定，虽然有免责条款，但是该条款无效，不受法律保护，造成对方人身伤害仍应赔偿。因组织者要尽到注意的义务较高，故应承担相对较多的责任。其他参与人因在主观上也有一定过错，故要承担一定的责任。

在对梁某案的评判当中，诸多学者认为一审判决是经不起推敲的。譬如，"判决对'免责条款'无效的论证是不成立的，而没有任何论证的情况下就'从合同转向侵权'，更是'教义学所不能容忍的错误'"；"判决对营利的认定是不正确的，对注意义务与责任的分配也是没有法律依据的。"在遭到学者乃至众人的质疑之后，可想而知，法院的司法裁判如何能得到应有的尊重？

上述三个疑难案件，属于时代产生的"裁判规则紧缺型"案件、"价值与经验判断困难型"案件、"司法与社会关系紧张型"案件。这三个疑难案件告诉我们，在大数据时代背景下，公众广泛关注疑难案件的处理结果，并且由于在认知局限、利益驱动、监管缺乏等各种复杂因素的共同作用下，现代网络传媒却可以将各类民意塑造成一股泥沙俱下的巨大洪流，为司法应对社会舆论的能力提出了新的挑战。② 为此，法官必须关注民意，力求取得法律效果、政治效果与社会效果的有机统一，正如哈贝马

① 参见广东省广州市中级人民法院（2007）穗中法刑二初字第 196 号刑事判决书，广东省广州市中级人民法院（2008）穗中法刑二重字第 2 号刑事判决书。

② 孙跃. 论智慧时代疑难案件的裁判：机遇、挑战与应对［J］. 法律适用，2020（14）：147.

斯将司法视为一种动态纠纷解决程序和交往理性运作机制，其应当致力于整合不同主体间的多元价值观念并最终形成现代民主法治的基础，司法裁判中的论证不仅应当关注现行的法律制度和对先例的遵循，而且应当关注各方参与者的接受程度。① 然而，法官在面对巨大社会舆情与裁判压力的情况下未必能够完成说服社会的目标。更严重的是，社会多方舆论压力在现代网络传媒的加持之下，有可能会干涉法官的裁判思路和裁判结果，最终削弱司法的相对独立性与司法权威并引发"舆论绑架司法"的风险。②

三、困境纠缠：疑难案件给公信力带来的挑战

近年来，不断出现在新闻媒体聚焦之下的一个个"疑难案件"，使得司法的公信力一再成为公众的焦点议题。从这些案件的审理和社会评价当中，我们可以清楚地意识到司法的处境和问题。

（一）在案件数量上：疑难案件不断增多，法院"不堪重负"

从疑难案件概念来看，疑难案件实质上就是"法律型难办案件"。具体而言，疑难案件分为三类：第一类是"法律漏洞型疑难案件"，即由于法律漏洞或空白，无法律可作裁判依据的案件，如外嫁女案件；第二类是"法律适用型疑难案件"，即虽有法律依据，但机械适用法律会带来个案的不正义，如许 × 案；第三类是"重大影响型疑难案件"，即由于案件具有重大政治或社会影响，各种利益关系庞杂，社会舆论众多，民意汹涌，如泸州"二奶"遗赠案、彭宇案、邓玉娇案、药家鑫案。在转型时期的中国司法实践中，这些疑难案件，成为考验法官司法能力的"试金石"。虽然疑难案件一般是存在疑难问题的，然而，并非只要存在疑难问题的案件就是疑难案件。真正意义上的疑难案件主要指在法意模糊、法律漏洞、规范冲突、不良规则等制定法局限性的前提下产生的案件。即使这样，目前具备上述条件的疑难案件数量不容小觑，特别是随着诉讼爆炸时代的到来，法院受理的案件在性质、类型、特征等方面都呈现出前所未有的新特点，法律关系错综复杂，难案频频出现。各地法院受理的疑难案件数量在逐年增加，只不过有不少疑难案件因各种原因没有受到新闻媒体的关注。但是，仅仅是每年被媒体关注的极少数疑难案件，就已经使得法院应付起来"疲惫不堪"。

---

① 参见哈贝马斯.在事实与规范之间：关于法治和民主法治国的商谈理论［M］.童世骏，译，上海：生活·读书·新知三联书店，2014：245–273.

② 孙跃.论智慧时代疑难案件的裁判：机遇、挑战与应对［J］.法律适用，2020（14）：147.

（二）在裁判难度上：同案不同判，裁判遭受"民众质疑"

在疑难案件审判实践中，由于法律解释方法不一、法官的价值选择不一，同案不同判较为普遍。特别是疑难案件有一个明显的特征，即新颖性。新出现的事实打破了法官固有的看法，即对过去基于特定法律事实产生的较为明朗、具体的法律后果或法律责任产生质疑。在这种情况下，法律本身并不告诉我们，是应该严格司法，还是应当考虑到案件的特殊情况。在这一背景下，"法官常常必须选择：要么遵从立法者的意志，而做出不充分甚或不公平的判决，要么为了做出充分并公平的判决，而将立法者的意志弃之不顾"。[①] 由此，在法律规定模糊的状况下，疑难案件的处理出现了诸多的同案异判的现象。并且随着疑难案件的增多，同案不同判的现象会日益增多。众所周知，司法正义是一种矫正的正义，是司法机关根据法律所确定的规则、原则和标准进行断案的正义。在追求司法正义之中，追求普遍正义是司法机关必须遵从的一个重要原则。"相同情况进行相同处理"、"类似情况进行类似处理"是普遍正义的基本要求，这一基本要求表明，法官应遵循宪法和法律的基本精神、法治原理和先例。但同案不同判不仅有违法律公平正义的价值理念，而且没有保护好当事人的合法权益，造成立法目的落空，必然会导致结论难以让社会信服，引发社会公众对司法的质疑，破坏公众对司法乃至法律的内心信仰，致使社会公众无法真正建立起内心对法律的自觉认同与尊重，"人们不会再把法律当作社会组织的一个工具加以依赖"[②]，其司法信仰之塔很快垮掉，后果将不堪设想。

（三）在网络媒体上：压力不断加大，法官被民意"围攻"

随着疑难案件的数量日益庞大，给人民法院处理这些案件无疑增加了许多困难。然而，疑难案件经常是网络与新闻媒体跟踪报道和炒作的重点对象。笔者以近年来发生的社会关注度大的案例为例，经百度搜索结果显示，黄作珍案 23700 个，许霆案 694000 个，泸州"二奶"继承案 22400 个，邓玉娇案 407000 个，李昌奎案 474000 个，药家鑫案 3070000 个。从上述数据，我们可以看到，网络媒体对疑难案件的关注度非常之高。在网络媒体的压力下，法官可能遭受三道麻烦。第一道麻烦是，民众借助网络媒体开展的铺天盖地的口诛笔伐，甚至有可能遭受网民"人肉搜索"，严重地

---

① 胡克.法律的沟通之维［M］.孙国东，译，北京：法律出版社，2008：13.

② 罗纳德·德沃金.认真对待权利［M］//李秀清.法律格言的精神，北京：中国政法大学出版社，2003：24.

影响工作、生活、学习。① 第二道麻烦是，上级法院内部考核（例如，如果败诉方上诉后案件被改判或者发回重审，会不会影响晋升、评优）和党政部门领导的责问，这势必损害自己的形象，影响自己的仕途，对于法官而言，得不偿失。第三道麻烦是，有舆论支持的当事人难以服判息诉，还可能上访，这势必影响到一方官员的政绩，同时也影响到整个法院的形象，会给法官带来巨大的压力。在这三道麻烦下，法官基于法律的要求和职业道德的约束，面对铺天盖地的网络舆论，他们更多的时候只能无奈地接受。在许霆案的背后，让我们更多地看到的是，网络舆论给法官办案带来巨大的压力。

四、尴尬现实：当前法院处理疑难案件的无奈选择

"当下中国法官在面对疑难案件时表现出的往往是无所作为，甚至是不作为"②，面对疑难案件，有的法官往往采取的是鸵鸟政策，走司法消极主义的道路，作出如下三种无奈的选择。

（一）只调不判

由于疑难案件的复杂性和处理的难度大，法官在找不到合适的法律规则援引时，在"搞定就是稳定，摆平就是水平，没事就是本事"③ 的司法指导思想下，为了实现案结事了，尽可能绕过于法无据的尴尬和矛盾的激化，当前法院借助协调（实质上就是调解）来解决疑难案件的策略。以"中国姓名权第一案"——赵 C 案为例。江西省鹰潭市月湖区公安局认为原告取名赵 C 不合法，一审法院却认为其合法。公安局上诉至二审法院。在案件审理过程中，舆论交锋不断，一方认为一审判决是尊重姓名权，一方认为这是无视传统文化。此时，公安部也作出批复，取名应使用规范汉字。这给二审增加了新的变数。在外界看来，二审法院怎么判，都会显得左右为难。最后，二审法院没有判，而是选择了协调。由于舍弃"当判则判"的要求，采取"和稀泥"的做法，无原则地强调调解，从而导致申诉率高、强制执行率高。

---

① 譬如许霆案的原审法官，在案件被发回重审并改判后就背上了"机械办案"的骂名，主审法官也差点被"人肉搜索"。在本文写作过程中，在百度和谷歌上输入"许霆案，主审法官是谁"，仍然能找到有牵涉人肉搜索的帖子。

② 袁亮.法官在疑难案件中的角色定位［J］.商业文化，2012（2）：10.

③ 许可.卡多佐的实用主义司法哲学与审判技艺［M］//陈金钊.法律方法（第10卷），济南：山东人民出版社，2010：65.

（二）类案检索

《最高人民法院司法责任制实施意见（试行）》（法发〔2017〕20 号）第 39 条、第 40 条规定，最高人民法院审理案件时，应当制作类案与关联案件检索报告，如果承办法官拟作出的裁判结果将改变本院同类生效案件"裁判尺度"的，应当呈院长提交审判委员会讨论。为此，最高人民法院于 2018 年 1 月 5 日起上线运行了"类案智能推送系统"。部分地方法院也制定了类似制度、运用了类似的检索系统。[①]《最高人民法院关于进一步全面落实司法责任制的实施意见》（法发〔2018〕23 号）第 8 条、第 9 条规定：各级法院应当"确保类案裁判标准统一、法律适用统一"，为此，应当建立类案及关联案件强制检索机制；判决可能形成新的裁判标准或者改变上级人民法院、本院同类生效案件裁判标准的，应当提交专业法官会议或者审判委员会讨论。而且有些法官面对疑难案件的时候，为了"并非一个人在战斗"，已经开始援引判例进行断案，譬如北京知识产权法院等法院，已经开始在裁判文书中明确援引判例作为裁判理由。[②]虽然，由于判例、学说不具有规范拘束力，不同于最高人民法院审判委员会"讨论决定"、法院"审判类似案件时应当参照"的"指导性案例"，不符合"法源"应有的特征[③]，但是，却得到了学者的认可，正如有学者指出，法官可以这样做，或者说，在法治原则之下，这样做是可以接受的，因为，既然通说大体上是可靠的（或者说，它是相对来说可靠的），也具有减轻法官负担的功能，就应当允许法官不作进一步思考，除非通说的可靠性受到明显的挑战（当事人的主张，或者法官自己的实质性考量）。[④]卡多佐法官在谈及遵循先例原则时曾说："如果过去的每一个判决在每一个案件中都可以被重新开启的话，法官的工作量就会一路狂增到濒临崩溃的地步。"[⑤]

[①] 贵州省高级人民法院.探索"类案类判"机制 确保法律适用统一［N］.人民法院报，2018-01-26（01）.

[②] 例如，在北京知识产权法院（2016）京 73 民终 1078 号民事判决书（北京小明文化发展有限责任公司、统一企业（中国）投资有限公司等著作权权属、侵权纠纷案）中，法院援引了一个最高人民法院判决、一个北京市高级人民法院判决。

[③] 雷磊.指导性案例法源地位再反思［J］.中国法学，2015（1）：28.

[④] 葛云松.简单案件与疑难案件——关于法源及法学方法的探讨［J］.中国法律评论，2019（2）：125.

[⑤] 弗里德里克·肖尔.像法律人那样思考：法律推理新论［M］.雷磊，译.北京：中国法制出版社，2016：47.

（三）寻找外援

由于我国地方法院受同级党委的领导、人大的监督，在案件审理中常受到各种"地方因素"的影响，尚未实现真正意义上的独立审判。为此，法院和法官基于维护社会稳定的压力和减少自己办理错案责任风险，往往不敢、不愿意处理疑难案件，而是热衷于寻找外援。以东部某省 E 市法院在审理一起在当地社会影响较大的刑事案件为例，由于案件牵涉面广须多方支持，仅凭该院一家力量难以裁判，于是，该院领导向当地政法委求援。随后，当地政法委迅速召集当地公、检、法等多家单位集中商议该案的裁判。在意见统一之后，该院依照讨论意见作出判决。① 从该案可以看到，在寻找外援上，法院往往将"烫手山芋"的疑难案件，按照法院内部通行的办法或者普遍认可的但未向外界公布的办案程序与规则进行处理。如主动向党委、人大汇报，请求党委、人大给予支持，并且等待他们下达指示与命令；或者是为了化解司法风险，寻求上级法院在裁判结果上给予"智力支持"而主动"申请向上级法院请示汇报，或者寻求最高法院的批复"。② 在上述情形之下，被尊称为"法律帝国王侯"的法官们因缺乏主动性和积极性，如同一个"传声筒"。

五、经验借鉴：让疑难案件不再诘难司法公信力

实际上，无论是古代还是当今的法官，遇到疑难案件是职业生涯的常态，但法官并非总是无所作为，在某些疑难案件处理当中，有的法官也会尝试用丰富的经验和地方性知识来解决棘手难题，避免政治和法律双重风险。

（一）关注社会效果

当前，在经济转轨、社会转型时期，审判工作如不注意社会效果，将会产生极大的负效应；适用法律如果不注意社会效果，就会反过来损害法律的权威性，破坏人民群众对法治的信仰。2006 年，黄永彬和蒋伦芳系夫妻关系。后黄永彬认识了张学英，黄永彬和张学英以夫妻名义生活。

黄永彬立下公证遗嘱，将夫妻共同财产中自己的部分遗赠张学英。张学英起诉要求履行遗嘱。法院以遗嘱违反公序良俗，损害社会公德，破坏公共秩序为由，驳回张

---

① 　蔡斐."狡猾"的法院：司法运作中的压力转移现象透视［J］.中山大学法律评论，2011，9（1）：170.

② 　洪志勇.疑难案件中法官的司法视角［J］.法制与社会，2009（8）：170.

学英的诉讼请求。^① 该案例的背后，让我们看到了疑难案件的处理离不开社会效果的考虑，正如该案承办法官的回答："如果我们按照《继承法》的规定，支持了原告张学英的诉讼主张，那么也就滋长了'第三者''包二奶'等不良社会风气，而违背了法律要体现公平、公正的精神。"

（二）注重参考民意

古今中外，民意一直都在影响司法裁判。民意，从某种角度而言，就是广大民众的利益诉求。法官一般在做出司法裁判时，不仅要考虑裁判的合法性和正当性，而且要考虑社会的合理性和可接受性。如果法官仅仅是两耳不闻"民意"，一心只办手头案的话，司法公信就会渐行渐远。许多案例的背后让我们看到了在巨大的民意压力之下，法官为了维护"法律之内的正义"，让民众尊重合法程序下的裁判，注重了民意的吸收。譬如少女廖婷婷因不堪孪生妹妹患精神病给家庭带来拖累，将其捂死。因特殊起因和动机，一审法院以故意杀人罪判处有期徒刑三年，缓刑五年。一审判决后，民众广为关注，意见纷纷，检察院认为量刑畸轻，提出抗诉。在充分尊重民意的情况之下，成都中院二审维持了原判。因此，在民意颇为壮观的现阶段，"作为社会安定的最后一道屏障"的法院，不能不重视在疑难案件处理当中的民意，并力求法律效果与社会效果的统一，这样作出的裁判才能真正得到公众的认同，实现良好的裁判效果。

（三）进行价值权衡

法律是一个规则体系，在规则体系的背后，存在着法官的价值追求，法官选择或者排列什么样的价值追求，往往决定着案件的结果和走向，可以说，法官的裁判结果就是价值判断的结果，就是对各种利益进行权衡并作出选择的结果。为此，在疑难案件价值权衡中注重保护弱势群体的利益。譬如来京务工者陶红泉因车祸死亡，家属起诉要求按北京城镇居民标准赔偿死亡赔偿金。因陶红泉为农业户口，一审法院不予支持。但陶红泉办理了暂住登记，可认定主要收入来源地为北京，二审改判按北京城镇居民标准赔偿。类似该案做法的法官。还有全国优秀法官詹红荔、陈燕萍、宋鱼水、金桂兰等。为此，"在审判过程中，法官要运用自己的全部经验、专业知识和思

---

① 参见泸州市纳溪区法院（2001）纳溪民初字第 561 号民事判决书，泸州市中级人民法院（2001）泸民一终字第 621 号民事判决书。

维能力，在道德和良心的支配下，通过反复权衡和比较，作出确定性选择"①。在疑难案件的处理当中，面对多元价值进行权衡的时候，需要法官进行价值权衡，更需要法官能够根据内心所确定的价值准则，对当事人的诉求做出客观公正的价值衡平和价值抉择。

六、路径选择：疑难案件司法公信力形成的进路分析

"我们之所以需要法官，就是为了解决最疑难、最不确定的纠纷"②，而疑难案件的处理并无放之四海而皆准的套路。作为唯物主义认识论的思想工具，系统观念的精髓在于全面、立体地分析事物本质和内在联系，强调从整体上把握事物发展的规律，以提高分析和解决问题的科学性。新时代建设法治中国的伟大实践充分表明，系统观念、系统思维是推动依法治国基本方略不可或缺的科学方法。③同时，"系统思考"应当成为法官的核心修炼，只有以系统观念为指导，将司法审判纳入法律、社会等多维视角，才能作出科学理性的回答。④笔者基于系统观念、系统思维角度，期望以下几点基于对司法实践中所谓的"感悟"能帮助法官在疑难案件的处理中寻求到一种"隐形的法律"，最终实现疑难案件公正处理与司法公信力提升"双赢"的功效。

（一）心理认同之路：注重司法理念的更新，提升民众的信赖度

心理是指引行为的源动力。只有在心理上树立了为民司法理念，方能在疑难案件的审判工作中激活内在潜能，也才能更好地得到民众的认同。比如，在处理疑难案件过程中，学习詹红荔、宋鱼水、金桂兰、陈燕萍等模范法官的经验和做法，走群众路线，对当事人饱含感情，用真心、真情为当事人排忧解难，视广大民众为"司法的消费者"，更加务实地回应民众的司法期待和司法需求。在处理疑难案件过程中，更加注重民意，缩短民众与审判之间的距离，因为"法律活动中更为广泛的公众参与乃是重新赋予法律以活力的重要途径"⑤。同时，法官应时刻保持司法良知，在疑难案件的裁判过程中，尽可能多地给予当事人以人文关怀，把当事人看成一个有人格、有尊严、有价值的个体，充分保障他们的合法权益，自觉维护社会公平正义。

① 田成有.法官的修炼［M］.北京：中国法制出版社，2011：38.
② 唐娜.如何适用指导性案例［N］.法制日报，2012-06-27（04）.
③ 张文显.习近平法治思想的系统观念［J］.中国法律评论，2021（3）：17.
④ 陈增宝."系统思考"应当成为法官的核心修炼［N］.人民法院报，2022-06-02（05）.
⑤ 伯尔曼.法律与宗教［M］.梁治平，译.上海：生活·读书·新知三联书店，1991：35.

（二）理念指引之路：注重社会效果的追求，提升裁判的满意度

司法实践告诉我们，一些疑难案件的裁判通过解释技术在法律上能够找到依据，却与社会形势和社会价值割裂，致使裁判得不到社会的广泛认同。因此，疑难案件尤其要注重裁判的社会效果。一是注重法律与民俗习惯的调适。疑难案件往往缺乏明确的法律依据，如何进行裁判往往需要考虑民俗习惯在审判中的作用，法理、情理、道德、风俗习惯等多元纠纷解决机制更能得到民众的广泛认同和支持。法官应主动找准法与理的结合点、法与情的一致点、法与社会生活的契合点，回应社会生活的真正需求，努力实现社会效果和法律效果的和谐统一。二是注重价值取向。"在司法审判活动中，特别是疑难案件的审判，往往需要进行利益衡量"。[1] 在疑难案件的权衡之中，关键在于价值取向。当合法利益遭受非法侵犯的时候，在价值取向上，应当对非法利益进行打击；对现实生活中存在的"法无禁止"的利益，在价值取向上以一种宽容的态度看待。在涉及对弱势群体利益的保障和维护时，不可小看弱势群体的利益表达，应依法进行适度倾斜。衡量一个民主和法治社会的水准，不应该看它怎样对待这个社会的"高尚者"，而是要看它怎样对待这个社会的"卑微者"。因此，司法作为衡平正义的一种力量，在价值衡平之中，应当给予弱势群体更多的保护，更多的关爱。对于涉及社会公共利益的案件，法官在进行价值取向时，必须对利益背后的社会价值影响进行评价，对社会效益大的公共利益给予优先考虑。

（三）方法选择之路：注重纠纷的实际解决，提升裁判的认同度

法律的最终目的都是解决问题。在疑难案件的裁判过程中，矛盾纠纷的实际解决需要从以下三个方面着手：一是注重司法经验。"司法裁判本来就是一种操作性、实用性很强的裁判活动，所以，法官要越老越好，司法裁判的经验要越多越好"。[2] 在疑难案件处理过程中，法官不是判决的生产机器，不是机械司法者，需要借助自己的司法经验，特别是面对多种意见进行艰难抉择的时候，在逻辑思维无法告诉法官如何进行抉择的时候，常常需要凭借法官的司法经验才能作出正确裁判，在规则和解决问题之间方能达到平衡。其中一个重要的方面是，在疑难案件的司法实践中以指导性案例为重要依据，借鉴既往的司法经验和智慧，实现个案裁判的妥当性，将僵硬的法律规则转化为灵动的裁判正义。二是加大人民陪审工作力度。在疑难案件的处理中，需要将公众的良知和直觉引入疑难案件裁判过程，使得裁判能够得到民众情感认同，与

① 梁上上.制度利益衡量的逻辑［J］.中国法学，2012（4）：73.

② 田成有.司法裁判的社会经验［N］.法制日报，2009-01-21（03）.

民众的认知需求接轨，从而也使疑难案件的裁判更容易得到公众的认同。人民陪审员来自人民群众，对人民群众的所思所想最为了解，也更善于做群众工作，人民法官精通法律，二者有机结合，可以使人民法院的审判工作更有成效。三是依法调解。在疑难案件的处理中，为了让当事人对法院的裁判结果比较满意或至少能够被接受，非常需要调解来实现案结事了政通人和。但是，我们不能盲目地追求调解，一味地强调调解，不能久调不决，"忽悠"当事人，这将严重损害司法效率和司法公信。

（四）制度保障之路：注重多重机制的建构，提升裁判的安全度

疑难案件的裁判得到认同，不仅是自身努力的问题，也需要制度保障。在寻求制度保障的过程中，不能仅依赖一项或者几项制度，忽视制度的相互衔接，要注重系统性。因此，要充分考虑制度间的衔接与配合，将疑难案件的裁判与法院相关的制度衔接起来，强化疑难案件裁判民众认同的配套制度支撑。如建立疑难案件社会稳定风险评估机制。通过建立包括风险识别、风险评估、风险决策在内的一系列机制，并采取预防、控制、化解等综合性的管理手段，对疑难案件中存在的可能影响社会稳定的各种风险事项进行有效管理和规制，从而达到维护社会稳定、促进社会和谐发展的目的。再如进一步完善司法公开机制。在疑难案件的裁判过程中，大力推行"阳光司法"，在审判权程序的运行当中，全面落实司法"六公开"，加强与社会各界的联系，加强与新闻媒体的沟通与交流，主动接受民众和新闻媒体的监督，做到司法公开透明，让民众更容易接受裁判结果。

七、结语

当党的二十大报告吹响向提高司法能力和公信力进军的号角时，社会各界对于公正、高效、权威的司法充满着期待。然而，当下我们却不得不面对这样一个尴尬的困局：人们一方面高歌"司法是社会正义的最后一道防线"，另一方面又以"天下法官一般黑"的态度对法院充满怀疑，法官似乎坐在了"社会火山口"上。个中的原因固然复杂，但至少说明法治的理想并不仅仅是靠"宏伟蓝图"就可以实现的。建设社会高度信任的法院当然需要良好的顶层设计，更应该根植于坚实可信的基层司法实践中。建构神圣司法的通天塔所需要的不是无比正确的口号，而是用公正的司法实践建立起的公信基石。特别是在疑难案件的处理中，像程序公正、司法公开、尊重民意、严格依法、平等对待等，不折不扣地做起来，实实在在地兑现了，司法的权威、公正的共识才会回到中国社会。

论数字弱势群体基本权利的国家义务[①]

李　好[②]

（吉林大学法学院）

[**内容摘要**] 数字时代，数字弱势群体相对于其他群体更容易受到不利影响或被排除在数字化进程之外，其面临着政治、人身和社会文化基本权利保护不足的一系列问题。聚焦于数字弱势群体基本权利，宪法逻辑为其保护问题提供了空间。从国家义务的角度来看，保护数字弱势群体基本权利的路径包括立法、执法和司法保障。立法保障在宏观层面主要是推动中国特色数字法律制度体系的建设与完善，在微观层面为数字弱势群体提供法制保障；执法保障涵盖了对法律法规的执行、数字技术的推动，以及国家履行保护义务的体现；司法保障为权利的救济提供了重要途径，同时采用司法手段惩处侵犯数字弱势群体基本权利的行为，确保司法正义在数字弱势群体内的彰显，从而维护社会整体的公平正义。

[**关键词**] 数字弱势群体；技术索权；基本权利；国家义务

一、引言

随着数字技术的飞速发展，全球已步入智能化时代。然而，现实中并非所有人都能够享受数字时代的红利。由于不同社会主体在占有和使用数字设备、掌握数字技能、拥有数字素养等方面存在客观差异，因此，他们参与数字化生活并共享数字红利时处于极度的"数字不平等"地位，严重影响数字社会的公平正义。[③] 有学者提出了

---

① 本文为教育部人文社会科学研究青年基金项目"人类辅助生殖技术风险的法律规制研究"（批准号：22YJZH190）的阶段性成果。

② 李好，女，天津宝坻人，吉林大学法学院博士研究生，研究方向为法理学、宪法学。

③ 参见宋保振.社会权视阈下"数字弱势群体"权益保障［J］.法学，2024（1）：20.

"技术索权"概念，指一些群体由于其在技术运用方面与技术的发展不匹配而丧失了应享有的宪法和法律规定的权利。[①]换言之，人们的权利行使受到技术的约束和限制，这些受技术索权影响的群体被称为"数字弱势群体"。在智能信息化广泛应用的背景下，数字弱势群体可能会面临被边缘化的风险。例如，支撑现代生活的新兴工具，如网约车、即时通信、移动支付、在线购物和医疗预约跨区域数据要素场景等[②]。在数字弱势群体面前，存在一道难以逾越的"数字鸿沟"，这道鸿沟将他们与便捷的数字化生活隔离开来。

数字社会建设远非只涉及数字技术问题，它必须建立在广泛的社会基础之上。社会基础的核心要素是社会中的个体，而数字弱势群体是构成这个核心的重要部分。目前，学界对数字弱势群体问题的研究大多是从权利进路出发的[③]，鲜少有人关注数字弱势群体宪法意义上的基本权利的流失，并从国家义务的角度提出保护路径。本文从此角度出发，分析数字弱势群体基本权利保护所面临的现实困境，并从立法保障、执法保障和司法保障等方面提出解决路径，尝试构建一个完善的数字弱势群体基本权利保护制度。

二、数字弱势群体概述

（一）数字弱势群体的内涵及形成原因

学者们普遍认为，"数字弱势群体"并非技术创新的结果，而是在社会数字化转型的背景下，由于个体能力、社会发展规律和科技影响等方面的回应而形成的，是数

---

① 参见杨嵘均."技术索权"视角下信息弱势群体公共服务供给的偏狭性及其治理［M］.北京：中国地质大学学报（社会科学版），2018（6）：123.

② 参见钱大军，郭金阳.碎片整合与条块重构：区域协同立法兴起的二重逻辑［J］.河北法学，2023，41（12）：24-41.

③ 参见宋保振."数字弱势群体"权利及其法治化保障［J］.法律科学（西北政法大学学报），2020（6）：57-58；高一飞.智慧社会中的"数字弱势群体"权利保障［J］.江海学刊，2019（5）：163-169；宋保振."数字弱势群体"信息权益保障的法律路径［J］.东北师大学报（哲学社会科学版），2021（5）：91-100；赵媛，王远均.社会弱势群体公共信息服务权益保障中的法律问题研究［M］.北京：中国社会科学出版社，2017：348-377；吴宁.社会弱势群体权利保护的法理［M］.北京：科学出版社，2008：65-73.

字科技的固有特性、信息传递的不均衡以及社会现有的结构等造成的结果。[①] 信息的稀缺性和公众在获取、掌握和应用信息时存在的调查不一致，导致数字红利无法惠及所有社会成员。因此，许多个体因无法有效获取和利用数字信息而被归为"数字弱势群体"。本文认为，数字弱势群体是一个在当今数字化社会中愈发引人关注的概念。它描述的是那些相对于其他群体更容易受到数字化导致的不利影响或被排除在数字化进程之外的群体。这个概念扩展了我们对社会不平等的认知，突显了数字化时代中新兴技术和信息社会所引发的挑战。

首先，数字弱势群体的形成与社会经济因素密不可分。社会经济地位、教育水平、地理位置等因素都会影响个体在数字化社会中的地位。低收入家庭、农村社区、少数民族等群体通常面临更大的数字不平等，因为他们可能缺乏必要的数字技能或者无法承担数字化生活所需的费用。这使得他们更容易受到数字化进程的排斥，无法享受到数字社会带来的诸多便利。此外，数字技术的快速发展带来了新的就业机会和经济增长，但同时也造成了部分人在数字化劳动市场上的边缘化。技能不匹配、职业转型困难等问题使得一些人容易失去工作机会，尤其是那些在数字技术领域缺乏经验的人。这加剧了数字不平等，导致一部分群体的经济地位进一步下滑。其次，文化因素也对数字弱势群体产生了影响。文化差异、语言障碍以及移民身份都可能导致一些人在数字化社会中面临更大的挑战。语言不通、文化习惯不同可能会限制他们获取数字信息和参与数字社交的能力。这种文化隔阂不仅影响他们的社交互动，还可能限制他们的经济机会。最后，技术因素也是数字贫困群体的一个关键影响因素。技术的不断进步和应用可能使一些人感到不适应，尤其是那些年龄较大或没有接受过相关培训的人。数字弱势群体可能无法跟上技术的发展，导致他们在数字社会中处于不利地位。

（二）数字弱势群体与传统弱势群体的区别

"数字弱势群体"并非凭空建构，它脱胎于既存的弱势群体概念，与传统弱势群体相互联系又相互区别，是数字时代的新样态。一方面，数字弱势群体同样受制于各种因素，或客观如数字化浪潮，或主观如数字"标准化"能力缺失，在数字化浪潮中处于能力贫困和权利弱势，继而遭到社会排斥；另一方面，数字弱势群体也具有最为基本的外观特征，大多契合老年人、残疾人、受灾救助者、下岗职工等群体的特征，他们掌握资源较少，可行能力不足，利益诉求表达微弱。

---

① 参见秦瑞标 . 论"数字弱势群体"权益的法律保障 [J] . 东南大学学报（哲学社会科学版），2022（24）：129.

有学者将数字弱势群体分为"显性数字弱势群体"和"隐性数字弱势群体"两种类型。①其中，"显性数字弱势群体"指那些没有或不了解如何使用智能设备的人，包括老年人、居住在网络覆盖有限地区的人，以及因经济或教育原因而无法享受现代信息服务的公民，这类群体与传统弱势群体有相似之处，学界很早就开始对这一群体展开广泛的研究和关注。与之形成对比的是"隐性数字弱势群体"，其通常被认为是时代的数字化领军者，具备一定的数字信息获取机会。然而，他们之所以被称为"隐性数字弱势群体"，是因为他们缺乏最基本的数据权利意识，无法获取必要的大数据信息，不具备相应的数据分析能力，也没有实施数据管理或商业决策的能力。尽管他们可以平等地访问存在于"信息网"中的数据信息，但他们"不能"或"没有能力"有效地获取、分析和利用这些信息。

本文认为，不论是显性数字弱势群体还是隐性数字弱势群体，在数字科技的主导下，其力量均难以与掌握"数据霸权"的技术公司、商业平台抗衡，其基本权利均会受到一定程度的侵害。因此，本文不对数字弱势群体进行内部的分类，而是将其与传统弱势群体进行对比，并针对数字弱势群体容易受到侵害的基本权利进行分析并提出解决路径。

1. 基于特征的区别

传统弱势群体通常是根据社会结构和身份来定义的。这些群体可能是由于种族、性别、年龄、残疾、性取向等特定身份而面临不平等待遇和社会排斥的人群。他们可能因为这些身份特征而遭受歧视、隔离和限制。这些弱势群体的权益保障和社会参与往往需要特定的政策和措施来改变社会结构和打破不平等。而数字弱势群体是指那些由于缺乏数字技能或者有限的数字资源而在数字领域面临挑战的人群。随着数字化社会的快速发展，数字技术在日常生活、智慧教育推广、就业、社交等方方面面都起到了重要的作用。②然而，一些人可能由于缺乏相关的数字技能和资源，无法充分利用数字技术带来的机遇。他们可能会面临数字鸿沟，难以参与到数字化社会的发展中，导致进一步的社会排斥和不平等。数字弱势群体的挑战包括缺乏数字技能，无法获得数字化工具和资源，缺乏对数字隐私和数据安全的了解，以及遭受网络欺凌和网络犯罪的风险增加等。

---

① 参见宋保振."数字弱势群体"权利及其法治化保障［J］.法律科学（西北政法大学学报），2020（6）：92.

② 参见钱大军，郭金阳.从示范区域到区域示范：教育示范区运行优化研究——以智慧教育示范区为例［J］.教育发展研究，2023（19）：68-76.

2. 影响范围的区别

传统弱势群体的影响主要局限在社会和经济领域。他们面临的问题包括社会排斥、歧视、限制和不公正的对待，这些问题可能发生在教育、就业、住房、健康保健等方面。传统弱势群体可能面临被剥夺工作机会、低薪、不平等待遇和职业晋升的机会，影响到他们在经济上的发展和自我实现。相比之下，数字弱势群体面临的问题更广泛，涉及数字领域的各个方面。数字化已经成为现代社会不可或缺的一部分，数字技术的应用影响到人们的参与、借贷、就业和教育等方面。数字弱势群体可能因为缺乏数字技能或有限的数字资源而被排除在数字世界之外。他们可能无法获得数字服务、失去工作或求职机会、难以获得教育资源和信息获取渠道，进而影响他们的社会参与和经济机会。数字弱势群体的影响范围还包括数字权益和数字安全方面。他们可能面临着数字隐私泄露、网络欺凌、网络犯罪等威胁，因为他们可能缺乏对这些问题的了解和防范能力。这些问题直接影响到他们的个人发展、社交关系和生活质量。

3. 资源需求的区别

传统弱势群体通常需要获得物质资源和社会支持来改善他们的生活状况。比如，他们需要获得就业机会，以便赚取生活所需的收入和获得经济独立。他们也需要获得教育资源，以提高自身技能和知识水平，从而提升就业竞争力和接受更好的工作机会。此外，他们还依赖社会福利和福利项目，来满足基本的生活需求和应对不时之需。而数字弱势群体主要需要获得数字技能培训和数字资源的支持，以便更好地融入数字化社会的发展。他们需要接受数字技能教育和培训，以掌握使用数字工具和技术的能力。这样他们才能更好地应对数字化工作环境和数字化生活方式的要求。并且，他们也需要获得可负担得起的数字设备和网络连接，以便享受数字化服务、参与在线教育、寻找就业机会等。数字弱势群体还需要获得数字资源的支持，比如在线信息、数字内容和数字化服务，以便积极参与数字社交、获取有关数字领域的知识和信息。

总体来看，数字弱势群体与传统弱势群体在多个方面存在明显的不同，包括定义、影响范围和资源需求等。但是，这两个群体之间也存在一些重叠，即一些传统弱势群体也可能同时被视为数字弱势群体，因此需要综合考虑满足他们的特殊需求和权益。中国社会中的传统弱势群体主要可分为两大类：一是因生理特征、年龄、性别等因素而形成的"生理性弱势群体"，如妇女、儿童、老年人等；二是因家庭背景等因素而形成的"制度性弱势群体"，包括农民工、城市贫困人口等。这些贫困群体大多受制于先天不利，如残疾、贫困，或社会、政治、经济和地理等周期性成分的组成影响。① 由此可见，传统弱势群体大多数出于先天因素如残疾贫穷或社会各种政治、经济、地理等因素叠加而产生。数字弱势群体是由于缺少运用数字技术的能力而难以在数字社会生存的群体，大型数字平台通常通过技术权力降低或损害"数字弱势群体"的自主性、参与性和发展性权益。② 数字弱势群体包含于传统弱势群体之中。其中部分数字弱势群体是由传统弱势群体演变而来。

三、弱势群体基本权利保护不足的表现

基本权利是一个国家政治体系的重要组成部分，它代表了宪法所确认或推定的公民的基本和重要权利。这些权利是社会契约的一部分，旨在保障个体的人格、自由和平等，以确保公民在社会中享有平等和正义的地位。基本权利的存在体现了国家与公民之间的关系，是一个国家政治制度运行的关键基础。③

首先，人身基本权利是基本权利的核心，其涵盖了每个公民的基本自由和尊严。它们旨在保障社会中每个人都受到尊重平等对待，并允许他们追求自己的幸福和自由发展。其次，政治基本权利涉及公民在政治体系中的参与和影响，是一个健康的民主社会的关键要素。其赋予了公民对国家政策和领导层的决策过程产生影响的能力。最后，社会基本权利关注的是公民在社会生活中的基本需求和福祉。包括教育权、医疗保健权、就业权等，这些权利旨在保障每个人都能够获得必要的社会服务和支持，以改善他们的生活质量。

当前，数字弱势群体面临着政治、人身和社会文化基本权利保护不足的一系列问题，这些问题凸显了数字革命在社会中引发的深刻挑战。

（一）政治基本权利保护不足

政治基本权利，指的是公民依法享有的参与国家政治生活的权利。中华人民共和国宪法第三十四、三十五条规定："中华人民共和国年满十八周岁的公民，不分民族、种族、性别、职业、家庭出身、宗教信仰、教育程度、财产状况、居住期限，都有选举权和被选举权；但是依照法律被剥夺政治权利的人除外。""中华人民共和国公民有言论、出版、集会、结社、游行、示威的自由。"然而，在数字社会建设过程中，相

---

① 周刚志.论弱势群体的宪法权利及其保护 [J].江苏行政学院学报，2012（3）：125.

② 叶明，冉隆宇."数字弱势群体"权益的反垄断法保障：功能、限度与路径 [J].新疆社会科学，2023（3）：103.

③ 参见季金华.公民身份与基本权利 [J].人权研究，2018（1）：4.

对于其他社会阶层，数字弱势群体在政治选举、政治参与、崇拜表达等方面都存在一系列权利保障不足的问题，这不仅影响了他们的政治参与，也影响了他们的社会地位和公平待遇。

　　首先，数字弱势群体在政治参与方面面临挑战。政治参与是公民行使政治权利的方式，其中包括选举、投票、参与政治活动和表达政治观点等。然而，数字弱势群体往往因为缺乏数字技术能力而使得他们可能面临无法在线注册选民、获取政治竞选信息、参与网络政治讨论等问题，这限制了他们在政治决策中的发声能力和影响力。其次，隐私权和信息知情权的不足也是数字化社会中数字弱势群体面临的又一挑战。个人信息的收集和使用已经成为政治活动的一部分，政治选举和政府机构可能会利用大数据分析来了解参与者，然而，数字弱势群体的个人信息往往更容易受到侵犯，因为他们可能还不够了解如何保护自己的隐私，也可能缺乏技术工具来保护个人信息。

（二）人身基本权利保护不足

　　我国宪法第三十八条规定："中华人民共和国公民的人格尊严不受侵犯。禁止用任何方法对公民进行侮辱、诽谤和诬告陷害。"信息是数字时代人与人之间交往的媒介，个人凭借对数字信息的获取与应用可以获享由数字社会带来的便利。根据我国《个人信息保护法》第四十四条规定："个人对其信息的处理享有相应的知情权、决定权。"[①]随着数字时代的到来，信息和数据已经成为一种战略性资源，人们的生产和生活均可以通过信息和数据的形式向外界展示，保护个人信息权已经成为社会共识。[②]当信息与个人相关联时，人们不得不开始思考个人信息权的性质和内涵。事实上，个人信息权利已经成为一种新兴人权。尽管宪法条文中没有对个人信息权的具体规定，但是目前全球已有三十多个法域将个人信息保护列为基本权利。[③]个人信息权的宪法规范基础为人格尊严条款。人的尊严处于基本权利体系中的核心地位，是人与生俱来的固有利益，这起源于康德以人为目的的法哲学思想。[④]

　　随着数字技术不断渗透到人们的生活中，人们的日常活动往往受到算法及其背后权力的操控。数字化趋势不仅带来了便利，还引发了一系列新的个人信息权受损问

① 孟融.数字时代老年人的权利弱化及法治应对——以可行能力理论为分析框架 [J].中国特色社会主义研究，2022（1）：145.

② 参见李伟民."个人信息权"性质之辨与立法模式研究——以互联网新型权利为视角 [J].上海师范大学学报（哲学社会科学版），2018（3）：66.

③ 参见王锡锌，彭錞.个人信息保护法律体系的宪法基础 [J].清华法学，2021（3）：12.

④ 李好.个人信息商业化利用中的基本权利冲突及解决 [D].长春：吉林大学，2023：20.

题，对数字弱势群体造成了极大的困扰。个人信息泄露是数字弱势群体面临的困境之一，数字弱势群体的手机和网络活动往往不够安全，很容易受到各种商业软件或监测软件的入侵。由于缺乏信息保护的基本能力，他们的个人信息可能会在未经过本人明确同意的情况下被悄然收集，这引发了隐私被泄露和信息被窃取的风险。此外，一些数字企业平台大规模收集、处理和利用公民的个人信息，将信息变成牟利的手段。数字弱势群体由于缺乏权利意识和信息识别能力，通常认识不到自己的个人信息已被用于盈利的商业平台，这进一步增加了损害他们个人信息权的可能性。例如，在数字化社会中，人脸识别技术的破解成为一个热点问题。大规模的监控摄像头、人脸识别软件的广泛应用，让人们的脸部特征不断被捕捉和分析。数字弱势群体往往缺乏对这些技术的了解和保护自己的能力，导致他们的个人信息容易受到侵犯，他们的容貌信息可能被收集用于未经授权的身份验证、广告定向投放，甚至可能被用于犯罪活动。此外，"大数据杀熟"也是数字弱势群体需要面临的问题。"大数据杀熟"是指消费者的浏览和购买记录被装配在网络终端的传感器收集并被完整地回传到云服务器，网站后台运用智能算法对收集的数据处理分析，数据的收集量越大分析的结果就越精准，算法对消费者的了解程度就越高。商家在此基础上估算出消费者对商品价值的预判，从而衍生出后面的一系列"大数据杀熟"的侵权行为。[①] 数字弱势群体可能因为获取的信息不足或技术能力不强，而被定价策略所影响，导致他们支付更高的价格。

（三）社会文化基本权利保护不足

公民的社会身份主要通过公民的社会权利表现出来，保障公民的社会文化基本权利是维护社会公平和正义的核心要素。公民的社会权利包括福利权利、文化权利和环境权利，对于每个人的自我价值而言。数字弱势群体同样应该能够享受这些权利，充分发挥自己的潜力并参与社会文化生活。然而，数字弱势群体通常由于各种原因而面临社会文化基本权利的限制，保护数字弱势群体的社会文化基本权利，可以减少社会中的不平等现象，促进社会的公平和正义。以受教育权保障为例，我国宪法第四十六条规定："中华人民共和国公民有受教育的权利和义务。"受教育权是宪法学、国际法学、人权法学研究的重要范畴，被认为是公民的一项基本权利，也是第二代人权的

---

① 参见吴梓源，游钟豪 . AI 侵权的理论逻辑与解决路径［J］. 福建师范大学学报（哲学社会科学版），2018（5）: 65.

重要构成。^①宪法第四十六条第一款规定了受教育权的主体是全体公民，即每一个具有中国国籍的人都有受教育的权利。而宪法第四十六条第二款则强调国家对青年、少年、儿童等特定主体的受教育权的重视。在资源配置不平衡的前提下，教育既是扩大人与人差异的手段，也是缩小差距的重要措施。令人担忧的是，这种教育革新在某些情况下反而放大了教育水平的差距。

2023年3月2日，中国互联网络信息中心在京发布第51次《中国互联网络发展状况统计报告》。该报告显示，截至2022年12月，我国网民规模达10.67亿，较2021年12月增长3549万。^②然而，目前有3.44亿人不具备上网能力，这个数字仍然相当庞大。这部分人口中的大部分位于农村地区，他们面临着文化水平低、设备匮乏、老龄化加剧等因素的否定，缺乏基本的数字技能。新型冠状病毒感染疫情的爆发更加凸显了这一问题。由于疫情的影响，传统的授课模式受到了严峻挑战，学生们被迫转向在线学习，需要使用电子设备来远程学习。然而，数字弱势群体对于线上学习往往面临着诸多困难，包括社会经济地位低下、语言隔离、认知能力下降、身体残疾、设备不足、互联网接入困难、智能手机操作不熟练、网络信息能力薄弱以及家庭环境的不利因素等。^③以疫情期间湖南省常德农村地区为例，部分留守儿童由于没有智能手机，无法及时接收老师在微信群中发布的作业任务，严重影响了他们的日常学习进度。^④这种情况暴露了数字弱势群体在数字时代面临的挑战，需要社会各界采取措施缩小数字鸿沟，确保每个人都获得平等接受数字化教育的机会。

四、数字弱势群体基本权利之国家义务的理论证成

在数字社会中，数字弱势群体正常生活的维持无疑需要其基本权利的实现。然而这些权利的实现却面临着多重困境。权利的实现要求对应的义务主体履行义务。国家权力来源于公民权利，国家承担服务全体公民的义务。因此，国家是保障数字弱势群体基本权利的主要义务主体。从传统理论基础出发，可以看到，数字弱势群体的基本权利与国家义务之间具有深度耦合的关系。

---

① 参见魏文松.新中国成立七十年来我国公民受教育权保障的历史逻辑与前景展望［J］.理论月刊，2020（2）：105.

② 金歆：我国网民规模已达到10.92亿人［EB/OL］.（2024-03-22）［2024-4-16］.https://baijiahao.baidu.com/s?id=1794212916756533395&wfr=spider&for=pc.

③ 参见李茹，李飞.数字弱势群体的教育模式探析［J］.成人教育，2023（1）：48.

④ 参见沈费伟，蔡欣濛.乡村"数字弱势群体"的形成原因与权利保障研究［J］.杭州师范大学学报（社会科学版），2023（3）：131.

国家义务并不是自始就存在的，也不是随着国家的产生而兴起的，而是在公民权利越来越受到重视的社会发展中逐步形成的。国家义务理论也同样经历着深层次的变革，从强调国家的消极义务到更为重视国家的积极义务，从强调对于自由权的保障到逐渐更加倾向于对社会权的保障。从宪法层面而言，国家义务蕴含在宪法的价值目标中，它旨在平衡和协调个人权利之间的冲突，以实现共同体内部在保障自由与多元化的前提下真正享有公民权。聚焦于数字弱势群体基本权利，宪法逻辑为其保护问题提供了根本规范层面的制度空间。

（一）数字弱势群体基本权利的国家消极义务

国家的消极义务指的是，当国家侵害公民的基本权利时，公民可以要求国家停止侵害。基本权利具有的防御权功能以"国家不作为"作为其请求内容。[①] 国家违反消极义务包括立法机关制定侵害数字弱势群体基本权利的法律、行政机关实施侵害数字弱势群体基本权利的行为，以及司法机关作出侵害数字弱势群体基本权利的裁判。具体而言，立法机关违反消极义务主要表现为制定侵害公民基本权利的法律；行政机关违反消极义务表现为实施违法的干预行政、滥用行政裁量权等；司法机关违反消极义务主要体现为枉法裁判、滥用司法裁量权，以及实施违法的司法强制等司法行为。基于此，数字弱势群体作为公民的一部分，有权对以上行为提出排除侵害的请求。

（二）数字弱势群体基本权利的国家给付义务

我国宪法第四十五条规定："中华人民共和国公民在年老、疾病或者丧失劳动能力的情况下，有从国家和社会获得物质帮助的权利。国家发展为公民享受这些权利所需要的社会保险、社会救济和医疗卫生事业。"基本权利具有受益权功能，受益权功能指公民可以基于基本权利请求国家作为某种行为并从中获得利益的功能。[②] 受益权功能针对的是国家的积极义务，国家积极义务的核心内容为，国家应当以积极的行为为公民基本权利的实现提供一定的服务或给付。所以，国家积极义务又可以称为国家给付义务。国家给付义务是国家对公民的一项积极责任，其核心是为公民提供各种形式的利益或服务。这些给予可以包括物质性利益，如社会福利、经济援助、保障医疗等，以满足基本生活保障需求。此外，给予履行义务还包括法律程序，即公民在法律程序中获得公平和合法的待遇，如法律援助。最后，行为服务也是给予履行义务的一

---

① 参见张翔.基本权利的规范建构［M］.北京：法律出版社，2017：113.
② 张翔.基本权利的规范建构［M］.北京：法律出版社，2017：184.

部分，国家提供各种公共服务，如教育、文化、交通等，以确保公民享有平等的社会机会和福祉。① 履行国家给付义务的首要主体是行政机关，其具有国家向公民提供某种利益的主动性职能。但是立法机关和司法机关也需要在其职能范围内承担给付义务。国家对公民负有生存照顾的义务，行政机关面对数字弱势群体应当进行"给付行政"，向其提供福利和服务，改善数字弱势群体在数字社会下物质和精神生活的品质。

（三）数字弱势群体基本权利的国家保护义务

公民基本权利被认为具有主观权利和客观价值秩序的双重属性，因而客观价值秩序与基本权利具有密切的关系。"客观价值秩序理论赋予基本权利以开放性的特质，基本权利的含义不再局限于'排除国家干预'，在'客观价值秩序'这一抽象可能性之下，一切有助于基本权利实现的具体行为和具体制度都可能被解释为基本权利的内涵而被正当化。"② 在一定意义上，基本权利的客观价值秩序理论揭示了基本权利国家保护义务的理论基础。国家保护义务是指当公民的基本权利受到来自国家之外的个人和其他主体侵害时，必须以积极的作为去排除侵害。③ 当数字弱势群体基本权利遭到互联网企业平台或者其他个人的侵害时，国家应当通过制定法律，建立各种制度，为其基本权利的实现创造条件。

五、数字弱势群体基本权利之国家义务的法治展开

在我国，数字弱势群体的基本权利保障一直是社会工作的重心，其中法律尤其是宪法上的保障义被认为是"最有效的手段"。④ 国家需要通过承担义务来保障公民的基本权利。国家对于数字弱势群体基本权利的保障与实现主要应当负担三个层次的保障责任，分别是立法保障、执法保障以及司法保障，这些责任层级相互协作，得以共同构建一个全面的基本权利保护体系，确保数字弱势群体的基本权利得到切实保障。立法、执法和司法保障共同构成了国家对数字弱势群体基本权利的实现机制，它们有利于确保数字弱势群体能够行使其基本权利，同时也为社会维护公平和秩序提供了关键支撑。

① 参见张翔.基本权利的受益权功能与国家的给付义务——从基本权利分析框架的革新开始［J］.中国法学，2006（1）：24.

② 张翔.基本权利的双重性质［J］.法学研究，2005（3）：27.

③ 张翔.基本权利的规范建构［M］.北京：法律出版社，2017：244.

④ 肖辉，孙文胜.构建我国老年法学学科和老年法体系初探［J］.河北法学，2017（1）：107–118.

（一）数字弱势群体基本权利的立法保障

保障数字弱势群体的基本权利需要制定相关法律和法规，以确保他们在数字时代拥有与其他公民同样的权利。立法保障的主要目标可以分为宏观与微观两个层面，在宏观层面主要是推动中国特色数字法律制度体系的建设与完善，在微观层面主要是为数字弱势群体提供法制保障。在宏观层面，中国特色数字法律制度体系的建设至关重要。这需要国家立法机关和政府加大力度，及时填补数字领域立法的空白，以适应数字时代快速发展。目前，从形式上看，我国的《个人信息法》虽已初步形成体系，但仍欠缺一些重要范畴的立法。如制定网络中立法律，禁止互联网服务前置和数字平台差异化对待不同的网络流量，以确保公平的网络访问，这有助于防止数字弱势群体在数字世界之外被不公平地排除；制定数字素养培训法规，以推动数字素养培训和公共教育计划，确保数字弱势群体有机会提高其数字技能，这将有助于减少数字鸿沟，提高数字短缺群体的数字能力；健全个人信息保护法律，确保法律框架能够对数字侵权行为进行有效制裁，包括对恶意抢夺和盗窃信息传播的处罚。从而保护数字弱势群体的个人信息安全。

这些法律法规的制定需要对数字弱势群体和社会利益相关者进行广泛咨询，以确保其真正反映社会的需求和价值。同时，法律的制定也需要与技术的发展同步，以应对不断变化的数字挑战。此外，这些法律的有效执行和监管也是确保数字弱势群体权利得到保护的关键因素。

（二）数字弱势群体基本权利的执法保障

行政执法主要是指相关行政机构及其工作人员依据法律法规履行法定职责，进而调整社会公共组织、公民以及其他社会力量之间的权利与义务关系的行政活动。从一定意义上讲，完备的数字法制体系是保障数字弱势群体基本权利的重要前提。数字弱势群体基本权利的保障与实现既需要完备的数字法律规范体系，也需要高效的数字法治实施体系。为数字弱势群体基本权利的实现提供有力的执法保障。由于我国正处于迈向数字时代的关键历史阶段，提高数字行政执法工作要求是必不可少的手段。行政执法在保护数字弱势群体的基本权利方面发挥着重要作用，主要体现在履行国家保护义务以及对法律法规的落实。

首先，执法保障是国家履行保护义务的具体体现。在国家义务理论体系中，保护义务被认为是最能够体现国家存在价值的义务类型。宪法中规定了丰富的国家保护义务内容，国家保护义务是权利保障与实现的主要基础，也承担着满足权利拓展需求的关键任务。宪法为基本权利保护问题提供了根本规范层面的制度空间，鼓励国家保护义务能够具体展开，国家保护义务在宪法框架内为基本权利的提供了充分的法律支持。此外，执法保障涉及对法律法规的执行。国家机关必须确保制定的法律和法规能够切实贯彻执行，以保护数字弱势群体的权利。这包括监督数字平台和服务建设，确保其遵守法律。此外，执法部门应当严厉打击数字领域的违法行为，包括信息泄露、侵犯隐私和网络欺诈等。

综上所述，执法保障对于数字欠缺群体的基本权利保障至关重要。它涵盖了对法律法规的执行、数字技术的推动，以及国家履行保护义务的体现。通过有效的保障执法从而维护数字弱势群体的基本权利。

（三）数字弱势群体基本权利的司法保障

国家机关对数字弱势群体基本权利所提供的司法保障对应的国家义务类型也体现为保护义务。司法机关，尤其是人民法院，在这个过程中扮演着关键角色，承担着确保数字弱势群体基本权利得到有效维护的任务。司法机关作为数字弱势群体基本权利保护的最后屏障，不仅要积极配合立法机关，还应最大限度弥补立法保护的不足。国家机关中承担司法责任的主要是人民法院，因此制度保障的第三层次司法保障就应当主要由其来承担。

数字化时代，个人和群体的大量信息被收集、存储和处理。对于数字弱势群体来说，他们可能缺乏对个人数据和隐私的保护意识，容易成为数据滥用和信息泄露的受害者，面临信息获取困难、网络欺凌、网络诈骗等问题。司法机关应当通过对违法行为的打击和受害者的保护，维护数字弱势群体的基本权利；积极发挥司法解释和司法解决纠纷的作用，为数字弱势群体提供更多的法律保障，制定司法解释明确数字时代下各个主体权利和责任，为法律的具体执行提供指导；他们还可以通过裁决和判决案例，积累法律实践经验，为数字弱势群体的基本权利保护提供参考，还可以通过确保平等的法律保护和公正的司法程序，维护数字弱势群体的基本权利。司法保障对于数字弱势群体基本权利保护的主要作用在于为权利救济提供了重要途径，同时采用司法手段惩处侵犯数字弱势群体基本权利的行为，确保司法正义在数字弱势群体内的彰显，从而维护社会整体的公平正义。

检察大数据赋能企业合规评估：法理逻辑、风险检视与优化路径

岳　馨①

（中国人民大学法学院）

[**内容摘要**] 检察大数据赋能企业合规评估不仅可以实现司法正义与社会治理价值的有效调适，依托以数据赋能、赋权为核心的理论基础，还能以数字检察与企业合规改革的政策规范为参考，具有适用的可行性与必要性。在实践中，已有专门运用于企业合规评估的大数据模型出现，该大数据模型可以助力企业合规整改启动条件及验收标准的客观化、科学化。然而，检察大数据应用企业合规评估的实践仍存在诸多不敷适用之处，尤其表现在合规评估模型适法性存疑、评估过程公正性不足以及评估结果专业性弱化等。基于此，检察机关应首先细化企业合规评估启动检察大数据模型的适用条件；其次理清企业合规评估过程对算法的控制机制；最后完善企业合规评估的行政参与机制。

[**关键词**] 企业合规；数据赋能；检察大数据；协同治理

一、引言

检察大数据赋能企业合规改革开辟了新时代检察机关积极参与社会治理的新路径。近年来，随着企业合规改革的推进，许多企业通过合规整改得到了不起诉或宽缓处理，进而避免走向破产。企业合规不仅有利于保护企业利益，消除企业再犯风险，还能促使检察机关能动履职参与社会治理。然而，检察机关自开展涉案企业合规改革试点以来，虽然办理了诸多涉企合规案件，却无论是在合规监管的启动，还是在合规

---

① 岳馨，中国人民大学数据法学实验室研究人员。

评估验收方面，都缺乏客观可操作的标准，同时，针对如何规制社会危害性较强的企业行为，也缺乏兼具专业性和技术性的专项合规评估标准。[①]

事实上，传统合规评估是以检察机关意见、专家意见为主的人工评估模式，但人工评估具有信息筛选困难、信息处理能力有限、实时性差、成本较高等局限性，且在评估标准的客观性、公正性上有所不足，难以形成专业化、科学化的评估标准，可能导致各地检察机关在合规评估标准上差距过大的情况，也不利于行政机关与刑事机关对接合规评估标准。有鉴于此，检察大数据赋能企业合规评估，通过建构企业合规法律监督、企业合规评估等大数据模型，嵌入检察大数据适用规则，对企业犯罪进行海量数据汇总与分析，结合法律法规、专家意见，有利于实现企业合规评估标准化的提升。

然而，尽管检察大数据赋能企业合规工作已经初具成效，仍有部分观点质疑检察机关通过技术赋能扩张检察权、积极参与社会治理的正当性。部分学者认为，检察机关的社会治理职能，主要源于其法律监督功能，法律监督的能动性为检察机关履职创新提供了空间，形成"监督促进治理"的路径；[②]而溯源检察制度的诞生，控制侦查与监督审判是世界范围内多数检察机关具有的职责[③]，让具有刑事追诉甚至刑事侦查职能的国家机构去监督和保证国家法律的统一实施，带有一定"乌托邦"的意味，构成了一种制度"神话"。[④]在大数据赋能检察工作战略兴起之后，部分学者也对检察机关通过数字赋能、技术赋能参与社会治理的风险表示担忧，认为"数字治理既未能充分借助技术的能量，实现对治理的有效优化，还可能带来预期之外的副作用，影响人的体验和感受，抑制人的自主性和参与度，损害人的权益和尊严"[⑤]。同时，受限于改革认知与保障规范等方面的不足，检察大数据赋能企业合规面临着"公权力的技术化延伸"，从而导致过度扩权风险，可能"造成数字时代的秩序异化"。[⑥]此外，检察大数据赋能企业合规评估作为企业合规与数字检察改革的一部分，如何实现从经验到制度的变革，仍然有待进一步深入反思与系统归纳，尤其是需要对"可能制约改革长效推进的因素作出正确的风险预判"。[⑦]

---

① 李奋飞.涉案企业合规刑行衔接的初步研究［J］.政法论坛，2022（1）：112-113.

② 翁跃强.大数据分析在法律监督中的应用［J］.国家检察官学院学报，2024（1）：101.

③ 林钰雄.刑事诉讼法（上）［M］.台北：元照出版有限公司，2004：117.

④ 陈瑞华.司法权的性质——以刑事司法为范例的分析［J］.法学研究，2000（5）：55.

⑤ 郑磊.数字治理的效度、温度和尺度［J］.治理研究，2021（2）：5-16.

⑥ 马长山.迈向数字社会的法律［M］.北京：法律出版社，2021：2.

⑦ 吴思远.数字检察的法理反思［J］.华东政法大学学报，2023（5）：46.

　　在此背景下，本文以检察大数据赋能企业合规评估的法理逻辑为起点，尝试从价值逻辑、理论基础、法条规范等维度梳理检察大数据赋能企业合规的正当性，并提出未来企业合规评估模型的改进方向。同时，剖析检察大数据法律赋能企业合规可能存在的适法性、公正性、专业性的风险，在现有法律体系下形塑具有可操作性的因应之策。

二、检察大数据赋能企业合规评估的法理逻辑

　　检察大数据能够使得检察机关从办理个案中发现规律，通过归纳个案特点、要素，开发应用性大数据模型，提升检察机关监督、办案能力，拓宽检察机关管理渠道，从而促进检察机关能动履职参与社会治理。检察大数据赋能企业合规评估不仅可以实现社会治理与司法正义的二元平衡，还能依托数据赋能与数据赋权的基础理论以及现有规范表达，具有进一步适用的可行性与必要性。

（一）价值维度：司法正义与社会治理的并行跃进

　　奥地利法学家埃利希认为，"所有法律的发展都以社会发展为基础"。[①]检察大数据赋能企业合规评估，是数字检察改革的关键环节，也是企业合规改革的重要推动力量。法律与科技融合的时代要求，将数字检察纳入企业合规改革之中，这既推动了司法体系向客观化、公正化转型，又助力了现代化社会治理体系的升级，从而促进司法正义与社会治理之间的二元平衡。

　　检察大数据赋能企业合规评估，有助于保障司法正义的实现。首先，基于海量数据汇总分析得出的企业合规评估大数据模型，充分挖掘司法数据，实现合规评估标准的进一步量化，为检察机关办理合规案件提供了更加科学的参考和引导，推动解决检察裁量权限制难的问题，有助于提升检察机关的司法公信力。其次，企业合规评估模型的适用，能够进一步消除司法信息鸿沟，即企业合规评估模型可以提供较为标准化的合规评估标准，在算法公开机制的配合下，可以让涉案企业更加充分地了解企业合规的评估标准，消弭信息不对称，引导企业完成企业合规整改，进而实现企业合规标准的平等适用。最后，检察大数据为传统的司法正义价值注入新的活力，"数字正义"理念在智慧司法等创新实践中开始涌现。[②]"数字正义"以科学技术驱动，以根本的社会正义为目标，通过量化司法改革成果来彰显正义，优化司法资源配置，用有限的司

---

① 尤根·埃利希.法律社会学基本原理［M］.北京：九州出版社，2007：877.

② 刘品新.智慧司法的中国创新［J］.国家检察官学院学报，2021（3）：91.

法资源获得最大化的司法效果，进一步推动实现司法的实质正义。[①]

检察大数据赋能企业合规评估，推动了社会治理的进步。检察大数据赋能企业合规评估是数字检察融入企业合规改革的缩影，而这场科技融入法律的改革，不仅是一场司法改革，也是社会治理方式的变革。首先，检察大数据模型的运用显著提升了检察机关在包括企业合规整改在内的刑事诉讼程序中的治理能力。例如，过去司法人员常常因专业性不足、信息筛选能力不足而难以主动参与法律监督工作，但作为智能司法辅助工具，检察大数据模型提高了司法人员的认知判断能力，使其化被动为主动，实现对大量类案的主动监督。[②] 其次，检察大数据模型有利于提高检察机关参与社会治理的效率，"人机耦合"式办案可以实现检察机关办案人员的精简化，解决检察机关的案多人少难题，大大节省了司法资源。最后，检察大数据扩展了检察机关的治理领域，检察机关的治理场域从实体空间扩张到数字空间，从而对包括企业合规整改在内的诉讼程序进行全方面有效监督，以更好地维护法律尊严和促进社会治理。

检察大数据赋能企业合规评估，能促进社会治理和实现司法正义作为其价值基础。这两种价值之间是相互平衡、相互兼容的。一方面，司法正义的实现是社会治理的必然要求。正义是社会制度的首要价值，司法正义是社会治理的关键。另一方面，通过推动社会治理，将各种新型社会关系纳入法律体系之中，使其得到有效规范，也是司法正义的实现形式之一。故检察大数据赋能企业合规评估，有助于推动数字检察、企业合规改革的共同发展，也促进了司法正义和社会治理之间的并行跃进。

（二）理论维度：数据赋能与数据赋权的理论支撑

赋能是指赋予更大的做事的可能性空间，这个概念最初源于管理学中的"empower"，其在管理学中常与授权联系在一起使用。数据赋能将通过数据技术的应用，为组织或个人提供更全面、更有效的支持，使其具备更好的数据驱动能力和竞争优势。数据赋能理论带有技治主义的因子。技治主义发端于 20 世纪的美国，强调科学和技术理性的至上性，认为实现有效社会治理的基础是科学技术知识。[③] 技治主义在现代法治的场域内，将技术作为达成特定治理目标的工具或手段，凭借现代信息技

① 张凌寒.数字正义的时代挑战与司法保障［J］.湖北大学学报（哲学社会科学版），2023（3）：134.

② 高景峰.法律监督数字化智能化的改革图景［J］.中国刑事法杂志，2022（5）：5–6.

③ 崔天.社会治理中的技治主义：现实困境、逻辑转换与重塑路径［J］.自然辩证法研究，2022（8）：60；陆群峰.超越技治主义：重思专家专长与专家角色［J］.科学技术哲学研究，2022（4）：68.

术以达到提升法治效率和治理效能的结果。[①]数据赋能沿袭了技治主义利用科技赋能的特点，在提高法治的效率和科学化水平上具有积极意义。但相比技治主义，源自大数据技术发展的数据赋能更强调社会的广泛参与性。无论是在大数据模型的构建方面，还是在大数据模型收集数据的广泛度方面，检察机关都在扩宽协作治理的范围，加强检察治理能力。数据赋能将社会治理的关注点从"由谁治理"转变为"如何实现有效地治理"。企业合规评估大数据模型的构建，通过多方论证、行刑衔接、公众听证等多方面保障社会参与，通过数据共享、司法数据资源再利用等扩宽数据获取渠道，通过数据赋能达到了多方参与社会治理的效果。

数据技术不仅促进了检察机关等组织体对权力使用能力的提升，也在逐渐改变权力的范围及分配方式。大数据技术的发展，再构了权力关系和政治形式。[②]通过大数据赋能，检察机关实现了检察权在数字空间中的能动延展和扩张，使得检察权穿透了原来的物理"围墙"，自动延伸至所有涉案领域，并在控制力上获得增能扩张。[③]亦即，大数据技术不仅显著改变了检察机关使用权力的方式和方法，也在某种程度上创造出了新型的权力，一定程度上扩大了检察机关参与社会治理的范围。而数据赋权理论不仅关注权力的扩张，也提倡将这种权力纳入法律的规制范围，强调如何运用现有的法治体系和新的法律规范来合理规制权力、驯化权利，让大数据技术这种具有强大影响力的治理工具在法律的框架内行动。数据赋权试图让权力按照法律预设的方式行使，而不是遏制数据权力的诞生。[④]检察大数据赋能企业合规评估，其核心不仅在于检察机关如何善用新型权力去实现司法目标，更强调将这种权力纳入法治的框架，使数据技术在法律规范内使用。

检察大数据赋能企业合规评估在数据赋能与数据赋权理论指导下建立，它利用大数据技术独特的分析能力，为检察机关进行企业合规评估提供辅助作用。并以现有的合规评估机制为基础，在此基础上引入算法规制、数据规范等法治因子，强调法律规范与数据权力相结合，注重公众参与、专家意见，实现数治、法治协作治理，进一步实现从技术信任到制度信任。

①　颜昌武，杨郑媛.什么是技术治理？[J].广西师范大学学报（哲学社会科学版），2020（2）：15.

②　方兴东.中国数字治理发展报告（2023）[M].北京：社会科学文献出版社，2023：34-35.

③　陈科宇.数字检察背景下类案监督的适用困境与出路[J].知与行，2023（2）：71.

④　张凌寒.专题导读：数据权力的扩张与规制[J].交大法学，2022（2）：6.

（三）规范维度：检察大数据赋能企业合规的规范解读

党的十九届六中全会对"加强和创新社会治理"提出了要求。[①]法治在社会治理中有着不可替代的地位。在社会治理过程中，通过推动法治现代化，才能解决好新时代可能出现的社会冲突与矛盾。而在科技飞速发展的今天，将技术融入司法工作已然成为法治现代化、社会治理方式创新化的重要体现之一。《中共中央关于加强新时代检察机关法律监督工作的意见》（以下简称《意见》）、《法治中国建设规划（2020—2025年）》均对运用现代科技手段全面建设"智慧法治"提出了要求，习近平总书记也强调，"推动大数据、人工智能等科技创新成果同司法工作深度融合"。[②]但《意见》直接指出，目前检察机关职能发挥还不够充分。而检察大数据的发展，是加强检察机关信息化、智能化建设，使检察工作适应法治现代化趋势的必然要求。

同样，为了更好发挥社会治理效能，推动检察机关能动履职参与社会治理[③]，最高人民检察院于2020年3月启动了涉案企业合规改革试点工作，尝试把企业合规纳入刑事司法程序之中。改革进程中，财政部、国资委等多部门相继印发《企业境外经营合规管理指引》《中央企业合规管理办法》等规章制度，旨在推动我国企业加强企业合规管理体系建设，提升依法治企水平。虽然企业合规管理在我国的实践时间并不长，但我国合规管理实践已经取得明显进展和诸多成果，展现出良好的企业治理效果。企业合规已经成为我国社会治理体系变革的重要创新方向。

在合规评估机制方面，《中央企业合规管理办法》《经营者反垄断合规管理指南》《企业境外经营合规管理指引》等文件都规定了相应专业领域的合规评估标准，而在《涉案企业合规建设、评估和审查办法（试行）》中，也已明确第三方监管组织对合规计划和合规体系有效性评估主要考察的六个要素。但《中央企业合规管理办法》进一步提出，要"充分利用大数据等信息化手段"来提高合规工作的质效。通过技术化手段优化合规评估标准，将检察大数据与企业合规结合打造科学合理的合规评估模型，可以使我国的企业合规评估向更高水平迈进，持续提高企业合规改革的有效性和科学性，从而推进社会综合治理改革的发展。

---

① 中国政府网.中共中央关于党的百年奋斗重大成就和历史经验的决议［EB/OL］.（2021-11-16）［2023-09-29］.https://www.gov.cn/xinwen/2021-11/16/content_5651269.htm.

② 中共中央宣传部 中国全面依法治国委员会办公室.习近平法治思想学习纲要［M］.北京：人民出版社、学习出版社，2021：91.

③ 李奋飞.深化涉案企业合规更好发挥治理效能［N］.检察日报（理论版），2023-03-17（03）.

三、检察大数据赋能企业合规评估的风险检视

检察大数据的探索代表了大数据技术驱动检察工作的新动向，其工作形式可以简化为"检察工作＋大数据"。有学者认为，检察大数据缘起于世纪之交的"科技强检"。[①]"科技强检"不断演变后，自 2016 年进入"智慧检务"阶段，"智慧检务"强调全面推进智慧办案、智慧管理、智慧服务、智慧支撑。[②]2022 年 6 月，全国检察系统启动"数字检察"战略，进一步将科技赋能、数据赋能融入检察工作中，寻求检察机关监督办案模式的突破。[③]检察大数据是"数字检察"改革的主阵地之一，检察大数据以合法合规的大数据技术为手段，通过构建大数据模型、运用算法分析等方法，依托大数据来促进检察机关办案与社会治理的能力。

从技术角度划分，检察实践中主要存在两类大数据模型：一类是基于海量真实经验数据计算而来的模型。如法律监督类大数据模型，主要通过对行政处罚决定书、司法判决书等数据的梳理、碰撞，发掘执法、司法中的违法、渎职线索以及相关体制机制运行中的违规违法线索。[④]另一类是基于大量司法专家、学者的集体智慧结合数据经验编制的算法模型。如定罪量刑监督模型，通过大数据技术、结合法律法规、专家意见等，设计相应的算法和模型，从而评估与判断行为主体的社会危险性、应受刑罚惩罚的程度等，此类数据模型也可用于建立企业合规评估模型，即在企业合规启动阶段、执行阶段、验收阶段等为其提供科学的合规评估标准。第一类检察大数据模型已经随着大数据法律监督在全国范围内铺开而得到广泛运用。[⑤]而第二类专门针对企业合规评估建立的模型目前在检察办案中运用较少，但已有检察机关及研究者尝试研究开发此类合规评估模型。例如，白建军认为企业刑事合规模型必须坚持法治原则和保护原则，在模型中将涉案企业涉嫌犯罪事实本身的性质、严重程度事前事后依法合规整改的制度安排、实施情况、实施效果等因素设置为因变量，采用德尔菲法，让专家们对各项风险权重进行评分，再结合相关罪名量刑大样本的统计结果，得出了一种综

---

① 刘品新.论大数据法律监督［J］.国家检察官学院学报，2023（1）：79.

② 最高人民检察院.最高检印发《全国检察机关智慧检务行动指南（2018—2020 年）》2020 年底全面构建新时代智慧检务生态［EB/OL］.（2018-07-20）［2023-09-29］. https://www.spp.gov.cn/spp/xwfbh/wsfbt/201807/t20180720_385543.shtml.

③ 马春晓.数字检察的缘起、实践与理论建构［J］.南京大学学报（哲学·人文科学·社会科学），2023（4）：46-47.

④ 高景峰.法律监督数字化智能化的改革图景［J］.中国刑事法杂志，2022（5）：5-6.

⑤ 刘品新.大数据法律监督的治理逻辑［J］.中国刑事法杂志，2023（3）：90.

合量化算法模型："合规指数 =100 － 刑事风险合规风险"。①

从具体适用来看，检察大数据与企业合规评估工作的融合遵循了数字检察中"个案—类案—诉源"层层推进、相互联动的逻辑。② 第一，在个案办理实践中，检察大数据可以利用合规监督及合规评估模型为企业合规案件办理的多个场景提供直接辅助与参考。例如，四川省部分检察机关通过运用企业合规监督评估模型，在合规程序启动、合规计划执行、第三方组织履职等多个场景，为检察机关判断合规适用条件、审查合规计划有效性、评价第三方组织履职等提供决策参考和监督依据。③ 第二，在类案监督实践中，检察机关可以在办理企业合规个案后，利用合规监督模型对类案进行检索，发现潜藏的案件线索，再通过企业合规监督评估模型为企业刑事风险控制提供指导。例如，在最高人民检察院发布的第三批涉案企业合规典型案例——上海 Z 公司、陈某某等人非法获取计算机信息系统数据案中，检察机关由点及面推动行业治理，深入涉案企业所在园区引导互联网企业树立数据合规意识，从源头防止类案发生。④ 可以看出，在类案监督中，检察大数据模型不仅可以起到辅导检察机关办案的作用，也为类案合规标准的建立提供了指引。第三，在诉源治理实践中，检察机关可以在履行监督职责过程中，利用合规监督模型对行政机关等部门的办案数据进行筛查、碰撞、挖掘，从而发现潜藏在相关部门履行职责过程中的监督疏漏，通过向行政机关等相关部门制发检察建议，立足法律监督职能的"我管"，积极协同并促进其他职能部门的"都管"。⑤ 在企业合规中，还可以联合行政机关，利用合规监督与合规评估模型对尚未涉嫌犯罪但存在相关风险的企业进行监督和治理，并通过纠正相关部门的不当履职或执法疏漏，实现源头治理。⑥

基于此，检察大数据在企业合规评估中具有较大的适用空间，在试点探索的基础

---

① 最高人民检察院 . 运用大数据提升法律监督质效的四个维度［EB/OL］.（2022-06-21）［2023-09-29］. https://m.thepaper.cn/baijiahao_18668510.

② 高景峰 . 法律监督数字化智能化的改革图景［J］. 中国刑事法杂志，2022（5）：5-6.

③ 吴思远 . 数字检察的法理反思［J］. 华东政法大学学报，2023（5）：49.

④ 最高人民检察院 . 最高检发布第三批涉案企业合规典型案例合规办案规模不断扩大，质效不断提升［EB/OL］.（2022-08-10）［2023-09-29］. https://www.spp.gov.cn/spp/xwfbh/wsfbt/202208/t20220810_570413.shtml#1.

⑤ 贾宇 . 论数字检察［J］. 中国法学，2023（1）：18.

⑥ 例如，在最高检发布的第四批典型案例——北京李××等9人保险诈骗案中，检察机关立足司法办案，延伸检察职能，充分运用类案调研成果，携手行政监管部门、行业协会开展保险诈骗犯罪诉源治理专项工作，以个案合规推动行业合规。（详见：https://www.spp.gov.cn/spp/xwfbh/wsfbt/202301/t20230116_598548.shtml?eqid=ee9e216a000102bb00000003645e458e#1.）

上，应当尽快将检察大数据嵌入合规治理体系，这涉及检察大数据作为制度工具由促进治理向嵌入治理的转变。检察大数据赋能企业合规评估，不仅是检察机关的"家务事"，也是检察机关能动参与社会治理，推动国家治理能力和治理体系现代化的重要实践，这一过程需要从制度、技术、机制等多个方面检视检察大数据应用于企业合规评估的衍生风险与挑战。

（一）制度真空导致合规评估模型适法性不足

如前所述，检察大数据不仅提升了检察机关的监督办案能力，也可能存在扩张检察权，创造新型缺乏法律依据的权力的风险。在企业合规场景中，合规评估模型是检察大数据模型的最主要适用形式。但国家法律法规中对合规评估模型的适用范围还没有明确的规定，企业合规改革也还没有正式的立法文件对此有所规范。这就为检察机关留下了"自我赋权"的空间，也为限制相关主体在合规评估中运用大数据技术的正当性、合法性提出了新的关注方向。

首先，合规评估模型的适用主体方面，法律法规还未对合规评估模型适用主体有所规定。《涉案企业合规建设、评估和审查办法（试行）》规定了涉案企业合规审查主要由第三方监督评估组织或者人民检察院（主要针对未启动第三方机制的小微企业）进行，但合规评估模型的开发和使用都具有一定的技术要求，检察机关可能需要借助第三方数据分析机构开发和运用该大数据模型。但如果对企业数据进行分析、处理的数据分析机构缺乏授权和资质，可能导致对企业数据的不当使用，存在泄露企业商业秘密的风险。目前为止，数据分析机构在司法活动中进行数据分析是否需要得到合法授权，需要具有何种资质尚未在相关法律中得到明确。

其次，合规评估模型的运用方面，尚缺乏模型启用限制和模型使用限度的相关规定。合规评估模型的启用，可能会对企业造成一定的负担。虽然企业合规整改的动因主要在于保护企业生产经营、提高司法资源利用效率[①]，但在事前合规以及行业合规中，合规评估模型的使用最好采取企业自愿申请的形式，否则如果强行要求企业启动该检测，可能导致对企业数据权利、商业秘密的侵犯，也会弱化企业主动进行合规整改的积极性。此外，合规评估模型在企业合规评估的运用中，如果缺乏比例原则的限制，对其使用模型限度、目的、具体操作记录进行限定，可能导致合规评估对企业正常生产经营的较大负面影响，难以实现通过合规整改挽救企业生产经营的目的。

最后，合规评估模型的适用阶段方面，亦需要进一步明确。若检察机关使用合规

---

① 李奋飞.论涉案企业合规的全流程从宽［J］.中国法学，2023（4）：264.

评估模型的阶段不能得到明确界定，部分检察机关可能直接将该技术运用于企业未涉案前，替代行政监管部门职能，导致企业权利有被侵害的风险。例如，目前在检察大数据赋能企业合规的社会治理活动中，已经出现检察机关过度扩张检察权，在于法无据的情况下，替代行政监管部门职能，为超过 20 家未涉案企业进行合规评估，通过制发检察建议堵塞企业管理经营漏洞。[①]事实上，这种没有法律依托而对检察权进行的扩张，明显超越了检察机关的职权范围，既不符合涉案企业合规的规范性要求，也有违司法的谦抑性。[②]

因此，应当充分认识到检察大数据在赋能企业合规评估的同时，也存在不正当扩张检察权的风险，如果不制定详细的法律规定，其适用可能会对企业的程序权利、数据权利等合法权益造成一定的冲击和侵犯。

（二）算法失序导致合规评估过程公正性存疑

现阶段的检察大数据模型受到算法发展水平的限制，仍存在很多局限性，难以达到替代人脑的技术水准，当检察大数据模型运用于企业合规评估时，应当警惕算法失序运行所带来的风险。

第一，算法歧视风险。算法由人类设计，难以做到完全的客观中立，算法设计者的价值判断被糅合于算法之中，可能会将自己的刻板印象、歧视偏见也带入算法之中，造成算法歧视现象。[③]例如，在涉案企业合规评估中，检察机关或算法开发部门可能将自身的偏见认识通过调整算法计算权重等方式转化到大数据合规评估的系统中，导致输出结果的偏移，进而造成评估决策的歧视风险。

第二，算法黑箱风险。算法是采用计算机思维表达出来的机器语言，由于知识产权保护，算法的不公开是原则，公开是例外。[④]但法律决策要求"透明化"，这种不公开的算法运行方式，使当事人无法参与到算法决策的过程中来，无法对决策提出自己的建议，从而引发当事人对算法公正性的质疑。在企业合规评估过程中，这种缺乏参与和商讨的过程很有可能引发司法公信力危机。且算法的黑箱化运行可能因信息不对称而引发公众怀疑，法律决策的"透明化"要求，其中一个重要原因是担心由于信息

---

① 马春晓.数字检察的缘起、实践与理论建构［J］.南京大学学报（哲学·人文科学·社会科学），2023（4）：54.

② 翁跃强，文晓晴，姜琪.大数据赋能法律监督的价值与应用［J］.人民检察，2022（11）：28–29.

③ 刘友华.算法偏见及其规制路径研究［J］.法学杂志，2019（6）：56–57.

④ 郭春镇，勇琪.算法的程序正义［J］.中国政法大学学报，2023（1）：167–168.

不对称造成数据偏在效应，数据优势方可能通过各种方式引导算法决策偏向自己想要的结果。这种数据偏在效应的存在，使算法运行容易因受到各方的质疑而导致失信。

第三，算法依赖风险。人们在面对基于计算机做出的决策时往往不会倾向于"偏离或者质疑"。[①]检察大数据模型在提高企业合规评估工作效率的同时，也在悄无声息地侵蚀着企业合规办案人员的主观能动性。企业合规办案人员作为独立的正常的"人"，不可避免地具有算法依赖的倾向。在大数据技术的发展越来越高效化、精准化、人性化的趋势下，企业合规办案人员也可能会对算法结果产生越来越高的信任和依赖，放松对算法结果的检验和校对，从而可能由于算法依赖而导致不公正的评估结果出现。[②]

（三）行政参与失范导致合规评估结果专业性弱化

刑事法律和行政法律之间存在密切的联系。刑事法律的目的是惩罚犯罪行为，而行政法律的目的是管理和规范行为人的行为。在企业合规整改工作中，合规整改标准的制定，往往涉及不同领域的行政法律法规，对专业性和技术性的要求较强，一些专项合规整改标准的制定难以由检察机关独立完成，而且检察机关主导的合规以刑事思维为主，强调"去犯罪化"，但行政机关以"去违法化"为主，预防的范围更广。[③]在合规评估模型的设计和合规评估报告的生成中，检察机关需要保证相关行政监管部门的参与，否则可能影响个案的公正处理，更关系到法律体系的一致性。但目前的合规评估标准制定中，存在仅由检察机关主导，缺少行政机关参与的情况，这可能导致合规评估报告的专业性受损，进一步引发涉案企业对司法公信力的质疑。

除了缺乏合规评估标准制定的参与度以外，检察机关在合规整改中还存在与行政机关信息交流不充分、信息不对称的情况。企业合规评估模型需要收集大量数据才能保证其可靠性、专业性。而企业犯罪大多都属于"行政犯"，一般应当以应受行政处罚为前提，故对类案画像，收集有效信息的过程，不应缺少对行政处罚决定书的收集和分析。2021年9月，最高人民检察院出台《最高人民检察院关于推进行政执法与刑事司法衔接工作的规定》（以下简称《行刑衔接工作规定》），对行刑衔接工作内容均进行了具体规定。《行刑衔接工作规定》提出检察机关应当配合司法行政机关建设行刑衔接信息共享平台。然而，目前还有很多检察机关并未与行政机关建立信息共享平

---

① 汪庆华.算法透明的多重维度和算法问责［J］.比较法研究，2020（6）：171.

② 冯浩波.智慧司法的算法隐忧及其规制［J］.四川行政学院学报，2023（6）：57.

③ 李奋飞.涉案企业合规刑行衔接的初步研究［J］.政法论坛，2022（1）：113.

台，已建立的行刑信息共享系统也存在衔接不畅等问题。在很多情况下，刑事司法机关和行政执法机关之间的信息并不流通，这很可能引发企业合规评估报告的专业性弱化，以及检察裁量权的滥用。此外，由于缺乏统一的数据共享平台，不同的法律机关成为"数据孤岛"，从而导致不同的法律机关可能对同一行为主体进行重复评估，浪费了宝贵的司法资源。

四、检察大数据赋能企业合规评估的优化路径

检察机关能动参与社会治理是一个需要持续探索、深化的系统性工程，检察大数据赋能企业合规评估，使检察机关职能的内涵与外延也在参与合规治理中不断被丰富与发展。面对检察大数据赋能企业合规的挑战与风险，检察机关应当围绕细化合规评估模型适用条件、加强对检察大数据模型算法的控制、完善行政参与机制三条主线，提高检察大数据赋能企业合规评估的适法性、公正性、专业性，充分发挥大数据技术优势，找准合规治理路径，助推检察机关能动履职参与社会治理。

（一）细化启动合规评估模型的适用条件

合规评估模型在企业合规评估中的适用是否合法、合规，需要结合适用主体、目的、手段、适用范围等综合判断，还要结合对企业意愿的考量，对这些复杂情形的合理判断，需要更加科学合理的法律制度来引导。

第一，厘清企业合规中合规评估模型适用主体。《涉案企业合规建设、评估和审查办法（试行）》明确了第三方监督评估组织及人民检察院。因此，合规评估模型的适用主体应当包括第三方机制管委会依法选定的第三方监督评估组织与检察机关。在网络信息技术飞速发展背景下，检察机关自身建设相对技术发展而言，总会存在滞后性。检察机关除了需要发展自身进行大数据分析的专业队伍建设之外，也必然需要依赖其自身之外的专业技术进行数据分析。对于第三方数据分析机构，应当由检察机关审查其资质，合法授权后，才能成为合规评估模型的适用主体。检察机关对此应当不断加强监督和管理，尤其对于第三方数据分析机构，必须厘清其作为合规评估模型适用主体的资质要求和相应授权规则。同时，随着企业合规第三方机制的不断发展和完善，检察机关还可尝试在第三方监督评估组织中吸纳具有技术资质的人员，利用合规评估模型进行合规评估的工作委托给第三方监督评估组织中的专业技术人员承担。

第二，确定企业合规中合规评估模型的启用方式和适用过程。目前，在事前合规以及行业合规中，合规评估模型的启用宜采取"申请—审核制"。由于企业合规评估

模型的适用，需要对企业的大量数据、信息进行收集、分析、处理，因此对于未涉案企业应当采取自愿申请的模式。只有涉嫌实施犯罪的、符合涉案企业合规适用条件的企业本身，因其已然进入刑事司法视野、可能承受刑法的否定评价，才能够直接对其进行合规评估。此外，要控制企业合规中合规评估模型的适用过程。在合规评估模型适用过程中，要坚持比例原则。比例原则又可称为"有限处理原则"，即管理者在处理个人数据的时候要秉持谦抑、克制的态度，对于数据的处理数量和比例、处理方式都要在目的范围之内。① 在合规评估中，比例原则有两层含义，首先，合规评估所收集的数据在实现目的的基础上应控制在最小范围内；其次，应采用合理的技术手段收集、处理数据，不得破坏数据的完整性、真实性以及损害数据主体的其他权益。具体而言，在企业合规整改中，检察机关在收集或者分析数据时，应当采取对企业影响最小的方式进行；在收集和处理数据的过程中，要保障企业数据的真实性、完整性；在不影响数据分析的情况下，对很多可能涉及企业商业秘密的数据进行加密处理；严格限制接触数据的成员范围，对数据处理者的操作进行记录。②

第三，限制合规评估模型的适用阶段。企业合规与社会治理具有先天、内在的联系，企业合规既是社会治理现代化的组成部分，也是推动社会治理现代化的内生动力。③ 但在立法还未授权的阶段，检察机关行使社会治理职能不应当过度扩张，应当限于其"履行职责"范围内④，检察机关参与社会治理的应有之义是必须立足检察职能，包括以刑事司法办案为依托，以及通过检察监督参与社会治理，检察机关不宜代替行政监管部门的职能。故合规评估模型目前只宜在企业涉案并申请启动合规整改程序后，以及在检察机关履行监督职能发现企业涉案线索后、通过制发检察建议联合其他职能部门使用。滥用合规评估模型具有侵犯企业权利的风险，检察机关不宜直接代替行政监管部门的职能，在企业未涉案、不具有任何违法线索前任意使用合规评估模型。

（二）厘清合规评估过程对算法的控制规则

为了确保全面有效的风险防范，企业合规评估中的算法风险控制机制应该系统地覆盖算法歧视风险控制、算法黑箱风险控制、算法依赖风险控制多个方面，从而实现

---

① 郭瑜．个人数据保护法研究［M］．北京：北京大学出版社，2012：170.

② 裴炜．互联网时代个人数据概念重构及保障性规范探索——以欧洲相关制度和判例为视角［J］．法治现代化研究，2018（2）：30-32.

③ 谢鹏程．企业合规对社会治理的双重意义［J］．民主与法制，2022（37）：1.

④ 刘品新．大数据法律监督的治理逻辑［J］．中国刑事法杂志，2023（3）：13.

合规评估过程的公正性。

第一，企业合规评估的歧视风险控制。首先，在企业合规评估模型的设计上，就可以采用法律法规指导、案例分析、专家德尔菲法评估等多重手段提升模型的客观性、公正性。其次，应当进一步建立合规数据共享平台，拓宽检察机关获取数据的广度，结合各行业特征对算法歧视相关重点事项进行针对性审查，从而提高算法数据支撑的广泛性，减少算法歧视风险。

第二，企业合规评估的黑箱风险控制。企业合规评估过程中，应当确立以算法检测、算法公开、算法异议为核心的过程控制机制。首先，在算法检测方面，算法开发部门应当向检察机关备案算法的原理和运行方式，检察官应当定期采取人工审查形式对算法运行进行实质审查，在此过程中，检察官不仅应当对照相关规范对算法每一步推论进行审查，还需要及时监控算法数据库的更新速度及算法是否体现最新的刑事司法政策。在国外，针对犯罪治理权力机关采用的与犯罪风险预测相关的辅助决策系统，一般采用相对独立的第三方机构或组织对其进行定期评估和矫正，从而实现对算法歧视的动态监控。① 未来也可以借鉴这种较为专业的第三方机构评估方式对检察大数据模型算法进行监测。其次，在算法公开方面，检察机关对涉案企业适用企业合规评估模型时，应当将合规评估系统的外部算法逻辑向企业公开。学界关于算法公开方式存在"完全公开说"②和"限制公开说"③，在刑事司法中，可以采取"限制公开"的方式来要求算法开发部门公开其算法。一则大数据算法较为复杂，即使公开，对于大多数人来说也存在理解的障碍。二则刑事司法中，将检察机关掌握的算法和数据公开，可能存在威胁我国数据安全乃至国家安全的风险。④ 具体而言，检察机关应当公开算法使用的因素，算法的权重分配以及算法的历史准确率，并且保留合规评估输入数据和输出数据。最后，在算法异议方面，应当明确企业提出异议的权利，欧盟《一般数据保护条例》第七十一条中提到"数据主体有权获得人工干预，表达其观点，获得针对自动化决策的解释并提出异议的权利。"我国《刑事诉讼法》也规定了检察机关在审查起诉等诉讼过程中应当听取当事人及其辩护人的意见。目前，企业合规整改主要集中于审查起诉阶段，因此，如果当事人认为企业合规评估模型算法对当事人的权利

---

① 余钊飞.数字检察的梯次配置及纵深功能［J］.法律科学（西北政法大学学报），2023（4）：103.

② "完全公开说"是指公开整个合规评估的系统的底层逻辑、基本算法，可能涉及泄露商业秘密的风险。

③ "限制公开说"是指仅公开系统的外在运行逻辑，如算法的权重分配、历史准确率等。

④ 余鹏文.现象、原理和规制：人工智能司法与刑事程序正义的融合之路［J］.天府新论，2023（1）：120–121.

产生不利影响的，检察机关应当积极听取当事人及其辩护人的意见，并对算法的运行模式进行解释和说明。

第三，企业合规评估的依赖风险控制。应当重视企业合规评估模型的能动空间设计，促进合规评估"人机耦合"，而非走向"算法主导"。在构建企业合规评估系统的架构时，应当给予企业合规办案人员发挥主观能动性的裁量空间，避免合规评估对智能算法的过度依赖，明确评估系统的辅助性质，规定第三方监管人或检察机关在进行企业合规评估时的相关职责，不能以评估报告代替专家意见和检察裁量。

第四，企业合规评估的责任风险控制。在企业合规评估中，应当建立算法使用者和算法开发者双轨责任制，对算法造成的责任进行合理分配。[①] 这可以有效督促检察机关工作人员认真审核、监督企业合规评估，及时发现问题和改正失误，防止因合规评估工作失误危害企业利益，同时又能避免合规评估关联主体之间相互推卸责任。此外，应当确立检察人员优位追责原则。因为在审查起诉环节，检察机关是最终决策是否让涉案企业通过合规评估的机关，可能存在的对于涉案企业权利的侵害也最为直接，同时检察人员在使用检察大数据模型时负有监督审核并在第一时间进行问题矫正的义务，故应当优先追究其责任。

（三）完善企业合规评估行政参与机制

2021 年 6 月，中共中央印发《关于加强新时代检察机关法律监督工作的意见》明确要求："运用大数据、区块链等技术推进公安机关、检察机关、审判机关、司法行政机关等跨部门大数据协同办案。"[②]

第一，在合规评估模型建立方面，检察机关应当加强专项合规评估模型的建立。针对涉税犯罪、商业贿赂犯罪、污染环境犯罪等社会危害性较强且较为常见的领域明确其合规评估标准。[③]《涉案企业合规建设、评估和审查办法（试行）》第十五条强调，应当结合特定行业合规评估指标，制定符合涉案企业实际的评估指标体系，适当提高合规管理的重点领域、薄弱环节和重要岗位等方面指标的权重。专项企业合规具有较强专业性，具有自身的行业特点，在建立该类专项合规评估模型的过程中，检察机关应当加强与行政监管部门的衔接配合，让模型评估体系纳入行政法规等相关规范，使

---

① 张凌寒 . 风险防范下算法的监管路径研究［J］. 交大法学，2018（4），55-56.

② 中国政府网 . 中共中央关于加强新时代检察机关法律监督工作的意见［EB/OL］.（2021-06-15）［2024-04-09］. https://www.gov.cn/zhengce/2021/08/02/content_5629060.htm.

③ 李奋飞 . 涉案企业合规刑行衔接的初步研究［J］. 政法论坛，2022（1）：113.

专项合规评估模型更加趋于科学化，充分发挥行政机关、检察机关在合规整改过程中的联通，督促检察机关在行使检察裁量权时听取行政机关意见，弥补其合规评估专业性的不足。在合规评估报告审查方面，检察机关也可以邀请行政机关提出意见，对合规评估报告的专业性提出一定的意见。

第二，在合规评估模型数据获取方面，要进一步在合规整改领域推进执法司法信息共享、破解"数据孤岛"这一难题，统筹推进数据共享与数据安全防护，做到既充分共享，又保障安全。因此，一方面，要建立健全行政检察信息共享机制，加快深入推进行刑信息、数据的分类、汇集、实时交换和及时共享，尤其是在合规整改专项领域的共享数据，要打破行刑数据壁垒，以实现信息数据的高效运用，有力促进企业合规评估的专业化，整体提升企业合规评估的质效和公信力。另一方面，要建立健全行刑信息共享系统的使用和管理机制，制定详细的行刑信息数据共享安全保护措施，将数据安全贯穿于行刑共享的全过程，保证数据处理、共享删除都留有痕迹，规定数据泄露倒查操作人的责任。

完善行刑数据共享系统是衔接工作的重要内容之一。通过建立统一的数据共享平台，各法律机关可以实时共享信息，确保信息的准确性和一致性。此外，还可以通过培训和交流等方式，提高各法律机关的协同治理水平，减少法律冲突和重复调查的情况。如此，方能真正实现刑事司法和行政执法的有效衔接，维护社会的公正和秩序。

五、结语

检察大数据在企业合规评估中的适用，可以更加有效地帮助检察机关明确涉企案件中的企业合规标准，提高能动履职参与社会治理的能力。同时，合规评估标准的引导也可以帮助企业更早建立合规管理体系，保障企业的合法权益，有利于提高检察机关办理涉企案件的质量和效率。检察大数据模型还可以进一步运用于企业合规改革的不同阶段，提升企业合规整改的科学化水平。例如，可以在侦查环节运用大数据法律监督模型来对涉企案件进行立案监测。检察官可以通过涉企案件立案监测大数据模型对侦查机关所办理的涉企案件进行动态监督，随时排查监督线索。同时，对于公安机关已经立案的涉企案件，检察机关还可以采取提前介入的方式，提前通过合规监督大数据模型对案件进行审查和评估。检察机关还可以联合行政监管部门构建专项合规评估模型，针对涉税犯罪、商业贿赂犯罪、污染环境罪犯罪等社会危害性较强且较为常见的领域构建其专项合规评估模型，以期在企业涉案前进行事前合规评估，在企业合规整改结束后持续进行监管。随着企业合规改革不断推进，

"合规整改"逐步成为贯穿刑事诉讼全流程的法定从宽事由[①]，而检察大数据有利于推动这一目标的加速实现。

在未来，检察大数据模型的使用应被纳入检察官业务培训的重点，变成常态化。同时，应当推动每一位检察官不断强化数字意识和思维，提升使用大数据技术的能力，不断激发检察官运用检察大数据思维办案的创新创造活力，深化其对数字检察"重塑变革"的认识理解。

---

① 李奋飞. 论涉案企业合规的全流程从宽 [J]. 中国法学，2023（4）：263–280.

人工智能辅助医疗中的侵权责任认定

张璧瑜[①]

（湖南工业大学法学院）

[**内容摘要**] 当前，人工智能技术在医疗领域迅速拓展，但人工智能辅助医疗中的侵权责任认定问题也日益凸显。由于医疗人工智能自身属性以及我国相关法律规定的缺失，人机合作的医疗活动致患者损害的责任认定仍一味地采用传统的医疗损害责任，而真正的责任主体未能被有效规制。人类医师在人机合作体系中的角色至关重要，为了保障患者权益，充分发挥人类医生的能动作用以尽可能降低人工智能带来的风险，以及其在使用医疗人工智能时应履行必要的注意义务。故在具体归责中，应坚持医疗人工智能的产品属性，在此基础上适当调整医疗损害责任与医疗产品责任规则，降低受害人的举证难度，增加生产者的责任与义务，并明确不同情形下的责任主体和归责方式，以期保障各方的权益。

[**关键词**] 人工智能；人工智能辅助医疗；侵权责任；医疗产品责任

人工智能辅助医疗是指将人工智能技术应用于医疗领域，以改善疾病诊治、医院运行、医学研究和健康管理的新型人机合作医疗模式。医疗人工智能利用大量医学数据进行分析和处理，建立疾病知识库，使医疗数据结构化、提升数据利用效率，并通过模型训练来进行持续学习，为医务人员提供辅助性决策支持、预测患者病情的发展趋势，其包含多个方面的综合应用，包括但不限于医学影像分析、基因组学和个性化医疗、病历管理、远程医疗服务等，这不仅提高了医务人员的工作效率和诊疗精度，缓解了医院人员紧张的压力，在改善医疗质量的同时降低了医疗成本，还能够给患者更便利快捷的医疗体验感，整体上有效整合了医疗资源并使其得到动态优化配置，促进全民健康水准的提升。

---

① 张璧瑜，湖南工业大学法学院硕士，湖南省包装标准与法规重点研究基地研究助理。

　　与此同时，医疗人工智能的广泛应用也对现行法律制度带来了挑战。学者们针对人工智能辅助医疗的侵权责任问题进行了角度各异的探讨，从整体上看，在人工智能取得独立民事主体资格之前暂时无法跳脱出现行法律体系框架。对于我国医疗人工智能侵权，在司法实践中通常还是采用传统意义上的以过错责任原则为中心的医疗损害责任。但由于我国对医疗人工智能定位不明，相关法律规定模糊，关联主体在医疗事故损害中对其属性认知也各有差异，这就导致在侵权行为发生后难以进行清晰的责任划分。此外，医疗人工智能侵权比之于传统医疗损害侵权存在着"难预测、技术性高、专业性强"等特点[①]，显著的复杂程度意味着医疗致害的侵权责任规则体系势必要做出相应调整。有鉴于此，本文立足于人工智能辅助医疗的应用现状与归责困境，依据我国《民法典》中医疗损害赔偿责任与医疗产品责任之规定，对其进行针对性调适，以契合人工智能技术特性，弥补相关法律漏洞，实现更高效、更精准、更科学的归责。

一、人工智能辅助医疗的现实样态

　　人工智能医疗已经应用于多个医疗场景，逐步实现贯穿医疗活动的始终。首先是诊断 / 治疗环节，包括了就医前的导诊、分诊，AI 病理诊断，AI 医学影像，AI 手术以及药物检索，有利于补充医疗资源短板，提高诊疗质量，缓解医患矛盾；其次是护理环节，主要场景有病历录入 / 智慧病案、术后康复计划以及对老年人和瘫痪病人的陪护，这有效提升了护理服务效率与质量，改善医务人员与患者的双重体验；最后是保健环节，医疗人工智能可以提供用药指导、健康监测、进行公共卫生防疫以及常规体检，有利于加速生物基础科学研究，提升公共卫生服务水平，增强全民身体健康素质。

（一）诊疗领域

　　医疗人工智能已被众多医疗机构投入使用于临床诊疗领域。首先，就影像诊断方面而言，人工智能的应用取得了飞速发展。医师通过使用医疗影像系统中的 CADe 和 CADx 技术扫描患者病变部位，并对生成的图像进行分析判断，该技术通常能快速且准确的检查出患者潜伏在肺部、肠胃、脑部等隐匿性较高的肿瘤疾病。其次，在外科手术中也有人工智能的参与，如"达芬奇"手术机器人即具有内窥镜手术器械控制系

---

① 王轶晗，王竹 . 医疗人工智能侵权责任法律问题研究［J］. 云南师范大学学报（哲学社会科学版），2020（3）：102—110.

统和辅助成像系统，能够在医生的远程指导下模拟其手术过程，在放大到 10—15 倍的手术视野下完成更为精准的操作，并保持机械手臂的稳定，避免了人为颤抖等问题，降低了手术创伤。[①] 在癌症诊断领域，人工智能也取得了显著突破，其中最出名的当属 IBM 公司的超级计算机沃森（Watson）的肿瘤学系统。执业医师会将患者的肿瘤特性及其个人身体情况等信息数据输入该计算机系统内，沃森会根据患者的过往病史、原发肿瘤大小、向周围的浸润程度与范围、病理分期等作出综合分析，得出最佳、最谨慎、最科学的治疗方案，并同时提示医师最不推荐的治疗方案，为医生作出最终方案提供重要参考。[②]

（二）护理领域

护理机器人的横空出世，给护理领域带来历史性变革。其原理是通过对用户个人的身体代谢反应、遗传因子数据等进行读取，为其生活各方面提供合理科学的医学建议，最大程度的为患者的身体健康进行风险防控，不仅具有人类的某些感官功能，甚至还有能够模拟人类情感进行情绪分析的家庭陪伴机器人。目前，许多科技公司也相继推出了功能多样的护理机器人，如智能卫生护理机器人、机器人护理床、助行机器人、按摩机器人等。[③] 在日本，理化学研究所（RIKEN）开发的著名护理机器人（ROBEAR）能够模拟人类怀抱感，对由于脊椎受损等而难以自主改变体位的病人以最轻缓的方式将其从床上抱起，或者为行动困难的病人站立和行走提供支撑。[④] 护理机器人对患者的身体状况还可以做到细微的把控，以达到事无巨细的照顾，给患者更加科学和安全的体验感。比如，许多国家的照护机器人都能够帮助患者按时进餐、喝水、服药，辅助患者进行每日康复运动。此外，还可以在护理机器人的计算机程序内设置超声波传感等算法技术，通过对被护理者的膀胱容量进行实时监控，从而掌握被护理者的排泄时间间隔并精准预测其排尿时间，瘫痪患者或高龄老人的人格尊严由此得到了保障，减轻了护理人员的负担，对于传染病人群的护理，使用护理机器人还能够防止医患之间的交叉感染，具有更高的安全性。

---

① 刘建利.医疗人工智能临床应用的法律挑战及应对［J］.东方法学，2019（5）：134.

② 皮勇.论医疗人工智能的刑法问题［J］.法律科学（西北政法大学学报），2021（1）：137.

③ 赵飞，兰蓝，曹战强，等.我国人工智能在健康医疗领域应用发展现状研究［J］.中国卫生信息管理杂志，2018（3）：345–346.

④ 金春林，何达.人工智能在医疗健康领域的应用及挑战［J］.卫生经济研究，2018（11）：4.

（三）医疗保健领域

在保健领域，人工智能也发挥着重要作用。其通过动态的方式，与医学相关的大数据相结合，准确掌握使用者的身体健康情况，并提供精准和个性化的健康管理建议，从而在最大程度上降低疾病的发病率和患病率，为用户健康带来更多保障。健康管理机构通过让患者佩戴可穿戴式的人工智能设备，对患者的日常活动、用药、呼吸、睡眠、营养摄入、其他生命体征等数据进行监测、收集、分析和处理，并结合用户的年龄、性别、诊疗史、DNA、周边环境、生活习惯等个人数据来综合评估疾病发病概率，提供健康风险预警，并据此为用户量身制定健康管理措施。[①] 在医学实践中，人工智能还被大量应用于癫痫发作以及中风预测，医师通常会使用颅内脑电图来记录患者每次癫痫发作，并根据人工智能超算技术监测患者从发作间隔期到发作前的体内的细微变化预测下一次癫痫发作时间。[②]

二、人工智能辅助医疗的归责困境

在人工智能辅助医疗中，人机合作虽然具有许多优势，但无法保证绝对安全，其致病人损害的医疗事故时有发生，而医疗人工智能大多数情况下都负有一定程度的责任。但由于法律的滞后性特征，我国还未对医疗人工智能进行严格的法律规制与市场监管，也没有对相关责任主体及其义务进行与时俱进的更新，导致对其侵权行为进行责任认定时出现困难。

（一）法律地位模糊不清

我国现行法律并未对医疗人工智能的法律地位进行明确的规定。但就目前人工智能在医疗活动中的现实应用情况来看，其仍然处于弱人工智能阶段，它是综合运用内设算法和机器学习功能来为使用者提供医学建议或物理帮助，而其提出的建议仅供参考，得出的医疗方案也不具有唯一性和绝对性，使用者并非必须采纳。但医疗人工智能能够自动生成建议的功能也是其相对于其他普通的医疗器械产品所具有的优越性，所以对其定性问题，即医疗人工智能是否应当与普通医疗器械归为一类仍然存在争议。

---

① 金春林，何达 . 人工智能在医疗健康领域的应用及挑战［J］. 卫生经济研究，2018（11）：4.

② 荣国光，Arnaldo Mendez，Elie Bou Assi，等 . 医疗保健中的人工智能——综述与预测性案例研究［J］. Engineering，2020（3）：189–211.

　　医疗人工智能的运作核心是人类对其设定程序代码，人工智能按照人类意愿完成指定的行为，由此可知该行为并非人工智能在其自主产生的意志下而独立做出，而是在人类控制下产生。那么医疗人工智能在法律概念中是否具有人的属性？医生与医疗人工智能相结合的医疗活动对病人造成损害，人工智能是否需要分担法律责任？其能否成为独立的法律个体？是追究人工智能本身的责任，还是转而追究医疗机构或者研发者、生产者的责任？这些问题都给医疗人工智能在医疗侵权责任中的认定带来一定的障碍。

（二）医务人员法定尽责标准亟待更新

　　我国《民法典》第一千二百二十一条规定了事故发生时的医疗水平为医务人员医疗过失的判断标准，相关司法解释中也强调，医疗过失应当依据法律、行政法规、规章以及其他有关诊疗规范进行认定，可以综合考虑患者病情的紧急程度、患者个体差异、当地医疗水平，医疗机构与医务人员资质等因素。

　　在人机合作中，适用传统医疗背景下医务人员的尽责标准就出现了明显的局限性。例如，黑箱属性作为医疗人工智能最大的弊端，不透明的决策过程使医务人员无法仅凭借自身的医学专业知识就对其进行完全的理解与验证，从而阻碍医务人员履行告知义务和再判断义务；医疗人工智能为医务人员提供临床决策支持，医务人员如若只成为该机器决策结果的执行者，这会使医生摆脱道德危机，弱化道德责任，他们认为无需对执行有错误的机器决策而背负医疗损害责任。此外，随着人工智能技术的不断进步，只要医疗人工智能的决策结果在统计学上的正确率确实超过医务人员的判断，即使该机器决策确有错误，医务人员对该决策不采纳而造成了患者损害的，除非医务人员能够证明采用该机器决策会造成比采用传统医疗决策更为严重的损害，否则也可能会被认定为存在医疗过失，此种情形下，医务人员的医疗过失认定标准会出现畸形化，也即将机器判断作为唯一认定标准。[①] 这会导致医务人员会盲目地信任和使用医疗人工智能以规避自身的责任风险，这有违医学伦理与医生职业道德。

（三）人工智能辅助医疗侵权规则体系存在缺陷

　　在司法实践中，达芬奇手术机器人作为医疗人工智能产品屡次出现侵权案例，但大多是以"医疗损害纠纷案"作为案由，统一适用医疗损害责任，直接忽视了作为人

---

① 汪青松，罗娜.替代还是支持：AI 医疗决策的功能定位与规范回应［J］.探索与争鸣，2023（5）：100–110.

工智能本身存在的缺陷。如陈××诉浙江省人民医院医疗损害责任纠纷案中，进行达芬奇辅助腹腔镜下右肾部分切除术，结果术后一月余患者出现迟发性出血等一系列的并发症，最终导致进行右肾根治切除手术。调查结果显示是由于针线缝合时刺穿血管所致。[①] 该案中，即便医院对造成的损害确有过错，但以高精度著称的达芬奇手术机器人发生如此低级的失误，机器本身存在的瑕疵不容忽视，而受害患者习惯性地仅以医疗过失追究医院的责任，导致医疗机构成为唯一承责主体，使其他相关责任主体成功逃脱了法律制裁。不仅如此，单独适用医疗损害责任也并不能很好的救济受害患者，就上述的案件而言，法院二审判决浙江省人民医院仅需承担30%的赔偿责任，由于责任主体单一，这使得剩下的70%患者都将无法再进行索赔。[②] 所以在医疗实践中，人工智能辅助医疗的侵权事故常常出现医疗产品责任与医疗损害责任的竞合，并且由于单一地采用医疗损害责任则会导致责任分配的失衡，加剧医患矛盾，损害受害患者的救济权利。

三、人工智能辅助医疗侵权的归责路径

据前文所述，要想在人工智能辅助医疗引发的医疗事故中突破困境，明晰归责思路，必须首先厘清医疗人工智能的法律地位，并适时更新医务人员的尽责标准以顺应当前人机合作的需要，在此基础上变通调整医疗损害责任与医疗产品责任以保障受害患者的救济途径，并明确两种责任的承担情形，平衡各方权利与义务。

（一）明确法律地位

1. 具有辅助性

医疗人工智能相较于普通医疗器械仍有不同，其能够通过自主分析生成具有专业性和科学性的医疗建议和方案，具有较强的自主性，精度高、效率高的优点大有超越人类医师的趋势。但是医疗活动通常具有复杂性、不确定性以及高风险性，这些特点使得人工智能的判断不是也不能是终极真理，必须有具备专业资质且受过人工智能辅助诊断的系统培训的医师进行再判断、再确认，才能够为该结论"上双重保险"。所以，人工智能在目前的医疗活动中仍处于辅助地位。"医务人员有权也应当对该结论行使自由裁量权，包括是否使用医疗人工智能以及如何对待机器判断的自由。即使诊疗人工智能在一些常见病、多发病等细分领域的诊疗效果更好，赋予医

---

① 参见杭州市下城区人民法院（2015）杭下民初字第 02817 号民事判决书。

② 参见浙江省杭州市中级人民法院（2017）浙 01 民终 8249 号民事判决书。

务人员自由裁量权并不会妨碍这一效果的实现。相较于单一的机器判断，人机组合可能是更好的选择。"①

医疗人工智能辅助地位的特点也被写进了我国有关的法律规范性文件中，该辅助定位是有法律支持的。2017 年 2 月，原国家卫生计生委印发的《人工智能辅助诊断技术管理规范（2017 年版）》中第四章第三节第三条规定："人工智能辅助诊断技术为辅助诊断和临床决策支持系统，不能作为临床最终诊断，仅作为临床辅助诊断和参考，最终诊断必须由有资质的临床医师确定。"我国国家药品监督管理局在 2020 年冠脉 CT 造影图像血管狭窄辅助分诊软件、2021 年肺结节 CT 影像辅助检测软件、2022 年颅内出血 CT 影像辅助分诊软件的审批文件，以及 2021 年和 2022 年的年度医疗器械注册工作报告中，都明确强调了"供经培训合格的医师使用，不能单独用作临床诊疗决策依据"，并在《深度学习辅助决策医疗器械软件审评要点》《人工智能医用软件产品分类界定指导原则》等文件中明文指出了诊疗人工智能是具有辅助地位的医疗器械。就国外来看，欧洲国家也把有诊疗机器人参与的医疗活动的最终方案决定权交予到了外科医生手中。只有让人类掌握主动权，坚持医务人员为主导，积极消灭"警觉衰退"的意识，才能从根本上保障人的权利。倘若医务人员一直盲从于机器判断，消极的不履行其应负的义务，那必然会导致人类失去其独立性，医务人员失去其专业性，人类独有的能动创新力也会被消磨殆尽，这样损害的是医学的创新发展前途，损害的是所有社会成员的医疗权，严重降低了国家乃至世界的整体医疗水准。

2. 缺乏自主意识

医疗人工智能在某些方面相比于人类也存在着不足，最典型的是，由于机器的生物基础和社会背景导致其始终无法像人类拥有复杂的感情，即使研发者在系统程序内为其预设情感反应，它也不能意识和理解自己当前的情感状态，无法进行自我调节和表达情感需求。所以，医疗人工智能不具有自我意识的特性使它缺乏职业医师所应具备的生命观、人生观和价值观，即使通过编程或设置一系列冰冷的代码让它在形式上更具人类特征，它也终究不能做到像人类医务人员那样共情患者、理解患者，与患者进行病理治疗外的情感、精神沟通从而取得患者的信赖。

众所周知，在癌症患者的治疗中，癌症患者的心情与病情的发展息息相关。有一些患者在诊断出癌症后，会对自己的身体状态产生非常消极的心理，再加上癌症本就是当前世界最难治愈的疾病之一，大多数癌症患者在进行化疗时都会承受巨大的精神压力，这种压力会随着时间的推移而不断积累，最终演化为抑郁症，从而阻碍患者的

① 郑志峰. 诊疗人工智能的医疗损害责任［J］. 中国法学，2023（1）：203–221.

治疗配合态度，也严重影响患者的呼吸、血压、睡眠质量等生命体征。为了避免这种情况发生，医疗机构和医务人员应当时刻关注患者的心理健康以及情绪起伏，对于有消极心理倾向的患者要主动及时地采取措施进行干预和疏导，排解其负面情绪，以达到最佳的治疗效果。[①] 所以，从癌症医疗的角度来看，医疗活动并不是纯粹的技术性活动，它具有一定的伦理性质，这是人工智能所不能企及的。

综上，医疗人工智能在医疗领域仅处于工具地位，属于医疗器械。根据我国《医疗器械监督管理条例》第八章的规定，医疗器械，是指直接或间接用于人体的仪器、设备、器具、体外诊断试剂及校准物、材料以及其他类似或者相关的物品，包括所需要的计算机软件；其效用主要通过物理等方式获得，不是通过药理学、免疫学或者代谢的方式获得，或者虽然有这些方式参与但是只起到辅助作用。2022 年最新版《医疗器械分类目录》中也把功能程序化软件、诊断图像处理软件、诊断数据处理软件、影像档案传输、处理系统软件、人体解剖学测量软件等软件纳入有源医疗器械的序列。欧盟法院也在近几年的司法实践中反复强调了，软件即使不直接对人体产生相应作用，但只要其研发和使用目的是进行对人体诊疗、治疗、康复训练，或缓解、预防患者的身体疾病的，都可以被归为医疗器械的词义之下。由此可知，医疗人工智能当属医疗器械，其在法律意义上仍属于"物"的范畴。

（二）明确医生尽责标准

1. 告知义务保障患者自主权

医生对患者进行诊疗时，必然会负有对其将要采用的医疗方式、使用的医疗手段等相关内容的告知义务。此种义务的设置目的不仅仅是重视患者的生命健康权，还包括了对患者自我决定权的保护，有效缓解了黑箱医疗问题。举一个简单的例子，假设医生的治疗手段需要进行输血，但患者的宗教信仰不允许，如果医生在未告知者的情形下就擅自对其进行输血治疗，则必然会侵犯患者的自主权。

医疗人工智能属于一种特殊的医疗器械，相较于纯粹工具性的医疗器械，其具有高度自主性的特点使得医生的告知义务更为必要，而医疗人工智能的性能和透明度影响着医生告知义务的触发。医疗人工智能是一种通过全面分析病人的医疗数据，而自动进行决策并生成结果的运行机制。但是，该种自动化决策仍然存在很多问题，如决策过程不透明、算法歧视等，仅由单一的机器决策作为诊疗依据存在一定程度的风

[①] 唐美玲，丁玉蕾，石丽萍，等.抑郁情绪对肝癌患者生活质量的影响——《评癌症患者心理治疗手册》[J].科技管理研究，2023（5）：262.

险，因此有必要保障患者根据自身意愿而选择规避风险的权利。[①]

医生履行告知义务不仅是针对医疗内容，还包括医疗过程，通过对将要实施的医疗活动进行全部流程的解释说明，能够激发病人对即将接受的医疗活动的信心，从而作出契合其个人自由意志和价值观念的决定。

医疗人工智能的应用场景和患者病情状况也是告知义务触发重要的影响因素。人工智能在医院挂号、缴费、查询体检报告等后勤环节，更容易为患者所接受。而在诊疗、治疗环节，人工智能的介入则会使患者产生高度的怀疑和不信任。此外，病人所患的疾病越严重越紧迫，就越是不能容忍自己的诊疗方案出现任何一点的决策失误，信任程度也大打折扣，所以此时医生向患者告知医疗人工智能的参与十分有必要。在医疗人工智能应用已较为普遍的现在，其不透明度与不可解释性也有一定程度的改观，医生的告知义务已不能再仅限于合理医生标准，而应结合理性病人标准对医疗活动作出更为详尽和可理解的诠释，以此降低患者的信息压力。美国法中就有规定，医生对于疗法的选择、推荐与使用都应当一一告知患者，该告知义务不仅应遵循合理医生标准，还应当以患者为取向进行"信息重要程度"的衡量，结合患者的角度进行披露，保障患者知情权与自主权。[②]

2. 再判断义务强化医师主导权

由于医疗人工智能的辅助地位，医生在医疗过程中应当在人机关系中掌握决策主导权。

首先，医务人员在使用辅助人工智能进行诊断和治疗时，会不自觉地对能够快速提供结论和方案的机器产生严重的依赖，从而降低再判断的注意力甚至会直接放弃对其进行监管，"警觉衰退"现象就此发生。其次，在诊断中，所做出的最终结果具有唯一性，医生的再判断义务就体现为确定人工智能的判断是否正确。在治疗领域，医生还需要对人与机器得出的所有可行治疗方案进行逐一比对，综合作出最佳选择，以保证治疗的专业性和科学性。在此过程中，医生若与人工智能的判断出现不一致，医生享有最终决定权，也即医生可以选择采用机器判断也可以选择采用自己的判断，但无论采用何种都应当对该决定负相应责任。最后，就目前来看，医疗人工智能并不能做到在各个方面都完全超越人类医生，即使其在一些常见、基础疾病领域能达到更好的诊断、治疗效果，但这也并不妨碍对医务人员施加再判断义务从而做到更好的惠及

---

① 李润生.医疗人工智能临床应用中医生告知义务的触发条件与衔接机制［J］.深圳大学学报（人文社会科学版），2023（1）：96.

② 赵西巨.医生对新疗法的使用和告知［J］.东方法学，2009（6）：119–133.

民众。所以，比起纯粹的人工智能医疗，人机结合形式会是更优解。

为此，医务人员需要理性客观地对待人工智能所生成的判断结果，主动承担法律赋予的再判断义务。即使履行再判断义务会付出更多的时间、金钱和医疗资源等成本，但不可否认的是，这些成本的付出对医疗人工智能的健康发展是十分必要的。

3. 合理医生标准作为医疗过失判断标准

合理医生标准，即一个达到职业门槛的医师在当前医疗水准的条件下所应当具备的专业水平。[①]"即以其他具有相同或相近专业的医生在相同或相似情形下的注意程度作为判断基准。这是一种基于医生视角的判断标准，暗含着法律对医生专业判断和自由裁量的尊重。"[②]

合理医生标准的重点在于关注医务人员在具体的医疗活动中是否尽到了应有的注意义务，即一个具备足够专业知识的医生所应当具备的注意义务。注意义务是指，任何一个具有良知和理性的医生，在同样的情况下都会具备的谨慎程度。其主要分为预见义务和回避义务。预见义务即预见结果发生的可能性。发生可能性愈大，则注意标准也愈高。但在医学实践中即使通常发生的可能性非常低，但只要是普通一般的医生在当前医疗水平之下能够获悉的，也应对其负有注意义务。[③]回避义务，是指当医生预见到危险结果可能或常常发生时，应当以一个有足够专业知识的医生为标准，对危险结果进行最大程度的规避。

通过采用"合理医生标准"来判断医生在医疗活动中是否存在过失，可以避免因医疗人工智能拥有远高于人类医生的超强学习能力而将人工智能决策作为判断医疗过失的唯一标准。由于医疗行为具有侵袭性和高度风险性，对于人工智能参与度较高的医疗活动，医生必须依据其自身所拥有的医学知识和专业素养为标准而进行决策，而不是以其主观感受或经验而盲目依赖或完全摒弃医疗人工智能。医务人员在面对医疗人工智能做出的明显异常或超越现有医疗水准的判断时，其有责任依照有关的提示通过查阅近年的权威性文献资料的方式对该机器判断完成初步验证工作。此外，医务人员还应当综合比较新疗法与传统疗法之间的优势与缺陷，以严谨审慎的态度对最终医疗实施方案进行风险效益评估。当病人情况危急，而传统疗法又不起效时，医师对新疗法进行衡量利弊、评估风险、综合考量后予以采纳，即使因此给病人的人身或财产造成损害也不属于医疗过失。相反，如果医务人员为了免于日后的追责而对人工智能

[①] 程啸. 侵权责任法（第3版）[M]. 北京：法律出版社，2021：644–645.

[②] 李润生. 医疗人工智能临床应用中医生告知义务的触发条件与衔接机制 [J]. 深圳大学学报（人文社会科学版），2023（1）：96.

[③] 黄丁全. 医事法新论 [M]. 北京：法律出版社，2013：528.

提出的新的治疗方案熟视无睹，完全不予以考虑，而死板的坚持传统疗法，因此而造成损害的则极有可能构成医疗过失。①

（三）调适人工智能辅助医疗侵权规则体系

1. 医疗损害责任

当医疗人工智能不存在缺陷，但由于医务人员之过失而导致患者损害时，若该过失超出了正常医师标准的范围（如黑箱属性下医务人员没有履行告知义务），不属于一般过失，因该因果关系就限定在了医务人员与受害患者之间，应当追究医务人员的医疗损害责任。

（1）增加法定过错推定标准

《民法典》第一千二百二十二条规定了三种特殊情形，在该情形下患者受到损害的，医疗机构需要证明自己不存在过错，否则推定其有过错，应依法承担医疗损害责任。在人工智能辅助医疗的背景下，建议在对医疗机构适用过错推定标准时增加额外情形，具体可以包括：使用未取得国家注册认证的医疗 AI 产品；使用国家禁止使用的 AI 技术，或者未经法定授权或备案程序使用国家限制使用的 AI 技术，或者未经法定许可在取得国家注册认证的医疗器械中添加 AI 技术；隐匿或拒绝提供医疗 AI 的内部代码与历史训练数据；无正当理由对医疗 AI 系统的代码与程序进行修改；未对其雇佣的医务人员进行定期培训，未能及时对 AI 系统数据进行更新或未对人工智能机器设备进行定期维护等组织管理责任。

（2）适度降低因果关系证明标准

为了降低受害患者的举证难度，在诉讼中可以采用举证责任缓和制度，即在法律规定情形下，原告出现举证困难或举证不能时，法院允许原告承担一定的举证责任，并在原告的证明达到一定程度时实行有条件的事实推定，从而将举证责任转移给被告，若被告不能证明事实与推定相反，则推定案件事实成立。该制度在医疗损害案件中的应用十分普遍，其目的是允许法官综合当事人的举证能力合理确定举证责任的分配，降低原告证明标准的要求。具体而言，在人工智能辅助医疗中，建议采用优势证明标准，又称盖然性占优标准，在人工智能背景下发生的医疗侵权事故，受害患者提供的证据的证明力有明显优势时，法院会根据该方提供的证据来认定人工智能辅助医

---

① 郑志峰. 诊疗人工智能的医疗损害责任［J］. 中国法学，2023（1）：203–221.

疗侵权的因果关系成立。①

以上两点调整，均有助于平衡医患双方的相对地位，降低举证难度，减轻受害患者的举证负担，保护弱势群体的合法权益，同时也减少因举证责任倒置而可能产生的滥诉现象。

2. 医疗产品责任

如前所述，由于医疗人工智能属于特殊医疗器械，仍在"物"的范畴，所以在归责时，其具有适用医疗产品责任的基础。但是《民法典》第一千二百二十三条无疑让医疗机构承担了过重的风险与负担，当医务人员已经尽到了合理医生标准的再判断义务而选择采纳有产品缺陷的医疗人工智能判断，造成患者损害的，医务人员不存在诊疗过失，此时建议受害患者应直接以产品缺陷向生产者主张产品责任，而不应以就近规则向医疗机构主张医疗损害责任再由其进行追偿。②

（1）扩大生产者的主体范围

普通的产品责任中生产者的定义就是："生产、加工、组装、复制、包装及标识自己名字或者商标后负责将产品提供给使用者的自然人、法人和其他组织。"但是在医疗产品责任中可以通过扩大解释将进口商也纳入生产者范围中。其含义主要是因为目前我国应用于临床的医疗人工智能多为进口产品，其具有跨国性，科技含量高的特点。国际进出口贸易程序、环节多，受害者即便几经辗转知晓了国外的真实生产商，面对复杂且费用高昂的跨国诉讼、跨国仲裁，也很难进行彻底维权。所以将进口商纳入生产者范围便于受害人更快更好的进行维权，保障其相应权益。

医疗人工智能作为高科技产品，主要由硬件和软件组成，在代工行为愈加频繁的科技盛世，提供软件和硬件的主体并非同一家企业，生产商和设计开发商之间相互合作，生产与设计分离的局面也对产品责任的认定产生了重要影响。医疗人工智能的主要核心的载体就是软件，设计者能够从源头代码对产品进行最为有效的风险防控，且他们在整个产业链中获利最多，所以理应承担与其收益相匹配的责任。③

（2）明确产品缺陷的证明标准

产品缺陷根据学界通说，可分为产品制造缺陷、设计缺陷和警示缺陷，我们需要

---

① 李润生，史飚. 人工智能视野下医疗损害责任规则的适用和嬗变［J］. 深圳大学学报（人文社会科学版），2019（6）：95.

② 王轶晗，王竹. 医疗人工智能侵权责任法律问题研究［J］. 云南师范大学学报（哲学社会科学版），2020（3）：102–110.

③ 李润生，史飚. 人工智能视野下医疗损害责任规则的适用和嬗变［J］. 深圳大学学报（人文社会科学版），2019（6）：95.

分别讨论以找到最为合适的归责原则。

在我国实践中，通常适用"合理期待标准"对制造缺陷进行认定，即普通消费者依据其日常经验对其购买的产品所应具备的诊疗水准作出假设。但是，对于医疗人工智能，适用"合理期待标准"并不合适，因为真正的受害者并非人工智能产品的使用者或购买者，而是不具有医学专业知识的就诊病人，其无法依据日常生活经验对医疗人工智能产品应当具备的安全水准拥有一个合理期待。所以，此种情形下主要考虑适用"背离设计标准"，即受害者可以通过比对该产品与产品设计说明书、同种产品的规格参数，或者通过行业专家的鉴定评测来证明该产品不符合其原本设计方案，以此认定制造缺陷的存在；当受害患者无法证明该医疗人工智能产品违背设计方案时，可以转为适用"产品故障理论"进行缺陷认定，受害者只需证明在没有其他导致故障的事由出现时，正常使用产品而发生了故障，即可推定该产品存在缺陷。

对于设计缺陷，通常是指由于设计的本身存在问题，使得生产出来的产品具有内在缺陷，在使用中存在不合理的危险，但是可以通过替代设计完全消除或有效降低该种危险。[①] 设计缺陷由于其自身的复杂性与本质上的价值选择性，而难以通过找到相应参照物进行比对证明，在认定方面其存在巨大困难。在美国，法院主要是考量该医疗人工智能产品是否存在合理替代设计，通过对该替代设计在经济、功能、社会等方面进行风险效益分析以判断该人工智能产品是否存在设计缺陷，也即"合理替代设计"。在此基础上，还可以考虑通过制定行业标准或法律规定，为医疗人工智能产品构建一个可供参考的理性算法以提供相对客观的判断依据，也即理性算法标准，以挖掘产品背后设计者没有尽到注意义务的过失因素[②]，促使生产者尽到更高的注意义务，增加设计人员在研发医疗人工智能产品过程中的谨慎程度。

警示缺陷一般适用过错责任。在诊疗、治疗中，患者并不直接使用医疗人工智能，直接使用者为具备专业知识和受过专业系统训练的医务人员。根据医疗产品领域里的"中间人规则"，如果产品是以专业人士作为中间人进行指导使用的，则该产品的警示义务由生产者向该专家履行。故警示义务仅存在于生产者与医疗机构之间，生产者只需向购买医疗人工智能产品的医疗机构履行警示义务即可，由医疗机构再向内部的医务人员统一告知或进行培训，而非生产者直接对就诊患者进行产品警示。如若生产者未向医疗机构披露警示内容，此时就存在警示缺陷，医疗机构或生产者据此则

---

① NEIL C. *Blond: Torts, 4th edition* ［M］.Wolters Kluwer Law & Business, 2007：228.

② 贺琛. 我国产品责任法中发展风险抗辩制度的反思与重构［J］.法律科学（西北政法大学报），2016（3）：140.

应承担医疗产品责任。若生产者已向医疗机构履行了警示义务，但由于医疗机构的过错未向病人进行告知说明，侵害其知情同意权，病人因此而受到损失的，可以向医疗机构主张承担告知损害责任。

3. 医疗损害责任与医疗产品责任结合

由于人工智能辅助医疗中的人机关系错综复杂相互交融，机器依附于人类医生，人类医生也倚重机器判断，所以有时会出现两者结合共同造成了损害结果的情形。

如果医务人员在人机协作的过程中为了使患者达到更好的医疗效果而提供合理帮助的行为，也即医务人员在善意的基础上运用正常合理的专业知识使用医疗人工智能进行医疗活动而无意造成的医疗错误，即使此时该医务人员确实存在过失，也不能够成为介入因素中断医疗人工智能产品缺陷与患者损害结果之间的因果关系。[①] 因为此时机器与人的行为缺一不可，共同给患者造成了同一损害结果，医疗损害责任与医疗产品责任同时出现，生产者与医疗机构承担的是不真正连带责任，内部具有追偿权，应依据医疗过错行为与缺陷医疗人工智能产品造成患者损害的"原因力大小"确定最终责任份额。

但如果无法评估损害结果到底是由于医疗过错还是人工智能产品缺陷造成，则可参照《民法典》第一千一百七十条关于共同危险行为的规定，由医疗人工智能生产者与医疗机构承担连带责任，但不得单独向医疗机构主张责任，而由医疗机构再进行追偿，此举仍是违背前述的排除就近原则适用。受害患者应向生产者主张或向医疗机构和生产者同时主张责任，如此加重生产者负担是由于其在医疗人工智能产品售出并获得对价时利益已达圆满状态，周期短获利快，而医疗机构则是要在接下来的数十年持续使用该人工智能产品实现其使用价值，直至报废，所以应当施加与利益相应的风险于生产者，以平衡责任分配体系。

四、结语

医疗人工智能在提高医疗服务效率、诊断准确性等方面具有巨大益处，但同时也无疑带来了许多适用难题与潜在风险，我们既要避免对智能科技的盲目崇拜和盲目信仰，也要避免对人工智能的飞速发展产生过于恐惧与担忧的心理。当前我国尚未制定对医疗人工智能进行有效监管的法律规范，对医疗人工智能产品缺乏完整的质量评估标准体系，也难以对其进行算法以及数据的检验与审查。所以，为了在保障医疗人工

[①]　H. L. A. 哈特，托尼·奥诺尔. 法律中的因果关系 [M]. 张绍谦，孙战国，译. 北京：中国政法大学出版社，2005：318.

智能技术的可持续发展下平衡各方利益与责任，必须加快完善医疗人工智能产品的法律法规，对医疗损害责任与医疗产品责任进行科学调适，完善人工智能辅助医疗损害事故的责任分配体系，防止盲目适用医疗损害责任进行归责，坚持医疗决策以医生的专业判断和患者需求为基准，将决策主动权掌握在人类手中，并明确赔偿主体与归责原则，在确定各方主体的侵权责任时，充分考量各主体应承担的注意义务，以此来认定其过失责任，更好地促进人工智能在医疗领域的可持续发展。

02

主题二

新兴技术法律治理

犯罪认定与技术标准的脱节与协调[①]

冷必元[②]

（湖南工业大学法学院）

[**摘　要**]：危险物质犯罪的刑法适用中，技术标准关于危险物质危险特性的规定，行政法所采用的危险物质作业风险技术标准控制模式，以及行政法、技术标准赋予危险物质从业人员的作业义务，都应当得到刑法的充分尊重。这既是法秩序统一性的基本要求，同时也是技术操作和工业科学的基本要求。在充分尊重技术标准有效性的前提下，危险物质犯罪案件的处理，不需要割断刑法和行政法、技术标准之间的联系，而是完全可以实现刑法、行政法、技术标准三者的协调统一。

[**关键词**]：危险物质；技术标准；刑法适用

《危险货物分类和品名编号》（GB 6944—2012）是规范危险物质分类、编号的技术标准。根据该标准的界定，危险货物也称危险物质、危险物品或危险品，是指"具有爆炸、易燃、毒害、感染、腐蚀、放射性等危险特性，在运输、储存、生产、经营、使用和处置中，容易造成人身伤亡、财产损毁或环境污染而需要特别防护的物质和物品"。[③]

为了控制爆炸性、易燃性、毒害性、腐蚀性、放射性等危险物质的社会危害，刑法对危险物质的作业活动实行风险管控，专门规定了若干针对危险物质生产经营的犯

---

① 本文为 2020 年度国家社会科学基金项目"刑法定性与行业技术标准对接研究"（批准号：20BFX057）的阶段性成果。

② 冷必元，刑法学博士，湖南工业大学法学院教授，硕士生导师，湖南省包装标准与法规重点研究基地研究员。

③ 中华人民共和国国家质量监督检验检疫总局、中国国家标准化管理委员会．危险货物分类和品名编号：GB 6944—2012 [S]．北京：中国标准出版社，2012：1．

罪，典型的有投放危险物质罪、过失投放危险物质罪，非法制造、买卖、运输、邮寄、储存枪支、弹药、爆炸物罪，非法制造、买卖、运输、储存危险物质罪，非法携带枪支、弹药、管制刀具、危险物品危及公共安全罪，危险物品肇事罪等。作为高度专业的技术操作，危险物质的生产经营应当严格按照技术标准开展作业。违反技术标准要求经营危险物质，容易导致事故造成损害，构成违法，严重的还会触犯刑法构成犯罪。对危险物质作业违规行为的刑法适用，对犯罪行为构成要素的认定，是否需要充分对接技术标准关于危险物质作业的技术要求？当技术规范和刑法认定出现矛盾，应当如何实现法秩序的统一？且从"甲酸甲酯蒸汽泄漏"一案展开，用以说明危险物质案件审理中技术标准对刑法适用所形成的限制。

一、甲酸甲酯蒸汽泄漏案

刑法第 125 条第 2 款的非法买卖危险物质罪，属于特定对象犯罪，犯罪对象只能是具有"毒害性、放射性、传染病病原体"的特定物质。[①]刑法第 136 条的危险物品肇事罪，同样属于特定对象犯罪，犯罪对象也只能是具有"爆炸性、易燃性、放射性、毒害性、腐蚀性"的特定物品。2018 年青海某地一次运输装卸作业过程中，由于操作失当，导致运输的危险物质甲酸甲酯蒸气泄漏，发生四人中毒死亡的重大刑事案件。经审理，法院判决认为本案犯罪对象甲酸甲酯属于刑法第 125 条、第 136 条的"毒害性物质"，涉案被告人李朝刚、杨志宽分别构成非法买卖危险物质罪、危险物品肇事罪。

基本案情：2018 年，赵某 1 在没有取得危险化学品营业执照和经营许可证的情况下，租用青海郭家湾肉牛育肥基地一处牛棚，经营危险化学品甲酸甲酯。赵某 1 请托被告人李朝刚帮忙购买甲酸甲酯，并将货款汇给李朝刚。李朝刚借用天慧公司相关资质，从山东淄博同晖分公司订购甲酸甲酯 30.5 吨，然后联系昌荣物流公司业务员使用槽罐车将甲酸甲酯从山东省淄博市运往青海省。昌荣物流公司指派具有危险物质驾驶员证的司机柴某承揽此次运输业务。柴某行驶途中叫来具有危险物质驾驶员证和押运资质的被告人杨志宽，二人于 8 月 1 日一起运输甲酸甲酯到达郭家湾肉牛育肥基地。杨志宽接上卸料管，赵某 1 叫来亲属赵某 2、邱某 1，用塑料桶卸料。卸到第三桶时由于槽罐内蒸汽压力大，赵某 1 让柴某到车顶打开阀门放气。柴某将车顶阀门打开导致大量甲酸甲酯蒸汽溢出，致赵某 1、赵某 2、邱某 1、柴某、杨志宽当场昏迷，除杨志宽之外其余四人经抢救无效死亡。经鉴定，死者赵某 1、柴某、邱某 1、赵某 2 均

---

① 高铭暄，马克昌.刑法学（第九版）[M].北京：北京大学出版社、高等教育出版社，2019：348.

系吸入甲酸甲酯造成机体缺氧而窒息死亡。

该案审理过程中，青海省西宁市中级人民法院首先对导致发生死亡事件的危险物质甲酸甲酯的性质进行了确认。司法鉴定认为本案所涉危险物品甲酸甲酯是被列入危险化学品名录中严格监督管理的化学品，属于无色有香味易挥发液体，对眼鼻和呼吸道有较强刺激作用，可引起呼吸困难，并具有麻醉作用。法院据此认为甲酸甲酯"易致人中毒或死亡，对人的生命健康、环境具有极大的毒害性和危险性"，因而属于《刑法》第125条第2款（非法买卖、运输、储存危险物质罪）、第136条（危险物品肇事罪）规定的"毒害性"物质。

其次，法院对涉案的不具有危险物质从业资格的赵某1、李朝刚的行为作出了判决。法院认为，赵某1未依法取得购买、储存、销售甲酸甲酯危险化学品的资质和许可，违反国家有关监管规定购买、储存、销售危险物质甲酸甲酯，违规进行卸货操作，导致甲酸甲酯蒸汽泄漏，严重危害公共安全，造成四人死亡。被告人李朝刚明知赵某1无相关资质，违规借用他人资质和营业执照帮助赵某1购买甲酸甲酯，构成共同犯罪。鉴于赵某1在事故中死亡，遂判决李朝刚构成刑法第125条第2款的非法买卖危险物质罪，判处有期徒刑12年。

最后，法院对涉案的具有危险物质从业资格的柴某、杨志宽的行为作出了判决。法院认为，甲酸甲酯属于危险物品肇事罪中的危险化学品，应当依照危险物品管理规定承运。柴某、杨志宽虽具有危险化学品运输资质，但在高温天气的长途运输中对甲酸甲酯未采取有效温控措施，导致槽罐车内甲酸甲酯产生大量蒸汽。卸货时未按照相关规定进行操作，先是杨志宽直接接上管子开始卸货，由于槽罐车内甲酸甲酯产生大量蒸汽压力过大，柴某继而打开阀门导致气体大量泄漏，造成在场四人因吸入甲酸甲酯蒸汽死亡。鉴于柴某已经死亡，遂判决杨志宽构成《刑法》第136条的危险物品肇事罪，判处有期徒刑3年，缓刑4年。[①]

二、犯罪对象的危险特性与作业规范

在甲酸甲酯蒸汽泄漏案中，确定本案犯罪对象甲酸甲酯是否属于具有"毒害性"危险特性的物质，对于非法买卖危险物质罪、危险物品肇事罪的成立具有至关重要的作用。

不同危险化学品的危险特性各不相同，应当如何确定化学品甲酸甲酯是否属于具

---

① 参见《青海省西宁市中级人民法院刑事判决书［（2019）青01刑初46号］》，载中国裁判文书网：https://wenshu.court.gov.cn/. 访问日期：2022-03-02.

有"毒害性"的危险物质？

2013年修订的《危险化学品安全管理条例》第3条第1款规定："本条例所称危险化学品，是指具有毒害、腐蚀、爆炸、燃烧、助燃等性质，对人体、设施、环境具有危害的剧毒化学品和其他化学品。"为了方便社会大众和危险品经营行业查询和掌握何种物品属于危险化学品，该条第2款要求："危险化学品目录，由国务院安全生产监督管理部门会同国务院工业和信息化、公安、环境保护、卫生、质量监督检验检疫、交通运输、铁路、民用航空、农业主管部门，根据化学品危险特性的鉴别和分类标准确定、公布，并适时调整。"依照条例的这一要求，2002年以来我国发布了多版《危险化学品目录》，甲酸甲酯就被作为一种危险化学品列入该目录。甲酸甲酯有着怎样的危险特性，到底是属于爆炸性、易燃性、放射性物品，还是属于毒害性或腐蚀性物品？我国确定危险物质、危险化学品危险特性并予以分类和统一编号的"主干标准体系"是《危险货物品名表》（GB 12268—2012）和《危险货物分类和品名编号》（GB 6944—2012）这两个国家标准。[①]

《危险货物品名表》规定了危险物质危险特性归属的一般要求、结构等内容，"适用于危险货物运输、储存、经销及相关活动"。[②]与联合国《关于危险货物运输的建议书 规章范本》（第16修订版）、联合国《关于危险货物运输的建议书 试验和标准手册》（第5修订版）相呼应[③]，《危险货物品名表》按照危险物质的主要危险特性，将危险物品分为9大类：第1类为爆炸品，第2类为气体，第3类为易燃液体，第4类为易燃固体、易于自燃的物质、遇水放出易燃气体的物质，第5类为氧化性物质和有机过氧化物，第6类为毒性物质和感染性物质，第7类为放射性物质，第8类为腐蚀性物质，第9类为杂项危险物质和物品。《危险货物品名表》中，甲酸甲酯的危险特性归属于第3类的"易燃液体"。这意味着按照我国认可的联合国的统一技术标准，甲酸甲酯在技术上的唯一危险特性即易燃液体特性。对甲酸甲酯进行运输、储存、经销作业，应当按照国家所规范的"易燃液体"作业方式进行操作。

2017年修订的《标准化法》第2条规定："本法所称标准（含标准样品），是指农业、工业、服务业以及社会事业等领域需要统一的技术要求。"国家技术标准分为强

---

① 王楠楠."标准的制修订必须与国际接轨"——顾慧丽解读《危险货物品名表》（GB 12268—2012）与《危险货物分类和品名编号》（GB 6944—2012）[J].交通建设与管理，2012（11）：35.

② 中华人民共和国国家质量监督检验检疫总局、中国国家标准化管理委员会.危险货物品名表：GB 12268—2012 [S].北京：中国标准出版社，2012：1.

③ 王楠楠."标准的制修订必须与国际接轨"——顾慧丽解读《危险货物品名表》（GB 12268—2012）与《危险货物分类和品名编号》（GB 6944—2012）[J].交通建设与管理，2012（11）：35.

制性标准、推荐性标准，"强制性标准必须执行"，具有强制执行的法律效力。《危险货物品名表》就是 一项国家强制性标准，该标准要求对甲酸甲酯的运输、储存、经销作业都应当按照国家所规范的"易燃液体"作业方式进行操作，这一规定具有强制执行的法律效力。经营、储存、运输作业人员不以技术标准规范的"易燃液体"操作流程对待甲酸甲酯，不将之以"易燃液体"的经营、储存、运输方式开展作业，而另行按照"毒害性物质""爆炸品"等危险物品作业方式操作，则属于违规操作，属于违反法律规定的"不法"行为，要承担法律责任。"不法"情节严重，或引发重大事故的，违法作业行为就具有刑事违法性，会上升为犯罪行为。

对于危险化学品的经营、储存、运输、装卸，《危险化学品安全管理条例》也明确规定应当按照国家标准、行业标准和相关规定开展作业。该条例第 34 条规定，"从事危险化学品经营的企业应当具备下列条件：有符合国家标准、行业标准的经营场所，储存危险化学品的，还应当有符合国家标准、行业标准的储存设施"；第 24 条规定，"危险化学品的储存方式、方法以及储存数量应当符合国家标准或者国家有关规定"；第 44 条规定，"危险化学品的装卸作业应当遵守安全作业标准、规程和制度"。对危险化学品的经营、运输等业务而言，行业操作中最为首要的是要确定危险品的危险属性。只有确定了危险品的属性，才能选择与之相适应的经营、储存、运输方式。有什么样危险特性的危险物品，就应采取对应形式的运输、装卸、储存、经销作业方式。如按照《危险货物运输包装通用技术条件》（GB 12463—2009），甲酸甲酯属于第 3 类危险物质即易燃液体，同时被确定属于 I 类危险等级危险物质，作业活动存在以下法定要求：一是不适合采用盛装压缩气体或液化气体的压力容器进行运输包装；二是其所适用的运输钢桶应当能经受 1.80m 跌落高度试验、不小于 30kPa 的气密试验、250kPa 的液压实验；三是另按照《汽车运输、装卸危险货物作业规程》（JT 618—2004），运输过程中"装运易燃液体的车辆不得接近明火、高温场所"；四是只有根据不同危险物质的危险特性，采用技术标准所要求的经营、储存、运输、装卸方式，才属于符合规范要求的合法作业。反之即违法作业，需要承担法律责任。

故此，按照《标准化法》《危险化学品安全管理条例》要求，既然《危险货物品名表》将甲酸甲酯划归"易燃液体"，就赋予了作业人员按照易燃液体运输装卸的法定方式施工作业的法定义务。如果不按易燃液体特性对甲酸甲酯进行包装、储存、运输、装卸，就与规范要求背道而驰，属于违法行为，就要承担法律责任，构成犯罪的还要承担刑事责任。

三、不同规范意义的毒害性物质

然而，甲酸甲酯蒸汽泄漏一案，司法机关显然没有根据《危险化学品安全管理条例》《危险化学品目录》《危险货物品名表》的规范要求查明本案犯罪对象的危险特性，更没有根据甲酸甲酯本应属于易燃液体的危险特性赋予作业人员相应规范操作义务。恰恰相反，司法机关是在脱离技术规范一般要求的基础上，将甲酸甲酯认定属于毒害性物质，从而从刑法上赋予作业人员应当承担经营毒害性物质的规范操作义务。问题在于：甲酸甲酯被认定属于"毒害性物质"是否存在规则依据？《危险货物品名表》和《危险货物分类和品名编号》（GB 6944—2012）确认的危险物质，其中有部分物质存在两种或两种以上危险特性。对存在多种危险特性的危险物质，技术上根据同一物质所具不同危险特性的危险程度差异，划分出主要危险性、次要危险性。比如氯甲酸甲酯，主要危险性是属于第 6 类的毒性物质，次要危险性则有两种，一是属于第 2 类的易燃液体，二是属于第 8 类的腐蚀性物质。[①] 甲酸甲酯是否与氯甲酸甲酯类似，存在多种危险特性，除了具有第 3 类的易燃液体危险特性外，甲酸甲酯是否还具有属于第 6 类的毒性物质的次要危险性？下文简要分析是否存在这种可能性。

（一）技术标准上的非毒害性物质

强制性国家标准《危险货物分类和品名编号》为《危险货物品名表》将危险物质的危险特性划分为 9 大类提供了规则依据。《危险货物品名表》9 大类划分中，第 6 类为毒性物质和感染性物质两项。符合什么要求的危险物质才属于毒性物质？《危险货物分类和品名编号》4.7.2 条规定："毒性物质是指经吞食、吸入或与皮肤接触后可能造成死亡或严重受伤或损害人类健康的物质。"具体认定中，满足四个条件之一的固体或液体，都属于这里所讲的毒性物质：其一，急性口服毒性类；其二，急性皮肤接触毒性类；其三，急性吸入粉尘和烟雾毒性类；其四，急性吸入蒸汽毒性类。[②] 甲酸甲酯蒸汽泄漏案，是由于运输途中没有做好甲酸甲酯这种易燃液体的温控，从而使该种液体温度升高产生大量蒸汽，被害人赵某 1 等四人是吸入了蒸汽中毒死亡。那么，甲酸甲酯蒸汽是否属于第 6 类毒性物质中的"急性吸入蒸汽毒性"类物质？《危险货物分类和品名编号》确定急性吸入蒸汽毒性物质的毒理学判断标准为：$LC_{50} \leq 5000mL/m^3$，且

---

① 中华人民共和国国家质量监督检验检疫总局、中国国家标准化管理委员会.危险货物品名表：GB 12268—2012［S］.北京：中国标准出版社，2012：30.

② 中华人民共和国国家质量监督检验检疫总局、中国国家标准化管理委员会.危险货物分类和品名编号：GB 6944—2012［S］.北京：中国标准出版社，2012：10.

在 20℃和标准大气压力下的饱和蒸汽浓度大于或等于 $1/5LC_{50}$。[①] 根据这一判断标准，只有当危险物质的 LC_{50}（急性半数致死浓度）低于 $5000mL/m^3$，才能认定属于"急性吸入蒸汽毒性"物质。反之，当危险物质的 LC_{50}（急性半数致死浓度）高于 $5000mL/m^3$，则不属于"急性吸入蒸汽毒性"物质。我们查询危险化学品的毒理学数据可知，甲酸甲酯 LC_{50} 值为 $5200\ mL/m^3$ [②]，这个数值大于 $5000mL/m^3$。故此根据该毒理学数据，甲酸甲酯并不属于技术标准所认可的第 6 类毒性物质中的"急性吸入蒸汽毒性"物质，不属于能够得到《危险货物品名表》和《危险货物分类和品名编号》确认的毒性物质。根据化工资料，就毒性而言，甲酸甲酯实际上是一种急性"低毒"类化学物，除了极特别的情况，一般不会导致致死性的急性中毒。[③] 正因为此，《危险货物品名表》中只列明甲酸甲酯具有第 3 类易燃液体这种危险特性，而没有列明还存在第 6 类毒性物质的次要危险性。按照毒理学数据，《危险货物品名表》对甲酸甲酯不属于毒性物质的定位，完全符合毒理学判断标准。反之，认为甲酸甲酯是一种"毒害性物质"，无论是从主要危险性还是次要危险性考虑，都没有科学根据，都得不到技术规范支持。

本案中，司法鉴定意见认为甲酸甲酯是无色有香味易挥发液体，是被列入危险化学品名录中严格监督管理的化学品，对眼鼻和呼吸道有较强刺激作用，可引起呼吸困难，并具有麻醉作用。可见，司法鉴定意见首先确认了甲酸甲酯的基本特征，该危险物质是一种液体；其次认为这种液体易挥发，可引起呼吸困难并具有麻醉作用，这是符合甲酸甲酯基本特性的。[④] 技术鉴定机构并没有将甲酸甲酯认定为具有毒害危险特性的危险物质，这是符合技术规范要求的。但是司法机关却在技术鉴定意见的基础上借题发挥，将鉴定结论所描述的甲酸甲酯引起呼吸困难并具有麻醉作用的特性，确认为属于《刑法》第 125 条、第 136 条所规定的"毒害性"。

---

① 中华人民共和国国家质量监督检验检疫总局、中国国家标准化管理委员会 . 危险货物分类和品名编号：GB 6944—2012［S］. 北京：中国标准出版社，2012：10；技术上用"急性半数致死浓度"概念说明危险物品有无毒性、毒性大小，用符号 LC50 予以表示。如果在 LC50 ≤ 5000mL/m3 的情况下，使雌雄青年大白鼠连续吸入毒性蒸汽 1 小时时，可能引起受试动物在 14 天内死亡一半的，就说明该蒸汽属于急性吸入蒸汽毒性物质（戴春爱，颜鲁婷 . 工科化学［M］. 北京：北京交通大学出版社，2018：166.）。

② 详见物竞数据库：http://www.basechem.org/chemical/2160，访问日期：2024-04-26.

③ 孙贵范 . 职业卫生与职业医学［M］. 北京：中国协和医科大学出版社，2019：419.

④ 刘新民，陆召麟，滕卫平，等 . 中华医学百科大辞海：内科学［M］. 北京：军事医学科学出版社，2008：780.

（二）刑法上的毒害性物质

技术规范领域未认定为毒害性物质的危险化学品，为什么在刑法领域反倒被认定为了毒害性物质？刑事司法是否能脱离技术规范要求将危险化学品认定为毒害性物质？本案处理中司法机关之所以将甲酸甲酯认定为毒害性物质，存在以下几个方面理由：

其一，如果不确认甲酸甲酯存在毒害性，显然无法解释为什么赵某 1 等四人会在吸入甲酸甲酯蒸汽后窒息死亡这一活生生的案件事实。

其二，将甲酸甲酯认定为毒害性物质，虽然没有技术标准依据，但却能够得到一般医学对中毒症状的病理认定。如《急性中毒诊断与急救》一书就指出了甲酸甲酯中毒的"诊断要点"："轻症主要表现眼、上呼吸道刺激症状；重度中毒出现肺水肿、呼吸困难及头昏、乏力、嗜睡、步态蹒跚等麻醉症状，并可进入昏迷。"[①]《中华医学百科大辞海：内科学》一书也列出了"甲酸甲酯中毒"词条："甲酸甲酯属中等毒类，……中毒的表现主要为眼和呼吸道的刺激症状，如流泪、眼痛、暂时性失明、流涕、咳嗽、恶心，严重者有肺水肿、呼吸困难、麻醉、昏迷，死于呼吸抑制。"[②]医学上能找到由甲酸甲酯所引起的中毒症状。将甲酸甲酯中毒的医学症状确定为刑法上的"毒害性"，因而认定该种医学上的"毒害性"属于刑法意义上非法买卖危险物质罪、危险物品肇事罪中的毒害性。这种医学和刑法衔接的认定方法，能够契合社会大众的普遍感受。根据意大利犯罪学家加罗法洛的观点，对于什么样的行为可以认定为犯罪，"我们必须放弃事实分析而进行情感分析"，犯罪"是一种伤害某种被某个聚居体共同承认的道德情感的行为"。[③]从犯罪是民众情感所不能接受的行为这个角度，将引起甲酸甲酯严重毒性损害的行为，看作危害社会的具有刑事违法性的犯罪构成行为，从而甲酸甲酯就应当认定为具有毒害性的犯罪对象，似乎也能够自圆其说。

其三，将甲酸甲酯认定为毒害性物质，虽然没有技术标准上主要危险性、次要危险性的毒理学认定依据，但却能符合该危险化学品的次要特征。指导危险化学品安全操作的《危险化学品归类指南》一书，在"危险特性"一栏将甲酸甲酯确定为"本品极易燃，其蒸汽与空气可形成爆炸性混合物，遇明火、高热或与氧化剂接触，有引起

---

① 张寿林等.急性中毒诊断与急救［M］.北京：化学工业出版社，1996：245.

② 刘新民，陆召麟，滕卫平，等.中华医学百科大辞海：内科学［M］.北京：军事医学科学出版社，2008：780.

③ 加罗法洛.犯罪学［M］.耿伟，王新，译，北京：中国大百科全书出版社，1996：21–22.

燃烧爆炸的危险"，是一种易燃液体。但是该书在甲酸甲酯的"健康危害"一栏，列出了甲酸甲酯"有麻醉和刺激作用""人接触一定浓度的本品，发生明显的刺激作用""反复接触会导致痉挛甚至死亡"的次要特征。[①] 可见，化工技术领域虽不认为甲酸甲酯具有毒害危险特性，但确认了该种物质具有危害人体健康的作用。刑法将甲酸甲酯危害人体健康的作用，包括"麻醉和刺激作用""导致痉挛甚至死亡"的作用，认定为刑法第 125 条、第 136 条的"毒害性"作用，并非完全缺乏技术依据。

其四，更为重要的是，本案的解决，也寄希望于将甲酸甲酯认定为具有毒害性的危险物质。按照《危险货物品名表》技术标准的列明，甲酸甲酯属于第 3 类的易燃液体，这是甲酸甲酯的唯一危险特性。甲酸甲酯蒸气泄漏一案，如果按照技术标准的列明，仅确定甲酸甲酯危险特性是"易燃液体"，本案处理就会陷入困境。困境在于两个方面：一方面，构成非法买卖危险物质罪，犯罪对象只能是具有"毒害性、放射性、传染病病原体"的特定物质，其中不包括"易燃液体"属性的危险物质。确定甲酸甲酯属于易燃液体，因为非法买卖危险物质罪的犯罪对象不包括易燃液体，则李朝刚的行为不是刑法上的非法买卖危险物质行为，对李朝刚的危险行为面临着无法定罪的尴尬。另一方面，本案危害结果并非甲酸甲酯易燃液体危险特性所引发，确定甲酸甲酯属于易燃液体而非毒害性物质，则杨志宽运输危险物质的易燃液体危险特性和危害结果之间没有因果关系，不构成危险物品肇事罪。危险物品肇事罪的犯罪对象比非法买卖危险物质罪要广，包括具有"爆炸性、易燃性、放射性、毒害性、腐蚀性"的特定物品，具有"易燃液体"危险特性的甲酸甲酯也在此范围。只不过，危险物品肇事罪属于过失犯，成立该罪要求危害行为造成危害结果，且要求危害行为与危害结果之间具有因果关系。[②] 然而，甲酸甲酯蒸汽泄漏一案，是由于柴某、杨志宽没有注意到甲酸甲酯的蒸汽毒害作用，运输过程没有采取合理温控，卸载过程没有采取合理排压，从而导致甲酸甲酯产生毒性蒸汽并泄漏，因而造成危害结果。柴某、杨志宽没有注意到甲酸甲酯蒸汽毒害作用而进行的作业与危害结果之间具有因果关系，而易燃液体特性与危害结果之间并不具有因果关系。或许法院认为，如果仅仅根据技术标准确定甲酸甲酯的易燃液体危险特性，而忽略甲酸甲酯技术标准之外的毒害性作用，则柴某、杨志宽只具有防止甲酸甲酯爆发易燃性危险的技术控制义务，而不具有防止爆发毒害性危险的技术控制义务，对于最终由毒害性导致的危险物品肇事，行为人不构成危险

---

① 海关总署关税征管司.危险化学品归类指南（上）[M].北京：中国海关出版社，2017：610.

② Л．В．伊诺加莫娃－海格.俄罗斯联邦刑法（总论）（第二版）[M].黄芳，等译，北京：中国人民大学出版社，2010：124.

物品肇事罪；只有将甲酸甲酯认定为毒害性物质，柴某、杨志宽的行为才符合构成危险物品肇事罪的因果关系要求。

四、风控模式虚置和谨慎义务扩张

甲酸甲酯蒸汽泄漏一案的刑法适用，脱离技术标准所确定的甲酸甲酯的易燃液体危险特性，而在技术标准之外另行认定其具有毒害作用，这一方面有利于将甲酸甲酯确定为非法买卖危险物质罪的犯罪对象，另一方面则以行为人引发危险物质毒害作用而导致危害结果，作为确立本案危险物质肇事罪的因果关系根据。这种刑法思维可以解决对李朝刚、杨志宽的定罪问题，但也容易产生技术认定和刑法认定不一致的矛盾。技术规范只会列明危险物质危险程度较大的主要和次要危险特性，而不可能穷尽列举发生概率较小或危险程度不大的其他危险。对于危险物质从业人员而言，就需要弄清楚一个问题：如何确定自己危险作业的谨慎义务范围？当自己严格按照危险物质的危险特性开展作业，作业过程中也没有引发危险物质的主要和次要危险，没有造成技术上不容许的危害，但引发了技术规范未列明的其他危险因而造成危害结果的，作业人员是否需要对此危害结果承担责任？

（一）风险的技术标准控制模式

现代社会是一个风险社会，现代社会在生态、金融、军事、化工、医药等领域形成的"风险积聚"，是"工业决策和行动的副作用"。[①] 现代社会的快速运行和高度发展，正是建立在"汽车的使用、铁路等交通运输的营运、隧道或桥梁的建筑、爆炸物的制造、药品的制造、医学实验及医疗行为"等工业风险基础上。工业技术领域这些既主导社会发展又"制造风险的行为"，是高度发达的现代文明存在的基础，也"是我们社会生活中被容许的行为"。刑法理论为了解释现代工业技术风险的正当性，形成了"容许风险"概念。容许风险理论认为，"我们为了追求一个更高度的生活利益而接受某些行为的附带风险。因此，如果一个利益侵害的风险是属于理性冒险的范围，我们不认为这是不法行为"。[②] 问题在于怎么来将化工技术风险控制在可容许的"理性冒险"范围？在危险化学品、危险物质作业领域，我们是采用"技术标准"来控制作业风险。危险物质技术标准一方面列明危险品的危险特性，另一方面则要求危险品从业人员必须按照危险物质操作规范展开作业。联合国《关于危险货物运输的建

[①]　贝克，邓正来，沈国麟. 风险社会与中国［J］. 社会学研究，2010（5）：209–210.

[②]　黄荣坚. 基础刑法学（上）（第三版）［M］. 北京：中国人民大学出版社，2009：193.

议书》作为世界通用的最权威的"管制危险货物运输"的技术规章、技术标准，它开篇就讲到，该技术标准一方面要使危险物质的"运输成为可能"，另一方面技术标准"管制危险货物运输，是为了尽可能防止对他人或财产发生事故，防止环境、所使用的运输工具或其他货物受到损害"。[①] 可见，危险物质技术规则是力求在现代风险控制和社会发展之间寻求平衡。正如金德霍伊泽尔所言，"在这种情况下，人们选择的折中道路是所谓容许的风险，只要遵守了相关交往圈之中的谨慎规范（安全规则），那么，在一般的意义上，并不将实施风险性的行为视为对谨慎的违反"。[②] 一个危险物质作业行为，只要是严格按照国家确定的具有法律效力的技术标准规程进行操作，该作业行为纵使存在风险，也应当能够得以正当化和合法化。

对危险物质的风险作业，我国法律制度也全面采用了风险的技术标准控制模式。如《危险化学品管理条例》第 17 条规定，"危险化学品的包装应当符合法律、行政法规、规章的规定以及国家标准、行业标准的要求"；第 24 条规定，"危险化学品的储存方式、方法以及储存数量应当符合国家标准或者国家有关规定"。2016 年修订的《道路危险货物运输管理规定》第 3 条规定，"危险货物以列入国家标准《危险货物品名表》（GB12268）的为准"；第 4 条规定，"危险货物的分类、分项、品名和品名编号应当按照国家标准《危险货物分类和品名编号》（GB6944）、《危险货物品名表》（GB12268）执行"；第 40 条规定，"危险货物的装卸作业应当遵守安全作业标准、规程和制度"。在技术标准范围内进行的危险物质作业，既符合科学规律，符合技术规范要求，同时也符合法律的要求，因而属于正当业务行为。正当业务行为是刑法上的合法化事由。只要是"遵守所从事业务的操作规程和有关的规章制度"开展作业，纵使因为该正当业务行为导致了危害结果，也不能将该行为认定为不法行为，更不能认定为犯罪行为。[③] 对于甲酸甲酯这种技术标准，危险特性确定为易燃液体的危险物质，只要作业人员严格按照易燃液体的作业规程开展作业，纵使最终出现了规则之外的危害，依法作业的从业人员也无须承担责任。

---

① 联合国经济委员会危险货物运输小组.关于危险物质运输的建议书 规章范本（第二十一修订版）（第一卷）[M].日内瓦：联合国出版物，2019：1.

② 乌尔斯·金德霍伊泽尔.刑法总论教科书（第六版）[M].蔡桂生，译，北京：北京大学出版社，2015：334.

③ 马克昌.犯罪通论[M].武汉：武汉大学出版社，2000：819–920.

（二）刑法脱离技术标准的问题

虽然国家的法律采取了危险物质风险作业的技术标准控制模式，但在甲酸甲酯蒸汽泄漏案中，司法机关却没有完全贯彻立法精神，没有将危险物质的作业风险限制在技术标准规定的范围，而是脱离技术规范另行赋予了作业人员规范之外的注意义务。司法机关也没有采纳危险物质作业领域的容许风险规则，因而不认为作业人员的业务操作属于排除犯罪事由的正当业务行为。司法机关这一司法选择，当然存在很多问题。

其一，脱离技术标准赋予从业人员作业义务，会导致风险作业技术标准控制模式的虚置。"对于现代科技或工业所形成的风险的容许限度问题，大抵都会有行政上的管制措施，而涉及刑事责任的认定则采取行政法从属原则，亦即以行政违法作为限制刑事责任的机制。"[①] 我国的《危险化学品管理条例》《道路危险货物运输管理规定》等行政法，通过肯定危险物质国家标准、行业标准等技术规范的作业风险控制作用，从而为危险物质作业安装了风险防控安全阀。根据行政法的技术作业风险控制模式，那些严格执行技术标准开展作业的行为就是合法行为。如果从业人员严格按照技术标准的要求展开作业，最终没有避免危害结果的，就是技术规范领域的容许风险行为，是行政法上的容许风险行为，当然也应当是刑法上的风险容许行为。当刑法适用中脱离技术规范，不容许存在这种风险，也就等于否定了行政法对容许风险的规定，否定了技术标准对容许风险的规定。这种用刑法否定行政法合法性的做法，违背了法律规则的一致性要求。林山田教授认为，各种法律规范的组合，形成了一个统一的社会秩序体系。构成统一秩序的各种法律规范，对于行为合法非法的认定必须是一致而非相互矛盾的。"在刑法以外的其他法律领域中，法律所允许的行为，在刑法的违法性判断上，自不至于评价为违法行为。……同理，经刑法评价为违法的行为，不可能在刑法以外的其他法律领域却属适法性的行为"。[②] 如果认为甲酸甲酯作业中蒸气泄漏致人中毒的行为是违法行为，但在行政法和技术规范领域却是容许风险的正当业务行为，这就割裂了技术规范、行政法和刑法之间的统一关系，是不合适的。

其二，脱离技术标准另行赋予从业人员规范之外的其他作业义务，会导致从业人员谨慎义务的过度扩张。从事危险物质作业，行政法规、技术标准会赋予从业人员各种控制风险的谨慎义务，比如审查义务、控制和监督义务、询问义务、特别照料义务

---

① 黄荣坚.基础刑法学（上）（第三版）[M].北京：中国人民大学出版社，2009：194.

② 林山田.刑法通论（上）（增订十版）[M].北京：北京大学出版社，2012：191–192.

等。①《危险货物运输包装通用技术条件》（GB 12463—2009）《汽车运输危险货物规则》（JT 617—2004）规定的若干此类从业谨慎义务，得到了《危险化学品管理条例》《道路危险货物运输管理规定》等行政法的确认。对危险物质从业人员而言，作业谨慎义务当然只能以行政法规、技术标准确定的义务范围为限。将超出此规则范围的其他谨慎义务赋予作业人员承担，既缺少义务赋予的规则依据，同时也缺乏义务赋予的科学依据。如甲酸甲酯作为技术规则上确定的易燃液体，从业人员只需承担经营、储存、运输、装卸易燃液体类危险物质的谨慎作业义务；如果在技术规则之外，还要求作业人员承担经营、储存、运输、装卸毒害性物质的谨慎义务，则义务赋予明显超出了规则和科学范围。

五、技术标准与刑法协调的定罪方案

我国对危险物品的生产、买卖、储存、运输、装卸作业实行法律管制，故而只有"非法"作业从而危害公共安全的行为，才符合刑法第 125 条的非法制造、买卖、运输、储存危险物质罪的构成要件。非法制造、买卖、运输、储存危险物质罪的空白罪状"非法"，既指行为人违反了作业技术要求的禁止性规范，也指行为人违反了作业技术要求的命令性规范。同样，只有"违反"危险物品管理规定包括技术规范，从而造成重大事故的行为，才符合刑法第 136 条危险物品肇事罪的构成要件。

甲酸甲酯蒸汽泄漏一案中，李朝刚、天慧公司、杨志宽等均存在此类"非法"或"违规"行为。首先，李朝刚从事甲酸甲酯经营、运输，本应严格按照行政法规和技术规范开展作业，但他买卖甲酸甲酯的行为却违反了危险物质的经营许可制度。《危险化学品管理条例》第 33 条规定，"国家对危险化学品经营实行许可制度。未经许可，任何单位和个人不得经营危险化学品"。李朝刚没有取得危险化学品经营许可证和营业执照，而是借用天慧公司相关资质，从同晖分公司订购甲酸甲酯 30.5 吨。李朝刚借用他人资质的行为是违法行为。其次，天慧公司漠视危险化学品经营许可证和营业执照只能由被许可单位使用的法定要求，将相关资质出借给李朝刚使用，属于违法行为。《危险化学品管理条例》第 93 条规定："伪造、变造或者出租、出借、转让本条例规定的其他许可证，或者使用伪造、变造的本条例规定的其他许可证的，分别由相关许可证的颁发管理机关处 10 万元以上 20 万元以下的罚款，有违法所得的，没收违法所得；构成违反治安管理行为的，依法给予治安管理处罚；构成犯罪的，依法追

---

① 乌尔斯·金德霍伊泽尔.刑法总论教科书（第六版）[M].蔡桂生，译，北京：北京大学出版社，2015：330.

究刑事责任。""本条例规定的其他许可证"即包括了危险化学品经营许可证和营业执照。李朝刚、天慧公司违反行政法规，借用和出借危险化学品经营资质买卖易燃液体甲酸甲酯这种违法行为，符合了刑法第 125 条非法买卖危险物质罪所要求的行为"非法"的构成要件。

刑法所列举禁止的非法买卖危险物质行为、危险物品肇事行为，都发生在危险物质作业领域。这些行为本质上都属于危害公共安全的行为，是危害公共安全犯罪的特殊形式。为了防止特别列举的遗漏，调整危害公共安全行为的刑法在特殊列举之外，规定了"以危险方法危害公共安全罪"这个一般性的"兜底"规定。刑法第 114 条规定，"放火、决水、爆炸以及投放毒害性、放射性、传染病病原体等物质或者以其他危险方法危害公共安全"的行为，都是犯罪。其中的"放火、决水、爆炸"行为触犯放火罪、决水罪、爆炸罪，"投放毒害性、放射性、传染病病原体等物质"的行为触犯投放危险物质罪，此外"以其他危险方法危害公共安全"的行为触犯以危险方法危害公共安全罪。这里的"以及投放毒害性、放射性、传染病病原体等物质或者以其他危险方法"中的"其他危险方法"，根据同类解释规则 ①，当然是指和投放毒害性、放射性、传染病病原体等物质危险性类似的方法。投放或利用《危险货物品名表》所列 9 大类危险物质实施犯罪的，其行为显然都具有和"投放毒害性、放射性、传染病病原体"同等的危险性，因而投放 9 大类危险物质的行为都应当纳入"其他危险方法"的范围。

甲酸甲酯蒸汽泄漏一案，法院通过否定技术标准所认定的甲酸甲酯的易燃液体属性，在技术规范之外认定甲酸甲酯具有毒害属性，从而将李朝刚的行为纳入非法买卖危险物质罪的范围。这种定罪思路会导致技术标准风险控制模式的虚置，从而割裂刑法与行政法、技术规范之间的统一关系，同时也会导致在规则之外另行赋予从业人员并无法律依据的谨慎义务，因而并不可取。但当我们跳出刑法对危险物质专业经营领域的风险管控，到刑法对危害公共安全行为的一般管控中寻找本案的解决方案，则会发现以危险方法危害公共安全罪是定性李朝刚危害行为的更合理的刑法选择。

首先，李朝刚、天慧公司借用和出借危险物质经营许可证和营业执照买卖甲酸甲酯的行为，属于以其他危险方法危害公共安全的行为。列入《危险化学品名录》《危险货物品名表》的危险物质，显然都存在极大危险性。特别是甲酸甲酯，作为第 3 类的易燃液体，它属于最高危险等级即 I 类危险等级的危险物质。借用和出借危险化学品经营和营业资质买卖甲酸甲酯，显然是一种对社会存在极大危险隐患的公共安全危

---

① 孔祥俊. 法律解释与适用方法［M］. 北京：中国法制出版社，2017：420.

害行为。

　　其次，以危险方法危害公共安全罪也能够说明李朝刚、天慧公司违法买卖易燃液体所造成的具体危险。从危险化学品进行管制的技术规范来看，甲酸甲酯只是一种易燃液体而非毒害性物质，最终导致四人死亡的事故恰恰是甲酸甲酯危险特性之外的毒害作用所引发。技术规范没有赋予李朝刚、天慧公司管控甲酸甲酯毒害作用的法律义务，故此毒害作用所引发的危害结果不适合归责于李朝刚和天慧公司。不过，毕竟甲酸甲酯是一种危险物质，李朝刚、天慧公司违法买卖甲酸甲酯的行为本身即具有危害社会的极大危险，对社会安全形成了极大威胁。尽管甲酸甲酯作为易燃液体的危险最终没有发生，本次甲酸甲酯违法买卖中没有发生火灾事故这种实际危害，但作为刑法中典型的危险犯[①]，构成以危险方法危害公共安全罪也并不需要发生了实际危害结果。非法买卖甲酸甲酯行为本身所形成的危险状态，足以符合构成以危险方法危害公共安全罪的具体危险要求。当然，因为以危险方法危害公共安全罪的犯罪主体只能是自然人而非单位，所以天慧公司中对出借资质直接负责的主管人员和其他直接责任人员是本案涉案人员，和李朝刚形成共同犯罪关系，一起成为本罪犯罪主体。作为危害公共安全犯罪的"兜底"规定和一般规定[②]，在危害公共安全的特别条款无法合理定罪时，以危险方法危害公共安全罪就为刑法的合理定性提供了重要补充。或许有学者认为，未取得危险化学品经营许可证和营业执照而买卖甲酸甲酯的行为，侵犯了国家对管制物品的经营许可制度，因而该类行为构成非法经营罪。[③]但这种观点并不合理。与非法经营罪对普通货物流通管制的根本不同之处在于，国家对危险物质流通的管制，目的在于防止安全事故以保障社会公共安全。未经许可买卖甲酸甲酯等危险物质的行为侵犯的客体正是社会公共安全，而非国家的市场交易管理秩序[④]，故此不适合以非法经营罪而应以危险方法危害公共安全罪定性该行为。

　　此外，按照构建技术标准、行政法与刑法统一法律秩序的思路，也有利于对杨志宽行为的刑法定性。从统一法秩序的视角，杨志宽是因为违反危险物质运输技术规范要求，导致甲酸甲酯形成蒸汽进而引发事故，应当承担易燃液体肇事的刑事法律责任，构成危险物品肇事罪。《汽车运输、装卸危险货物作业规程》第5.3.2条规

① 孙万怀.买卖毒害性化学品的对象性质［J］.法学杂志，2013（1）：85.
② 哪种认为以危险方法危害公共安全罪不能作为危害公共安全犯罪"兜底"条款的看法并不一定合理.见张明楷.刑法学（第四版）［M］.北京：法律出版社，2011：610.
③ 孙万怀.买卖毒害性化学品的对象性质［J］.法学杂志，2013（1）：93.
④ 高铭暄，马克昌.刑法学（第九版）［M］.北京：北京大学出版社、高等教育出版社，2019：446.

定，"装运易燃液体的车辆不得接近明火、高温场所"。案发当天的2018年8月1日正是盛夏"高温天气"，可以视同是在"高温场所"开展易燃液体作业。《汽车运输危险货物规则》（JT 617-2004）第9.4条规定，"运输危险物质应根据货物性质，采取相应的遮阳、控温、防爆、防静电、防火、防震、防水、防冻、防粉尘飞扬、防撒漏等措施"。杨志宽作为技术规范上"应熟悉所运危险物质特性，并负责监管运输全过程"的押运人员，对于应当避免"高温"运输的易燃液体，当然具有采取"控温"措施的作业义务。[①]《汽车运输、装卸危险货物作业规程》《汽车运输危险货物规则》，尽管都只是交通领域的行业性技术标准，不是强制性国家标准，但是该行业标准所规定的作业义务得到了《危险化学品管理条例》《道路危险货物运输管理规定》的承认，行业义务上升为了法律义务。如《道路危险货物运输管理规定》第44条规定："道路危险货物运输从业人员必须熟悉有关安全生产的法规、技术标准和安全生产规章制度、安全操作规程，了解所装运危险物质的性质、危害特性、包装物或者容器的使用要求和发生意外事故时的处置措施，并严格执行《汽车运输危险货物规则》《汽车运输、装卸危险货物作业规程》等标准，不得违章作业。"故此本次运输作业，杨志宽具有对甲酸甲酯采取控温措施的法定义务，以防止发生《危险化学品归类指南》一书所载明的甲酸甲酯的"健康危害"。从过失犯"个别的可避免性说"来看[②]，作为危险物质从业专技人员，杨志宽具有采取控温措施以防止发生健康危害的认识能力和操作能力，但最终由于过于自信或疏忽大意而没有采取控温措施，从而导致重大事故造成严重后果，杨志宽应当承担过失犯罪的法律责任，符合了危险物品肇事罪的犯罪构成。

可见，技术标准关于危险物质危险特性的规定，行政法所采用的危险物质作业风险技术标准控制模式，以及行政法、技术标准赋予危险物质从业人员的作业义务，都应当得到刑法的充分尊重，这既是法秩序统一性的基本要求，同时也是技术操作和工业科学的基本要求。在充分尊重技术标准有效性的前提下，我们认为危险物质案件的处理，不需要割断刑法和行政法、技术标准之间的联系，而是完全可以实现刑法、行政法、技术标准三者的协调统一。

---

① 中华人民共和国国家质量监督检验检疫总局、中国国家标准化管理委员会.汽车运输危险物质规则：JT 617—2004［S］.北京：中国标准出版社，2004：4.

② 乌尔斯·金德霍伊泽尔.刑法总论教科书（第六版）［M］.蔡桂生，译，北京：北京大学出版社，2015：341-342.

新论近现代技术进步与哲学和刑法学发展之辩证唯物关系

刘跃挺[①]

（西北政法大学刑事法学院）

[**内容摘要**] 科学技术的发展决定了刑事法"理念"的进步与发展。技术发展与古典犯罪论体系和晚近犯罪论体系之间存在的辩证关系。康德法权哲学思想，对于"构成要件"这种法实证主义所要求体现的模型具有所谓"康德式"的批判。技术理性与价值理性在晚近犯罪论体系中的较量以及期待可能性理论在技术条件下的变异。

[**关键词**] 技术理性；价值理性；期待可能性；极端规范论体系

在人类发展演化的过程中，劳动技能的进步似乎起着十分重大的作用。那么，技术与人类的意识的变化，尤其与刑法理念更新的关系是什么，是一个值得探索的问题。其实，在福柯的哲学思想当中，似乎可以找到技术与理念关系的答案。"其开始研究19世纪法国社会中的刑事制度，旨在探讨知识构成的'法律—政治'模式和'权利—知识'的合二为一。这是因为若没有权力，知识就不会形成，若没有知识，权利就不会实施……'权利—知识'的合二为一，在古希腊集中体现在'尺度'之中，在中世纪主要存在于'讯问'之中，在工业社会则尤其浓缩在'检查'之中"[②]，福柯同时强调，"19世纪奠基了敞视式监狱大行其道的年代，敞视式监狱、戒律和规范化概括地描述了权利对肉体这种新掠夺"[③]。这里的"尺度""讯问"和"检查"代表着相应时期实施权力的手段。这种手段与方法决定着对罪犯肉体或者思想自由夺取方式理念的更新，进一步可以说：技术决定着理念。

---

① 刘跃挺，法学博士，教授，西北政法大学刑事法学院，主要研究方向为比较刑法学。

② 莫伟民.莫伟民讲福柯［M］.北京：北京大学出版社，2005：20.

③ 莫伟民.莫伟民讲福柯［M］.北京：北京大学出版社，2005：20.

　　"理念""内容"或者"思想"概念属于意识的范畴，"技术""形式"与"（语言）表述"属于物质（存在）范畴。"技术决定理念"这与我们日常的"内容决定形式""思想决定表述"等似乎是不一致的，那么"技术"与"理念"之间真的是一种决定与被决定的关系吗？这种关系是否体现在人类发展的任何方面呢？或者说，"决定"一词在不同语境下具有不同内涵？

　　"技术决定理念"，笔者认为，这里的"技术"和"理念"分别指历史事实（或者"社会存在"）和社会意识。这样，依照马克思主义哲学原理，即"社会存在决定社会意识"，两者是一种"唯物辩证"关系。那么，这种关系是如何体现与发展，以及在刑事法律发展与演进过程中，是怎样表达这种关系？

　　众所周知，科学技术对于人类的深刻影响已毋庸置疑。"海德格尔把技术的本质理解为'座架'，即指把大自然和人类社会设想为一个技术上可操作的认知构架。"① 因而，与韦伯的"工具理性即铁笼"理论有异曲同工之妙。从某种意义上说，人类对犯罪和刑罚的认识和理念也是基于科学技术的"座架"而发展。正因为如此，有的学者认为，"正是在科学技术对于人类认识论转向的影响下，在刑法学界具有典型的德国犯罪论体系从 19 世纪末 20 世纪初的初步建构直至发展到今天。由实证主义的体系发展至晚近出现的极端规范论体系，在认识论及方法上形成了存在论（事实论）和规范论（价值论）这两条主线，即以存在论开启犯罪论的发展之路，以价值论为其增添人文反思。"② 笔者十分赞同上述学者的观点，并将在后文，以 18 世纪至 20 世纪科学技术与哲学发展的辩证唯物关系，依据"技术决定理念"的基本论点，深入探讨刑法理念，尤其是犯罪构成理念的发展与变化，以及"期待可能性"理论在新技术条件下的演进。

一、18 世纪科学技术对刑法理念的启明

（一）牛顿哲学的影响

　　人们通常说，18 世纪是方法论觉醒的世纪，而科学技术即这一觉醒的敲门砖。例如，牛顿与莱布尼茨各自发明的微积分，以及伽利略与牛顿的"证明物体靠相互引力而运动的假说已足以解释太阳系中一切庄严的运动"等。虽然牛顿在《原理》中说："到现在为止，我还不能从现象发现重力的那些性质的原因，我也不愿建立什么

---

① 莫伟民 . 莫伟民讲福柯［M］. 北京：北京大学出版社，2005：68.

② 刘守芬 . 技术制衡下的网路刑事法研究［M］. 北京：北京大学出版社，2006：5.

假说。"① 但是，他的门徒，尤其是 18 世纪的法国哲学家德·拉·美特利和霍尔巴赫，却忽略了牛顿当初的谨慎精神，以其科学为基础，建立了机械论哲学。"根据这个哲学，整个过去和未来，在理论上都是可以计算出来的，而人也就变成了一架机器"②，一个工具。

机械论成了启蒙思想家反对罗马正统教义的有力认识论武器。而"唯物主义"一词也是 18 世纪时出现的，他们用之，以一种全新的机械决定论为基础，开始重新且全面地认识自然、社会与人本身。在刑法理念上，早期最为反封建时代罪刑擅断主义的绝对罪刑法定主义似乎也体现了当时哲学认识论——机械论思想——要求认为与把握行为者行为的精确性与决定性。这种绝对的罪刑法定主义是一种严格、不容任意选择或变通的原则。它要求犯罪和刑罚的法律规定必须是绝对确定的，司法机关和司法人员只能被动地执行法律，没有任何自由裁量的权力；在立法上，体现为绝对禁止运用类推和扩大解释，把刑法条文对犯罪种类和犯罪构成要件的明文规定作为对现行案件定罪的唯一根据。

（二）康德唯心主义思想的启示

牛顿的理论在解释天体机制方面取得了惊人的成功，因此人们就把这样的机械概念对整个宇宙给予最后解释的能力估计得过高。"有些头脑清晰的人认识到科学不一定能揭示实在……存在的整体是广大的，人们在只研究它的一个方面的时候，是无法窥知它的秘密的……一条逃离机械论的道路是康德和黑格尔及其追随者们所走的道路。他们建立了一个归根到底溯源于柏拉图的哲学，即德国唯心主义，这个哲学同当代的科学差不多完全脱离了关系。"③ 那一时期，之所以出现这种"唯心主义"，笔者认为，其实正是技术发展的缘故，促使这一部分人以另一种角度和方法来认识世界。"在康德看来，科学探讨的范围，已经由于牛顿的数学的物理学方法规定下来，只有那样才能得到科学的知识……康德把外观与实在分开，仍然有哲学上的价值。科学世

---

①　W. C. 丹皮尔 . 科学史及其与哲学和宗教的关系［M］. 李珩，译，桂林：广西师范大学出版社，2001：166.

②　W. C. 丹皮尔 . 科学史及其与哲学和宗教的关系［M］. 李珩，译，桂林：广西师范大学出版社，2001：193.

③　W. C. 丹皮尔 . 科学史及其与哲学和宗教的关系［M］. 李珩，译，桂林：广西师范大学出版社，2001：11.

界是感官揭示出来的世界，是现象的世界、外观的世界；不一定是终极实在的世界。"①

康德的思想对于我们今天的刑事责任与刑罚理论具有隐约式的重要启示。康德主张，"没有纪律的自由，势必颠覆自由本身""在争取自己自由的同时，也应尊重别人的自由"②"人行为，做到无论是你自己或别的什么人，你始终把人当目的，总不把他只当做工具"，按照康德的"自律的道德"，每个有理性者都是自己对自己颁布规律，每个人自己都有自己的目的③，人人之间是平等的。当有人侵犯他人的自由和破坏这种平等时，康德认为，"刑罚应该贯彻正义的理念，而最能体现正义理念的刑罚原则就是平等原则，也就是报应原则"④。康德的实践理性同样告诉我们：实践理性务须超越我们的经验世界，世界存在一个普遍有效的道德依据，其根源于意志自律，而自律即自由⑤，因此，对我们来说，依据道德律而行为当然就是一种强迫，或是一种"义务"，"这是道德律对非纯理的人类所提出的行为要求。""意志一般说来对其行为时是有责任的"⑥——这就是康德的自由意志论——刑事责任的根据。

其实康德的法权哲学思想，对于"构成要件"这种法实证主义所要求体现的模型，同样具有所谓"康德式"的批判。笔者认为，从客观经验中取得的原则都是有条件的、有限制的，不可能提供康德的道德律所应有普遍性和绝对的必然性。"任何试图从经验中归纳出道德律的努力最终导致伦理学上价值相对主义和法权哲学上的法实证主义。"⑦ 如同伦理学上的价值相对主义往往会导致社会道德意识整体性的丧失，甚至会使社会群体结构关系自我瓦解一样，法律实证主义只在于研究法律是什么，至于此等概念和原理是否合乎正义则非其所问。我们凭什么可以评价，甚至纠正人们行为的道德性和实证法的合理性呢？答案就是存在一个超越经验的"法上之法"，即自然法。目前有人认为，"在古来一切哲学中，康德的形而上学最能代表近年来物理科学与生物科学所指明的境界""相对论与量子论，生物物理学与生物化

① W. C. 丹皮尔. 科学史及其与哲学和宗教的关系［M］. 李珩，译，桂林：广西师范大学出版社，2001：189.

② 朱高正. 朱高正讲康德［M］. 北京：北京大学出版社，2005：39.

③ 全增嘏. 西方哲学史（下）［M］. 上海：上海人民出版社，1985：92.

④ 朱高正. 朱高正讲康德［M］. 北京：北京大学出版社，2005：130.

⑤ 朱高正. 朱高正讲康德［M］. 北京：北京大学出版社，2005：39.

⑥ 马克昌. 近代西方刑法学说史略［M］. 北京：中国检察出版社，2004：109.

⑦ 朱高正. 朱高正讲康德［M］. 北京：北京大学出版社，2005：44.

学以及有目的的适应说，这些最新的科学发展都把科学的哲学带回到康德那里去。"①
而笔者认为，基于法实证主义的思想而形成的犯罪构成理论，同样也会被带回到康德那里去。

二、19 世纪技术发展与古典犯罪论体系产生的辩证关系

（一）科学技术发展与德国唯心主义哲学的分歧

19 世纪可以看作是科学时代的开始。我可以看到在那段时期里，为了追求纯粹的知识而进行的科学研究，开始走在实际的应用与发明的前面，并且启发了实际的应用和发明，而发明出现之后，又为科学研究与工业发展开辟了新的领域。例如，拉瓦锡把物质不灭的证据推广而及于化学变化，道尔顿最后建立了原子说，而焦耳也证明了能量守恒的原理，等等。科学技术的发展已经开始在 19 世纪上半期影响人类的其他活动与哲学了，"排除情感的科学研究方法，把观察、逻辑推理与实验有效地结合起来的科学方法，也极合用……在统计学中，数学方法和物理学方法被明确应用于保险问题与社会学问题。"②

与此同时，提出"同一性哲学"的黑格尔异常猛烈而尖刻地对自然哲学家，特别是牛顿，大肆进行攻击，其结果是，"科学家开始在某种程度上强调要在自己的工作中扣除一切哲学影响，而且，哲学的正当要求，即对于认识来源的批判和智力的功能的定义，也没有人加以注意了"③。在这些玄妙的黑格尔唯心主义盛行后，有这样的唯物主义学派，诸如摩莱肖特、毕希纳等，促使着人们注意自然科学所取得的明晰进步。这也许恰恰是唯心主义所显明的积极意义。此时的社会科学同样面对着自然科学的成就，也"自愧不如"，甚至开始要进行"科学性"洗礼。"实证主义"便是这一"洗礼"的重要结果之一。其于 19 世纪由法国圣西门首先使用，再由孔德继承，强调"实证"的感觉经验才是知识的物件来源，同样也是人类认识的范围，并将这一主张应用于自然科学、社会科学，甚至是宗教学。"在自然科学的成就成为'知识的典范'

---

① W. C. 丹皮尔. 科学史及其与哲学和宗教的关系 [M]. 李珩，译，桂林：广西师范大学出版社，2001：190.

② W. C. 丹皮尔. 科学史及其与哲学和宗教的关系 [M]. 李珩，译，桂林：广西师范大学出版社，2001：294.

③ W. C. 丹皮尔. 科学史及其与哲学和宗教的关系 [M]. 李珩，译，桂林：广西师范大学出版社，2001：279.

并横扫各个知识领域的背景下，近代社会科学的研究把自然科学的研究方法移植到社会领域中，形成实证主义的社会科学研究方法。"①

（二）实证主义的古典犯罪论体系

刑法学作为一门重要而特殊的社会科学，必然会面临自然科学技术所带来"实证主义"式的革新。"如果没有牛顿经典理论的普及，实证学派就无法从物质基础的层次上否定自由意志论；没有现代医学、解剖学的发展，龙勃罗梭的突破也无法成为可能。"②

机械决定论在 19 世纪的影响，使实证化思潮进一步地预示着整个犯罪论体系发展的脉络，即基于古典刑事法学派罪刑法定的思想，李斯特—贝林格"古典犯罪论体系"呼之欲出。"在古典犯罪论体系中，行为是自然的因果历程；因果关系的判断遵循着自然法则的必然条件公式，整个构成要件是纯客观的、无涉价值的；违法性是行为与实在法之间的对立冲突状态；而罪责则是对可以探知的心理事实的评判，与行为人的主体意思直接相关的故意与过失只是责任的两种形式。"③一句话，在古典犯罪论体系里，构成要件、违法性以及罪责都是客观的。"在贝林格看来，构成要件是完全客观的实体，是可以感知到外在客观世界的过程。"④ 所有这些无不表达古典犯罪论体系的实证主义立场。可以说，德国古典犯罪论体系是通过建立在科学机械实证主义的基础上的，体现着纯客观的、中性无色的、价值中立的研究方法。

三、19 世纪末以后技术进步与犯罪论体系的整体性反思

（一）机械论逐步瓦解与目的论复苏

19 世纪富有革命性成果之一的来自生物学方面的科技进步，当属达尔文在自然选择基础上创立的进化论。在自称为唯物主义者的德国人中，达尔文的研究成果成了一条重要的分界线。《物种起源》风行之后，德国哲学家在海克尔的领导下，把达尔文的学说发展成为一种哲学信条。在 19 世纪末期，进化哲学深刻地改变了人们对于人类社会的看法，"他在事实上永远摧毁了终极目的论的观念，不论在今天的国家中，

---

① 刘守芬.技术制衡下的网路刑事法研究［M］.北京：北京大学出版社，2006：5.

② 刘守芬.技术制衡下的网路刑事法研究［M］.北京：北京大学出版社，2006：6.

③ 刘守芬.技术制衡下的网路刑事法研究［M］.北京：北京大学出版社，2006：7.

④ 马克昌.近代西方刑法学说史略［M］.北京：中国检察出版社，2004：248.

或将来的乌托邦里都谈不上有终极的目的。"① 而这对人自身的认识来说，会产生可怕的后果，即人本身不再是目的，而是一种手段与工具。可以看出，其与上述康德的目的论思想是悖逆的，同样也与马克思主义哲学思想不符。正是因为如此，"渐渐地人们就可以清楚地看出，进化论虽然可以说明生物用什么方法从早期的形态进而发展到有复杂的生理与心理特点的物种，但对于生命的起源与基本意义，或意识、意志、道德情绪与审美情绪等现象，却不能说明。"② 至于"存在"的大问题，那就更无法谈到了。

综上所述，正是由于 19 世纪末至 20 世纪初的物理、化学与生物技术的进一步发展，致使人们感觉未知的境界还很宽广或者对生命的机体的表面上的目的性深有所感。甚至哲学家格纳诺认为："有生命的物质的本质就是有目的性——有一定目的，力求达到一个目标，这种目的性控制了身体与心灵的生长与功用，这不是机械与化学的盲目力量所能及的。"③ 技术上，海森堡于 1927 年对电子进行描述提出了不确定原理，除此之外，爱因斯坦的相对论，都说明了纯机械论在解释日渐增多的新认识时，所体现的无能为力以及目的论重新被人们认可与接纳。在现当代西方哲学史上，相应出现了以海德格尔为代表的存在主义——以存在者本身的存在为研究物件；以文德尔班为首的新康德主义——重新肯定康德实践理性而提出反实证主义的价值论。

（二）体现"目的理性"特点的犯罪论体系的产生

20 世纪 30 年代，德国波昂大学的韦尔策尔、墨拉哈为代表的目的行为这一目的行为论出发，试图建立新的犯罪论体系。1961 年，韦尔策尔发表《刑法体系的新形象》，正式提出应从行为之目的性与刑法之目的观来掌握犯罪行为的结构并建立新的犯罪论体系。而直到后来，由德国刑法学家罗克辛、雅各斯等所提倡的"目的理性"犯罪论体系，尤其是雅各斯的极端规范论，将客观目的（具体说，是一种刑事政策上的"必要预防"）作为刑事犯罪构成的判断准则之一，这可以说在刑法理念中，进一步地贯彻了新康德主义"客观价值论"。由此可见，犯罪论体系的发展过程是一个在实证主义的古典犯罪论中不断进行价值增添的过程。"其间虽然存在交错与回转，虽然究竟应

---

① W. C. 丹皮尔. 科学史及其与哲学和宗教的关系［M］. 李珩，译，桂林：广西师范大学出版社，2001：294.

② W. C. 丹皮尔. 科学史及其与哲学和宗教的关系［M］. 李珩，译，桂林：广西师范大学出版社，2001：298.

③ W. C. 丹皮尔. 科学史及其与哲学和宗教的关系［M］. 李珩，译，桂林：广西师范大学出版社，2001：341.

当重事实还是应当强调价值的争辩仍未完成，但在犯罪论发展的实践上，的确是其在认识论上由自然实证主义到新康德主义，由事实论（存在论）体系走向价值论（规范论）体系，这是新康德主义对于犯罪论体系在认识论上直接影响的结果。"① 而重要的是，这与同一时期德国新康德主义对于其他社会科学的普遍影响是相一致的。

（三）技术理性与价值理性在晚近犯罪论体系中的较量

对于"理性"，在西方哲学的发展史上，其内涵上发生了数次的分野。早在18世纪，为调和理性主义与经验主义，康德将理性分为两个范畴，即"知性"与"（狭义）理性"。而后来，随着科学技术的发展，到19世纪末，"科学与哲学又重新携起手来（最先是在进化论思想，后又在物理与数学新发展中）"②，使新的认识论——新实在论抛弃历来的全面哲学体系而只研究存在于科学现象下面的形而上学的实在时，理性的内部又一次分野，即产生了工具理性与价值理性，而工具理性使自身失去价值理性之后，与科学主义合流，形成了我们现在具有时代特点的"技术理性"。"技术理性的实质在于对人的工具化和对效率及计划的追求，这一点也在认识论上直接影响了晚近德国犯罪论体系的发展"③。可以说，目的理性是对新康德主义价值论的实践，但也有学者认为，"目的理性的犯罪论体系，尤其是雅各斯的极端规范论体系实际上早已脱离了新康德主义的人本主义的本意，成为对技术理性的臣服和实践。"④ 笔者认为，产生这样的争议，正是在于新康德主义本身。文德尔班的价值论认为，"普遍的社会规范决定个人的社会行为，个人的道德活动也得遵循这种普遍的道德规范……个人的特殊价值决定于一般人所接受的共同意识规范。"⑤ 而在体现"目的理性"的犯罪构成体系中，"从规范中来，到规范中去，人再次成为工具，成为维护规范的工具。"⑥ 因此，这种看似注重目的与价值、体现新康德主义学说的犯罪论体系，实际上早已转化成了技术（工具）理性，更进一步说，在犯罪论体系上的表达，对于人的工具化立场上，目的理性，尤其是极端规范论体系，与体现技术理性的犯罪论体系殊途同归。因此，那些提出争议的学者是有一定道理的。但这也正反映了在这个技术日益突飞猛进

---

① 刘守芬. 技术制衡下的网路刑事法研究［M］. 北京：北京大学出版社，2006：9.

② W. C. 丹皮尔. 科学史及其与哲学和宗教的关系［M］. 李珩，译. 桂林：广西师范大学出版社，2001：15.

③ 刘守芬. 技术制衡下的网路刑事法研究［M］. 北京：北京大学出版社，2006：9.

④ 刘守芬. 技术制衡下的网路刑事法研究［M］. 北京：北京大学出版社，2006：10.

⑤ 冯契，徐孝通. 外国哲学大辞典［M］. 上海：上海辞书出版社，2000：887.

⑥ 刘守芬. 技术制衡下的网路刑事法研究［M］. 北京：北京大学出版社，2006：10.

的时代，我们的认识论所面临的同一个问题，"这个问题至今尚未得到解决，并且在求得解决之前，还必须波浪式地经历许多回到机械论哲学和离开机械论哲学的反复过程。"① 笔者认为，随着技术的不断进步，人们对自身及其周围认识能力的不断加重，犯罪论体系也会朝向更合理的方向发展。

（四）期待可能性理论在技术条件下的变异

产生期待期待可能性理论的契机，是 1897 年 3 月 23 日德意志帝国法院第四刑事部所作关于莱伦劳斯事件的判决。到 20 世纪二三十年代，发展成相应的理论，即行为违反了刑事义务，行为人也知道自己违反了刑事义务，但是在行为时的具体状况下行为人无可奈何，不可能期待行为人实施合法行为，就仍然不能谴责行为人。可以说，期待可能性理论显示了刑法对于人性理解和包容的谦抑本性。而此理论的提出，正是发生在上述所说的人们正在反思机械论的时期，似乎与存在主义的"存在总是存在者的存在"所体现"人"的价值意义相似——人本身的存在就是认识的根源，评价"人"时，应当从主客体的合一性入手；期待可能性理论要求：即使行为人行为上符合犯罪的构成要件，但也会因为期待可能性而不成立犯罪或者不受到刑罚处罚。

在技术成为意识形态的今天，在资讯技术不断泛化的网络社会里，从人性出发的期待可能性赋予了新的内容——技术可能性。责任成立过程是一个定罪个别化的过程。期待可能性是确定责任成立与否的核心要素，它判断的是是否可能期待行为人为合法行为。而在网络技术构建的网络社会里，行为人的能力凭借网络技术的拓展，包括其适法以及违法犯罪的网络技术能力。行为的"个别化"空间正由传统的物理空间转变为一个由资讯网络技术构架的网络虚拟世界。而在这样一个"世界"中，是否有可能期待行为人为合法行为成了我们今天所要探索的问题——网络技术期待可能性。而其评断的标准，笔者认为，不但是结合了原有传统的期待可能性的判断准则，更要掌握新型技术的发展所带来的、与刑事责任成立有关的知识。

纵览历史，从 18—20 世纪科学技术所带来的人类认识论、方法论及其世界观的变化与发展，以及刑法理念，特别是犯罪构成要件理论和期待可能性理论随之相应的演化与变异中，笔者最终可以肯定的认为：在刑法的发展过程中，科学技术的进步，尤其是国家刑法权力实现的"技术"不断地深化，决定了刑事法"理念"的演进与发展。而"技术决定理念"论题的奥秘也将会继续给我们带来更大的启示。

---

① W. C. 丹皮尔.科学史及其与哲学和宗教的关系［M］.李珩，译，桂林：广西师范大学出版社，2001：302.

自动化行政的解释难题及其纾解

刘桂新[①]　卢远志[②]

（湖南工业大学法学院）

[内容摘要] 自动化行政虽然没有突破具体行政行为的范畴，但是其自带技术壁垒为解释带来了难题。我国与欧盟、英国等国的立法采取了不同的切入方式，或基于公开透明原则构建算法解释权，或规定严格的告知义务与公开程序。但是目前的立法方案都在一定程度上落后于技术的发展，进而导致缺少类型化系统化的构建方案。应当结合当下算法与人工智能发展的特点提出了一种具有一定超前性的自动化行政的解释方案：首先将自动化行政的解释方法与系统自动化程度挂钩；其次以"算法可解释性"作为自动化行政系统的算法影响评估标准；并将算法影响评估报告作为系统解释的主要内容，同时强调解释中的人工参与。

[关键词] 自动化行政；具体行政行为；算法解释权；非黑箱算法；可解释性

一、自动化行政解释难题之提出

具体行政行为的内容应当明确，这是行政明确性原则的要求。具体行政行为在做出之后，行政相对人会因为主客观原因，并不一定达到内心信服，因此行政机关负有对具体行政行为解释的义务。[③]这样一种解释在行政程序中体现为说明理由制度：行政机关在作出对行政相对人合法权益产生不利影响的行政行为时，除法律有特别规定外，必须向行政相对人说明作出该行政行为的事实因素、法律依据，以及裁量时所考

---

① 刘桂新，湖南工业大学法学院讲师、硕士研究生导师，研究方向为宪法与行政法学。

② 卢远志，湖南工业大学法学院硕士研究生，研究方向为宪法与行政法学。

③ 何海波. 具体行政行为的解释 [J]. 行政法学研究，2007（4）：1–2.

虑的政策、公益等因素。说明理由的内容，包括行政行为的合法性理由以及正当性理由，除法律特别规定外，若无法说明理由或者说明理由经由复议或者诉讼审查认为是错误的，则可能会导致行政行为违法或者无效。

自动化行政作为一种行政现象并无法定概念，通俗来说是指行政机关在作出行政行为的过程中将部分或者全部环节交给自动化行政系统来完成的一种工作方式。[①] 我们将行政机关利用自动化系统所作出的对外产生法律效果的具体行政行为称之为自动化行政行为，自动化行政行为具有专业性、信息化以及高效等特征。然而我们需要强调的是，自动化行政行为虽然可以区别于一般具体行政行为，但是其只是具体行政行为作出方式的创新，其性质依然是具体行政行为。原因有如下三点：第一，从理论上来看，自动化行政如前所述仅仅是一种行政工作方式，并不具有自己独特的构成要件，依然依托于传统行政行为的理论基础。第二，从形式上来看，自动化行政的软硬件均由行政机关控制，自动化行政行为也体现行政机关的意志，那么当然是由行政机关作出的行政行为。第三，从内容上看，自动化行政行为并无自己特有的内容，由自动化系统做出的处罚或者许可依然是行政处罚或者行政许可，对行政相对人产生的效果也与传统的具体行政行为无异。[②]

自动化行政的解释是指行政机关对于依靠自动化行政系统做出的具体行政行为进行说明阐释的行为，是针对算法解释权这一新兴权利所形成相对应行政机关的解释义务。自动化行政的解释难题就在于自动化行政系统本身，在自动化行政中想要对个案进行充分的解释以达到理解的程度，那么不可避免的会对自动化行政系统的代码、逻辑、算法甚至数据库进行解释说明，然而由于技术壁垒的存在，这样一种系统解释更无法达到理解的目的，进而成为"无意义的解释"。因此，自动化行政的解释难题在于如何形成新的"解释—理解"范式，如何在避免"无解释"的同时又要防止"无意义的解释"。这样一种难题的具体表现可以分为两个方面：一方面，对于行政机关来说，自动化行政的解释内容、程度、解释的方式与时间等并不明确，行政机关会面临"解释不能"和"解释不力"。另一方面，行政相对人对于行政机关提供的个案解释存在疑问，但是又无法判断行政机关提供的系统解释是否能够证明个案公正，认知的差异使得行政相对人束手无策，陷入两难的境地。

---

① 胡敏洁.自动化行政的法律控制［J］.行政法学研究，2019（2）：57.

② 吴锐，张若涵.自动化行政中对人工智能算法决策的程序规制［J］.成都理工大学学报（社会科学版），2022（5）：58–59.

二、自动化行政解释难题之现有解决方案

自动化决策问题已经引起了世界各国立法者的注意，相关的立法在近十年内相继出现，这些立法起初只是用于规范商业主体的自动化决策行为，后来随着自动化决策系统进入行政领域，政府的自动化行政也开始成为立法调整的对象。其中算法解释作为能够规范自动化决策的有力工具一直备受重视，国内外立法均有所涉及。

（一）中国：构建基于公开透明原则的自动化决策解释制度

我国《个人信息保护法》的制定是为了保护个人信息权益，规范个人信息处理活动，促进个人信息合理利用。《个人信息保护法》第二十四条是对自动化决策进行规定的专门条款，在第一款中规定："个人信息处理者利用个人信息进行自动化决策，应当保证决策的透明度和结果公平、公正。"第三款规定："通过自动化决策方式作出对个人权益有重大影响的决定，个人有权要求个人信息处理者予以说明，并有权拒绝个人信息处理者仅通过自动化决策的方式作出决定。"第七条规定："处理个人信息应当遵循公开、透明原则，公开个人信息处理规则，明示处理的目的、方式和范围。"第四十四条规定："个人对其个人信息的处理享有知情权、决定权，有权限制或者拒绝他人对其个人信息进行处理"。第四十八条规定："个人有权要求个人信息处理者对其个人信息处理规则进行解释说明。"这些条款基于个人信息的控制权以及个人信息蕴含的重大利益，以提高决策透明度为算法解释权的原则，以公平、公正为自动化决策结果可接受性的前提，为我国算法解释权的适用提供了前提条件。

结合第三十三条："国家机关处理个人信息的活动，适用本法"以及第三十五条："国家机关为履行法定职责处理个人信息，应当依照本法规定履行告知义务"，已经可以窥见我国自动化行政的解释体系雏形：首先，在行政机关对于依靠自动化行政系统作出的具体行政行为涉及相对人重大利益时，可以根据本法第二十四条第三款要求行政机关进行解释说明，并且有权通过自动化行政系统作出决定；其次，根据第四十四条以及第四十八条的规定，行政相对人可以在自动化行政行为作出之前，有权要求行政机关就自动化行政系统的工作方式与处理规则进行解释说明；最后，根据第七条以及第十七条的规定，行政机关也有义务对自动化行政系统的工作方式以及处理规则进行公开，或是提供获取详细信息的通道，同时这也可以作为政府信息公开的一部分。

（二）欧盟：公开透明的算法解释与严格分级管控措施相结合

事实上，我国《个人信息保护法》与欧盟《通用数据保护条例》（General Data Protection Regulation，以下简称 GDPR）有许多相似之处，两者都是基于个人信息处理的公开透明原则构建对于自动化决策的解释路径与规制方案。GDPR 第 12 条规定了数据控制者（通常为商业或公共服务提供方）应采取适当措施，以简洁、透明、可理解和易于访问的形式，使用清晰明了的语言，向数据主体（通常为服务接收方）提供本章节规定的与处理有关的信息；GDPR 第 13 条规定当数据控制者"收集个人信息时"，第 14 条规定"收集个人信息之前"以及第 15 条规定当数据主体的"个人信息正在被处理时"，数据控制者的信息提供义务中都包含了对于自动化决策的信息提供、告知或者解释义务："……出于证明处理过程的公正和透明的必要，应当向数据主体提供如下信息：……（f）第 22 条（1）以及（4）提到的自动化决策以及分析的存在，至少需要提供关于处理逻辑（机制）的有意义的信息，以及此类处理对数据主体的重要性以及预期后果。"更为重要的是 GDPR 第 22 条（1）对自动化决策的专门规定："数据当事人有权不接受仅基于自动处理（包括特征分析）做出的、对其产生法律效力或类似重大影响的决定。"由此我们可以总结欧盟 GDPR 对于自动化决策的规制模式与解释路径：首先，在个人信息被收集用于自动化决策的各阶段，数据控制者都应当以"简洁、透明、可理解和易于访问的形式，使用清晰明了的语言"向数据主体说明"自动化决策的存在、关于（自动化决策）处理有意义的信息和该自动化决策的重要程度以及预期后果"，并且根据 GDPR 第 12 条的规定，这样的一种信息提供、告知或者解释的义务是"不得拒绝""不得无故拖延"并且"可以寻求司法救济"的。同时，数据主体也有权利拒绝仅基于自动化系统做出的决策（除非有合同、法律授权、数据主体同意），并且数据主体还有权要求人工干预、申辩与异议。①

近年来，人工智能愈加凸显出对经济与社会发展的强大驱动力与潜力，尤其作为自动化决策的工具拥有丰富的运用前景。基于此，欧盟两年前颁布了《人工智能法（提案）》（Artificial Intelligence Act），意图通过统一的法律监管框架，以基于风险识别分析的方法，为不同类型的人工智能系统提出不同的要求和义务，从而确保基于人工智能的商品和服务在高度保护健康、安全、公民基本权利和保障公共利益的前提下，促进人工智能规范化的开发、使用和营销。②《人工智能法》强调管控、分级、监管与处罚，基于风险识别的监管框架对不同人工智能的风险程度进行分级并采取不同

① 张欣. 算法解释权与算法治理路径研究［J］. 中外法学，2019（6）：1425–1427.
② 王一君. 欧盟《人工智能法案》规制路径概览［N］. 人民法院报，2023-07-14（08）.

的监管措施，将人工智能的风险等级区分为不可接受的风险、高风险、有限风险、低或轻微风险，其中前三类将受到本法的监管：第一类为不可接受的风险，是原则禁止使用的人工智能类型，其中主要内容就是原则上禁止行政机关（包括公共机构）使用人工智能的进行执法，虽然也为将人工智能用于行政留了一些通道，但也足以感受到欧盟对于公权力机关运用人工智能采用极其严格且审慎的态度。第二类为高风险人工智能，采用十分严格的审批 + 监管的模式，同时要求系统的设计与使用者向用户提供"可访问和可理解的简明、完整、正确和清晰的信息"，这些信息包括"系统的性能特征、功能和局限性""系统预期目的""可能会导致健康，安全或基本权利的风险"等一系列详尽的信息（第 13 条），同时用户可以要求自然人而非系统出面解释技术措施（第 14 条）。第三类为有限风险的人工智能，本法也要求遵守透明原则，适当的可追溯性和可解释性，应让用户知悉其与人工智能系统的交流或互动。

（三）英国：放宽自动化决策的监管并鼓励提高算法可解释性

英国《数据保护法 2018》（Data Protection Act 2018）是对欧盟《通用数据保护条例》（General Data Protection Regulation，GDPR）的细化、保留和修改，其大致内容与 GDPR 相似。在针对自动化决策的领域，《数据保护法 2018》特别强调了 GDPR 第 12 条关于透明度、告知和解释的义务的规定适用于 GDPR 第 22 条规定的自动化决策的场景（第 14 条第 6 款），也就是说 GDPR 在适用过程中也存在"第 12 条是否是一般性主张"的争议[①]，2022 年 6 月份，英国在《数据保护和数字信息法（提案）》（The Data Protection and Digital Information Bill，DPDI）的制定过程中，提出修改 GDPR 以及《数据保护法 2018》中关于自动化决策的内容以促进科技创新，因此 DPDI 第 11 条将自动化决策按照信息的敏感程度将自动化决策分为"涉及特殊个人信息的自动化决策"与"普通自动化决策"，其中对于前者的要求依然是"禁止仅及于自动化决策，除非个人同意、法律要求或者授权"，而对于后者则采取开放态度，但是要求"通知数据主体、数据主体有权陈述、提出异议以及获取人工干预"。同时，英国监管部门注意到了有些数据控制者将仅及于自动化决策的数据处理，通过一些形式化的人工参与伪装成有人工参与的数据处理以逃脱监管，因此在 DPDI 中特别强调存在"有意义的人工参与"，否则将会被认定为仅及于自动化决策的数据处理。

除此之外，英国还有一项由英国信息专员办公室（Information Commissioner's

---

① 丁晓东 . 基于信任的自动化决策：算法解释权的原理反思与制度重构［J］. 中国法学，2022（1）：112–113.

Office，ICO）发布的《解释人工智能决策的指南》（Explaining decisions made with AI）（以下简称《指南》）值得我们关注，这项《指南》针对所有正在或者准备利用人工智能进行决策的主体，虽然不具有强制性，但是具有重要的政策参考价值。《指南》以算法本身是否为黑箱算法而对其进行分类，并且鉴于黑箱算法的不可解释和隐匿性，规定在有其他非黑箱算法可以实现类似目的并且不需要带来巨大或难以承受的额外成本时，优先选择非黑箱算法，并且在附录中详细列明了目前主流算法的分类，如表1所示，当然《指南》也指出非黑箱算法也并非都可以解释，还要根据数据量、训练数据库以及使用方式综合判断。

表 1　常见非黑箱算法与黑箱算法汇总

常见的非黑箱算法	黑箱算法
◆ 线性回归（LR） ◆ 逻辑回归 ◆ 广义线性模型（GLM） ◆ 广义加性模型（GAM） ◆ 正则回归（LASSO 和 Ridge） ◆ 规则/决策列表和集合 ◆ 决策树（DT） ◆ 超稀疏线性整数模型（SLIM） ◆ K 近邻（KNN） ◆ 朴素贝叶斯 ◆ 基于案例的推理（CBR）	◆ 集成方法 ◆ 随机森林 ◆ 支持向量机（SVM） ◆ 人工神经网络（ANN）

（四）加拿大：将决策系统评估、使用中透明与事后监督结合

2019 年加拿大出台的《关于自动化决策的指令》（Directive on Automated Decision-Making）（以下简称《指令》）对政府部门使用自动化决策进行规制的专门立法，具有较强的指向性和针对性。《指令》规定了具体的三要件来规制：第一，政府部门采用的自动化决策系统都需要进行影响评估，并在使用前进行备案、发布，评估结果可以供公众查询（第六条第一款）；第二，对于透明度的保证，自动化决策使用者需要醒目和通俗易懂的语言，在决策前通知并在决策后解释。在技术手段上，要允许监管部门随时访问系统组件与源代码（第六条第一款）；第三，对于决策质量的保证，通过定期测试和监测结果、提高数据质量、同行业专家审查、提供人工干预等方式保证算法决策质量等（第六条第三款）。

三、现有解决方案之不足

各国现有的立法都或多或少地涉及了自动化行政的解释问题，也有不同的解释路径构建。其中笔者认为值得我们吸收借鉴的措施或者理念包括：第一，分级分类措施，欧盟《人工智能法（提案）》与英国的立法中都涉及了对自动化行政和人工智能进行分类，并按照不同的分类层级赋予不同程度的解释义务，这一做法也符合技术的发展现状，当然我们认为这样一种分级无论是基于何种标准，都应当是动态的，可以及时更新的，以应对技术的快速发展。第二，公开透明的原则，特别是基于公开透明的原则构建算法解释权，而且大都强调"通俗、易懂、便于理解"的方式进行解释与沟通，这一做法是为了消除技术带来的认知鸿沟，是一种更为主动的、从目的出发的公开透明理念的贯彻。第三，强调人工的作用，各国在针对自动化决策的立法中都将人工的作用体现出来，无论是分类中强调"有意义的人工参与"还是在自动化决策过程中提供人工干预途径，笔者认为"人工干预"这一要点将在算法以及人工智能中发挥更大的规制作用。

回到我们讨论的主题上来，行政机关运用基于算法和人工智能的自动化行政系统，上述立法虽然也都有意将行政机关纳入规制的范围之中，比如欧盟《人工智能法（提案）》以及加拿大的《关于自动化决策的指令》，但是笔者认为现有的对自动化决策的规制以及解释体系还存在一些不足：

第一，无法应对技术的快速迭代。例如，在以 Open AI 公司的 ChatGPT 为代表的生成式人工智能大火之际，欧盟议会紧急在《人工智能法（提案）》中"打补丁"，加入了"通用型人工智能"的新分类，我国也在 2023 年 7 月出台了《生成式人工智能服务管理暂行办法》，这都反映了当下法律监管已经滞后于人工智能行业的发展。当然，对于行政机关来说，我们固然可以利用"白名单"严格限制行政机关利用算法和人工智能的种类以保证法律的稳定性，但这也将会阻碍行政机关利用新技术的速度，况且我国目前的主流思想对技术的看法通常过于乐观甚至激进，无论政府、企业还是事业单位都很乐于尝试新的技术手段。因此若采用严格限制的方法，怕会造成行政机关的对于技术的"消极化"以及工作方式的"去智能化"，进而导致政府的技术观念整体落后于社会从而对科技政策产生不利影响。所以目前急需一种新的手段，保证行政机关在采用最新技术的同时也能进行有效的制约与监督。

第二，缺少类型化系统化的纾解方案。根本原因还在于上述的法律监管已经滞后于人工智能行业的发展，立法者对此应接不暇、疲于应对，也由于算法和人工智能较高技术壁垒，立法者想从中抽象出问题的共性较为困难。但是相比于社会主体，政府或者公共机构利用的技术普遍来说并不激进，因此想要针对自动化行政构建出一套类型化系统化的规制方案是具有可能的。问题难点是我们需要一种具有一定前瞻性和超前性的方案，在不损害行政机关利用技术提高治理能力的积极性的同时规范自动化行政系统的使用。因此，这样一种方案必须有可以一以贯之的原则作为支柱，根据这个支柱搭建对自动化行政的规制体系。

第三，对于"解释"的认识过于常规。立法者和学者们对于算法和人工智能领域的"解释—理解"的技术难度有些低估，认为行政机关的普通工作人员可以解释自动化决策系统的原理，普通民众也可以理解自动化决策系统的工作方式，然而，笔者在阅读过一些算法和人工智能的文件后认为：由非该领域的人员向普通公众解释算法和人工智能，并达到足以理解的程度，这一目标几乎不可能实现。当然其中也有部分是由于立法技术问题，例如，我国的《个人信息保护法》与欧盟 GDPR 都将说明解释义务作为个人信息处理的一般性规定，但是说明解释义务在自动化决策领域实施的前景恐怕不会顺利。即使我们构建出了完整的算法解释权体系并且能够落地实施，技术难度也是客观存在的。若我们认为这样一种解释是一种非实体的、形式化的"流程"，那么它将失去存在的价值。①

四、自动化行政解释难题之纾解

综上，想要对自动化行政的解释难题进行纾解，我们需要一种真正立足于技术并且具有前瞻性和超前性的手段。笔者认为我们可以借鉴英国《解释人工智能决策的指南》中基于算法可解释性进行分类的理念，以算法可解释性为自动化行政系统的影响评估要点，同时将自动化行政的解释方法与系统自动化程度挂钩，并吸收现有方案中的人工参与和算法影响评估等措施，以此来纾解自动化行政的解释难题。这样具有一定的超前性，即鼓励行政机关获取新的技术手段，也能够促使行政机关采用具有较强可解释性的算法或人工智能组成自动化行政系统。

（一）将自动化行政的解释方法与其自动化程度挂钩

目前，多国立法都对"仅基于自动化决策做出的数据处理"进行限制，但是同时学者担忧数据处理者会通过加入一些没有意义的人工活动去规避这样一种限制，因此英国 DPDI 特别强调了"存在有意义的人工干预"才能被豁免。不过笔者认为以人工干预是否有意义作为判断标准过于模糊，很难具有可执行性，因为很难说什么样的人

---

① 张恩典. 大数据时代的算法解释权：背景、逻辑与构造［J］. 法学论坛，2019（4）：153-155.

工干预是"有意义的"，因此我们可以逆向思考，以算法或者人工智能在决策中的影响程度作为标准划分不同分类，并规定不同的解释方法。

目前，存在的智能化系统有两类，一种是单纯提供信息的系统，比如银行征信系统，贷款是否通过还要由银行工作人员判断，在行政领域这样的系统也大量存在，我们称之为行政辅助系统；而另一种为自动化行政系统，会给出具体决策，当然这种决策可能是以建议的形式存在，也可能以一个建议裁量范围的形式存在。上述两者区别就在于是否存在三段论之中的结论。因此，我们可以用"决策是否形成"作为认定自动化行政系统的标准，若系统能够给出具体的决策、决策建议或者裁量范围，那我们就认为它是自动化行政系统，反之则为行政辅助系统。至于为何给出决策建议或者裁量范围的也算是自动化行政系统？由于人的惰性以及先入为主的思考方式，行政机关的工作人员很容易对自动化行政系统的建议和裁量范围"言听计从"，况且任何一款自动化系统都是本着最准确、最方便快捷的目标去设计的，也很容易培养工作人员对自动化行政系统的依赖。在人本身想法和自动化系统给出的结果出现不一致时，人总是会下意识地选择相信系统，因为按照经验系统比人更不容易犯错。

对自动化行政系统与行政辅助系统区分的意义在于两者在解释方式上有明显区别。行政辅助系统通常来说智能化程度并不高，多是一些查询工具、数据库索引工具、信息提取系统等，行政机关利用行政辅助系统作出的行政行为与一般行政行为没有明显区别的，因此对于存在行政辅助系统的具体行政行为，只需要告知有行政辅助系统的存在及其所发挥的作用即可，并不需要对其进行过于详细的解释。而对于存在自动化行政系统的具体行政行为的解释则应当更为详细，也是目前学界主要关注的对象，本文下面将主要阐述。

（二）以"可解释性"为标准评估自动化行政系统

作为控制算法使用风险主要手段之一的算法影响评估一直被立法者和学者关注，加拿大出台的《关于自动化决策的指令》中明确规定了算法影响评估，并且制定了详细的评估范围；欧盟《人工智能法》中对于高风险人工智能也设置了影响评估的准入门槛。这一制度的目的在于让政府使用算法自动化决策前，能够创造机会使得行政相对人、研究人员和决策者共同参与影响评估，尽量减少数字鸿沟带来的负面影响。[1]但是目前学者提出的各种影响评估角度过于宏大和抽象，理想化程度太高，很难量化使其具有可操作性。而若以可解释性作为自动化行政影响评估中的核心指标则十分具

---

① 　张凌寒.算法自动化决策与行政正当程序制度的冲突与调和［J］.东方法学，2020（6）：4–17.

有可操作性。

首先，我们要明确这里所说的可解释性不是指面向普通民众的"解释—理解"这一行为模式，而是从技术角度给出的一种评价，例如，一个自动化行政系统具有可解释性不是指"行政相对人可以理解自动化决策系统的工作原理"，而是指"该系统采用的算法可以被专业技术人员读取、认识、理解甚至修改或重构"。根据可解释性，我们可以很清晰地将算法区分为"非黑箱算法"与"黑箱算法"，其中黑箱算法也就是我们常说的人工智能，具有自我思考、进化和修正的特点，可以通过数据训练形成思维路径，而且这种思维路径的形成是不受人为控制和干预的。黑箱算法可以理解为动态变化的算法，加之目前的黑箱算法基本会依靠大数据训练、超级计算机以及生物仿生技术，使其基本不具有可解释性。因此，我们可以树立算法影响评估的核心原则：自动化行政系统应当采用具有可解释性的非黑箱算法。[①]

我们不可否认的是黑箱算法相比于非黑箱算法更具有智能化优势，但是在行政领域，不具有可解释性的算法所带来的负面影响要大于其所带来的便利。首先，如果一个基于黑箱算法的自动化行政系统所作出的行政决策的正确性极高，几乎毋庸置疑，而且决策的原理人们没有理解的可能，对于决策的过程也没有人为干预的可能，那么事实上自动化行政系统代替了行政机关成了行政主体，这违反了行政合法性原则对于行政主体的要求，科幻作家们所写的"AI统治人类"情节恐将成为现实，那将是对人权的极大威胁，算法将成为新的"独裁者"。第二，黑箱算法与非黑箱算法并非"先进与落后"的关系，绝大部分自动化决策功能的实现并不一定要依靠黑箱算法，而且非黑箱算法也在不断地推陈出新，所以采用非黑箱算法的自动化决策系统并不会造成行政机关在技术上落后于社会主体，而且成本更低、维护更方便。最后，现阶段来看，自动化行政的应用场景还不需要基于黑箱算法的人工智能参与。基于可解释性的算法评估也将为其他理念的加入提供平台，例如，目前学者建议将法学、伦理学等社会科学领域的人员纳入评估体系中。只有在具有可解释性的算法之中，我们可以真正地控制算法，将人类社会珍视的价值理念融入自动化行政系统。[②]

我们可以明确：首先，没有经过算法影响评估的自动化行政系统不得上线运行；其次，经过算法评估，但是被认定不具有可解释性，或存在其他可能影响公正性以及涉及个人信息安全的算法组成的自动化行政系统不得上线运行；最后，

[①]　苏宇.优化算法可解释性及透明度义务之诠释与展开［J］.法律科学（西北政法大学学报），2022（1）：136.

[②]　张恩典.人工智能算法决策对行政法治的挑战及制度因应［J］.行政法学研究，2020（4）：34-45.

有前述情况之一，但仍然上线运行的自动化行政系统所作出的行政行为违法，应当撤销。那么在司法控制上，若被诉行政行为涉及了自动化行政系统，行政相对人可以对自动化行政系统提起附带性审查，行政机关在证明被诉行政行为合法的同时，还需要证明自动化行政系统具有的可解释性且不存在其他可能导致决策不公正的问题。

（三）算法影响评估报告作为系统解释的主要内容

在具体案件之中，行政机关需要提供两种解释，一种是针对当前个案的个案解释，需要说明作出该具体行政行为的事实依据、法律依据以及裁量时所考虑的政策、公益等因素，另一种解释是系统解释，需要解释说明作出决策的系统的代码、逻辑、算法甚至数据库，这是自动化行政特有的解释，同时也是目前面临的难点。

非黑箱算法组成的自动化行政系统通常是静态的，也就是不具有学习和进化的能力，那么可以用算法影响评估报告作为自动化行政解释中系统解释的主要内容，可以向当事人证明自动化行政系统经过了专业人员的评估批准使用，在当前的技术手段下可以做到公平公正，并保证个人信息安全。

首先，算法评估报告应当作为政府信息的一部分依法公开，而且公开评估报告而非算法本身同时解决了两个担忧，第一，是对全面公开自动化行政系统的算法会导致别有用心者利用算法漏洞作恶、牟利的担忧；第二，是对全面公开算法但不提供解释说明导致无意义公开的担忧。而对算法评估报告的公开则可以预防上述问题，同时也要求政府必须将自动化行政系统通过评估后才能使用否则无法对具体行政行为进行解释。其次，算法影响评估报告应当包含繁与简两部分结论，繁为算法的基本信息，虽然公开的是评估报告，但是也应当将采用算法的基本种类、框架、特征作出说明，以方便专业人员进行监督，防止阴阳算法的出现；同时简的部分是针对普通民众了解算法，以文字或者图表的形式对算法的评估结果、基本功能、开发者、使用者等基本信息进行介绍。[①]

（四）个案解释坚持人工参与原则

在一般的具体行政行为当中，行政机关的工作人员以人工的形式对于具体行政行为进行解释说明，这一过程并不是机械统一的，不同的行政相对人会有不同的困惑和

---

① 张凌寒. 算法评估制度如何在平台问责中发挥作用［J］. 上海政法学院学报（法治论丛），2021（3）：51–52.

不解，并会咨询不同问题。在自动化行政开始普及之后，决策以及决策之前的环节被自动化行政系统所替代，行政机关的解释说明义务同时也被顺带取代，但这是不利的，在自动化行政这一情景下，更应该体现出人的价值。行政机关与行政相对人本就有巨大的力量差异，那么自动化行政系统的运用至少不能加大这种不平衡，要防止行政机关出现"技术傲慢"，或者"躲在自动化行政系统背后"的情况出现。因此，最好的方式就是将自动化行政的解释过程中的人工参与以原则的形式规定下来，作为自动化行政解释程序的一环。①

人性是现代社会最不可或缺的精神理念，互联网与交通物流网络的发展进一步加速了社会的原子化，以血缘、地域为纽带的社会关系逐渐崩溃，而基于人性的善良、信任和诚实等最朴素的信念正在成为"陌生人社会"中的黏合剂。首先，强调自动化行政的解释要遵循人工参与既是对人权的尊重，也是对人性的保护。哪怕是最严肃的行政机关也是由若干有血有肉有情感的人组成的，他们在工作中也会透露出温情、怜悯与热心，因此，我们应当尽量防止大规模自动化决策的运用消融人与人之间的善意，让人类最朴素最原始的情感在现代社会继续发挥作用。其次，遵循人工参与原则也是对技术弱势群体的倾斜与保护，他们在面对智能化网络化的生活方式时已经无所适从，绝不能让他们在面对行政机关时更加的窘迫，自动化技术的运用至少不能够加大数字鸿沟，单纯的"数字权利平等"理论已经不足以改善技术弱势群体的境况，需要更加具有倾斜性的实质性平等措施，对于特定人群或者特定的事项限制自动化行政系统的运用或者是采用强人工参与的措施或许为可行的措施。②

五、结语

正如学者所言，我们要避免对算法进行"绝对掌控"与"无意义的透明与解释"③，只有以一种具有可操作性和现实意义的规制方式才能正向化引导自动化行政的发展。当然笔者并不主张抛弃算法解释权，面向普通公众的算法解释虽然困难，但依然有其意义所在，完全可以与本文所述理念相结合形成一套完整的规范化方案。总之，我们需要的是一种类型化、规范化建构思路，至少可以应对未来一段时间的自动化行政的发展。本文所提出的将自动化行政的解释方法与系统自动化程度挂钩，以

① 雷刚，喻少如.算法正当程序:算法决策程序对正当程序的冲击与回应［J］.电子政务,2021（12）:17–19.

② 王怀勇，邓若翰.算法行政：现实挑战与法律应对［J］.行政法学研究，2022（4）：104–118.

③ 程关松，苗运卫.相对人参与算法行政的困境与出路［J］.东南法学，2021（2）：43–57.

"算法可解释性"作为自动化行政系统的算法影响评估标准，将算法影响评估报告作为系统解释的主要内容，同时强调解释中的人工参与，这些措施至少是符合当下以及可见的未来，具有一定的现实意义和未来价值，当然终究也有落后的一天。但我们也不应该被这种无力感所恐吓，至少为当下尽一分力、发一分热。

技术法治视野下的轻罪治理思考①

余昌安②　黄　滢③

（中国人民大学法学院；暨南大学法学院/知识产权学院）

［**内容摘要**］首先，应以法定刑和宣告刑的双重角度理解轻罪治理中的"轻罪"。可以发现，在犯罪治理的"轻罪时代"下，轻罪治理体系存在一定的技术"短板"。传统轻罪治理模式存在一定的局限性，应在规范维度之外引入技术维度；而且，数字化治理时代呼唤技术法治，借此提升治理效率和精准性，这也是网络轻罪治理实践的必然要求。然而，作为技术的轻罪治理存在隐忧，不仅可能会侵犯个体的权利，也可能忽视轻罪案件背后的人本主义诉求。由此，应提倡综合模式的轻罪治理。就实现技术治理与轻罪治理的互相促进而言，有必要从刑事实体法、刑事程序法、刑事执行法三个层面对轻罪治理方略进行微观上的探讨，提出合时宜的改进措施。总之，应将技术治理纳入轻罪体系，同时推动技术治理向技术法治转变。

［**关键词**］轻罪治理；技术治理；治理路径；人本主义；刑事一体化

一、引言：轻罪治理体系存在技术"短板"

晚近以来，轻罪治理的议题成为刑法学界和实务界聚焦的热点，颇为引人注目。讨论轻罪治理相关问题，首先要解决的前提是轻罪究竟是什么。关于何谓轻罪，目前学界尚无定论，这主要是因为在我国轻罪并非一个法定概念，而是一个学理概念；因

---

① 本文为2023年度中国人民大学科学研究基金（中央高校基本科研业务费专项资金资助）项目"在技术与法律之间：'修改数据式'破坏计算机信息系统罪适用研究"（批准号：23XNH017）的阶段性成果。
② 余昌安，中国人民大学刑事法律科学研究中心博士研究生。
③ 黄滢，暨南大学法学院/知识产权学院刑法学硕士研究生。

而，理论界对于如何划分重罪和轻罪提出了诸多方案。从宽泛意义来说，轻罪是指犯罪行为人主观恶性不大、社会危害性相对较小、犯罪情节轻微、处刑较轻的刑事犯罪行为。① 显然，这一过于实质化的观点并不能给我们提供一个具有可操作性的方案，应采取形式标准说，依据所犯罪行的刑罚轻重为界限，确定重罪与轻罪之间的界分标准。就形式标准说而言，学界主要有 1 年、3 年、5 年三种划线标准，高于这一刑期标准的犯罪为重罪，反之则为轻罪；而且，形式标准说又可细分为两类，即"法定刑标准说"以及"宣告刑标准说"。其中，学界主流观点倾向于认为，应将法定最高刑三年以下有期徒刑的犯罪认定为轻罪，而法定最低刑三年以上有期徒刑的犯罪则作为重罪来对待。② 应当说，这一通说主张具有一定理论穿透力③，然而，其与实务做法之间存在一定割裂，且会遗漏本应纳入轻罪治理体系的部分情形。具体而言，刑事司法实务通常以法院宣告刑或者检察建议刑对重罪、轻罪进行划分，以宣告刑的三年有期徒刑作为界分标准具有强大的实践影响力。④ 理由在于宣告刑是法官对已经发生的个别案件基于刑法和刑事政策、形势要求的考虑而实际宣判的刑罚，具有更强的确定性，更能反映实情。⑤ 基于此，有必要将轻罪理解为可能判处三年有期徒刑以下刑罚的犯罪，进而将轻罪划分为纯正的轻罪（最高法定刑为 3 年有期徒刑以下的犯罪）以及不纯正的轻罪（法院宣告刑可能为 3 年有期徒刑以下的犯罪）⑥，由此我们可以在一定程度上扩大轻罪治理的范围，并针对不同类型的轻罪实行差异化的刑事政策，进而有利于"合理且有效地组织对轻罪的反应"。

按照上述轻罪的概念界定，应当认为随着我国经济快速发展、社会主要矛盾发生

---

① 韩旭.轻罪治理与司法路径选择［N］.检察日报，2022–11–02（03）.

② 例如，周光权教授认为，"中国可以考虑将 3 年有期徒刑作为区分轻罪和重罪的标准，这既考虑了目前我国刑法分则罪刑设置的总体情况，也考虑了刑法总则关于缓刑的规定"。（周光权.转型时期刑法立法的思路与方法［J］.中国社会科学，2016（3）：142.）持赞成态度的代表性文献还可以参见杜雪晶.轻罪刑事政策的中国图景［M］.北京：中国法制出版社，2013：11.

③ 例如，有论者认为，通说主张不仅符合立法意图和轻刑化的趋势，而且有利于轻重比例适当。对此参见郝冠揆.论轻罪化的三大认识转变［J］.兰州学刊，2022（11）：120–122.

④ 樊崇义.中国式刑事司法现代化下轻罪治理的理论与实践（上）［N］.法治日报，2023–04–19（09）.

⑤ 卢建平.以犯罪现象之变"再定位"刑法治理［N］.检察日报，2022–05–25（03）.

⑥ 值得指出的是，陈兴良教授主张将轻罪区分为纯正的轻罪与不纯正的轻罪，其中纯正的轻罪，是指最高法定刑为 3 年有期徒刑以下的犯罪；不纯正的轻罪，是指无论犯罪的最高法定刑是否 3 年有期徒刑，只要该罪的法定刑中包含 3 年以下有期徒刑的量刑幅度，该部分犯罪就属于轻罪。（对此参见陈兴良.轻罪治理的理论思考［J］.中国刑事法杂志，2023（3）：5.）这一观点在不纯正轻罪的理解上与本文观点存在微妙差别。

转化，我国的犯罪治理已然迈入了"轻罪时代"。一方面，通过梳理立法和司法现状，可以发现，我国当前不仅在立法上轻罪罪名数量增加、轻罪犯罪主体范围扩大、轻罪犯罪罪状增加，而且司法轻罪案件数量大幅上涨。相关犯罪形势分析指出，近年来我国犯罪类型结构特点发生了明显的变化，轻罪轻犯占据 2018—2022 年全国检察机关起诉人数的主体。[①] 另一方面，根据 2023 年的《最高人民检察院工作报告》，我国刑事犯罪结构变化明显，严重暴力犯罪发案减少，2022 年受理审查起诉杀人、放火、爆炸、绑架、抢劫、盗窃犯罪为近二十年来最低。[②] 而且，笔者在实务中调研时也注意到，盗窃、赌博、故意伤害（轻伤）、危险驾驶等轻刑犯罪案件已经占到部分基层法检全部案件数的 70% 以上。正如有学者断言，"可以将 5 年以下刑罚占比超过 90%，或 3 年以下刑罚占比超过 80% 的 2013 年称为轻罪时代的元年，自此，中国进入轻罪时代"。[③]

应当说，我国刑事犯罪生态的变化具有"两面性"的效应：一方面有利于以此为契机，更好地推进国家治理体系和治理能力现代化；另一方面也带来诸多难题和挑战。其中一个重要挑战即当前轻罪治理的技术法治供给不足，严重影响了轻罪治理的有效性、精准性与敏捷性。尽管我国已经进入了数字时代和网络社会，但当前轻罪治理的水平和方法主要还是停留在工业经济时代，并没有实现技术法治的真正引入。例如，司法实务"人多案少"的困境在持续加剧，不仅是因为轻罪起诉人数的陡增会挤占大量司法资源，而且也是由于技术法治手段并没有广泛应用于轻罪实践中，无法形成轻罪治理的技术合力。轻罪治理体系存在一定的技术"短板"，其技术法治含量有待提高。鉴于此，本文拟对技术法治视野下的轻罪治理问题展开思考，并提出相应的改进途径，以期对轻罪治理体系和治理能力的现代化推进有所裨益。

二、检视：轻罪治理中的技术维度展开

当前，我国经济社会的高速发展与数字时代的到来高度重合。数字时代的信息通信技术革命性地改变了人与人之间的沟通互动方式，对人们的生产、生活产生了颠覆性的变革，带来了根本性的社会变迁。[④] 也正是基于这一转型时代背景，轻罪治理并

---

① 靳高风，张雍锭，郭兆轩.2022—2023 年中国犯罪形势分析与预测［J］.中国人民公安大学学报（社会科学版），2023（2）：3.

② 张军.最高人民检察院工作报告［N］.检察日报，2023-03-08（02）.

③ 卢建平.轻罪时代的犯罪治理方略［J］.政治与法律，2022（1）：55.

④ 王天夫.数字时代的社会变迁与社会研究［J］.中国社会科学，2021（12）：73.

不能被局限在传统治理模式，而应注入技术维度的思考；当然，毋庸讳言，单纯技术维度下的轻罪治理存在工具理性的隐忧，亦需要我们予以正视。

（一）传统治理模式存在局限性

在现代信息化社会，犯罪原因趋于多样化，社会结构的更新、新兴技术的运用使得犯罪手段更具隐蔽性，犯罪智能化发展使得对轻罪的治理变得越来越困难。尤其是互联网泛在互联使得社会生产生活和社会交往越来越依赖于互联网，网络犯罪呈现出高发态势，网络犯罪在犯罪总量中已经达到了三分天下有其一的比例。[①]"面对传统犯罪与网络犯罪此消彼长的结构性变化，犯罪学的研究主题已然从'城市吸引犯罪'转化为'网络吸引犯罪'"。[②]轻罪现象已经被植入了大数据和互联网信息技术的基因，寄生于新业态的网络犯罪以及发生在虚拟空间场域的传统犯罪相互交织，已经成为社会安全领域的"灰犀牛"，正逐步影响着社会公众的安全感。此外，轻罪治理的社会力量参与不足是一个传统的难题，严重困扰着犯罪治理结构优化，且这一难题在轻罪数量不断增加的形势下被放大化，如何引入社会力量参与轻罪治理重新被提上议事日程。面对这一新的犯罪情势和治理难题，侧重于价值维度和规范维度的传统治理模式捉襟见肘。在笔者看来，传统治理模式至少存在如下三点局限性：

其一，传统轻罪治理模式在实现轻罪的预防和控制目的上显得力不从心。在我国轻罪治理的价值理念选择上，传统治理模式对犯罪向来采取的是"零容忍"和"严打"的刚性治理理念，忽视犯罪治理的预防和控制功能。[③]尤其是要注意到的是，网络犯罪中不少属于本文划定的轻罪范畴，而在网络轻罪治理中强调的是事前预防、事中防治、事后打击，旨在形成防中有打、打中有防的防打结合的治理格局，对于这一点显然是侧重于单一维度的传统模式所不能及的。而且，"法与时转则治，治与世宜则有功"，传统模式加剧了智能化不断加速升级进程中存在的社会治理脱节问题，也亟待理论和实务予以回应。

其二，传统轻罪治理模式一直面临的困境就是治理的模糊化，难以实现精准化治理目标。比如，在非法捕捞案件中，实务部门往往对一些渔民非法捕鱼的行为倾向于作入罪处理，忽视了结合案情具体分析，进而造成了治理效果的粗糙。在数字化时代，伴随着公共管理的智能化、数字化和网络化趋势，数字化治理成为当前学界热议

---

① 江溯.网络刑法原理［M］.北京：北京大学出版社，2022：序言.

② 单勇.从传统犯罪学到数字犯罪学的代际更新［J］.上海大学学报（社会科学版），2023（4）：2.

③ 金泽刚，刘鹏.论信息技术与犯罪治理［J］.警学研究，2021（5）：6.

的话题。应当认为，数字化治理之所以惹人注目就在于它实现了治理的精准化。在轻罪案件中，司法官也应当注意司法精准化，对于某一类罪名不能"一刀切"地进行处理，而是要根据大数据及量刑模型进行处理预测，结合个案来把握社会效果和法律效果，从而做出具体的妥当适用。

其三，传统轻罪治理模式在实现司法资源的效率化利用上存在"短板"。随着轻罪案件的总量与占比不断攀升，引发刑事司法资源的过度透支，进而造成司法机关不堪重负、办案质量下降，轻罪治理的迫切性、必要性与重大性、复杂性等问题也随之出现。进而，传统治理模式存在治理供需失衡的问题，成为当前"案多人少"司法实践的"不可承受之重"。

总而言之，传统轻罪治理模式存在较大的局限性，依托信息技术的犯罪综合治理模式成为必然，犯罪治理的变革势在必行。可行的改进路径是在规范维度之外引入技术维度，通过技术手段强化"法治建设既要抓末端治已病，更要抓前端治未病"，系统化推进轻罪治理。

（二）数字化治理时代呼唤技术法治

随着国家治理体系和治理能力的科学建构以及社会经济发展水平的不断提高，我国的犯罪发展态势迈入了"轻罪时代"，依据价值维度和规范维度的轻罪治理存在局限性，亟待社会治理方式的转型。[1] 如前所述，在数字化治理时代，现代轻罪治理的有效性在很大程度上依赖于治理技术的支持。毋庸置疑，作为技术的轻罪治理能够优化治理流程、节约司法治理成本，从而有效提升治理效率和精准性，提高轻罪治理能力。并且，数字化治理时代呼唤技术法治，将信息技术运用到轻罪治理的全过程，以日常式犯罪治理模式替代运动式犯罪治理模式。正如有学者所指出的那样，大数据、人工智能等新型通用技术深刻推动了轻罪治理的变革，基于信息技术的治理创新层见叠出，算法决策、平台治理、人工智能司法等数字技术的大量应用极大地提升了司法机关的风险感知度、社会能见度以及反应灵敏度。[2] 即轻罪治理的技术维度。例如，北京市海淀区人民检察院研发的"轻罪治理图鉴"大数据法律监督模型，极大地推动了轻罪治理的精准、高效开展。数据对于开展轻罪治理工作具有很强的重要性，"轻罪治理图鉴"可以快速整合数据实现类案分析，实现溯源治理。同时，海淀区检察院借助"轻罪治理图鉴"的地图功能，设置算法对各街镇相关案件数据进行统计分析，

① 　周光权.'轻罪时代'呼唤社会治理方式转型［N］.上海法治报，2023–05–26（B7）.

② 　单勇.犯罪之技术治理的价值权衡：以数据正义为视角［J］.法制与社会发展，2020（5）：185.

把握犯罪现象特点和刑事发案规律，形成犯罪大数据画像，进而提出切实可行的犯罪预防和社会治理建议，对轻罪案发情况进行综合治理。[①]

司法主体将 GIS、大数据、人工智能等新技术嵌入轻罪治理之中，形成一体化数据库，依托技术手段进行数据分析，以实现犯罪预警、预测、预防的整体性治理模式，充分发挥技术赋权和技术赋能。这种技术治理深刻改变了传统治理模式下模糊化治理的弊病，对犯罪进行精准分析、监管和预防，细化司法裁判规则，有助于实现轻罪治理智能化，适应犯罪治理新形势。通过将技术治理嵌入新时期轻罪治理，实务部门得以实现大数据协同办案，推动刑事办案从"治罪思维"转变为"治理思维"。新时代的轻罪治理更加倚重于统计分析和犯罪分层等现代科技方法，这是当下正在发生的客观社会现实。以更好的犯罪统计优化轻罪治理，以信息对称和数据共享追求更好的轻罪治理，这是未来发展的趋势。因此，如何在轻罪治理中贯彻技术法治理念自然成为当下数字犯罪学的研究重点。

值得注意的是，党的二十大报告提出"健全网络综合治理体系，推动形成良好网络生态"的网络治理新目标，其本质是建立以技术治理为基础，以法治为手段的网络全生态治理体系。在网络治理体系中，不可或缺的一环是技术治理。当前我国网络治理实践正在由主体监管转向技术监管，而技术监管实际上是在综合治理分级分类精准化管理的基础之上，实现过程动态监管和全生态治理。概言之，在网络轻罪治理实践中，技术治理亦不可或缺。

（三）作为技术的轻罪治理面临隐忧

技术治理主义强调科技在社会发展中的决定性作用，主张实施工具层面的渐进式社会工程，以科技提升公共治理效率，因而造就了国家治理的全球性现象。[②]伴随着技术维度被纳入轻罪治理体系里面，犯罪的智慧治理、空间治理也随之兴起，轻罪的技术治理模式蔚然成型。然而，必须指出的是，技术治理尽管存在诸多优点，但是其也可能同时产生以下两大方面的隐忧。

一方面，在数字化时代，个体实施的轻罪行为必然会留下网络痕迹或者数字轨迹，基于相关性分析的数据监控成为犯罪治理的内在逻辑。司法机关对个人信息事无巨细的收集，将引发民众对"隐私已死"的担忧，有可能滑入"全方位监控型社会"

[①] 海淀区检察院.轻罪治理数字化的海淀实践［EB/OL］.（2023-09-14）［2024-04-03］. https://www.bj148.org/zf1/jcdt/202309/t20230914_1656824.html.

[②] 刘永谋.技术治理主义：批评与辩护［N］.光明日报，2017-02-20（15）.

的困境。^①在当代语境下，技术治理的权力技术统治模式实现了对人全面的、无时无刻的监视和规训，使得数字监控有沦为"互联网全景监狱"的风险。^②这种盲目追求"全景敞视监控"的做法忽视了技术治理的有限性，易使轻罪治理陷入"技术乌托邦"的误区。过于技术性的轻罪治理通过数据监控和数据采集可以感知我们的一举一动，无时无刻不在收集我们的信息，对事务进行全面的数据画像，使得个人隐私权等权利时刻处在"数据利维坦"的威胁之下。^③由此，单纯的技术治理模式不利于保障人权和维护人格尊严，有必要予以适度限制。

另一方面，在轻罪治理体系构建过程中过度倚重于技术治理可能会陷入技术中心主义的"陷阱"，忽视对技术的价值规范与理性经验，片面强调"打击犯罪、惩罚犯罪"，进而产生事与愿违的效果。^④而且，"算法中心主义"下的自动化决策立基于概率分析，实现的是一种集体正义，可能会与个案正义的实现相冲突。正如美国学者刘易斯·芒福德所言，现代技术造就出高度权力化的"数据巨机器"，在"数据巨机器"中，人就像一颗颗螺丝钉、服从机械的铁律。^⑤在芒福德描摹出来的大数据时代技术治理所孕育的治理生态画卷中，我们可以看到人的个体行为在犯罪治理中并不重要，重要的是治理者治理能力是否有所提升。然而事实上，刑法的价值理性和工具理性是一体两面的关系，二者不可只偏执一端，忽视刑法本身的内在价值理性的做法只看到了轻罪案件本身、却轻视了案件背后的"人"。在笔者看来，轻罪的数字化治理必须引进价值维度，即轻罪治理必须是以人为中心的治理，其最终指向应是建立以被治理者为中心的治理体系。^⑥司法部门在处理轻罪案件时应当坚持"力度"与"温度"的结合，构建充满人文关怀的轻罪治理程序，彰显人文主义关怀的轻罪司法理念。数据正义亦呼唤技术治理回归人本导向和权利本位，划定数据监控的法律边界，以社会安全防卫的必要为限进行私权利让渡。

因此，从宏观上看，可以从以下四个方面应对作为技术的轻罪治理可能带来的隐忧：其一，就立法完善方面而言，坚持技术法治的基本方向。相关立法者应为技术治理进行立法规制与监管，控制好技术手段介入轻罪治理可能带来的风险，限制公权力

① 张新宝.我国个人信息保护法立法主要矛盾研讨［J］.吉林大学社会科学学报，2018（5）：50.
② 卢建平.轻罪时代的犯罪治理方略［J］.政治与法律，2022（1）：62.
③ 王锋.技术与价值：数字化治理的两个维度［J］.行政论坛，2023（4）：140.
④ 金泽刚，刘鹏.论信息技术与犯罪治理［J］.警学研究，2021（5）：8-9.
⑤ 刘易斯·芒福德.技术与文明［M］.陈允明，王克仁，李华山，译，北京：中国建筑工业出版社，2009：281-291.
⑥ 王锋.技术与价值：数字化治理的两个维度［J］.行政论坛，2023（4）：136.

行使的范围，及时勘定技术介入轻罪治理的边界，不断建构与完善法律—技术双重保障型体系。其二，就司法价值导向方面而言，如前所述，法律适用者应秉持人的尊严是一种"绝对的内在价值"，避免将人异化为技术的工具与手段。处理好主体与技术之间的辩证关系，减少"技术奴役"现象的发生，消除法治被技术统治替代的隐忧。采取实质性措施合理分配人类与机器的决策分工，保证人机混合司法决策中人类的实质性参与。① 其三，就技术伦理方面而言，相关主体应强化技术伦理治理，为作为技术的轻罪治理注入道德路标，实现科技向善。不宜将技术法治推向工具理性的极端，而应在价值理性的前提下更看重技术伦理的目标、原则与实现路径。其四，就技术风险预防方面而言，刑事司法实践主体在贯通技术治理与轻罪治理两个维度时，应适度进行信息披露和技术原理公开，强化与普通民众的沟通与对话，减少人们对技术视野下的轻罪治理之担忧。同时，此举也有利于消解民众的不信任，减少智慧刑事司法过程中"算法歧视"与"算法黑箱"的存在。当然，以上四个方面的路径更多地是一个"粗线条的勾勒"，更为具体的制度性方案笔者将在文章第三部分进行具体论述。

综上，基于技术治理所可能产生的隐忧，应当认真对待可能陷入的"技术统治"问题，运用人的价值理性和价值评判去弥补单纯技术治理的不足，注重犯罪治理的法治化。单一维度的轻罪治理模式并不可取，综合模式的轻罪治理才应成为未来致力的方向。

三、路径：技术治理与轻罪治理的"双向奔赴"

在轻罪综合治理体系中，法治因素和技术因素是最为关键的两个环节，法治是轻罪治理的基础和安全保障，技术则是轻罪治理的"引擎"和"加速器"。在轻罪治理数字化转型的当下，有必要将技术治理融入轻罪治理的进程，构建轻罪时代的犯罪治理方略和治理路径。应当说，轻罪治理体系是一个系统工程，其是指国家有关预防、惩治、改造轻型犯罪的理念、政策、立法、执法、司法、社会应对的各种方式、方法、措施的系统集成，主要可以分为刑事实体法、刑事诉讼法和刑事执行法三个层面进行综合施策。② 因此，接下来笔者将从刑事一体化的角度出发，围绕前述三个层面，对如何实现技术治理与轻罪治理的"双向奔赴"进行路径展开。

---

① 张凌寒.智慧司法中技术依赖的隐忧及应对［J］.法制与社会发展，2022（4）：196–197.

② 孙春雨.因应犯罪结构变化协力推动轻罪治理［J］.人民检察，2023（11）：32.

（一）刑事实体法层面

就刑事实体法层面的改进措施而言，首先，可以在刑事立法上，可以考虑结合数字时代发展趋势，力推轻刑、非监禁刑和非刑罚制裁，增设数字保安处分或者数字刑罚，增加网络信息化制裁手段，如网络禁止令、电子监控等，实现刑事制裁体系的多元化；同时，借助技术手段对不断增加的轻罪立法进行审视。其次，借助技术平台手段，可以深入挖掘分析轻罪办案的数据，加强案件反向审视，实现个案分析到类案分析的模式转变，推动以案促治和溯源治理。简言之，实务部门的大数据技术思维可以概括为"个案发现——类案提炼——系统治理"；而且，司法者也可以将技术思维运用到轻罪侦控活动中，运用大数据分析手段对有关案件信息进行建模，进而对发案趋势等进行分析，靶向施策、精准施力。例如，美国的 PredPol、德国的 Precobs、意大利的 Keycrime、韩国的 U-Governance、我国的"城市大脑"等智能防控系统都在某种程度上扮演了技术治理手段的角色。再次，借助数据剖析可以精准地把握轻罪现象发展演化的规律和趋势，科学评判其危害性与影响，及时调整相关战略战术，从而实现更加精准、科学高效的治理。最后，目前轻罪和微罪案件已占据刑事立案的主体部分，量刑的精准化成为一个棘手的难题。此时，亦有必要借助量刑智能辅助系统（如海南省的"量刑规范化智能辅助系统"、上海市的"智能辅助办案系统"、贵州省的"法镜系统"等）为法官量刑提供参考。当然，为避免出现前述"技术中心主义"困境，司法工作人员在借助量刑智能辅助系统时需要克服机械主义倾向，排除"科技迷信"，对辅助量刑施加科学化、规范化的约束，实现案件量刑的类案类判。①

除上述之外，还尤其值得一提的是，不同于重罪案件，轻微犯罪本身社会危害性较小、可谴责性更轻，犯罪嫌疑人认罪悔过可能性较大、再犯可能性偏低、复归较快，社会关系较好修复。因而，有必要对轻微犯罪采用符合其特征的特殊治理方式。②在犯罪轻刑化趋势之下，其中一个非常重要的对待措施就是构建中国特色的、有限的犯罪记录消除制度以及犯罪记录封存制度，减轻犯罪附随后果对轻罪犯人以及轻罪犯人家属的影响。在我国，犯罪附随后果较为严厉，具有严重性、广泛性甚至牵连无辜他人等特点。正如有权威学者所指出，犯罪附随后果尤其是终身性附随后果不利于改造犯人、预防犯罪的目的，也违反责任主义。③因此，优化轻罪犯罪附随后果的制度

① 程龙.人工智能辅助量刑的问题与出路［J］.西北大学学报（哲学社会科学版），2021（6）：164-165.

② 孙春雨.因应犯罪结构变化协力推动轻罪治理［J］.人民检察，2023（11）：31.

③ 张明楷.轻罪立法的推进与附随后果的变更［J］.比较法研究，2023（4）：12.

设计应当尽早提上日程。笔者认为，当前可以考虑优先适用犯罪记录部分封存制度，就如何设计犯罪记录部分封存制度而言，有以下几点内容：

其一，就记录封存的范围而言，制度设计应秉承从微罪到轻罪的渐进式发展路径，当前宜将记录封存的范围限定为微罪[①]，待时机成熟后再拓展到更广范围的轻罪。同时，对于微罪行为人或者轻罪行为人适用犯罪记录部分封存制度应当设置必要的限定条件，既要从形式上判断行为人的罪行是否属于微罪或者轻罪的范围，也要从实质性判定行为人是否具有人身危险性以及再犯可能性。例如，倘若被告人犯强奸罪（未遂）而被判处一年有期徒刑，即便符合微罪或者轻罪的条件，一般情况下也不宜适用犯罪记录封存。更具体而言，对于哪些轻罪犯罪人适用封存制度，可以通过大数据等技术手段进行犯罪实证研究，根据相关数据整合采取"试点——数据总结——推广"这种可视化方式进行利弊分析，探索优先适用犯罪记录封存制度的罪名例（如危险驾驶罪）。

其二，就记录封存的内容而言，须注意的是，尽管犯罪记录封存的制度建构可以借鉴未成年人犯罪记录封存的既有经验，但是需要注意二者的差异性。例如，对于涉未成年人案件的封存资料应当"应封尽封"，这主要是考虑到国家对未成年人犯罪"保护为主、惩罚为辅"的刑事政策；然而，国家对于通常的轻罪或者微罪应当坚持"法益保护与人权保障兼顾"的价值导向，故对于轻罪的犯罪记录可以采取犯罪记录部分封存制度而非整体封存制度，对于涉及前科的重要材料加密保存、不得公开，涉及公共利益的信息可以进行脱敏公开。此外，封存的内容不仅包括行为人被处刑罚并被实际执行的记录，而且也包括行为人被定罪免于刑事处罚的记录，但不包括行为人被检察机关做出相对不起诉决定的记录。同时，对涉轻罪被告人进行帮教考察、社会调查、司法救助等各项工作的记录也应当依法进行封存。

其三，就记录封存的适用程序而言，应采取原则上以法院依职权裁定为主、例外情况下允许行为人自行申请并经司法机关审批的方式。同时，在封存时间上，应采取原则上自刑罚执行完毕之日起执行封存的标准。[②] 至于封存的犯罪记录查询的设计，采取依申请而受理的原则，进行一定的限制，原则上只允许司法机关依据办案需要或者国家单位依据相关国家规定进行申请，如此有利于避免因犯罪记录的查询而导致被封存人敏感个人信息的泄露。

[①]　需要指出的是，这里的"微罪"不仅限于狭义上的判处1年以下有期徒刑刑罚（含拘役、管制）的犯罪，还应包括单处罚金、定罪免刑以及过失犯罪。对此参见李勇，曹艳晓．中国式微罪记录封存制度之构建［J］．中国检察官，2023（7）：34.

[②]　郑二威．我国犯罪记录整体封存的制度构建［J］．法制与社会发展，2023（4）：94.

其四，就犯罪记录解封制度而言，犯罪记录封存并不等于犯罪记录消灭，如果行为人在记录封存期间行为人再次故意犯罪的，应当解除封存。理由在于，犯罪记录封存的实质性要件在于确保其不具有社会危险性。更进一步而言，制度设计者可以借鉴域外犯罪记录消除设置梯度考验期的经验，设定一定期限的观察期，观察有前科的被封存人是否具有再次犯罪的潜在风险。至于观察期的期限设置，笔者认为，司法官可以借助人工智能辅助系统，根据被封存人的具体情况及相关制度规范，进行"个性化"设置。

其五，从提高效率的角度而言，较为重要的是，制度设计者应从技术法治的角度对犯罪记录封存制度进行助推，进一步通过实证方式研究如何构建附条件的犯罪记录消灭制度，这也可以充分利用信息技术等智能化手段提高效率，降低新制度设计可能带来的风险隐患。

当然，犯罪记录封存制度的建构与技术法治的助推是一个较为复杂的话题，关于这一部分，笔者将另行撰文予以探讨。

（二）刑事程序法层面

"轻罪的程序治理问题无疑是我国轻罪治理现代化的首要问题"，在轻罪的程序治理上，应当根据数字时代的发展趋势，不断优化轻罪治理的程序面向。首先，轻罪立法亦包括程序维度。在程序上，轻罪立法主要是完善认罪认罚从宽制度、刑事和解制度、刑事速裁程序以及少捕慎诉慎押刑事司法政策等相关配套制度设计；[①] 同时，对于上述配套制度设计在实践中达致的从宽处罚效果，可以借助大数据手段形成可靠的实证研究结论，以供立法修正时参考。其次，针对上文所提及的轻罪"案多人少"矛盾，即使有轻案快办、刑事速裁程序等机制，案件依然要经过复杂的诉讼阶段，无法缓解司法资源不足的困境。此时应完善轻罪诉讼程序，充分利用远程视频办案的技术，运用智能系统简化办案审批流程。再次，当前轻罪的审前羁押率处于高位运行状态，羁押必要性审查远未达到原初的制度初衷。面对这一问题，一方面，司法机关应建立审查逮捕社会危险性条件实质审查和捕后羁押必要性动态评估机制，对没有必要继续羁押的涉案人员及时变更强制措施；另一方面，为了避免"取保监管乏力""一放就跑"等影响非羁押强制措施深入适用的问题，有必要由省一级的政法机关推广具备定位、打卡、预警等功能的"非羁押云管码""电子手表"等大数据监管系统，建立社会危险性量化评估系统，通过"红、黄、绿"三级风险动态评估调整，实现有

---

① 樊崇义.中国式刑事司法现代化下轻罪治理的理论与实践［J］.中国法律评论，2023（4）：196.

效监管。对于这种非羁押电了监管措施，当前轻罪治理实践已有典型事例，如江阴市检察院联合公安机关研发上线"云羁"小程序，通过动态上传、线上打卡、违规预警等功能运用，实现监管方式从"上门入户"向"云端跟踪"转变，有力地推动了轻罪的程序治理。① 最后，习近平总书记在 2019 年中央政法工作会议上指出，"要深化诉讼制度改革，推进案件繁简分流、轻重分离、快慢分道"。在司法办案的具体过程中，司法机关借助轻罪大数据模型进行繁简分流的区分，针对不同类型的案件适用不同的诉讼进程，同时根据案件的具体情况，依法决定是否从宽、如何从宽，规范化适用相关从宽处理制度，实现技术维度和规范维度的和谐统一。

此外，对于轻罪的程序治理而言，还有一个重要举措是构建程序法意义上的出罪机制，这在实体法上"入罪容易出罪难"的当下更具有现实意义。刑法典采取了轻罪与重罪一体化的立法例、没有独立的"轻犯罪法"，而我国司法实务存在对重刑的依赖思想，"这种立法模式容易导致重刑主义的蔓延，使得大量轻罪容易被迫进入重罪的诉讼模式，导致可捕可不捕的被批准逮捕，可诉可不诉的被提起诉讼，可适用缓刑的被判处实刑"。② 伴随着轻罪案件的大量增加，在出罪机制作为保障与监督机制的情况下，积极的轻罪治理很容易走向极端。从制度设计制衡的角度而言，有必要充分运用不起诉制度尤其是酌定不起诉制度，在已经入罪的微罪和轻罪要尽可能贯彻"可诉可不诉的坚持不诉"的原则。然而，程序出罪路径会赋予司法人员较大裁量权，可能会面临着自由裁量权被滥用的质疑。例如，有观点认为，由检察官自由裁量轻微犯的出罪蕴含权力被滥用的风险，可能异化为一种无需经过司法审查的变相刑罚，甚至沦为富人阶层"花钱买刑"的工具。③ 面对这一潜在风险，笔者认为不应"因噎废食"，而是应引入技术维度，通过构建不起诉案例指导数据库和轻罪大数据模型，实现信息共享，对检察机关的不起诉决定权进行一定程度的制约。

总而言之，在数字技术广泛应用的今天，新应用新业态新模式不断涌现，各级司法机关要主动拥抱数字浪潮，在程序法意义上充分运用数字化手段赋能轻罪治理，克服既有"被动性、碎片化、浅层次"的固化思维和办案模式，强化轻罪治理模式的数字意识。通过构建法律监督大数据模型，从海量数据中筛选类案线索，助力发现类案问题、系统性问题，从而实现从单纯的"治罪"走向有效的"治理"这一重大目标。④

---

① 丁国锋 . 江阴检察探索建设"一站式"轻罪治理中心以轻罪治理推进社会治理 [N] . 法治日报，2023–09–07（3）.

② 刘传稿 . 轻重犯罪分离治理的体系化建构 [J] . 中国刑事法杂志，2022（4）：14.

③ 王华伟 . 轻微犯分流出罪的比较考察与制度选择 [J] . 环球法律评论，2019（1）：173.

④ 陈瑞华 . 轻罪案件附条件不起诉制度研究 [J] . 现代法学，2023（1）：158.

（三）刑事执行法层面

由于轻罪案件判决生效以后，往往涉及对被执行对象的社区矫正问题，所以在讨论了刑事实体法和刑事程序法层面之后，还有必要对社区矫正这一刑事执行法层面的轻罪治理问题进行研讨。2019 年《中华人民共和国社区矫正法》将社区矫正的性质界定为刑事执行，标志着社区矫正由注重"惩罚"到强调"矫正"的深刻转型。对于法院判处管制、宣告缓刑、假释和暂予监外执行的罪犯，要充分用好社区矫正制度和社区资源，既能减少监禁矫正带来的社会对抗，也有助于轻微案件犯罪人淡化犯罪标签，及时复归社会，预防和减少轻罪案件的发生。从 2020 年《社区矫正法实施办法》规定的主要矫正方式来看，其并不局限于考核奖惩、定期报告、教育矫正（如开展集体教育、心理辅导，组织参加公益活动等）、救助培训等传统矫正措施，也规定了智慧矫正（如采取电子定位）这一数字时代的矫正措施。

毋庸讳言，从当前的轻罪社区矫正现状来看，矫正方式较为单一，主要是采取限制出行、定期思想汇报、参与学习和公益劳动等方式，而且罪犯应付心理凸显，与社区矫正的教育、帮扶、监管要求还有一定的差距。从立法论的角度来说，除了现有的社区矫正法规定的矫正措施，可以增设数字时代的矫正措施，如电子监控下的社区公益服务、在一定期限内剥夺受矫者网络行为能力、要求受矫者参加线上素质培训等。这些社区矫正方式主要是针对日益增加的轻罪和微罪而设，目的是为了全面提升轻罪治理质效，消减其惩罚功能，实现轻罪刑罚由惩罚模式向矫正模式的转变。[1] 从刑事执行论的角度来说，应利用现代化技术改善这一现状，进一步深化和细化对轻罪受矫正对象的智慧矫正制度。第四次工业革命的浪潮袭来，社会正在进入 ABC 时代，借助于互联网和大数据等技术工具，数据治理和智慧矫正成为可能，"提高信息化水平"也被写入社区矫正法总则。例如，当前的矫正对象智能危险性评估采取"自适应 +AI 评估 + 神经生理"的方式，其预测的科学性、精准性较十几年前相比有跃进式提升。凭乘数字时代的"东风"，差异化矫正兴起，矫正精细化的实践需求日渐兴起。[2] 社区矫正机关可以依托大数据平台，将涉轻罪案件的社区矫正对象全部纳入刑事智能电子监督平台，发挥跟踪监督、轨迹显示、越界报警等功能，让受矫者处于有效监督之下。由此，矫正机关可以避免社区矫正流于形式，将监督管理和教育帮扶举措落到实处。

---

[1] 陈光中.司法不公成因的科学探究［J］.中国法律评论，2019（4）：5.

[2] 余昌安.我国社区矫正定性之透视——基于话语分析方法的思考［J］.研究生法学，2020，35（6）：85.

还需要特别加以警惕的是，社区矫正机关在对轻微罪犯罪人适用智慧矫正措施时，应认真对待技术手段与治理思维之间的关系，避免陷入前述"技术中心主义"的陷阱，忽视了人的主体性和价值性。事实上，矫正社会化制度本质上是宽严相济刑事政策中"从宽"的一面，旨在有效促进受矫者的再社会化，提高司法宽宥和社会宽容的程度，而非物化、异化受矫者、使受矫者在"数据利维坦"的监控下"隐私裸奔"。换言之，正如上文所指出的那样，轻罪治理是以人为中心的治理，强调以人为本，维护个人的权利和人格尊严，这在刑事执行阶段也不例外。为了走出过度智慧矫正这一可能的"隐忧"，有必要将智慧矫正放在合法合规的轨道上，贯彻宪治意义上的比例原则，避免不当侵犯社区矫正对象的人权。

四、展望：从技术治理到技术法治

如众周知，信息／数字社会当前正处在制度转型和升级，数字化生态塑造了新型经济关系和社会关系，使得以数据和算法为基础的新型法权关系不断涌现，实现了对人类社会秩序的深层次变革与重构。[①]这将给轻罪治理体系带来极大冲击和"破窗式挑战"，也为技术治理纳入轻罪治理体系之内提供了时代背景和契机，对更好地推动轻罪治理问题具有积极意义。同时，面对"百年未有之大变局"，我们有必要将"技术治理"进阶升级为"技术法治"，将技术治理路径纳入法治轨道，弥补技术治理所可能带来的缺陷，切实提升轻罪治理的效能。

---

① 马长山．迈向数字社会的法律［M］．北京：法律出版社，2021：44–48.

推进民生权利保障科技化的复合模式及其法治路径①

宋　凡②　戚　洲③

（东南大学法学院，房县人民法院）

[内容摘要]　科技之于民生具有产品性供给与技术性保障双重功能。进入数字化生存时代，受教育权、劳动权、社会保障权等传统民生权利外延呈扩张态势，相应的保障范式也必将面临数字化转型。推进民生权利保障科技化一般有政策模式、法律模式与科技模式三种类型，这三者应当沿着以政策为先导，以科技为支撑，以法律为保障的逻辑理路，形成的三元复合模式。为推进民生权利保障科技化复合模式，既需要加强制度依据，优化民生权利保障科技化相关的政策法规，又需要明确推进主体，构建民生权利保障科技化的义务体系，还需要构建法律责任保障，强化利用科技侵犯公民权利的司法救济。

[关键词]　民生保障；数字化转型；民生科技；法治路径

科技发展水平往往决定着人们的生存方式，也赋予了民生不同的时代内涵。习近平总书记指出："加快科技创新是实现人民高品质生活的需要，我国社会主要矛盾已经转化为人民日益增长的美好生活需要和不平衡不充分的发展之间的矛盾，为满足人民对美好生活的向往，必须推出更多涉及民生的科技创新成果。"④随着互联网、大数据、物联网、人工智能等技术的推陈出新，民生科技的内涵需要以数字时代的眼光加以审

---

①　项目基金：国家社科基金一般项目"共同富裕宪法基础中特殊群体社会权保障研究"（22BFX114）。

②　宋凡，东南大学法学院博士研究生，东南大学人权研究院研究人员。

③　戚洲，房县人民法院法官助理。

④　新华社.习近平：在科学家座谈会上的讲话［EB/OL］.（2020-09-11）［2024-04-09］.https://baijiahao.baidu.com/s?id=1677549460006891757&wfr=spider&for=pc.

视。所谓民生科技，是指利用科学技术直接保障与改善民生，具备技术性保障与产品性供给双重功能，其中，技术性保障是以信息技术为手段直接改善人民的生活品质，而产品性供给则是利用信息技术加工成具体的科技产品进而满足人们对高品质生活的需求。[①] 然而，当下民生科技过于集中于其所具有的产品性供给功能，而忽略了利用互联网、人工智能、大数据等信息技术对人们生活品质的直接提升，这是传统民生保障中的单一化物质供给模式所产生的弊端。民生权利保障模式随着时代变化而变化，以科技推动民生事业发展不宜过于依赖科技产品的物质性供给，而应形成"政策—法律—科技"多元复合型的长效保障机制，以法治思维与法治方式不断推动科技民生事业的发展。

一、推进民生权利保障科技化的时代意蕴与正当性考察

（一）传统语境下的民生权利射程范围

民生权利并非传统宪法语境中固有权利，20 世纪初，随着"福利国家"运动与社会主义思潮兴起，很多国家开始探索将受教育权、劳动权、社会保障权、健康权等社会权纳入宪法范畴[②]，民生权利研究开始逐步兴起。但关于民生权利范围限定学界并未达成共识，有观点认为民生权利是基本人权，既包含不可克减的自由权，也包含需要国家保障的社会权[③]，也有观点认为宪政意义下民生权利内涵大于社会权，但与社会权基本相对应。[④] 还有观点认为民生权利主要涉及生存权与发展权等社会经济权利。[⑤]

为避免产生歧义，在此对民生权利射程范围进行简要探讨。本文认为，在被纳入宪法保障视野之后，民生权利便以基本权利形式存在，不可否认，基本权利涵盖了自由权与社会权，但民生权利的形成时间晚于自由权，甚至可以说是在社会权兴起时才逐步出现民生权利概念，并且"民生权利"的义务主体更侧重于国家或政府，直接将民生权利范围扩大至涵盖自由权与社会权的做法值得商榷。而将民生权利直接限定为涉及生存权与发展权的社会经济权利，容易使民生权利适用范围窄化，例如，我国宪

① 王明礼，王艳雪.民生科技的价值取向与实现途径［J］.科学学研究，2010（10）：1441.

② 吕颖锋，黄子临，王月明.从文本到实践：宪法民生权利透视［J］.江淮论坛，2014（2）：132.

③ 杨聪敏.民生权利的马克思主义新解读［J］.探索，2008（4）：166.

④ 龚向和，张颂昀.功能主义视域下的民生改善与社会权保障之关系［J］.广州大学学报（社会科学版），2016（7）：19.

⑤ 王太高.民生问题解决机制研究［J］.江苏社会科学，2008（4）：153.

法第四十六条规定："中华人民共和国公民有受教育的权利和义务"。受教育权属于社会文化权，但也是民生权利范畴。社会权与民生权利具有相似之处，且内容有所重叠，但二者并非基本对应关系，民生权利并非个人主张之权，强调公民能过体面、有序生存于社会之中国家与执政党的义务，具有一定的政治色彩，而社会权侧重于个人可主张之权，且具有较强的可诉性。因此，民生权利范围大于社会权，包含了受教育权、劳动权、社会保障权、健康权以及文化体育等领域公共服务的权利。

（二）数字化时代民生权利的外延扩张

当人类社会进入数字化时代之后，"各类产销数据、关系数据、身份数据、行为数据、音语数据等，成为重要的生产要素"。[①] 科技企业、电商平台、物联网等数字化产业正在深刻改变着人们的存在与生活方式，使得人们同时具备了生物人与"信息人"双重身份，人的社会属性也由此拓展出了"数字属性"。民生权利的外延也必将经历数字化流变，在受教育权、劳动权、社会保障权、文化权等具体权利内容方面具有新的时代意蕴。

在受教育权方面，由于"互联网＋教育"模式与智慧教育模式的全面展开，人们在数字空间中是否也享有受教育权成了一个新的问题。据统计，在 2023 年 6 月我国在线教育用户规模已达 5.2 亿，占网民整体的 49.5%[②] 线上教育已经逐步常态化，特别是在疫情防控期间"停课不停学"的政策引导下，腾讯会议、钉钉、MindLinker 等教育平台迅速崛起，"网络教室""空中课堂"成了新的趋势。但我国互联网并非完全普及，特别是农村互联网普及率仍然较低，由此所引发的教育领域的"数字鸿沟"也将成为受教育权保障的新课题。此外，随着人工智能、大数据与 5G 等技术的纵深发展，智慧教育也会对既有的教育模式产生新的冲击，因此，数字化时代受教育权的外延正在不断扩大。

在劳动权方面，网络平台的兴起对传统劳动就业形态产生了巨大冲击，一方面，新生代劳动者注重劳动自由与生活平衡，期望充分发挥自身潜能与价值，摆脱科层制管理下的流水线工作模式[③]，另一方面，企业为了减少用工成本与编制压力，也开始利用网络空间寻求与劳动者建立了灵活雇佣、外包、代理、加盟等非标准劳动型关系，

① 马长山.数字社会的治理逻辑及其法治化展开［J］.法律科学，2020（5）：4.

② 人民网.第 52 次《中国互联网络发展状况统计报告》［EB/OL］.（2023-08-28）［2024-04-09］.https://baijiahao.baidu.com/s?id=1775454064764883521&wfr=spider&for=pc.

③ 胡磊.网络平台经济中"去劳动关系化"的动因及治理［J］.理论月刊，2019（9）：123.

在劳动者与企业的"合力"之下，催生出了企业"去劳动合同化"与劳动者去雇主化的新型网络劳动关系。与此同时，生产资源结构也发生了异化，出现了新型的数据资源比传统生产资料更为重要的情况，例如，脱离了平台的网约车便难以找到乘客。[1] 在劳动控制过程方面用工单位更具备技术优势与资源优势，促成了劳动任务分配、劳动过程监控、劳动报酬结算等方面的数字化与智能化，进而加深了劳动者的数据依附属性。

在社会保障权方面，我国宪法第四十四条、四十五条内容包含了退休者生活保障权、公民物质帮助权以及弱势群体合法权益保障权等，可以将社会保障权理解为基本生活水准权。当今社会，"人类生存和生活对数字科技高度依赖，越来越多的平民百姓通过互联网生活、买进卖出、结识好友、交流情感、表达自我、学习娱乐，开启了人类在信息空间中的数字化生存方式。"[2] 基本生活水准权也出现了新的数字化形态，同时也出现了新的生活水准权类型。以网络接入权（上网权）为例，爱沙尼亚、法国、哥斯达黎加等国已将上网权作为基本人权，芬兰甚至在 2009 年的政府决议中要求每个互联网终端必须有最少 1M/s 的速度（带宽水平）[3]，而根据互联网络信息中心发布第 53 次《中国互联网络发展状况统计报告》显示，我国目前有 10.92 亿网民，普及率达 77.5%，仍有 20% 多的公民生活在没有互联网的环境下，需要国家履行相应的给付义务。

（三）从物质保障到技术保障：民生权利保障范式的科技化升级

民生是指公民依宪享有维持基本生存所需的有尊严的生活，是公民宪法生活的重要组成部分。[4] 而民生权利相对于民生而言更加具象化，反映在公民具体社会关系之中，例如《世界人权宣言》第二十五条所规定的："人人有权享有维持其本人与家属的健康和福利所需要的生活水准，包括食物、衣着、住房、医疗和必要的社会服务"。[5] 因而民生权利保障的内核应是保障人们维持衣食住行以及医疗教育所需的最低水准。而在不同时代下，最低生活水准标准也并不相同，正如 1981 年党的十一届六中全会所提出的：我国社会主要矛盾是人民日益增长的物质文化需求与落后的生产力之间的矛盾。我国早期民生权利保障更注重物质性保障，形成了以国家民生财政投入作为支

① 王全兴，刘琦.我国新经济灵活用工的特点、挑战和法律规制［J］.法学评论，2019（4）：80.

② 张文显.新时代的人权法理［J］.人权，2019（3）：24.

③ 张建文.弗兰克·拉·鲁作为人权的"上网权"的概念［J］.中国人权评论，2017（1）：52.

④ 龚向和等.民生保障的国家义务研究［M］.南京：东南大学出版社，2019：1.

⑤ 蔡金荣.对地方民生立法的几点思考［J］.行政论坛，2012（3）：50.

撑与衡量民生权利保障的关键标尺，这种物质性保障方式具有一定的时代合理性，换句话说，在温饱问题都难以解决的时代下，民生保障以物质保障形式展开是最为直接且有效的。

随着我国的经济与科技迅猛发展，我国的社会主要矛盾已经发生了改变，2017年党的十九大报告明确提出："我国社会主要矛盾已经转化为人民日益增长的美好生活需要和不平衡不充分发展之间的矛盾。"这是一个具有划时代意义的论断，标志着我国民生需求已经从温饱向小康生活迈进。而在民生权利保障领域，物质保障虽然属于一种有力的保障方式，但面临美好生活需求和不平等不充分发展之间的矛盾，物质保障已不是唯一的保障方式。特别是人类利用信息技术在现实物理空间之外创造出了无限延伸的、虚拟的数字空间[①]，人们从最初的接触技术到使用技术，再到依赖技术，逐步形成了目前脱离科技难以正常生存的局面，形成了尼葛洛庞帝所形容的"数字化生存"，民生权利保障范式面临着科技化转型时期，例如保障公民的上网权是否属于民生保障范畴，是否需要针对技术贫乏地区公民给予技术指导。此外，从我国目前主要矛盾可以看出，不平衡不充分发展是一个现实问题，当人们不再局限于物质保障时，如何对需要保障的民生权利进行精准定位属于另一个现实问题。而随着互联网、大数据、人工智能以及区块链技术的深入研究，对于人们在互联网空间中行为轨迹与数据的动态监测、数据整合以及趋势预测能力越来越强，因此，让科技精准对接民生需求的前提应是利用科技找到民生需求[②]，而在找到民生需求之后，仍可利用信息科技手段进一步保障民生权利，后文有具体讨论，在此不做赘述。

与此同时，我国科技化水平与科技化能力也得到了长足发展。在"数字中国"工程稳步推进之下，科技创新链和产业链不断延伸，与之相对应的产业配套能力、行业相应能力、企业承载能力与政府服务能力建设不断加强，高技术服务业、科技服务业、文化创意产业协同发展[③]，人民在日常生产生活以及文化娱乐等方面的内容，大多可以利用科技手段实现，从而奠定了推进民生权利保障科技化的现实基础。

二、推进民生权利保障科技化的三元复合模式

进入数字化生存时代，民生权利保障科技化成了一种趋势，但以何种模式推进民生权利保障科技化进程是一个值得深思的问题。有观点认为民生问题的核心与实质

①　马长山.数字时代的人权保护境遇及其应对［J］.求是学刊，2020（4）：103.

②　杨睿，韩婷.让科技精准对接民生需求［N］.人民日报，2020-08-24（19）.

③　李光.从"标志科技"向"民生科技"转化［N］.长江日报，2017-03-14（16）.

是民权问题，法治模式应是保障民生权利的根本方式。① 这种观点抓住了民生问题的本质，在"法治中国"建设过程中，法治模式应是保障民生权利极有力的方式，但从法理上讲，法律也有其局限性，属于调整社会关系的一种方式，不应过于强调法治模式的重要性而忽略了其他保障模式，而应探索"共建共治共享"的民生权利保障模式。

（一）推进民生权利保障科技化模式的类型化分析

从推进民生权利保障科技化的具体模式来看，可以从规范层面与技术层面将现有模式分为政策模式、法律模式以及科技模式三种不同类型，其中政策模式与法律模式侧重于民生权利保障的规范性保障，而科技模式侧重于民生权利保障的技术性保障。

1. 政策模式

推进民生权利保障科技化目前最为常见的模式是政策模式，政策模式是指利用由政府制定和实施若干民生政策对国家民生权利保障进行即期调控。推进民生权利保障科技化的政策类型较多，既有总领性的民生科技政策，例如《关于加快发展民生科技的意见》《新农村建设民生科技行动方案》《科技惠民计划管理办法》，也有诸如《全民健康科技行动方案》《关于支持新业态新模式健康发展激活消费市场带动扩大就业的意见》《关于促进在线教育健康发展的指导意见》等针对健康权、劳动权以及受教育权的民生科技政策，还有推广民生科技示范区成果转化的相关政策，例如《关于加快推动国家技术成果转移转化示范区建设发展的通知》。整体而言，民生权利保障基本形成了从宏观层面到微观层面，从规范层面到科技层面的政策体系。

2. 法律模式

推进民生权利保障科技化的法律模式与政策模式相对应，是指以法律的形式对民生权利保障科技化进行规定。法律模式具有规范性。所谓规范性，指的是法律具有普遍的约束力，即法律适用的主体是所有人。而民生权利保障强调的是人之为人所需要的基本生计状态的底线，这种底线不是指社会生活中"弱势群体"的底线，也不是指某一个公民生活的最低限度，而是指全体社会成员。② 进入数字化信息时代，关于科技化的民生权利保障法律应对相对较为迟缓，以新时代互联网企业为例，奉行"无纸化办公"所产生的电子劳动合同、网络平台员工的劳动选择权以及休息权等问题，在现行劳动法中并未涉及数字化时代公民劳动权的保障问题。再比如，随着"互联网 +

① 　高成军.民权保障：民生问题的价值依归与法治向度 [J] .理论月刊，2013（5）：107.
② 　陈伯礼.民生法治的理论阐释与立法回应 [J] .法学论坛，2021（6）：22.

教育"、线上教育逐步放开，智能教育开始探索的当下，学生的学习机会权、学习条件权以及学位获得权等传统权利在数字化时代的保障，最终都需要以法律模式加以确立。

3. 科技模式

推进民生权利保障科技化在技术领域也存在探索空间，可称之为科技模式。以科技模式推进保障民生权利科技化进程与政策模式或者法律模式存在较大的差异，政策模式与法律模式都是以规范性文件为基础展开，而科技模式则是以科技为手段展开。推进民权权利保障科技化本质上也属于民生科技范畴，强调为了改善民众生活质量，提升生活幸福感，运用科技手段深入、微观、精确地保障民生权利。[①] 科技模式最大的特点在于其义务主体是科技企业，一般而言，民生权利保障应是国家义务或者政府义务，作为利益至上的企业不具有保障民生的直接义务。但随着十九大报告中明确将数据作为一种全新的生产资源，数字空间中权力结构面临着从二元模型向三角模型转化的局面[②]，"私权力"成了数字空间中崛起的新兴力量。在此基础上，科技企业在追求利益的同时，还应注意在开发技术、使用技术以及应对侵犯公民合法权利的技术时，必须尊重与保障民生权利。

（二）推进民生权利保障科技化三元复合模式的逻辑理路

推进民生权利保障科技化是一个系统且复杂的问题，需要建立健全相应的保障机制。现有的政策模式、法律模式以及科技模式具有各自的优点与缺陷，而在推进民生权利保障科技化进程中的政策、法律与科技存在明显"脱节"现象，导致了民生权利保障出现"夹缝领域"，需要从逻辑上捋顺政策、科技与法律之间的关系，从而形成政策、科技与法律三元复合模式共同推动民权权利保障科技化进程。

第一，政策模式应是推进民生权利保障科技化复合模式的"试金石"。国家政策由国家机关制定，体现了国家行政权力的张性、反映特定的政治意图以及规范效力的灵活性。[③] 而关于政策的体系定位在法理上也一直存在争议，以德沃金为代表的"本体论"认为政策包含于法律之中，是法律的重要组成部分，而波斯纳则从方法论视角

①　孔凡瑜，周柏春. 我国民生科技理论发展与现实路径［J］. 知与行，2015（2）：40.

②　韩新华，李丹林. 从二元到三角：网络空间中权力结构重构及其对规制路径的影响［J］. 广西社会科学，2020（5）：104.

③　彭忠礼. 论国家政策的矛盾及其规制［J］. 法学，2018（5）：63.

出发，认为政策与法律是两码事，政策只是便于法官合理解释法律的重要依据。[①] 我国理论界存在将依政策办事与依法办事相对立的观点，认为政策是由少数人甚至是个人决策机制，是人治的表现，与法治相互排斥。[②] 也有观点认为政策与法律都是代表人民意志，二者相互影响、相互建塑、优势互补、相互耦合。[③] 对于民生权利保障科技化而言，政策应是一种先导机制。法律具有稳定性与程序性，基于法秩序与法律制定成本考虑，立法应该是不断探索之后才能得以确立。在人类社会面临数字化变革时期，政策作为国家治理的手段，具有较强的灵活性，可以成为应对科技化浪潮有效的"试金石"。然而，政策的制定也并非"拍脑袋"做决定，应当遵循目标确立、方案设计、方案评估与论证等程序，从而保障政策设计的科学性与民主性。

第二，科技模式应是推进民生权利保障科技化复合模式的技术支撑。民生科技包含了民生与科技两个方面，发展科技的目的在于保障民生，缺少了民生的科技便失去了方向与目标，而缺少了科技的民生科技也就失去了最根本的支撑点。推进民生权利保障科技化必须大力发展科技，并且坚持"以人为本"的理念科技模式推动民生发展，两者缺一不可。而在数字化时代下，互联网、大数据、云计算、人工智能等信息技术为民生权利保障提供了全新的范式，以环境权为例，"区域环境承载预警、生态环境质量监测与评价、生态环境损害程度及修复程度评估都亟待环保与科技的深度融合"。[④] 因此，科技之于民生权利保障并非"洪水猛兽"般的"利维坦"，反之，作为第一生产力的科技应是民生权利保障与发展最基本、最重要的支撑点。

第三，法律模式应是推进民生权利保障科技化复合模式的最终保障。法律制度因其权威性、稳定性以及规范性而与政策模式、科技模式均不相同。民生权利保障科技化的法律模式是政策模式与科技模式的"升级"。作为调整社会关系的规范，法律在制定程序与内容上都必须经过严格的筛选与论证，在权威性方面，法律模式要大于政策模式，虽然二者的权力属性都来源于国家权力，但法律制度制定主体一般是全国人大以及全国人大常委会，直接代表了人民群众的意志，具有极强的民主性与科学性，而政策则是由国家政权机关、政党组织和其他社会政治集团主导制定，相对于法律而言权威性弱一些，并且政策具有时效性，而法律具有稳定性。而在适用主体范围上，推进民生权利保障科技化政策模式与科技模式可以通过试点方式展开，而法律模式应

① 潘丹丹.法律与政策关系：政策适用的程序主义限制 [J].湖南社会科学，2013（3）：69.

② 肖金明.为全面法治重构政策与法律关系 [J].中国行政管理，2013（5）：37.

③ 李龙，李慧敏.政策与法律的互补谐变关系探析 [J].理论与改革，2017（1）：54.

④ 刘期湘，宋凡.完善环境治理体系持续发力法治化、制度化、科技化 [N].湖南日报，2020-08-20（04）.

属于在试点经验总结前提下，将试点地区好的政策成果以及科技应用上升为法律制度，进而适用于社会中的所有人。

三、推进民生权利保障科技化复合模式的法治路径

在政策、科技与法律所形成的三元复合模式下推进民生权利保障科技化，乃是对民生权利保障的积极探索。如前所述，推进民生权利保障科技化的法律模式虽然是最终的制度保障，但仍属于静态层面的规范性保障，并且我国关于民生权利保障科技化的法律制度相对较少，因此，推进民生权利保障科技化复合模式需要实现从静态政策保障到法律保障，再到动态的法治保障。

（一）优化民生权利保障科技化的政策法规

改革开放 40 年以来，科技发展显著提升了人民的生活水平与生活质量，但民生科技发展需要以政策法规体系作支撑[①]，推进民生权利保障科技化以科技成果作为技术支撑，科技成果转化是民生权利保障科技化的源动力。但这些保障民生权利技术的运用与推广必须有相应的政策法规作为依据，如前所述，推进民生权利保障科技化的政策模式较为常见，并形成了一系列的政策法规体系，但在具体内容上还存在"参差不齐"的现象，有的法规缺乏可操作性以及实效性，需要进一步加强与优化。

一方面，要加强民生权利保障科技化薄弱领域的政策法规建设。民生权利是一个权利束，包含了受教育权、劳动权、健康权、社会保障权以及文化体育等权利。相对而言，在数字化时代下线上教育与线上医疗发展较为迅捷，并形成了《教育信息化 2.0 行动计划》以及《关于促进"促进互联网＋医疗健康"发展的意见》等一系列政策法规。但关于公民的社会保障权、劳动权的科技化保障相对较弱，例如，在新冠疫情期间出现的老年人因不会使用"绿码"难以正常生活的现象，网络平台与员工之间劳动控制关系以及权益保障问题。因此，关于民生权利保障科技化的政策制定必须能统筹全局，发现政策法规"真空地带"，要及时进行漏洞填补与加强。

另一方面，要及时更新与细化民生权利保障科技化的政策法规。在科技革命浪潮之下，以网络为中心的信息社会正在向以算法为中心的智能社会转型，很多民生权利发生了新的变化，从"互联网＋医疗""互联网＋教育"正在向"大数据＋医疗"以及智慧教育转变，人们的生产生活方式一直在不断更新迭代。与法律制度相比，政策法规制定的程序相对简化，且更具有灵活性，在民生权利科技化保障方面应做到及时

---

① 贾品荣. 大力发展民生科技需要政策支撑［J］. 中国科技奖励，2010（8）：40.

有效更新。此外，针对一些操作性不强或者过于模糊的民生权利保障科技化的政策法规，也需要进一步出台相关细则条文与实施办法。

（二）构建民生权利保障科技化的义务体系

权利与义务是对立统一的关系，两者相互对立、依存与转换。[①] 权利的实现往往需要相应的义务履行。推进民生权利保障科技化复合模式目的在于实现民生权利，构建相应的义务体系尤为必要，从复合模式内容来看，其义务主体主要分为国家与科技企业，这两者之间也并非完全并列关系，国家同时对企业负有监管义务。

首先，国家对推进民生权利保障科技化复合模式负有给付义务。"民生保障是国家的法律义务，其实现依赖于国家义务而非国家权力"。[②] 推进民生保障科技化复合模式属于民生保障的重要组成部分，国家的给付义务主要包含了程序性给付与产品性给付，其中，程序性给付主要是关于民生权利保障科技化政策、法律法规等方面的制度性给付，即复合模式中的政策模式与法律模式。而产品给付则是从科技模式角度出发，一方面，要针对数字化时代新兴的民生权利给予物质性给付，例如，当前上网权已经作为一项基本人权，应当属于民生权利保障范畴，国家有义务为其提供能够上网的基础设施。另一方面，要针对数字化的传统民生权利给予物质给付，例如，在公平优质教育的背景下，国家有义务保障信息技术不发达地区能够充分享受线上教育或者智慧教育。

其次，科技企业对推进民生权利保障科技化复合模式负有尊重与保障义务。民生权利保障科技化具有较强的技术性，数字科技企业作为"私权力"主体的崛起使得其不仅是利益的获得者，同时也应是义务的承担者。尊重义务是科技企业对民生权利保障首要义务，具有两层含义：一是科技企业不得开发损害民生权利的科技产品，例如，为了经济效益，开发出的科技产品严重污染生存环境；二是科技企业不得利用技术优势侵犯民生权利，例如，利用技术优势侵犯或者欺凌网络平台工作者的劳动报酬权、劳动休息权。在尊重民生权利的基础上，数字科技企业还需要履行保障民生权利的义务，在受教育权方面，应当提供优质的慕课资源，在劳动权方面应当保障员工的合法权益等。

最后，在推进民生权利保障科技化复合模式过程中，国家与科技企业并非完全并列关系，国家对于科技企业还负有监管义务。科技企业与国家保障民生权利虽然都来

[①] 雅克·马里旦. 人权与自然法 [M]. 吴彦，译，北京：商务印书馆，2019：14.

[②] 龚向和. 论民生保障的国家义务 [J]. 政法论坛，2013（3）：126.

源于权力属性，但二者在生成机理上存在本质差异，国家来源于公意，其存在的目的在于保障公民的人身与财产安全。而科技企业本质上是盈利组织，在保障民生权利方面缺乏内在动力，需要国家出台相关法律法规监督与促进科技企业履行义务。此外，在科技企业侵犯公民民生权利时，国家还需要以行政处罚与司法制裁等方式管理科技企业。

（三）强化利用科技侵犯民生权利的司法救济

"无救济则无权利"，民生权利保障科技化复合模式中相对应的司法救济机制应是核心要素。由于利用科技手段侵犯民生权利与传统行为相比具有较强的技术性，强化利用科技手段侵犯民生权利的司法救济，一是要廓清正常使用技术与利用技术侵犯民生权利的边界，对利用科技手段侵犯民生权利案件进行分类，例如网络平台过度索权、"大数据杀熟"以及算法歧视等现象，明确复合模式司法救济的对象；二是要提升司法审判人员科技水平。司法实务中往往面临法官不懂技术，技术人员不懂法律的"窘境"，强化利用科技侵犯民生权利的司法救济，需要法官对技术知识有初步的预判，面对过于技术性极强的案件，可以委托技术人员鉴定或者专家论证；三是要破除"思维惯性"，避免以物理空间中的审判标准认定利用技术侵犯民生权利的要件要素。

科技伦理审查的法治化建构
——以对合成生物技术的审查为例[①]

唐淑艳[②]　冯世烽[③]

（湖南工业大学法学院）

[**内容摘要**] 合成生物技术等前沿科学技术在快速发展的同时，也带来了巨大的伦理挑战，而科技伦理审查正是应对这种挑战的重要一环。对于科技伦理审查，我国已经制定了相当数量的法规和文件，形成了基本的规范架构，但在审查实践中仍存在一些问题，需要进一步提高科技伦理审查的法治化。对此，应当完善科技伦理审查的法律规范体系，探索制定《科技伦理法》、具体科学技术的伦理规范和相应的监管规范；完善分级审查机制，根据风险的不同适用不同的审查程序和不同严格程度的审查标准；完善全过程的审查机制，对科技活动的各个阶段进行审查，并做好不同审查主体之间的审查衔接；以及引入比例原则对科技伦理审查进行监督，使审查权在法治的框架下行使。

[**关键词**] 科技伦理审查；法治化；合成生物技术

一、问题的提出

习近平总书记在 2018 年两院院士大会上的讲话指出："科学技术从来没有像今天

---

① 本文为 2020 年度湖南省教育厅重点课题《新时代兜底性民生保障义务》（项目编号：20A283）的阶段性成果。

② 唐淑艳，法学博士，湖南工业大学法学院副教授，硕士生导师。

③ 冯世烽，湖南工业大学法学院硕士，湖南省包装标准与法规重点研究基地研究助理。

这样深刻影响着国家前途命运，从来没有像今天这样深刻影响着人民生活福祉"。① 随着前沿科学技术发展，在科学技术大力推动社会向前的同时，科技伦理问题也越来越突出。与以往相比，现今技术所带来的科技伦理问题呈现出更大的风险性、更难以发现、产生危害后果的速度更快等特点。对此，我国对科技伦理问题的治理越来越重视，在近 5 年出台了一系列的政策、文件。2019 年 7 月，中央全面深化改革委员会第九次会议审议通过了《国家科技伦理委员会组建方案》，并于同年 10 月成立了国家科技伦理委员会。② 2019 年 10 月，党的十九届四中全会《中共中央关于坚持和完善中国特色社会主义制度推进国家治理体系和治理能力现代化若干重大问题的决定》提出 "健全科技伦理治理体制"。③ 2020 年 10 月，党的十九届五中全会《中共中央关于制定国民经济和社会发展第十四个五年规划和二〇三五年远景目标的建议》提出要 "健全科技伦理体系"。④ 2021 年 12 月 17 日，中央全面深化改革委员会第二十三次会议审议通过《关于加强科技伦理治理的指导意见》。⑤ 2022 年 3 月，中共中央办公厅、国务院办公厅印发实施《关于加强科技伦理治理的意见》（以下简称《意见》）。⑥ 2023 年 9 月，科技部、教育部、工业和信息化部等 10 部门联合发布《科技伦理审查办法（试行）》（以下简称《审查办法》）。⑦ 这些《决定》《方案》《意见》对我国的新时代科技伦理治理工作作出了全面、系统的部署。

从我国目前科技伦理审查的实践来看，我国科技伦理审查尚处于刚刚起步阶段。对于科技伦理审查涉及的有关问题均有待深入系统的研究。但我国科技伦理审查制度建构的基本方向是明确的。习近平总书记强调："要健全治理机制，强化伦理监管，细

① 习近平. 在中国科学院第十九次院士大会、中国工程院第十四次院士大会上的讲话［N］. 人民日报，2018-05-29（02）.

② 习近平. 紧密结合 "不忘初心、牢记使命" 主题教育推动改革补短板强弱项激活力抓落实［J］. 旗帜，2019（8）：6–7.

③ 人民网. 中共中央关于坚持和完善中国特色社会主义制度推进国家治理体系和治理能力现代化若干重大问题的决定［N］. 人民日报，2019-11-06（01）.

④ 人民网. 中共中央关于制定国民经济和社会发展第十四个五年规划和二〇三五年远景目标的建议［N］. 人民日报，2020-11-04（01）.

⑤ 人民网. 加快建设全国统一大市场提高政府监管效能 深入推进世界一流大学和一流学科建设［N］. 人民日报，2021-12-18（01）.

⑥ 中国政府网. 中共中央办公厅国务院办公厅印发《关于加强科技伦理治理的意见》［EB/OL］.（2022-03-20）［2024-04-10］. https://www.gov.cn/gongbao/content/2022/content_5683838.htm.

⑦ 中国政府网. 国家发布重磅科技伦理治理文件：基因编辑、人工智能等技术研发将得到规范［EB/OL］.（2022-03-24）［2024-04-10］. https://www.gov.cn/xinwen/2022/03/24/content_5681045.htm.

化相关法律法规和伦理审查规则，规范各类科学研究活动。"①毫无疑问，科技伦理审查的法治化是我国今后科技伦理审查制度建构完善的基本方向。本文致力于以合成生物技术的伦理审查为例，对我国科技伦理审查法治化的规范现状、实践障碍等进行系统的观察和梳理，在此基础上提出我国科技伦理审查法治化建构的基本方案。

二、科技伦理审查的规范架构

科技伦理审查是指以伦理审查委员会为主体，依据伦理准则以及法律法规，对科学研究、技术开发等科技活动进行审查。②其中，以美国为代表的西方国家的因科技发展较早，更早地察觉到科技发展所带来的伦理风险，出台了一系列文件对科技伦理审查进行规范，如美国出台了《贝尔蒙报告》《美国国立卫生研究院研究行为指南》③，韩国发布了《研究伦理指南》④《科研伦理保障准则》⑤，英国发布了《科学家通用伦理准则》⑥等。我国虽然起步较晚，但在近几年来也得到了相当大的发展，建立了基本的科技伦理审查规范架构。

（一）科技伦理审查规范的发展

早在第二次世界大战后，就制定了关于人体医学研究行为准则的第一个国际性公约《纽伦堡法典》；并陆续提出了《世界医学协会赫尔辛基宣言》《贝尔蒙报告》《涉及人的生物医学研究的国际伦理准则》等文件。受此影响，我国对伦理审查的规定也较早出现在医学研究领域，原卫生部于1998年发布了《涉及人的生物医学研究伦理审查办法（试行）》，于2007年发布了《涉及人的生物医学研究伦理审查办法（试行）》（卫科教发〔2007〕17号）；国家卫生和计划生育委员会于2016年发布了《涉及

① 中国政府网.习近平主持召开中央全面深化改革委员会第九次会议强调 紧密结合"不忘初心、牢记使命"主题教育 推动改革补短板强弱项激活力抓落实［EB/OL］.（2019-07-24）［2024-04-10］. https://www.gov.cn/xinwen/2019-07/24/content_5414669.htm.
② 樊春良.科技伦理治理的理论与实践［J］.科学与社会，2021，11（4）：33–50.
③ 王正平.美国科研伦理的核心价值、行为规范与实践［J］.上海师范大学学报（哲学社会科学版），2015，44（5）：5–15.
④ 郭凤臣，张雷生.韩国高校教师学术道德教育研究［J］.南通大学学报（社会科学版），2018，34（6）：144–149.
⑤ 李友轩，赵勇."黄禹锡事件"后韩国科研诚信的治理特征与启示［J］.科学与社会，2018,8（2）：10–24.
⑥ 董建龙，任洪波.国外加强科研诚信建设的经验与启示［J］.中国科学基金，2007（4）：223–228.

人的生物医学研究伦理审查办法》（卫生计生委令 11 号），这几个文件都是我国对医学领域进行伦理审查的规定。在"黄金大米""换头术""基因编辑婴儿"等事件发生后，违反其他科技伦理所带来的恶劣影响显现，伦理审查不只要在医学研究领域需要进行。国家开始重视整个科技领域的伦理治理，并出台了多部政策、文件。此后，伦理审查也由医学研究领域扩展到整个科技领域，国家卫生健康委员会于 2023 年 2 月联合教育部、科技部、国家中医药管理局发布了《涉及人的生命科学和医学研究伦理审查办法》（国卫科教发〔2023〕4 号）^①，与卫生计生委令 11 号中规定的伦理审查范围相比，增加了涉及人的生命科学研究。

2019 年之后，科技伦理"入法"的现象越来越常见，这与我国在政策层面对科技伦理治理的重视是有密切联系的。科技伦理"入法"，是指在法律一级的规范性文件中对科技伦理作出规定。2019 年 12 月 28 日第十三届全国人民代表大会常务委员会第十五次会议通过了《中华人民共和国基本医疗卫生与健康促进法》，规定了医学研究和医疗机构都应当遵循一定的伦理规范。2020 年 5 月 28 日，十三届全国人大三次会议表决通过了《中华人民共和国民法典》，规定研制新药、医疗器械或者发展新的预防和治疗方法，需要进行临床试验时，以及从事与人体基因、人体胚胎等有关的医学和科研活动时，应当遵守相应的伦理规范。2020 年 10 月，第十三届全国人民代表大会常务委员会第二十二次会议通过了《中华人民共和国生物安全法》，规定要加强学生、从业人员生物安全意识和伦理意识的培养；从事生物技术研究、开发与应用活动，应当符合伦理原则；从事生物医学新技术临床研究，应当通过伦理审查；采集、保藏、利用、对外提供我国人类遗传资源，应当符合伦理原则。2020 年 12 月 26 日，第十三届全国人民代表大会常务委员会第二十四次会议通过了《中华人民共和国刑法修正案（十一）》，规定将基因编辑、克隆的人类胚胎植入人体或者动物体内，或者将基因编辑、克隆的动物胚胎植入人体内的违反伦理规范的行为构成犯罪。2021 年 12 月 24 日，第十三届全国人民代表大会常务委员会第三十二次会议第二次修订的《中华人民共和国科学技术进步法》，在 2007 年第一次修订规定禁止违反伦理道德的基础上，新增了科学技术研究开发机构应当建立和完善科研诚信、科技伦理管理制度，科学技术人员应当遵守学术和伦理规范，应完善国际科学技术研究合作中的科技伦理机制、健全科技伦理治理体制、建立科技伦理委员会、完善科技伦

---

① 中国政府网.关于印发涉及人的生命科学和医学研究伦理审查办法的通知［EB/OL］.（2023-02-18）［2024-04-10］.https://www.gov.cn/zhengce/zhengceku/2023-02/28/content_5743658.htm.

理制度规范等内容。[①]

（二）科技伦理审查的横向规范架构

科技伦理审查的规范发展呈现了从医学研究领域扩展到整个技术领域的趋势，并且科技伦理越来越多地在法律一级的文件中得到强调。目前，我国科技伦理审查的规范架构形成了"1+3+n"的横向规范架构，即以科技伦理为总纲，以生命科学、医学、人工智能三个重点领域为主要内容，对 n 个具体领域进行规定的架构体系；和由法律、法规、规章、其他规范性文件等不同层级的规范组成的纵向规范架构。

1. 以科技伦理为总纲

我国近几年出台数个对于科技伦理进行总的治理的文件，从更高的角度对科技伦理治理进行统筹规划。《意见》和《审查办法》等对科技伦理进行总的规定的文件，构成了规范框架的总纲，后续制定的其他科技伦理审查规范都要参照这些文件的精神、规定执行。

2. 以生命科学、医学、人工智能三个重点领域为主要内容

2019 年 7 月，《国家科技伦理委员会组建方案》通过后，国家科技伦理委员会于2020 年 10 月成立，并先后成立了生命科学、医学、人工智能三个分委员会。《意见》中也规定从事生命科学、医学、人工智能等科技活动的单位应设立科技伦理（审查）委员会。《意见》指出要制定生命科学、医学、人工智能等重点领域的科技伦理规范、指南等；"十四五"期间，重点加强生命科学、医学、人工智能等领域的科技伦理立法研究。

对此，在生命科学和医学领域中，出台了《涉及人的生物医学研究伦理审查办法》（卫生计生委令 11 号）、《涉及人的生命科学和医学研究伦理审查办法》（国卫科教发〔2023〕4 号）、《医疗技术临床应用管理办法》（卫生健康委员会令第 1 号），以及正在制定的《生物技术研究开发安全管理条例（征求意见稿）》《生物医学新技术临床应用管理条例（征求意见稿）》等文件。针对人工智能技术引起的一系列的伦理问题，包括隐私、就业、算法歧视等方面，全国信息安全标准化技术委员会秘书处于 2021 年 1 月 15 日组织编制了《网络安全标准实践指南—人工智能伦理安全风险防范指引》（信安秘字〔2021〕2 号）；[②] 国家新一代人工智能治理专业委员会于 2021 年 9

① 李正风.《科学技术进步法》奠定科技伦理治理的法律基础［J］.中国科技论坛，2023（2）：3-5.
② 全国信息安全标准化技术委员会.关于发布《网络安全标准实践指南—人工智能伦理安全风险防范指引》的通知［EB/OL］.（2021-01-05）［2024-04-10］.https://www.tc260.org.cn/front/postDetail.html?id=20210105115207.

月 25 日发布了《新一代人工智能伦理规范》①等文件。我国对于科技伦理审查的规范架构，已经形成了生命科学、医学、人工智能三个主要方面。

3. 对 n 个具体领域的进行规定

如果说《意见》《审查办法》是从上至下，构建对科技伦理审查的总体框架结构，那对具体领域的科技伦理审查的进行规定就是对这个框架进行填补。我国早期对科技伦理的规定主要是在某项科学技术的伦理问题突显时，对其科技伦理进行规范，并且在这个基础上不断完善。例如，1989 年，因胎儿性别鉴定技术滥用，致使大量女性胎儿被人工流产，原卫生部公布了《关于严禁用医疗技术鉴定胎儿性别和滥用人工授精技术的紧急通知》，对鉴定胎儿性别的医疗技术和人工授精技术进行规制。在 2016 年 3 月 28 日，《禁止非医学需要的胎儿性别鉴定和选择性别人工终止妊娠的规定（2016）》的出台，又对胎儿性别鉴定技术的使用进行了更加系统的规定。经过多年的积累，我国对部分具体领域的科技伦理已经有了相当完备的规定，如胎儿性别鉴定技术、辅助生殖技术、人体器官移植、干细胞研究、人类遗传资源管理等方面。

在《审查办法》出台后，也针对附件中七类可能带来较大伦理风险挑战的新兴科技活动进行了规定。国家科技伦理委员人工智能伦理分委会和生命科学伦理分委员会还于 2023 年 12 月分别制定了《脑机接口研究伦理指引》和《人—非人动物嵌合体研究伦理指引》②，对部分具体科学技术的科技伦理作出规定；对应的是《审查办法》附件清单所列的第四项和第二项，为"侵入式脑机接口用于神经、精神类疾病治疗的临床研究"和"将人体干细胞导入动物胚胎或胎儿并进一步在动物子宫中孕育成个体的相关研究"。

（三）科技伦理审查的纵向规范架构

科技伦理审查的纵向规范架构由法规、规章、其他规范性文件等不同层级的规范组成。法律一级的文件中，对科技伦理治理宏观规定和针对突出问题进行专门规定；法规、规章一级的文件中，除了《涉及人的生物医学研究伦理审查办法》，则是对某个特定领域或特定科学技术的管理进行规定的同时附带规定了科技伦理审查内容；在其他规范性文件中，有较多文件对伦理审查程序、具体的伦理规范等进行了规定。

---

① 科技部.《新一代人工智能伦理规范》发布［EB/OL］.（2021-09-26）［2024-04-10］. https://www.most.gov.cn/kjbgz/202109/t20210926_177063.html.

② 科技部.《脑机接口研究伦理指引》和《人—非人动物嵌合体研究伦理指引》发布［EB/OL］.（2024-02-02）［2024-04-10］. https://www.most.gov.cn/kjbgz/202402/t20240202_189582.html.

1. 法律

这一层级的规范性文件是在某些条文中对科技伦理予以规定，可以分为三种：一是对于科技伦理问题治理的制度、体系的完善的倡议要求，如《科技进步法》中的"建立和完善科研诚信、科技伦理管理制度""健全科技伦理治理体制"等；二是从正面规定应当遵从科技伦理，如《基本医疗卫生与健康促进法》中的"应当按照医学伦理规范等有关要求""应当经伦理委员会审查同意"等；三是从反面规定违反科技伦理后的后果，如《科技进步法》规定了"违背科技伦理的科学技术研究开发和应用活动"的一系列后果、《刑法》规定了严重违反科技伦理应该通过刑罚惩罚等。前两种起到的更多是一种对科技伦理的正面要求，而第三种则是对严重违反科技伦理问题的进一步规定。这种规定方式对科技伦理治理提供了上位法依据和指引导向作用，以及对严重违反科技伦理的行为进行规制。

2. 法规

在行政法规中，规定科技伦理审查条款的文件多是对某个特定领域或特定科学技术的管理条例。例如，《人体器官移植条例》规定要设立人体器官移植技术临床应用与伦理委员，并对人体器官移植技术进行伦理审查，《医疗器械监督管理条例》规定开展医疗器械临床试验应当进行伦理审查，此外还包括《中华人民共和国人类遗传资源管理条例》和 2024 年 5 月 1 日才施行的《人体器官捐献和移植条例》等。在地方性法规中，比较多的文件是受科技伦理"入法"的影响，相应增加科技伦理条款。例如，2021 年修订《科学技术进步法》后，《安徽省科学技术进步条例》《重庆市科技创新促进条例》也根据《科学技术进步法》等有关法律、行政法规增加了要开展科技伦理审查或建立科技伦理管理制度的条款。也有许多新制定的地方性法规对科技伦理进行了规定，如 2023 年 9 月 1 日施行的《天津市基因和细胞产业促进条例》专章规定了科学性审查和伦理审查，要求开展基因和细胞技术及产品的临床研究、临床试验应当进行伦理审查。

3. 规章

《涉及人的生物医学研究伦理审查办法》（卫生计生委令 11 号）是原国家卫生和计划生育委员会发布的部门规章，也是以"伦理审查"命名的效力层级最高的规范性文件。在部门规章中，科技伦理条款大多是在对某个特定领域或特定科学技术的管理条例实施细则或管理办法中规定，如《人类遗传资源管理条例实施细则》《医疗器械注册与备案管理办法》《产前诊断技术管理办法》《人类精子库管理办法》等。地方政府规章对于科技伦理审查的规范较少，在国家规章库网站进行检索，只有《广西壮族自治区医疗机构管理办法》《浙江省实验动物管理办法》等少数文件对科技伦理有所提及。

4. 其他规范性文件

近几年出台的科技伦理审查的代表性基本属于这一类，包括《审查办法》《涉及人的生命科学和医学研究伦理审查办法》《新一代人工智能伦理规范》《人胚胎干细胞研究伦理指导原则》等，对如何进行科技伦理审查及具体科学技术的伦理规范进行了规定。

（四）科技伦理审查的规范方式

规范架构在横向上的覆盖领域非常广泛，将需要进行科技伦理审查的科技活动纳入规范范围，在纵向上分为不同效力层级的规范性文件，而具体到规范性文件的规范方式上又可以分为概括规定、专门规定、附带规定几种。

1. 概括规定

我国近几年出台数个关于科技伦理的重要文件，都是从宏观角度对科技伦理治理进行统筹规划。2022 年 3 月，中共中央办公厅、国务院办公厅印发的《关于加强科技伦理治理的意见》是我国首个国家层面的科技伦理治理指导性文件。2023 年 9 月，科技部、教育部、工业和信息化部等 10 部门联合发布《科技伦理审查办法（试行）》（国科发监〔2023〕167 号）[①]则是依据《意见》的精神进行制定，对里面提及的"开展科技活动应进行科技伦理风险评估或审查"进行回应。该文件对科技伦理审查的内容进行规定，是覆盖科技伦理审查各领域的综合性、通用性规定，对科技伦理审查的基本程序、标准、条件等方面提出统一要求，为各地方和相关行业主管部门、创新主体等组织开展科技伦理审查提供了制定依据。[②]

2. 专门规定

专门规定则是对于某项具体的科学技术的伦理规范进行规定，这种规范方式具有很强的操作性和针对性，可以在进行科技伦理审查时提供直接的参照依据。例如，《人类辅助生殖技术和人类精子库伦理原则》规定了人类辅助生殖技术应用应当遵循有利于患者、知情同意、保护后代、社会公益、保密、严防商业化、伦理监督七项伦

---

①　中国政府网.科技部 教育部 工业和信息化部 农业农村部 国家卫生健康委 中国科学院 中国社科院 中国工程院 中国科协 中央军委科技委关于印发《科技伦理审查办法（试行）》的通知［EB/OL］.（2023-09-07）［2024-04-10］. https://www.gov.cn/gongbao/2023/issue_10826/202311/content_6915814.html.

②　刘垠.推动科技向善把好伦理"方向盘"［N］.科技日报，2023-10-09（02）.

理原则，人类精子库伦理原则也有同类的七项伦理原则。并且该文件还将各原则进行具体规定，以知情同意的原则为例，其包括以下五点：在接受人类辅助生殖技术的夫妇（以下简称"夫妇"）双方自愿同意后实施，医务人员需使夫妇了解与作出合理选择相关的实质性信息、规定夫妇有随时中止技术实施的权利、医务人员需向夫妇及其已出生的孩子告知随访的必要性、向捐赠者告知对其进行健康检查的必要性并获取书面知情同意书。以及《脑机接口研究伦理指引》和《人—非人动物嵌合体研究伦理指引》等都属于这个规范方式。

3. 附带规定

采用这种方式的规范性文件不是只针对伦理问题制定的，而是对某一科学技术的整体行为规范进行的规定，在进行科技伦理审查时，同样要以这些文件作为依据。《人体器官移植条例》（国务院令第 491 号）、《人类遗传资源管理暂行办法》（国办发〔1998〕36 号）、《脐带血造血干细胞治疗技术管理规范（试行）》（卫办医政发〔2009〕189 号）等规范性文件都对科技伦理内容进行了附带规定。在这些规定中，比较难区分哪些条文属于对科技伦理问题的规范，哪些不属于，并且在制定之初也没有进行刻意区分。这种方式更属于对某项科学技术的管理进行总的规定，附带对科技伦理作出了规定。

三、科技伦理审查的实践审视

科技伦理审查的规范架构已经建立起来，但是在审查实践中还存在一些问题。以对合成生物技术的伦理审查为例，在制定层面、执行层面和监管层面仍有不足。

（一）制定层面的不足

1. 科技伦理审查的规定存在缺位

《审查办法》中明确规定了七类可能带来较大伦理风险挑战的新兴科技活动，其中第一项就是"对人类生命健康、价值理念、生态环境等具有重大影响的新物种合成研究"。新物种合成研究主要对应的是合成生物技术，即用人工合成的方法，对现有的、天然存在的生物系统进行重新设计和改造，或者通过人工的方法，创造自然界不存在的"人造生命"。在现有的法律规范体系中，《生物安全法》《科技进步法》《意见》《审查办法》等都对合成生物技术的科技伦理审查进行了规定。但这些更多是宏观上对科技伦理治理或审查进行的规定，例如，《意见》规定了科技伦理治理的总体要求、总的伦理原则、治理体制等。《生物安全法》《科技进步法》更多是强调应当遵循科技伦理，未进行细化规定。虽然科技伦理作为科技活动需要遵循的行为存在许多共性，但不同的科技活动仍存在区别，需要对有重大伦理风险的科学技术制定专门的伦理规范。[①] 关于对人类生命健康、价值理念、生态环境等具有重大影响的合成生物技术研究，需要进行科技伦理审查，但没有具体规定合成生物技术的伦理规范，对此，科技伦理审查的规定是存在缺位的。

2. 科技伦理审查的规定存在重叠

现今的科学技术大多都涉及多领域，难以直接套用现有的某一规定。以合成生物技术为例，其应用场景十分广泛，包括医疗保健、农业、材料、能源、环境修复、数据存储等领域。当合成生物技术应用于医疗领域中，需要遵循医学研究的伦理审查规定，如《涉及人的生命科学和医学研究伦理审查办法》等。合成生物技术的研究对象也存在较大的跨度，当合成生物技术的研究对象为病原微生物时，则需遵循《病原微生物实验室生物安全管理条例（2018 修订）》等。当合成生物技术研究存在极大的安全隐患时，又更多涉及《生物安全法》的相关规定。随着技术发展，具有特定功能的生物体的碱基对序列等数据信息不可避免地需要进行交换、开放、共享、交易，有着大数据等技术的助力，这种数据流通也会越来越频繁，这又需要遵循《数据安全法》的相关规定。这些规定存在重叠，会出现以下问题：一是在没有规定某科学技术的科技伦理规范时，对各个科学技术进行伦理审查时，如何在众多的规范性文件中快捷、准确地找到对应的依据文件；二是所涉及法律法规有的是对某一大类科学技术的伦理审查进行规定，有的只涉及伦理审查，这就存在有很多规范性文件进行规定但又不全面的情况；三是不同规范性文件都存在一定的立法倾向，要以哪一规范文件的为主，或者当不同文件的规定存在不同时如何适用等。

3. 科技伦理审查的法律规范体系存在矛盾

首先，对科技伦理审查的法律规范体系刚刚形成，暂时还存在一些矛盾的地方。例如，《审查办法》和《涉及人的生物医学研究伦理审查办法》都对科技伦理审查进行规定，科技伦理是涉及人的生物医学研究伦理的上位概念，而《涉及人的生物医学研究伦理审查办法》是部门规章，《科技伦理审查办法（试行）》只是部门规范性文件，出现了倒挂的现象。科技伦理作为大的概念，所涉及范围是非常广泛的，部门规范性文件则只能对出台该文件部门的职责内事项进行规范，规范范围又相对较小。之间就存在矛盾。

---

① 董雯静. 科技伦理治理法治化的现实困境与规范建构——以科技发展与科技伦理的相互关系为切入点［J］. 自然辩证法研究，2023，39（11）：134–139.

其次，对科技伦理进行专门规定的几部规范性文件的法律位阶都不高，缺乏一个直接的上位法依据。《生物安全法》《科学技术进步法》《数据安全法》《基本医疗卫生与健康促进法》等作为由全国人大常委会通过的法律，都对科技伦理作出相关规定，但《生物安全法》更多是从维护国家安全角度出发，《科学技术进步法》则是侧重于促进科学技术进步，两者关于科技伦理的立法倾向不同；而《数据安全法》和《基本医疗卫生与健康促进法》中关于科技伦理的内容则对应的是科技活动的某一方面或某一领域的科技活动的科技伦理。中共中央办公厅、国务院办公厅印发的《关于加强科技伦理治理的意见》是我国首个国家层面的科技伦理治理指导性文件，对我国科技伦理治理作出了全面部署，但未法律化，并不属于其他关于科技伦理治理的规范性文件的法律依据。在科技伦理治理体系中，作为法律依据的几部文件都不是对科技伦理进行的专门规定，实质指导科技伦理治理的《意见》却不属于法律依据，这也是矛盾之处。

（二）执行层面的不足

1. 科技伦理审查的形式化

对于某些科学技术的科技伦理审查的相关规定的缺位、重叠，可能存在审查形式化的问题。《意见》《审查办法》都是对于科技伦理审查很重要的规定，《意见》是提纲挈领地规定如何加强科技伦理治理，《审查办法》则对《意见》的内容进行强调，并对审查主体、程序、监督管理等作了规定，明确了要对某些科学技术进行科技伦理审查。而对合成生物技术等还未规定具体伦理规范的科学技术，只有概括的规定就会过于宽泛，对什么情况下符合科技伦理，什么情况下不符合，或者要怎么样才能符合等都没有规定。在这种情况下，就有了一个进行科技伦理审查的"形"，而在实体内容上有欠缺，缺乏可操作性，部分审查主体可能会实质上延续之前的科研模式，而形式上增加了科技伦理审查的程序。

2. 自由裁量权过大

在法律层面规定了需要进行科技伦理审查，并且将其作为必经程序之一，又缺乏具体的规定，必然赋予审查主体极大的自由裁量空间，包括判断是否属于需要进行科技伦理审查的科技活动，判断应当适合何种标准、规范进行科技伦理审查，判断适用何种严格程度进行审查，并最终判断是否符合科技伦理规范。整个过程，审查主体的自由裁量权过大，就会滋生腐败空间，让一些不符合科技伦理的科技活动通过了科技伦理审查。此外，《审查办法》第四十九条规定高等学校、科研机构、医疗卫生机构、企业等是科技伦理审查的审查主体，同时也是科技伦理违规行为单位内部调查处理的第一责任主体。如果审查主体为了规避责任，过于强调防范科技伦理风险，过于严格要求科技伦理审查，也会造成应该发展的科学技术停滞开展。如果没有一个明确的规范性文件对某项科学技术的科技伦理进行规定，依照零散的规定和概括的规定进行科技伦理审查，自由裁量权就过大了。

（三）监管层面的不足

科技伦理审查在《审查办法》或者其他的对科技伦理进行规范的法律文件出台之前也是存在的，但这只是一种科研人员的自我约束，高校、科研机构等的内部约束的弱约束，即便违反了也是停留在道德层面的谴责，而无需承担法律责任。在《审查办法》等法律文件出台后，这种约束就变成了具有国家强制力的约束。并且《审查办法》规定只要存在伦理风险挑战就要进行伦理审查，也将使需要进行科技伦理审查的科技活动数量大大增加。科技伦理审查的法治化不可避免地会赋予审查主体相应的审查权力，审查通过与否与科技活动能否开展直接相关，对相关的主体的权利义务有直接影响，这需要对科技伦理审查本身也进行监管。

《审查办法》和《涉及人的生命科学和医学研究伦理审查办法》都专章规定了对伦理审查的监督管理。前者规定科技部负责统筹指导全国科技伦理监管工作；后者则分为全国医疗卫生机构开展的涉及人的生命科学和医学研究、涉及人的中医药学研究、全国高等学校开展的涉及人的生命科学和医学研究、其他研究的不同，分别由国家卫生健康委、国家中医药局、教育部、按行政隶属关系由相关部门负责监督管理，存在着对科技伦理审查的监管主体重合的情况。

相关文件对伦理审查的监督管理多是一般性的规定，不够具体，例如，《审查办法》第四十八条规定了三种需要对科技伦理（审查）委员会、委员处罚或处理的情况：弄虚作假，为科技活动承担单位获得科技伦理审查批准提供便利的；徇私舞弊、滥用职权或者玩忽职守的；其他违反本办法规定的行为。以及还缺乏判断审查本身是否合法合规的标准，不同的审查主体或审查不同科技活动，都可能会采用不同的伦理规范或指南来评估科技活动的伦理问题，这就需要一个标准来判断审查本身是否符合规定。除了弄虚作假、徇私舞弊、滥用职权等比较宽泛的表述，还应更具体的内容规定如何判断科技伦理审查本身是否违规，并且接受科技伦理审查的主体也可以据此进行申诉。

四、科技伦理审查的法治化完善

（一）完善科技伦理审查的法律规范体系

目前，我国对于科技伦理治理的规范性文件的数量众多，但表现出零散、法律位阶不高的情况，缺乏一部对科技伦理治理进行专门规定的统领性的法律法规。可以在《意见》《审查办法》《涉及人的生物医学研究伦理审查办法》（卫生计生委令11号）、《涉及人的生命科学和医学研究伦理审查办法》（国卫科教发〔2023〕4号）、《新一代人工智能伦理规范》等对科技伦理进行专门的规定的规范性文件的基础上，结合各级科技伦理审查委员会在进行科技伦理审查实践中的经验，以及统合其他涉及科技伦理的规定，探索制定《科技伦理法》，进一步完善我国科技伦理治理的法律规范体系。[①]

对于一些重要的科学技术，应该出台相应的伦理规范，并进行动态调整。需出台专门伦理规范的科技活动，可以以《审查办法》附件中所列七类可能带来较大伦理风险挑战的新兴科技活动为准。对于合成生物技术等明文规定需要进行科技伦理审查，却尚未出台相应的伦理指引或伦理原则的科学技术，在形式上，可以参照《脑机接口研究伦理指引》《人—非人动物嵌合体研究伦理指引》等，规定专门的伦理原则，并规定需要遵循的行为规范；在内容上，以《意见》中规定的五项科技伦理原则为指导，借鉴其他国家对特定科学技术规定的伦理原则，完善具体科学技术需要遵循的伦理规范。[②]

并且要完善对科技伦理审查的进行监督管理的法律规范，将一些共性问题抽离出来，制定统一的科技伦理审查的监管法规。避免出现不同文件规定的不同的主体对科技伦理审查进行监管，以及在出现伦理违规事件后的推诿监管责任等情况。

（二）完善分级审查机制

《审查办法》中已经有了分级审查的初步规定，即科技活动伦理风险发生的可能性和程度不高于最低风险的，可以适用简易程序审查；对可能带来较大伦理风险挑战的新兴科技活动，需要在通过科技伦理委员会的初步审查后，再进行专家复核。在科学技术的安全管理方面，对分级管理机制有比较成熟的规定，科技伦理审查的分级审

---

① 宋应登，霍竹，邓益志.中国科技伦理治理的问题挑战及对策建议［J/OL］.科学学研究：1-18［2024-04-10］. https://doi.org/10.16192/j.cnki.1003-2053.20230927.001.

② 张慧，闫瑞峰，邱惠丽.欧美合成生物学伦理治理比较及启示［J］.科学技术哲学研究，2023，40（1）：86-93.

查机制可以对其进行借鉴。如《生物技术研究开发安全管理条例（征求意见稿）》中规定对生物技术研究开发活动安全管理时，根据活动的风险程度，实行分级管理；并且对此进行专章规定，规定不同风险等级的含义，制定动态变化的不同风险等级的技术研究开发活动清单，不同风险等级的技术研究开放活动实行的不同的程序。

在对科技伦理进行审查时可以除了依据《审查办法》规定的不同风险等级的科技活动适用不同的审查程序，还可以对不同风险等级的科技活动适用不同的审查标准，对高风险等级的科学技术活动，适用更严格的审查标准；而对低风险等级的科学技术活动，则反之。《审查办法》中有三处提及"风险受益"，分别是第十五条规定科技伦理（审查）委员会应当对科技活动的风险受益是否合理进行审查；第二十条规定在科技活动的科技伦理风险可能发生变化时，科技伦理（审查）委员会应对风险受益情况进行评估；第二十二条规定对已批准科技活动方案作较小修改且不影响风险受益比的，可以适用简易程序审查。不过《审查办法》并未明确说明"风险受益"的含义。在医学领域中，对于"风险受益"的表述会更清晰，《涉及人的临床研究伦理审查委员会建设指南》规定对于临床研究项目，伦理审查包括受试者可能遭受的风险程度与研究预期的受益相比是否合理。并且在《世界医学协会赫尔辛基宣言》中规定当医生发现风险超过了潜在的受益，医生必须立即停止研究，在《药品临床试验管理规范》等文件中也有类似表述。关于"风险受益"的审查本来就是一种分级审查的思维，风险高的科技活动需要更高的预期研究受益，可以在这个基础上，进一步完善分级审查机制。

（三）完善全过程的审查机制

全过程的审查机制包括单次科技伦理审查的全过程审查，和不同审查主体开展科技伦理审查之间的衔接。对于第一个方面，《审查办法》已经有了相应规定，第十九条规定科技伦理（审查）委员会应对审查批准的科技活动开展伦理跟踪审查，并对跟踪审查的内容作出规定。科技伦理审查不是一次性的审批，在开展科技活动前需要进行审查，在科技活动进行中也要进行跟踪审查。并且科学技术是社会发展的第一生产力，科技成果需要转化为现实的生产力，科学技术不可能只由某一个主体进行开展，科技伦理审查也不会只有一个审查主体。[1] 关于第二个方面，就是科学技术的研发和应用上的科技伦理审查的衔接机制。不同于《审查办法》第二十一条规定的多个单位

---

[1]　杜盼盼，徐嘉.科技伦理治理中的全过程审查机制构建［J］.云南大学学报（社会科学版），2024，23（1）：47-55.

合作开展科技活动的科技伦理审查协作与结果互认机制，衔接机制侧重于一个科技活动开展链条上的不同阶段的审查衔接。以用合成生物技术合成能生成青蒿素的微生物为例，就可能存在科研机构对技术研发上的科技伦理审查，以及企业对于技术应用上的科技伦理审查，可以对科学技术开展的不同阶段和不同审查主体的科技伦理审查的衔接机制进行探索，完善全过程的审查机制

（四）引入比例原则对科技伦理审查进行监督

比例原则的核心在于调整权力与权利，以及权利与权利之间的关系。其主要功能是合理确定国家权力与公民权利的界限，从而确保权力的行使不超出必要的范围，保障公民的基本权利不受侵犯。[①]科技伦理审查本质还是为了某一利益而限制某一利益。宪法第四十七条规定中华人民共和国公民有进行科学研究的自由，当科技伦理审查为了科学技术发展的更加有序，以及防控科技伦理风险等，而对进行科学研究的自由进行限制时，就要对这种审查进行监督。科技伦理审查不是肆意的，而是应当遵循一定的原则，此时可以引入比例原则。比例原则一般认为包含适当性原则、必要性原则、狭义比例原则三项子原则。判断某一次科技伦理审查是否适当，可以进行以下分析：第一，科技伦理审查是否有助于目的的实现，即是否能够通过限制科学研究的自由来实现科学技术更加有序发展等目的；第二，在能够达成法律目的的基础上，除了科技伦理审查，是否还有对权利侵害更小的措施；第三，所采取的审查措施和所欲达成的目的之间是否合乎比例。[②]当然，对于每一个具体的科技活动的科技伦理审查进行分析，可能都会得出不同的结果，但引入比例原则更多是为了将每一项权力关进制度的笼子里，科技伦理审查也是一种权力，权力就应当在法治的框架下运行。

---

①　刘权.比例原则的中国宪法依据新释［J］.政治与法律，2021（4）：68–78.

②　陈景辉.比例原则的普遍化与基本权利的性质［J］.中国法学，2017（5）：279–302.

论自动驾驶汽车危害行为的刑法认定

黄海伦[①]

（湖南工业大学法学院）

[内容摘要] 自动驾驶汽车的研发与应用，旨在进一步提升个人移动便捷性，解决传统车辆行驶过程中产生的道路安全隐患、交通拥堵和能源浪费等问题。为促进自动驾驶产业健康有序发展，我国政府积极组织开展自动驾驶汽车封闭道路下的安全性测试工作并制定相关管理办法，致力于加速新型交通工具革新传统出行方式的进程。然而，近年来，自动驾驶汽车肇事案件频发，原本致力于保障出行安全和优化出行体验的产品反而带来了更多的风险。究其原因，系自动化驾驶系统的运作机制复杂且难以预测，出现了新的涉罪主体和犯罪场景，导致传统刑法归责理论难以适用。因此，审慎应对自动驾驶汽车危害行为对现行刑事法律体系所带来的挑战是当前及未来一段时间内亟待解决的问题。

[关键词] 自动驾驶汽车；人工智能；刑事法律风险；刑事责任

　　自工业革命时期首辆以汽油为动力的三轮汽车诞生以来，汽车工业的蓬勃发展改变了人们的出行方式，推动了人类社会的进步。自动驾驶汽车（Self-driving cars）的出现，势将让人类再一次经历交通方式的重大变革，迎来全新的自动化时代。然而，科学技术是把双刃剑。自动驾驶汽车给人类带来有利影响的同时，也引发了诸多新型风险。2023 年 6 月，美国国家公路交通安全局公布一组数据：近 5 年来，美国境内已有 700 余起涉及特斯拉 Auto-pilot 自动辅助驾驶模式的交通事故记录，其中近 2/3 的交通事故发生在过去一年。究其原因，多为驾驶员过于轻信现阶段人工智能算法对道路异常情况的信息收集和决策处理，从而导致交通事故发生频率增高。此外，因传感器、雷达检测器等其他设备受损，技术系统无法识别前方行人或车辆，也是自动驾驶

---

① 黄海伦，湖南省包装标准与法规重点研究基地助理研究员，刑法学硕士，研究方向为刑法学。

汽车交通事故突发的诱因之一。另外，当汽车处于高度自动化驾驶模式时突发交通事故，人类难以在数秒之内夺回汽车控制权并作出正确指令，这将进一步扩大交通事故所带来的危害后果。

乌尔里希·贝克曾指出："当危险的潜在可能性增加时，科学研究的余地却愈加狭窄。"[1]自人类社会迈入人工智能时代以来，任何一项技术的进步，总是伴随着风险。这些风险在一定条件的催化下，转变为刑法中的风险来源，对法律系统造成冲击。面对新一代科学技术引发的诸多刑事法律风险，传统刑事法律体系需要保持开放的态度及时作出自我调整。唯有将科技创新引发的外部压力转化为法律规范革新的内在动力，才能为科学技术的研究预留空间，构建科技创新和安全秩序的良性发展格局。

一、自动驾驶汽车立法总览

（一）自动驾驶汽车简介

得益于人工智能时代大数据、深度学习、云计算、协同控制等处理技术的发展，自动驾驶汽车的研发与生产迎来全新机遇。在我国，自动驾驶汽车也被称智能网联汽车、无人驾驶汽车。2023 年 11 月，为引导自动驾驶技术在现行法律法规框架下健康有序发展，最大限度防范化解运输安全风险，切实保障人民群众合法权益，我国交通运输部编制《自动驾驶汽车运输安全服务指南（试行）》。文件第一条对自动驾驶汽车的定义进行了明确界定。根据该定义，自动驾驶汽车指的是符合《汽车驾驶自动化分级》（GB/T 40429—2021）国家标准，能够在设计运行条件下自主完成所有动态驾驶任务的汽车，包含国家标准中展现出不同层次自动驾驶能力的有条件自动驾驶汽车、高度自动驾驶汽车以及完全自动驾驶汽车。[2]

为更好管控自动驾驶汽车的发展与应用，2014 年 1 月，美国运输部和国际汽车工程师学会（SAE International）首次发布 J3016 "自动驾驶等级" 标准。2021 年 8 月，我国工业和信息化部发布《汽车驾驶自动化分级》。该项国家标准制定过程中，以 SAE J3016 自动驾驶分级标准作为参考，根据自动化驾驶系统执行动态驾驶任务时的能力水平、任务角色的分配以及是否存在设计运行范围限制等因素，细分为 0 ~ 5 级共六个等级。需要说明的是，我国自动驾驶汽车等级的划分标准与国际 SAE J3016 标

---

① 乌尔里希·贝克.风险社会 [M].何博闻，译，上海：译林出版社，2004：62.

② 中华人民共和国国家质量监督检验检疫总局、中国国家标准化管理委员会.汽车驾驶自动化分级：GB/T40429-2021 [S].北京：中华人民共和国工业和信息化部，2021.

准的分级层次基本保持一致，仅就部分术语存在表述上的细微差异，故不对两份文件做详细区分。通过整理概括我国《汽车驾驶自动化分级》标准，可将自动驾驶汽车分为两大类、六个等级，如表1所示：

表1　机动车自动化驾驶系统相关术语分类及定义

《汽车驾驶自动化分级》（GB/T 40429—2021）		
等级分类	名称	定义
驾驶员支持类		
L0	应急辅助	驾驶员需持续进行动态驾驶任务，自动化驾驶系统可感知环境，并提供提示信息或短暂介入车辆控制以辅助驾驶员避险（如车辆偏移预警、前方碰撞预警、自动紧急制动、车辆偏移抑制等情况下提供的辅助功能）
L1	部分驾驶辅助	自动化驾驶系统具备部分横向和纵向行驶辅助功能，动态驾驶任务由驾驶员和自动化驾驶系统共同完成，驾驶员需监管自动化驾驶系统的行为和执行适当的响应或操作
L2	组合驾驶辅助	自动化驾驶系统具备紧急制动等横向和纵向行驶辅助功能，驾驶员须承担周边监控和实时接管任务，驾驶员在自动化系统辅助下完成变道、超车、并线等动态驾驶任务
自动驾驶支持类		
L3	有条件自动驾驶	由自动化驾驶系统完成全部动态驾驶任务，在紧急情况下期望驾驶员以适当的方式执行后援接管
L4	高度自动驾驶	由自动化驾驶系统完成全部动态驾驶任务，系统在其设计运行条件下持续地执行全部动态驾驶任务并自动执行最小风险策略
L5	完全自动驾驶	系统在任何可行驶条件下持续地执行全部动态驾驶任务并自动执行最小风险策略，系统可突破设计运行范围限制

在驾驶员支持一类中，驾驶员及自动化驾驶系统均须对可能出现的目标和事件进行探测、响应，驾驶员在动态驾驶任务中仍担当主要操控角色。该类别细分为L0 ~ L2 三个级别，具体包括：L0 应急辅助：系统不具备对目标事件进行探测和响应的功能，自动化驾驶系统无法执行动态驾驶任务；L1 驾驶辅助：驾驶员与系统共同完成动态驾驶任务，驾驶员应时刻监管系统的行为以确保车辆安全；L2 部分自动驾驶：自动化驾驶系统可操纵车辆完成横向和纵向行驶辅助功能，但仍需驾驶员与系统协作完成对目标和事件的探测和响应。另一类为自动驾驶支持类，该分类下的自动化驾驶系统由辅助地位转为主导地位。该类别根据自动化驾驶系统在车辆行驶过程中发挥的作用大小可分为L3 ~ L5 三个级别，具体包括：L3 有条件自动驾驶：系统能够单独完成全部动态驾驶任务，但当系统发生故障时，驾驶员应立即执行后援接管；L4 高度自动驾驶：系统能够在其设计运行条件下，持续、全面地执行动态驾驶任务，并在必要时自动采取最小风险策略确保行车安全；L5 完全自动驾驶：系统具备在任何

行驶条件下均能持续、全面地执行全部动态驾驶任务的能力，无需随车安全员作出任何回馈指令，实现真正意义上的无人驾驶。

由于驾驶员支持类中驾驶辅助汽车的行车任务仍需驾驶员与系统协作完成，因此该类别下的自动化驾驶系统具有明显"工具属性"。驾驶员乘坐 L0～L2 级自动驾驶汽车发生交通事故的，传统刑事法律规范足以规制，故本文不对 L0～L2 级自动驾驶汽车危害行为做详细探讨，而是着重探讨 L3～L5 级自动驾驶汽车的刑事法律风险、刑法适用困境和出路。

（二）自动驾驶汽车立法概况

电子化浪潮的兴起，让汽车从燃油驱动走向电动化成为不可逆转的历史趋势。人工智能时代的到来，进一步让无人驾驶成为可触摸到的现实。目前，以特斯拉、谷歌、百度为代表的多家科技公司已经就自动驾驶汽车提出量产计划，自动驾驶技术的研发工作也趋于规范化、系统化。为更好保障技术系统的良性运转，世界各个国家和地区有关自动驾驶的立法浪潮已经悄然兴起。

1. 国内立法概况

为应对自动驾驶汽车发展过程中出现的新状况、新挑战，我国从未停止在立法工作上的探索脚步。在中央立法层面，我国立法部门注重以全局性、渐进性的视角统筹推动自动驾驶立法工作发展。

2018 年 2 月，工业和信息化部、公安部、交通运输部联合发布《智联网联汽车道路测试管理规范（试行）》，此规范为我国地方政府组织开展自动驾驶汽车道路测试工作提供了指导。其中，第二十五条首次规定了在测试期间发生交通事故构成犯罪的，应适用刑事法律规范追究相关测试主体的责任。2021 年 4 月，公安部起草《道路交通安全法（修订建议稿）》，公开向社会各界广泛征求宝贵意见。该建议稿第一百五十五条提出开展自动驾驶汽车道路测试应具备以下通行要求——自动驾驶汽车上路须具备自动驾驶模式且支持人工直接操作，驾驶人应处于驾驶位上监管车辆行驶状态，随时接管车辆。此外，第一百五十五条还拓宽了发生交通事故时可以追究的刑责主体范围，即驾驶人、自动驾驶系统开发单位实施违法行为构成犯罪的，同样应依法追究其刑事责任。2021 年 7 月，工业和信息化部、公安部、交通运输部再次联合印发《智能网联汽车道路测试与示范应用管理规范（试行）》的通知。文件中增加了对道路测试主体的限制条件，要求提出自动驾驶汽车道路测试申请的单位还应拥有对远程监控平台的网络安全保障能力，增加了对测试车辆的车辆标识（车架号或临时行驶车牌号）

的要求。此外，第三十四条指出公安机关交通管理部门应及时对违反交通安全规范的当事人作出处罚并依法追究其刑事责任。2023 年 11 月，工业和信息化部、公安部、住房和城乡建设部、交通运输部联合发布《关于开展智能网联汽车准入和上路通行试点工作的通知》，该通知在责任划分上明确指出，试点生产企业应对智能网联汽车产品质量及其生产一致性承担相应的法律责任，试点使用主体应确保车辆在道路交通安全、网络安全和数据安全的场景下安全运行。

在地方立法层面，我国北京、上海等地结合当地整体发展规划，已陆续开展自动驾驶汽车的落地场景测试及相关文件和政策的制定工作。2016 年 6 月，北京市首次将自动驾驶列入重点科技创新工程并正式启动《北京市智能网联驾驶技术创新工程》发展规划，助力在 2025 年攻克自动驾驶汽车技术难题。2021 年 4 月，北京市政府正式批复《北京市智能网联汽车政策先行区总体实施方案》。该方案旨在鼓励经过充分验证的自动驾驶汽车在政策先行区率先开展试运行和商业运营服务，给予相应路权，建立保障自动驾驶汽车运行的安全监管体系。2016 年，上海市成立首个国家自动驾驶汽车试点示范区，这标志我国自动驾驶技术已经从国家战略高度迈入实际操作阶段，开启了全新的发展篇章。2018 年 2 月，上海市经济和信息化委员会公布《上海市智能网联汽车道路测试管理办法（试行）》，明确规定只有具有 50 小时以上自动驾驶操作经验的驾驶员方可上路参与测试。2020 年 6 月，上海市政府批准滴滴出行 App 开放自动驾驶服务。用户在完成报名并通过审核后，便有机会预约并体验自动驾驶服务，此举标志着自动驾驶汽车载人示范应用进入规模化发展时期。2022 年 11 月，上海市人民代表大会常务委员会通过《上海市浦东新区促进无驾驶人智能网联汽车创新应用新规定》。该文件规定自动驾驶汽车在开展创新应用期间发生交通事故的，由公安机关按照《道路交通安全法》对车辆所有人或者管理人进行追责。

2. 国外立法概况

20 世纪 70 年代，部分西方国家已经开始自动驾驶的研发和测试工作，相关法规和标准的制定工作也起步较早。究其原因，源于第二次世界大战后资本原始积累丰富，为汽车工业和电子技术的高速发展提供了便利条件。特别是 20 世纪 90 年代，互联网技术重塑世界工业格局，让掌握先进通信技术的西方发达国家率先进入人工智能发展的黄金年代。

德国是全世界范围内首个允许自动驾驶车辆参与日常交通并在全国范围内运行的国家。2017 年 5 月，德国联邦议会对《道路交通法》进行了修正。该修正案提到在自动化驾驶系统接管模式下，驾驶员无需对交通状况和车辆进行实时监控。另外，该修正案还对自动驾驶模式下驾驶员与汽车制造商的责任分配、自动驾驶汽车系统故障免责等问题进行了明确。针对自动驾驶汽车可能引发的交通事故，该修正案对损害赔偿问题进行了明确规定，将财产损失的最高赔偿金额提升至200万欧元，人身伤害的最高赔偿金标准进一步升高至千万欧元，力求更好保障受害者的权益。2018年，德国发布《自动驾驶技术道德伦理标准》，为相关汽车企业研发与改进自动化驾驶系统提供指南。该文件指出人类安全始终处于绝对优先地位，让购买者驾驶具备自动驾驶功能的车辆出行时更为放心。2021年7月，德国《自动驾驶法》生效。《自动驾驶法》主要涵盖了四个关键方面：其一，人类驾驶员必须始终保持在方向盘后，确保自动驾驶汽车发出接管请求时能够迅速介入；其二，法律允许在特定条件下，司机在车辆上路时可以不参与实际的驾驶行为；其三，法律要求统一安装"黑匣子"设备，以全面记录行车数据的完整性和可追溯性；其四，在责任分配方面，若司机参与驾驶过程，则需根据其注意义务和过错承担相应的责任；若司机未参与驾驶，则应由制造商承担相应责任。除此之外，《自动驾驶法》还就保险事宜作出了明确规定，要求自动驾驶汽车所有人必须购买一份责任险，以确保在发生意外情况时，技术监督人员能够作为受益人得到相应的保障。

与德国的做法不同，美国在自动驾驶汽车的法规和标准建设方面未进行统一的责任划分规定。相反，它采用了政策指南与联邦立法相结合的制度架构，以灵活应对自动驾驶技术带来的挑战。在政策指南层面，2016年9月，美国交通部发布《联邦自动驾驶汽车政策指南》。该文件根据汽车的自动驾驶能力，明确划分为六个等级，并就自动驾驶汽车的性能问题提出了指导意见，即汽车制造商应在自动驾驶汽车上路前进行全面、安全的评估。2020年11月，美国多团体联合发布《自动驾驶汽车立法大纲》，旨在向美国联邦立法机构及相关政策的制定提供有关自动驾驶汽车开发与部署的可行性建议，强调联邦立法应优先保障人权，确保道路交通安全和公平。在联邦立法层面，截至2023年1月，美国境内已有20多个州开展自动驾驶相关的立法工作。如2011年，美国内华达州率先出台法规允许自动驾驶汽车开展试运营。2018年2月，美国加利福尼亚州颁布正式法律，宣布自动驾驶汽车可在没有驾驶员的情况下进行全自动驾驶测试。2018年11月，美国宾夕法尼亚州参议院计划修订现行法律，增加了针对带有或不带有驾驶员的自动驾驶汽车的操作责任判定规范。法案明确指出，那些装备了高度或完全自动化驾驶系统，或受到远程操控的车辆，将不再受到现行适用于需要驾驶员驾驶、不搭载自动驾驶系统车辆的法规限制，这一调整旨在确保自动驾驶汽车在法律框架内得到合理而有效的监管。

除上述举例的国家外，英国、加拿大、日本等国家和地区也纷纷出台了较为成熟的监管自动驾驶汽车运行的专门法案。可以发现，目前，自动驾驶相关立法工作发展较好的国家均为工业革命中表现突出的国家，正是工业革命时期良好的资源积累、持续性的科技创新和具有前瞻性的深入思考为这些国家的技术进步和立法发展创造了较好的发展空间。立足于我国自动驾驶汽车发展现状，合理借鉴域外人工智能刑事立法理念和实践路径，可以为我国防控自动驾驶汽车危害行为提供宝贵经验。

二、自动驾驶汽车引发的刑事法律风险

技术创新的过程总是呈现出不可预测性和多样性，这些因素往往会聚合形成风险并在一定条件作用下转化为刑事法律中的"风险"，滋生更新型、更复杂的犯罪行为。厘清自动驾驶汽车危害行为的刑事法律风险是摆脱刑法适用困境的先决条件。从"纵向"视角来看，伴随着智能化程度的升高，自动驾驶汽车被用于实施犯罪活动或者因技术缺陷产生实害结果的可能性增加，需要对此开展分类讨论；从"横向"视角来看，自动驾驶汽车危害行为相关联的犯罪主体存在差异性，需要我们区分不同犯罪主体对新型犯罪予以预防和治理。

（一）不同等级自动驾驶系统引发刑事责任的纵向视角

如前文所述，因 L0 ～ L2 级自动驾驶汽车智能化程度较低，具有明显的"工具"属性，车辆在运行过程中仍由驾驶员占据主导地位，故 L0 ～ L2 级自动驾驶汽车交通事故的刑事责任分配路径与传统机动车辆肇事的刑事责任分配路径无异，笔者不再予以赘述。本节将着重对可以代替驾驶员执行全部驾驶任务的 L3 ～ L5 级自动驾驶汽车危害行为的刑事责任分配问题进行分析。

1. L3 级有条件自动驾驶汽车

2023 年 7 月，比亚迪公司在深圳市获得全国首张高快速路段有条件自动驾驶测试牌照，L3 级自动驾驶上路成为现实。L3 有条件自动驾驶汽车主要配备了多种先进功能，包括全速自适应巡航、自动泊车、主动车道保持、限速识别以及自动变道等，车辆可在部分路况下根据系统的判断做出正确指令，但仍须驾驶员执行后援接管任务。L3 级自动驾驶汽车无法脱离驾驶员自主运行，自动化驾驶系统仅为车辆器具的组成部分之一，是人类驾驶员双手的延伸，具有"工具"属性，与 L0 ～ L2 级自动驾驶汽车不存在本质区别。但由于 L3 级自动驾驶在一定条件下已经可以独自执行驾驶任务，因此对 L3 级自动驾驶汽车危害行为进行刑事归责的难度与传统机动车辆肇事相比仍显著升高。具体如下：

其一，行为人主张车辆开启自动驾驶功能减轻或逃避交通肇事刑事处罚。闫某危

险驾驶一案中，被告人主张事实上确系醉酒后驾驶机动车在道路上行驶，但由于车辆具备且开启了自动驾驶功能，道路危险性大大降低，因此原审法院量刑过重，应依法适用缓刑。[①] 最后，终审法院根据我国现阶段对自动驾驶申请主体、车辆及试点、示范区域等限制性规定，认定事故发生时缺少客观证据证明车辆已开启自动驾驶功能。由此可见，L3 级自动驾驶技术的出现，在一定程度上让驾驶人员放松了保障道路交通安全、有序的道德要求，并且在事后主张车辆开启自动驾驶模式以减轻或逃避刑事处罚，进一步诱发恶性交通事故。由于 L3 级自动驾驶汽车行车过程中驾驶人员仍需保持较高注意义务，随时对车辆进行后援接管，故驾驶人员主张车辆开启自动驾驶模式减轻或免除刑事责任的辩驳不具有正当性，驾驶人员仍应承担交通肇事相应的刑事责任。

其二，自动化驾驶系统故障导致汽车失控，人员伤亡和财产损失加重。2022 年 11 月，广东省潮州市发生一起特斯拉严重交通事故，肇事车辆飞驰路程约 2.6 公里，撞击时速或超 150 公里，造成 2 人死亡、3 人受伤。[②] 然而至今为止，警方仍未公布司法鉴定结果，特斯拉公司也未就事故原因进行官方说明。无独有偶，2023 年 2 月，浙江省温州市一辆特斯拉 Model 3 同样发生失控，汽车先后与前方两辆车发生碰撞后刹停，事故造成车内乘客 1 死 1 伤，三车受损。[③] 由此可见，L3 级自动驾驶技术目前尚未达到完全成熟的阶段。尽管这一技术在研发和应用方面取得了显著进展，但现有科技手段仍然无法完全消除技术系统内部存在的全部安全隐患。这些隐患可能源于技术本身的局限性、硬件设备的故障、软件系统的漏洞等多个方面，它们都可能对自动驾驶车辆的安全性和稳定性造成潜在威胁，从而增加恶性交通事故的发生频次。但需要指出的是，由于 L3 级自动驾驶汽车仍由驾驶员居主导控制地位，并且研发生产人员也不可能穷尽一切预知可能性，因此不应对汽车的研发生产人员苛以更为严格的注意义务，驾驶员仍应承担交通肇事的主要刑事责任。

具体而言，驾驶员在车辆行驶过程中作出决策总是伴随着一系列的思考，尽可能保证行车安全。而有条件自动驾驶模式下的汽车可能在驾驶员尚未掌握路况信息之前

---

① 参见北京市第二中级人民法院（2023）京 02 刑终 175 号刑事裁定书.

② 王蒙.实地重走特斯拉事故路线：潮州特斯拉撞击时速或超 150 公里！司机被人背出去［EB/OL］.（2022-11-17）［2024-04-11］.https://finance.sina.com.cn/chanjing/gsnews/2022-11-17/doc-imqmmthc4921255.shtml.

③ 张建.浙江一特斯拉狂飙，连撞两车，致 1 死 1 伤！公司回应：将尽力配合调查，不要轻信和传播未经证实信息［EB/OL］.（2023-02-17）［2024-04-11］.https://baijiahao.baidu.com/s?id=1758090904185595674&wfr=spider&for=pc.

就已经做出了错误决策，此时驾驶员进行后援接管并避免交通事故发生的难度大大增加。因此，自动驾驶汽车自动化决策失灵时，将会对公共交通安全造成更为严重的危害后果。

2. L4 级高度自动驾驶汽车

以安途智行推出的 RoboTaxi L4 级自动驾驶汽车为例，该类汽车拥有 360 度全景感知能力，最远感知距离可达 300 米，所有由传感器采集到的信息都会汇总于自动化系统，经处理后形成自动驾驶的指令，充分具备了"无人驾驶"的能力。在 RoboTaxi 完成商务网约订单时，车辆能够全程根据路况动态调整行驶策略，灵活地加速、减速、拐道、变道和等待红灯，驾驭复杂多变的道路系统。车辆上配备的安全员除在紧急情况下会进行驾驶操作外，绝大部分时间仅需双手置于腿上，眼睛看着前方即可。由此可见，相较于 L3 有条件自动化驾驶系统，L4 高度自动化驾驶系统具备深度学习能力，智能化程度进一步得到提升。但 L4 级自动驾驶汽车仍需配备随车安全员应对紧急情况，因此进行刑事归责时存在主体认定不明的难题，引发更为复杂的刑事法律风险。

第一，高度自动化驾驶系统对汽车研发、生产标准提出了更高的要求，自动驾驶汽车存在产品缺陷将侵害使用者的生命健康和财产安全。当自动驾驶汽车处于研发阶段时，研发者违反行业管理规范，开发不符合编程、算法运行技术标准的产品并造成严重后果的，触犯生产、销售不符合安全标准的产品罪；当自动驾驶汽车处于生产阶段时，汽车生产厂商在自动化驾驶技术系统中掺杂低劣或盗版的算法程序，汽车销售金额达 5 万元但尚未造成实害结果的，可能构成生产、销售伪劣商品罪；若自动驾驶汽车处于市场流通阶段时，销售者故意将 L0 ~ L3 级自动驾驶汽车宣传为 L4 级自动驾驶汽车，抑或销售者明知汽车存在质量缺陷却不主动告知且未积极履行下架义务，致使使用者陷入认识错误购买产品并造成严重后果的，可能触犯虚假广告罪。

第二，高度自动化驾驶系统应用过程中大量数据可能被不法利用，引发信息权益被侵害的风险。数据，是指能够输入至计算机并经由计算机程序处理的各类符号的统称。数据作为信息的展现形式与载体，承载了信息的实质内容，而信息则构成了数据的内在意义。[①] 在人工智能时代，网络空间和现实空间高度黏合，正是各式各样的信息被储存于网络空间之中，人工智能产品能够提供给人类最贴心和最精准的服务。一方面，国家机关基于合理途径行使公权力收集自动驾驶汽车行驶信息会在客观上对公民的私权利（个人信息安全）造成侵害。如司法工作人员苦于搜集某起车祸的致害原

---

① 于志刚，李源粒. 大数据时代数据犯罪的制裁思路 [J]. 中国社会科学，2014（10）：100–120.

因，而在车祸发生时正好有一辆搭载了激光雷达并可自动记录车辆行驶信息的 L4 级自动驾驶汽车路过，此时司法工作人员未经自动驾驶汽车所有者同意，直接调取行车信息并上传至智能网联平台予以披露、比对，或将直接侵害自动驾驶汽车所有者的信息权益。另一方面，也许某一趟特定行程所产生的数据信息尚无法为犯罪分子实施侵犯公民个人信息罪提供充足条件，但是伴随着驾驶次数增多、行驶里程增加，犯罪分子便可通过网联平台入侵汽车内部数据信息系统，仅通过简单分析和交叉比对，就能对驾驶员的出行信息了如指掌，从而为后续侵犯公民个人信息犯罪、敲诈勒索罪、绑架罪等提供适宜的温床。大数据时代的数据犯罪的指向已然演变为以大数据对象为中心，纵向侵害技术与现实双层法益，其危害后果横向跨越个人、社会、国家各层面与政治、军事、财产、人身和民主权利各领域。

第三，L4 级自动驾驶汽车行车过程中并未完全排除人为因素的干扰，可能被使用者恶意利用实施侵害公民人身、财产安全和社会公共安全的犯罪行为。自动化驾驶系统内部算法和编程由一连串程序代码组成，犯罪分子仅需要对技术系统的运作机制略懂一二，便可在不被察觉的情况下植入破坏性代码并远程操纵汽车在人流密集的城市中心区域对特定目标进行劫财、杀害行为。如果被害人被大数据锁定为追踪目标，很难凭借自身能力摆脱困境。同时，若犯罪分子在自动驾驶汽车上提前安装自动引爆装置策划、准备、实施恐怖活动犯罪，将会引发群体性恐慌并严重扰乱社会秩序。

第四，L4 级自动驾驶汽车可以代替驾驶员独立完成驾驶任务，具备出色的预警探测和指挥控制能力，因此在军事领域应用十分广泛。无人车辆主要是通过打击和侦察系统与远程雷达探测敌情并与基地巡逻飞机自主协同作战，故一旦犯罪分子利用其窃取国家秘密或发动战争，其可能造成的危害后果将比 L3 级自动驾驶汽车造成的后果恶劣千万倍。一方面，由于自动化驾驶技术系统拥有卓越的信息获取、集成和解析功能，可能被不法分子利用作为刺探、窃取、收买或非法提供军事情报或国家秘密的渠道，其犯罪行为可能构成窃取国家秘密情报罪、间谍罪、提供虚假敌情罪等。另一方面，反人类恐怖分子可通过网联平台修改军事活动编程代码，远程操纵车辆执行无差别的自杀式袭击，其犯罪行为可能构成危害国家安全罪、危害国防利益罪、破坏武器装备罪等。

3. L5 级完全自动驾驶汽车

马克思深刻指出："质变，乃是量变在持续累积至某一临界点后所引发的必然转变，这一转变的发生并不受人的主观意志所左右。"[①] 目前，L2 ~ L3 级自动驾驶汽车

[①] 史平 . 量变和质变关系之新解 [J]. 江西社会科学，1998（1）：19-23.

已成为主流，L4 级自动驾驶汽车尚处研发改进阶段，L5 级自动驾驶汽车则尚未出现，但 L5 级自动驾驶阶段可能会突然到来。与 L3 ~ L4 级自动驾驶汽车相比，L5 级完全自动化驾驶系统可实现实时反馈、99.9% 可靠以及超越人类水平的感知能力，其刑事法律风险将更为复杂且难以预测。研判完全自动化驾驶技术系统可能引发的刑事法律风险，也是对新型技术犯罪发生之可能性有无的探索。既然刑事法律风险存在发生的可能，那么也存在不发生的可能。在此阶段，针对完全自动化驾驶阶段刑事法律风险之一般可能性，刑法需要予以回应。

第一，当刑事犯罪可能发生的时候，首先，需要解决刑事主体资格认定的问题。L5 完全自动化驾驶与 L3 有条件自动化驾驶、L4 高度自动化驾驶相比，其刑事风险发生的一般可能性显著升高，原因在于完全自动化驾驶系统通过云计算、大数据、神经网络、深度学习可以发展出辨认能力和控制能力，背离 "工具属性" 的指引，发展出 "自由意志"，冲击现有刑事主体资格的范围。其次，由于完全自动化驾驶系统演化出 "类人" 属性，因此其主观上也可能对危害结果存在故意或过失心态，这将影响具体案情中刑事责任的承担与分配。再次，"算法黑箱" 的介入将导致完全自动驾驶汽车危害行为各方犯罪客体发挥作用力的大小难以查证，同样将对刑事责任的承担与分配造成冲击。最后，针对超出程序控制的完全自动化驾驶系统实施的严重危害行为，现有刑罚措施无法发挥其谴责功能，可能会导致刑罚权的滥用。刑罚作为国家公权力的一种表现形式，天然带有扩张与侵略的特性。若刑法条文未能明确界定或表述模糊，便会为权力者提供过大的裁量余地，进而可能导致刑罚权的滥用，最终侵犯公民的基本权利。因此，明确且严谨的刑法条文对于保障公民权益至关重要。①

第二，在刑事犯罪尚未萌芽之际，我们有必要通过立法及相应的司法解释来筑牢防线，降低犯罪发生的可能性，从而有效预防犯罪的滋生。预防犯罪比惩罚犯罪更高明，立法者应当把法律制定得更为明确和通俗。② L5 级完全自动驾驶汽车可能突破人类预先设计的运作机制并独自发展出新的犯罪形式，侵害刑法所保护的客体，冲击现行法律体系。故此，为预防完全自动化驾驶系统相关犯罪，亟需树立前瞻性刑法理念，增设人工智能新罪及相关司法解释，出台自动驾驶专门法案。然而，现行刑事法律体系并未表现出防控强智能机器人刑事风险的立法倾向，这将增加人工智能犯罪发生之一般可能性。

---

① 刘宪权.刑事立法应力戒情绪——以《刑法修正案（九）》为视角［J］.法学评论，2016（1）：86–97.

② 切萨雷·贝卡利亚.论犯罪与刑罚［M］.黄风，译，北京：北京大学出版社，2008：102–103.

（二）不同类型自动驾驶犯罪主体引发刑事责任的横向视角

科学技术的发展与相关主体观念的转变总是很难以统一的步伐向前迈进。新一轮技术革命充满着不确定性和难以预测性，若无法解决原有社会系统中技术革新与人员观念作用过程中出现的耦合难题，将反向阻碍技术的发展，诱使更多主体参与实施犯罪行为。因此，为推动人工智能技术实现长远、稳定发展，需要对自动驾驶汽车相关犯罪主体带来的刑事归责难题进行逐一分析。

1. 传统犯罪主体

自动驾驶汽车危害行为的传统犯罪主体与一般交通事故的犯罪主体并无实质区别，只是其主体范畴在一定程度上予以扩张。针对传统犯罪主体利用自动驾驶汽车实施危害行为的，其犯罪形式并未发生根本改变、危害范围尚可预估，此时运用现行犯罪预防和规制理论足以应对传统犯罪主体所带来的刑事归责难题。

一是自动驾驶汽车的辅助驾驶人。传统交通型犯罪中的驾驶主体为拥有绝对控制权的驾驶员，而车辆切换至自动化驾驶模式时，原机动车驾驶员退居辅助驾驶地位，成为辅助驾驶人。辅助驾驶人无需承担全部驾驶任务，仅需在必要时刻接管车辆的部分驾驶任务，保障车辆安全行驶。但是，辅助驾驶人与传统车辆驾驶员的驾驶任务并未发生转变，辅助驾驶人仍应在方向盘前时刻履行注意义务，保证车辆安全行驶。因此，辅助驾驶人本可在一定时间范围内执行制动指令并避免危害行为发生，但被其他因素干扰疏于行使安全监管义务的，与传统车辆驾驶员过失引发的刑事法律风险并无差异，辅助驾驶人应对其构成犯罪的交通肇事行为承担刑事责任。

二是自动化驾驶系统的设计、研发、生产人员。对于传统汽车而言，汽车尚处生产过程时汽车制造商出于故意或过失心态造成产品质量缺陷，从而导致汽车因质量问题发生交通事故的，理应由研发人员承担生产不符合安全标准产品的刑事责任。但是自动驾驶汽车则不同，其不仅在生产阶段受到设计、研发、生产人员的支配控制，行驶过程也受到以上主体的管控。这是因为 L4 ～ L5 级自动驾驶汽车所依赖的智能协同控制技术具有极高的进入壁垒，只有技术系统的设计、研发、生产人员具有更改或修复技术系统漏洞的权限，车辆的设计、研发、生产人员对汽车的支配力从生产阶段延伸至使用阶段。这意味着在汽车生产过程中的产品准入和产品流通规则应当更加严格，一旦汽车生产未符合安全标准或存在产品质量缺陷将造成危害范围更大、损害结果更严重的产品安全风险。以我国《刑法》第三章第一节生产、销售伪劣商品罪之相关规定为例，相关主体在生产、销售阶段"制造"伪劣产品的行为构成犯罪的，应当承担刑事责任。然而，自动驾驶汽车行车过程中，研发者、生产者、销售者"制造"

伪劣产品的刑事风险扩张至使用阶段，这将导致自动驾驶汽车之产品犯罪的危害性远高于传统机动车。

同时，由于以上主体犯罪手段更加专业、犯罪形式更加隐蔽，可以轻而易举夺取载具控制权限，自动驾驶汽车将完全沦为犯罪分子的"犯罪工具"。例如，犯罪分子在汽车生产、销售环节设置自动驾驶模式一旦启动自动执行运送毒品、走私国家禁止进出口的物品等程序，可能触犯毒品犯罪或走私犯罪。又或者是犯罪分子在汽车使用环节篡改控制权限，强令辅助驾驶员协助实施犯罪行为，其逃脱罪责的可能性增大，进一步促进犯罪行为的技术化、专业化趋势，不利于司法机关打击犯罪。

三是智能网联平台的运营管理人员。自动驾驶汽车之所以能够实现环境感知、智能决策、协同控制等功能，高度智能化的网联平台在其中发挥着不可或缺的作用。通过现代通信和网络技术的支持，网联平台能够充分发挥自动驾驶汽车在安全、舒适、节能、高效等方面的优势，实现车与车、车与人之间的信息交互，为未来的交通出行带来革命性的变革。但信息交换同样是刑事法律风险的来源之一，智能网联平台的监管人员未履行安全监管义务，导致黑客利用技术漏洞同时向多辆汽车控制器的局域网总线系统发送病毒信息，那么所有车辆都可能因安全系统受到黑客侵入而崩坏致使发生严重交通事故。2017 年 5 月 12 日，一场突如其来的病毒事件席卷全球近百个国家和地区，该病毒以劫持数据和勒索比特币为手段。在遭受网络攻击后，多家银行、医院和高校的电脑系统陷入瘫痪状态，急诊病人因此无法及时就医，资料文件也无法得到有效修复。犯罪分子则成功勒索到了价值约 2 万美元的比特币。[①]互联网的发展使得危害行为的波及范围急剧扩张，而公共组织的智能网联平台操作系统陈旧，且缺乏专人更新网络安全程序填补技术漏洞，进一步放纵黑客实施违法犯罪行为。另外，智能网联平台的运营管理工作涉及多个角色，其中网络运营商和通信服务提供商是不可或缺的一部分。这些人员在日常工作中拥有特定的职务便利，然而，如果他们出于某种不良动机，恶意干扰或扰乱局域网内车辆的信息处理系统，那么后果将是极其严重的。这种干扰不仅可能导致车辆运行异常，甚至可能引发交通事故，对公众的生命、财产安全构成严重威胁。因此，这种行为同样被视为社会公共安全领域的重大刑事法律风险，必须予以严厉打击和防范。为了确保智能网联汽车的安全运行，我们必须加强对运营管理人员行为的监管，建立健全的法律法规体系，并加强技术培训和教育，提高他们的职业素养和道德水平。

---

① 杨尚智.四川高校学生中招勒索病毒，专家：这一周将是"高危期"［EB/OL］.（2017-05-15）［2024-04-11］. https://www.thepaper.cn/newsDetail_forward_1685317.

四是安全驾驶保障人员。为规范自动驾驶汽车在运输服务领域的应用，2023年12月，我国交通运输部办公厅印发《自动驾驶汽车运输安全服务指南（试行）》，指出有条件自动驾驶汽车、高度自动驾驶汽车未随车配备驾驶员的，则必须配备运行保障人员或远程安全员。区别于辅助驾驶人，自动驾驶汽车的安全保障人员是指与开展自动驾驶场景测试的车企成立雇佣关系，具备在紧急状态下接管车辆并进行应急处置的人员。由此可见，安全驾驶保障人员的作为义务来源于交通运输规定和雇佣合同约定所产生的对危险源的监管义务。[①]2023年7月，美国Uber自动驾驶汽车致死案正式宣判。该起事故中，由于安全测试员在行车过程中收看电视节目，未注意到正在横穿马路的被害人，导致车辆与被害人发生碰撞，被害人被送往医院后不治身亡，马里科帕高等法院判处以该随车安全员未履行雇佣合同中约定的安全监管义务和未采取制动指令防止事故发生为裁判理由，判处三年缓刑。故此，自动驾驶汽车的安全测试员应负有随时评估并接替驾驶任务、紧急状态下停用车辆自动驾驶功能、适当情况下采取必要的道路安全措施和当车辆脱离危险状态时，及时检查并反馈车内人员人身安全状态和道路交通安全状况的任务。[②]一旦自动驾驶汽车的安全驾驶保障人员未尽到安全监管义务，道路交通安全的刑事法律风险将显著上升，其应当承担相应的刑事责任。

2. 新型犯罪主体

自动驾驶汽车危害行为的新型犯罪主体是指L5完全自动驾驶模式下的技术系统本身。L5阶段下的自动驾驶系统不再受限于人类预先设计的算法和反应机制，而是可以通过协调环境感知、智能决策、协同控制等功能，自主感知周围环境并自发应对道路突发状况，实现了由"他控"向"自控"的转变，与目前正处试运行阶段的有条件自动化驾驶系统存在本质差异。之所以将完全自动化驾驶系统拟制为新型犯罪主体，原因在于：一方面，完全自动化驾驶系统通过深度学习可脱离驾驶员控制并自主决定实施或不实施某项行为，摆脱了"工具"之依附地位。完全自动化驾驶系统不仅是人类智慧的集合体，更有可能超越人类智慧代替人类工作。将自动驾驶系统看作是犯罪主体，符合社会发展需要。另一方面，之所以主张完全自动化驾驶系统是"新型"犯罪主体，是因为相较于传统犯罪主体而言，以自动化驾驶系统为代表的智能机器人自主实施犯罪的行为方式发生了根本转变，不再需要走完预备—着手—既遂一整套犯罪流程，可以在数秒之内造成与战争程度相当的损害后果。

完全自动化驾驶系统隐含的刑事法律风险主要在于其犯罪行为不易察觉、潜伏期

---

① 张明楷.刑法学（第六版）[M].北京：法律出版社，2021：174.

② 时方.人工智能刑事主体地位之否定[J].法律科学（西北政法大学学报），2018（6）：67–75.

长，一旦民众习惯了技术系统带来的便捷和舒适，对其造成的危害结果也会变得束手无策甚至放任自流。因此，一旦完全自动化驾驶系统自主实施犯罪，其带来的危害后果将远超刑法容忍的界限。自动驾驶汽车是人工智能时代最大的应用场景，对于完全自动化驾驶系统可能引起的刑事法律风险，必须予以重视。

三、自动驾驶汽车危害行为的刑法适用困境

我们正处于一个科学技术高速迭代的时期，自动驾驶技术发展迅速，应用场景不断拓宽，但刑事犯罪理论一直没有进行先行、先探的调适，立法滞后的弊端日益凸显。2020 年 2 月，国家发展改革委联合其他十个部门共同发布了《智能汽车创新发展战略》，该文件明确指出到 2025 年，中国将实现智能驾驶汽车的规模化生产，展现了我国在智能汽车领域发展的坚定决心与明确目标。在即将实现自动驾驶汽车大规模商业化落地之际，必须厘清我国刑事法律体系在防控自动驾驶汽车危害行为所面临的困境，这是预防人工智能时代多样化、技术化、新型化犯罪类型的必然选择，也是在实现国家长治久安的前提下保障科学技术平稳发展的根本要求。

（一）客观要件认定模糊

1. 危害行为辨认存疑

犯罪是侵犯法益的行为。认识犯罪须以行为为出发点，行为是决定犯罪的根本。[①]要判断某一行为是否构成刑事不法，关键在于确认该行为是否具备刑法所认定的社会危害性。[②]进入人工智能时代以来，智能机器人的行为逐渐表现出一定的能动性和意志性，但这些行为是否可以转化为刑法意义上的行为，现行刑法及相关司法解释并未给予释明。

之所以很难界定自动驾驶汽车危害行为是否属于刑法意义上的行为，原因在于不同阶段下自动驾驶汽车的智能化程度存在差异。就 L3 ~ L4 级自动驾驶汽车而言，其危害行为显然不能被看作是刑法意义上的行为。即 L3 级有条件自动化驾驶系统虽然对汽车产生了一定的控制力，但是其控制范围不能超出研发者和生产者预先设定的程序，只是驾驶员四肢的延伸。L4 级高度自动驾驶汽车虽然可以独自执行全部动态行驶任务，但仍处于人类预先编制的设计运行条件下，其行为始终处于随车安全员监管意识的涵摄范围之内。因此，L3 ~ L4 级自动驾驶汽车产生危害结果的运动过程不属

---

① 陈兴良.刑法哲学（上）[M].北京：中国政法大学出版社，2009：82.

② 冷必元.刑事不法与社会危害性的整体评价理论 [M].北京：中国民主法制出版社，2023：42.

于刑法意义上的行为，因为其运动过程被使用者实施的行为所吸收，不能单独认定。

就 L5 级完全自动驾驶汽车而言，其自主实施严重危害社会的运动过程，是否属于刑法意义上的行为，学界对此尚未形成定论。完全自动化驾驶汽车在行车过程中无需人工实时输入任何指令，凭借其自身的能动性和意志性，能够自主判断路况并适时调整驾驶行为。由于现行刑法尚未对智能机器人的刑事责任主体资格予以回应，那么完全自动化驾驶系统脱离程序控制，并在类人化的"自主意识"支配下所作出的危害行为是否可以被看作是刑法意义上的危害行为，同样也无法得出肯定论断，这将导致交通事故刑事追责陷入僵局。

2. 因果关系识别困难

我国传统刑法理论中所探讨的因果关系，实质上是加害行为与实害结果之间存在的一种引发与被引发的紧密联系。因果关系本身不包括原因和结果，只包含二者之间引起与被引起的关系。[①] 由于自动化驾驶系统关联多方主体，加害行为与损害结果之间存在多种介入因素，这些因素均为自动驾驶汽车危害行为之刑事责任认定增设了障碍。

首先，事故关联主体众多是自动驾驶汽车危害行为之因果关系识别困难的首要原因。传统机动车交通肇事案件中，事故主体通常只存在一个，即机动车驾驶员。而自动驾驶汽车生命周期内所关联的研发者、生产者、销售者、使用者和自动化驾驶系统本身，均有可能创设法律所不允许的风险并在一定的条件下实现不被允许的风险。以德国阿莎芬堡市一起自动驾驶汽车致死案为例，事故原因系汽车行驶过程中司机突然中风，他在失去意识前试图向右扭转方向盘将车辆急停在安全区域。然而，车道保持辅助系统却错误地指令汽车驶回公路，当场导致两名行人死亡。[②] 对于本案因果关系的认定，司法机关存在争议。部分学者认为在客观危险发生时，司机失去意识前采取了紧急避险措施，自动驾驶辅助系统的介入是导致危害结果发生的直接原因，不应将危害结果归责于司机。另一部分学者则认为，虽然司机在失去意识前采取了降低危险性的行为，但是若其没有向右猛转方向盘，自动驾驶辅助系统可能不会错将汽车驶回路面，从而引发危害后果，司机仍应对事故承担主要责任。由此可见，自动驾驶汽车危害行为中，驾驶员、研发者、生产者、自动化驾驶系统等实施的行为均可能与结果存在事实上的因果关系。尽管存在事实上的因果关系，但这并不意味着在法律层面上也同样成立，特别是在涉及多个主体参与的情况下。此时，"多因一果"和"多因多

① 张明楷. 刑法学（第五版）[M]. 北京：法律出版社，2016：174.

② 许可. 人工智能的算法黑箱与数据正义[N]. 中国社会科学报，2018-03-29（06）.

果"的现象尤为突出，使得因果关系的判定变得更为复杂①，对此需要进一步予以识别和分析。

其次，算法黑箱同样是导致自动驾驶汽车危害行为因果关系识别困难的主要原因。算法，作为自动化驾驶系统的"智慧核心"，其运作机制源于计算机对训练数据中原始特征的直接处理。通过这些数据，算法能够自动学习并提炼出深层次的特征与规律，进而构建出高级的认知能力。然而，在人工智能处理数据并生成答案的过程中，存在着多个我们难以窥见的"隐层"，这些隐层如同一个神秘的"黑箱"，其内部机制对于外界而言是难以洞悉的。②算法黑箱的多元复合性、不可解释性和不透明性，对连接危害行为与实害结果之间的因果关系造成了威胁。算法黑箱所造成的威胁具体表现为黑箱行为难以收集和获取，算法数据易灭失且难以复原，通过算法所转化的具有服务功能的数据产品之法律属性难以得到承认等。在司法实践中，若无法提取、识别自动化驾驶系统算法黑箱中的数据信息，那么将其转化为刑事证据从而对事故原因进行评判更无从谈起。综上，算法黑箱导致自动驾驶汽车危害行为的事实因果关系与法律因果关系论证出现中断，从而影响刑事法律规范的适用。

（二）传统与现代混杂的主观要件认定

1. 刑责主体认定不明

解决我国自动驾驶汽车危害行为的刑法适用难题，首先应当探讨自动驾驶汽车能否被赋予刑事责任主体资格。目前，我国现行刑法仅将自然人和单位认定为犯罪主体。但伴随着人工智能时代云计算、大数据、神经网络、深度学习等各项技术的迭代更新，自动驾驶汽车"他控"能力不断减弱，"自控"能力逐渐增强，是否可以主张自动驾驶汽车拥有独立的辨认能力和控制能力肯定其刑事责任主体资格，现行刑法及相关司法解释尚未给予理论指引，这将给交通事故传统刑事归责路径造成巨大冲击。

一方面，自动化驾驶系统作为一种介入因素，会引发或促进交通事故的危险流转化为实害结果。由于学界对自动化驾驶系统的刑事责任主体资格问题尚存争议，我国立法机关、司法机关也并未出台相关司法解释或发布指导性案例予以释明，这将直接影响相关罪名的认定。以交通肇事罪为例，该罪的行为主体是一般主体，即机动车驾

① 庞婧，赵微.论客观归责理论的合理借鉴——以海上交通事故类犯罪因果关系判断为例 [J].苏州大学学报（哲学社会科学版），2019（2）：79–89.
② 吴椒军，郭婉儿.人工智能时代算法黑箱的法治化治理 [J].科技与法律（中英文），2021（1）：19–28.

驶人。具体而言，机动车驾驶人包括作为劳动者的驾驶人和机动车保有人的驾驶人。[①]现行刑法归责体系中，行为主体和责任主体应具有同一性，机动车驾驶人违反交通运输管理规范，侵害交通肇事罪所保护的法益，应当对其实害后果承担刑事责任。而自动驾驶模式下，当机动车驾驶人已处于醉酒驾驶、无证驾驶、严重超载等危险情形，此时自动化驾驶系统发生程序故障导致事故危害范围进一步扩大，危及他人财产和人身利益、社会公共安全。在责任主体不明的前提下，无法解决自动化驾驶系统是否应承担交通事故的加重责任，是否与其他责任主体成立共同犯罪等刑法适用问题。

另一方面，刑事责任主体认定不明也会导致现行刑罚体系难以适用。目前，我国刑罚体系包括生命刑、自由刑、财产刑、资格刑四类，均无法适用于智能机器人。如果否定自动化驾驶系统的刑事责任主体资格，现行刑罚体系理应通过惩戒相关责任主体从而实现预防犯罪、减少犯罪的目的，并为最终消灭犯罪创造条件。然而，如果肯定自动化驾驶系统的刑事责任主体资格，现行刑罚体系则需要予以完全重构，否则刑罚的功能和目的无法得到发挥。

2. 研发者主观罪过难以辨析

在我国，过失犯罪与故意犯罪不具有等质性，应当严格区分故意与过失。[②]故意与过失两种责任形式的界限在于，故意行为所引起的法律所禁止的风险是行为人主观意志的表达，因此，结果能否归责给故意犯的关键就在于，直到结果发生之时，行为人是否一直拥有意志支配。[③]在自动驾驶汽车危害行为中，判断研发人员对损害结果持故意或过失心态较为困难。理由如下：

一是自动化驾驶系统产生"自由意志"实施犯罪行为，同时使用者存在误操作，那么连接危害结果既可能存在技术系统的犯罪故意，也可能存在研发者、使用者的犯罪故意或过失。算法在决策过程中发挥着关键作用，但由于其复杂性和不透明性，我们很难准确判断其决策背后的逻辑和动机。这就使得在犯罪行为发生时，相关主体的犯罪故意或过失发挥作用力的大小无从查证，这种不确定性不仅增加了刑事责任分配的复杂性，还可能对缺乏主观罪过的研发者造成误判，进而影响刑事责任的分配，阻碍技术进步。

二是自动驾驶产业分工精细化、专业化的趋势，给相关主体刑事责任的认定带来了困难。就汽车研发者而言，其对传统机动车辆的支配力仅停留于生产阶段。与之相

① 杨立新.论机动车交通事故的基本责任形态［J］.河北学刊，2009（3）：196–202.

② 张明楷.刑法学（第五版）［M］.北京：法律出版社，2016：255.

③ 刘宪权.涉人工智能犯罪中研发者主观罪过的认定［J］.比较法研究，2019（04）：101–110.

反的是，自动驾驶汽车研发者的支配力不限于生产、研发环节，而是如同基因一般深深印刻在汽车的钢铁框架内，直接决定自动驾驶汽车的先天安全性能。[①] 就汽车生产阶段而言，传统机动车辆的制造包括零部件制造、车身制造、总装线、品质检验等环节，每一个环节都需要经过反复检测以保障汽车上路的绝对安全。而在自动驾驶汽车中，技术系统缺陷可能超出汽车研发者在制造阶段可以预见的风险。就过失犯罪而言，超出注意义务的损害结果不能归责于尽到合理注意义务的研发者，然而我国现行刑法及相关司法解释未就自动驾驶汽车研发者的注意义务予以释明，这使得自动驾驶汽车危害行为相关主体的主观罪过难以辨明，不利于推动技术发展与立法进步实现平衡。

（三）科技创新与法益保护的两难选择

2017 年，美国国防部宣布与谷歌公司联合组建算法战跨职能小组，该小组主要利用人工智能技术搜集、分析数据以形成战场决策优势。然而，这些高效的人工智能算法和无处不在的数字监视，在造成战场失衡的同时也对普通民众带来了严重伤害，甚至可能破坏国际和平局势。[②] 由此可见，进入人工智能时代以来，科技创新所带来的风险和隐患远比传统犯罪带来的危害要严重得多，并持续性对人类社会产生重大影响。自动驾驶领域持续性的发明创新和技术更迭，让低能耗、高效益的全自动化时代不再遥远。但屡屡发生的自动驾驶汽车危害行为，也让人们产生了技术发展侵害社会安全的担忧，科技创新与法益保护的关系并非如想象那般容易把握。如何兼顾二者实现利益最大化，是防控人工智能时代刑事法律风险最重要的命题之一。

目前，学界对于人工智能的发展存在"科技发展优先论"与"法益保护优先论"两种观点。"科技发展优先论"主张科学技术是第一生产力，基于刑法之谦抑性应让步于科技发展，刑法应当适度排除或减轻相关主体的刑事责任。该论断的合理性在于科技创新深刻改善了人们的生产生活方式，是一个国家自立、自强的动力和源泉。该论断也存在一定局限性，主要表现为科技创新加剧了犯罪带来的社会危害性。社会危害性是犯罪的基本特征之一，在刑法中，它首先体现的是行为对社会秩序和社会关系的严重破坏。[③] 科学技术的进步让传统犯罪的形式趋于复杂化和专业化，犯罪所危及

---

① 姜涛，刁永超.自动驾驶汽车涉罪的归责难题及其解决方案［J］.学术界，2021（05）：149-164.

② 都保杰.谷歌与美国军方合作 AI 项目，人工智能武器化何去何从？［EB/OL］.（2018-06-01）［2024-04-11］.https://www.sohu.com/a/233740709_99970711.

③ 王雅佳.科技创新风险的刑法规制：实践、理念与范式［J］.科学学研究，2020（4）：714-722.

的范围的不断扩张。例如，传统交通事故中一般只有驾驶员违背道路交通安全运输规范，才会造成财产损失和人员伤亡的危险。而涉自动驾驶汽车犯罪中，黑客仅需远程篡改自动化驾驶系统的初始指令，就能操纵车辆进行大规模滥杀行为。由此可见，科技成果的转化总是伴随着新的风险，过度鼓吹"科技发展优先论"可能导致不法分子不断突破法律底线和道德观念，实施违法犯罪的旗号，进而产生叠加性的、难以量化的危害结果。

"法益保护优先论"则强调犯罪的核心在于对法益的侵害。当科技创新触及并损害了刑法所保护的法益，必须动用刑法手段进行干预和治理，发挥刑法的机能。该论断的逻辑性主要在于科技创新的风险呈现出一种不确定性的发展趋势，为尽可能降低技术风险转化为实害结果的可能性，具有严厉惩戒性的刑法理所当然成为不二选择。但该论断的弊端也是显而易见的，以自动驾驶汽车为例，自动化驾驶系统的面向不再是驾驶员一人，而是涉及研发者、生产者、销售者、智能网联平台的管理者、随车安全员等多方主体，这导致与其有关的价值位阶衡量标准更加复杂。"法益保护优先论"或将导致研发者、生产者因畏惧刑罚而不敢打破思维桎梏自由创新，智能网联平台的管理者、随车安全员因惧怕刑事追责而怠于行使管理权限，汽车使用者因害怕刑罚惩戒而对自动驾驶技术失去信心种种，最终滞后于其他国家的科技创新水平。

"一个时代有一个时代的使命，一个时代有一个时代的问题；时代的快速发展要求刑法理论必须适时跟进。"[①] 总之，刑法法益保护与科技创新发展之间的关系是复杂的，如何对科技创新活动中各方主体的不法行为给予客观、公正的评价，如何让刑法在面对人工智能的冲击时仍不断调适自身理论并保持先进性，如何在价值规范的指引下不断更新自身的立法规范进而为科技创新发展提供正向支持，是人工智能时代刑事立法必须予以重视的论题。

除此之外，在司法实践中，基于自动驾驶汽车交通事故呈现出新的变化：如案涉主体过多导致司法鉴定耗费时间长、资金投入更多；自动驾驶"算法黑箱"的介入导致鉴定结果准确性降低；自动驾驶程序复杂依赖于车企主动配合调查，如果车企消极配合案件调查不仅可能让罪犯逍遥法外，更可能产生冤假错案，破坏国家机关的司法公信力等，也为破解自动驾驶汽车危害行为的刑法适用问题增加了难度和成本。

① 刘艳红.刑法理论因应时代发展需处理好五种关系［J］.东方法学，2020（2）：6–19.

四、应对自动驾驶汽车危害行为的刑法完善路径

（一）梳理自动驾驶汽车危害行为的客观归责路径

长期以来，我国刑法理论界对于因果关系的界定一直存在分歧，特别是必然因果关系说与偶然因果关系说之间的争论尤为激烈。但随着社会经济的发展，以上思路逐渐暴露出脱离行为实施的具体条件而孤立考察、局限于事实判断而缺乏规范判断等缺陷，我国学者对此进行了批判和反思，进入向德日刑法理论学习的转型时期。在此背景下，德国刑法学者罗克辛提出客观归责理论，即客观构成要件的归责过程分为两个紧密相连的阶段：首先，在第一阶段，我们需要详细阐述因果关系理论，以明确行为与结果之间的逻辑联系；随后，在第二阶段，我们将进一步探讨其他的归责要件，以确保归责的准确性和公正性。具体而言，客观归责的方法论应满足三个条件：第一，行为制造了不被允许的风险；第二，行为实现了不被允许的风险；第三，结果不超出构成要件保护范围。[①]对结果归责的前提是先根据经验判断哪个行为是导致结果发生的原因，然后用规范的眼光来判断结果应该归属于哪个行为。事实的条件关系是建立在存在的基础之上，它既要求我们在事前对危险进行准确的创设判断，又需要在事后对危险的实现进行审慎的评估。同时，通过对事实危险与规范危险的类型化分析，我们能够构建一个系统化的归责基准，从而确保归责的准确性和公正性。[②]满足上述条件时，因果关系方可成立。就自动驾驶汽车危害行为而言，适用客观归责理论更有助于辨明行为与结果间的因果关系。原因系涉自动驾驶汽车犯罪中相关主体基于直接故意的心理状态创设了法律所不允许的危险，通过客观归责理论可以真正解决因果关系和结果归属的内容。

1. 引入客观归责理论具有正当性

如前文所述，自动驾驶汽车作为人工智能时代的杰出成果，不仅表现出诸多现实风险，还暗含了许多潜在风险。为了应对未然的风险，刑法在有所担当的同时不得已临危受命，作为首要手段实现预防犯罪的诉求。诚然，现代刑罚制度能够在绝大程度上保护社会免陷风险的泥沼，但作为人民民主专政的社会主义国家，不加区分适用刑法反而会使得人民群众的合法权益受到侵害。[③]

① 周光权.观归责方法论的中国实践［J］.法学家，2013（6）：108-126.

② 山中敬一.刑法总论［M］.台北：成文堂，2015：260.

③ 张明楷.刑法在法律体系中的地位——兼论刑法的补充性与法律体系的概念［J］.法学研究，1994（6）：50-56.

在风险的控制上，客观归责理论立足于风险本身的客观事实状态，重点干预社会中已经出现的类型化的重大风险并对其结果展开责任归属。[①] 这一点与自动驾驶技术的发展进程相契合，因为技术的发展总是同已然风险和未然风险如影相随。运用客观归责理论对已然的类型化风险进行区分干预，在刑法中留下一部分"特区"，既可以满足社会大众对安全的期待，同时实现科学技术的长远发展。

2. 利用客观归责理论对结果责任归属进行规范判断

其一，行为制造了不被允许的风险。自动驾驶汽车存在多种风险，但并不是每一种风险都会被刑法所评价。客观归责理论的首个条件就是"行为制造不被允许的风险"，而造成自动驾驶汽车危害行为发生的人为原因基本可以概括为，研发、生产、销售以及使用这四个环节，据此可以限定"实施了法所不允许的危险"的成立范围。[②]

其二，行为实现了不被允许的风险。客观归责理论是将归因与归责判断分离明确区分开来，从而有助于清晰地界定事实判断与价值判断的不同范畴。在自动驾驶汽车危害行为中存在多种介入因素，具有现实意义上的危险行为不一定会连接到实害结果的刑法归属之上。利用客观归责理论可以排除行为人没有结果预见可能性或避免可能性等阻却事由，进一步限缩刑法的保护范围。

其三，结果不超出构成要件保护范围。在自动驾驶汽车危害行为中，存在"人机混合驾驶"（L3 ~ L4 级自动驾驶汽车）和"完全自动驾驶"（L5 级自动驾驶汽车）两种驾驶模式。从结果来看，如果驾驶员不知道自动化驾驶系统出现故障导致制动踏板失灵而发生交通事故的，造成行人、乘客死亡，那么必须承认被害人的死亡结果与刑法的保护范围一致。从行为来看，"人机混合驾驶"模式下驾驶员仍需执行行车后援接管任务，故其行车前必须对技术系统进行形式性安全检查。如果"人机混合模式"下驾驶员因未对技术系统进行安全性检查而发生交通事故的，那么应当认为驾驶员疏忽大意的不法行为可以连接到实害后果，应依法承担过失犯罪的刑事责任。而"完全自动驾驶"模式下的汽车不需要驾驶员执行任何行车操作，甚至车辆无需配备随车安全员，因此驾驶员行车前是否对技术系统进行形式性安全检查不在刑法适用范围内，驾驶员不需要对被害人的死亡结果承担任何责任。

综上所述，针对自动驾驶汽车可能产生的危害行为，采用客观归责理论能够确保检验标准的严格性和实用性。通过多重标准的反复检验，我们能够确保归责过程无遗

---

① 蔡仙. 自动驾驶中过失犯归责体系的展开 [J]. 比较法研究，2023（4）: 65–81.

② 姚瑶. 人工智能时代过失犯理论的挑战与应对——以自动驾驶汽车交通肇事为例 [J]. 浙江社会科学，2022（12）: 59–67.

漏，从而更加精准地判定责任归属。① 此外，还能排除一些不值得刑法所保护的风险，预防刑法的前置法倾向，引人客观归责理论兼具合理性和正当性。

（二）重构自动驾驶汽车危害行为的主观归责路径

本节所论述的自动驾驶汽车危害行为之主观归责问题，主要是围绕研发者和驾驶者的主观罪过展开论述的。原因在于 L5 级完全自动驾驶汽车与其他车辆的显著区别就是研发者的支配力从生产领域延伸至使用领域，贯穿自动驾驶汽车的全生命周期。然而，对自动驾驶汽车具有支配力的他方主体并非仅限于研发者，使用者的介入导致对研发者所造成的危害结果的主观罪过认定产生了不确定性和复杂性。故意犯和过失犯的区别在于，故意行为所引起的法所禁止的风险是行为人主观意志的表达，因此，判断故意犯罪的结果能否归责于行为人，关键在于考察在结果发生之前，行为人是否始终保持着对行为的意志支配能力。② 而犯罪过失则为行为人基于合法行为所生产或使用的自动驾驶汽车，因他方意志的介入导致无法履行其注意义务，引发了客观上严重的危害后果，行为人对该危害后果应承担相应的过失责任。

1. 故意犯罪

依据现行《刑法》第十四条之规定，犯罪故意指的是行为人明知其所为将引发危害社会的后果，却仍期望或纵容此结果发生的心理状态。就研发者利用自动驾驶汽车实施故意犯罪的表现形式，具体又可以分为基于实施犯罪而研发并投入使用的自动驾驶汽车和不以实施犯罪而研发并投入使用的自动驾驶汽车。

当研发者以实施犯罪为目的生产出自动驾驶汽车，并寄希望于汽车在行驶过程中造成严重危害后果，且满足相应的犯罪构成要件，可以认定研发者的心理状态为直接故意。具体而言，研发者实施故意犯罪主要有以下几种情形：其一，研发者明知车辆在使用阶段必然会造成危害后果，仍希望危害结果发生；其二，研发者明知车辆在使用阶段可能会造成危害后果，仍希望危害结果发生；其三，研发者明知车辆在使用阶段可能会造成危害后果，仍放任危害结果发生。③ 但需要指出的是，当研发者基于实施犯罪的目的而研发的自动驾驶汽车，其只符合第一种情形，即研发者在设计、研发阶段故意输入具有引发杀人或伤害后果的指令，从而制造出必然产生危害后果的犯罪工具，才能成立犯罪故意。原因系第二、第三种情形时，若研发者明知自己设计的产品将必然导致危害

① 杨绪峰.条件说的困境与结果归责的类型化［J］.中国刑事法杂志，2015（4）：12–36.
② 喻浩东.论故意犯的结果归责：反思与重构［J］.比较法研究，2018（6）：134–151.
③ 刘宪权.涉人工智能犯罪中研发者主观罪过的认定［J］.比较法研究，2019（4）：101–110.

结果，却仍坚持实施该行为，这足以证明其处于"希望"的心理状态，即研发者对此持有积极肯定的态度。当研发者的心理状态表现为"可能"或"放任"时，他们对于自己所设计行为可能导致的危害结果既未表现出明确的肯定态度，也未表现出否定态度。这种态度通常出现在研发者对于自身行为可能引发的危害结果仅具有可能性认识的情况下。综上所述，若研发者以实施犯罪为目的设计人工智能，并且他们明知且希望人工智能行为可能导致的危害结果，那么他们的心态应被认定为"直接故意"。

若研发者并非以实施犯罪为目的生产自动驾驶汽车，那么应当排除其对于自动驾驶汽车可能引发的危害结果持有"希望"这种心理状态的可能性。同时，由于并未设定必然导致危害结果的指令，我们同样应当排除研发者对于自动驾驶汽车可能引发危害结果具有必然性认识的可能性。因此，该情形下研发者不可能成立"直接故意"。但与此同时，研发者也不可能"间接故意"，原因是研发者在设计自动驾驶汽车时并未产生任何是自动驾驶汽车引发危害结果之要素。因此，在研发者并非以实施犯罪为目的生产自动驾驶汽车的情境下，从根本上来说，无法构成"犯罪故意"。至于是否可将其认定为"犯罪过失"，将在后文进行详细分析与阐述。

2. 过失犯罪

依据现行《刑法》第十五条的规定，过失犯罪指的是行为人应当预见到自己行为可能产生的危害社会后果，但因疏忽大意未能预见，或虽已预见却轻信能够避免，最终导致这种后果发生的情况。过失犯罪的前提在于违反了注意义务，这包括了对结果的预见义务和对结果的回避义务。因此，在涉及自动驾驶犯罪的情境中，判断研发者是否存在过失的关键在于明确界定具体情境下相关主体所应承担的注意义务范围。[①]

就自动驾驶汽车研发者而言，其承担注意义务的法理依据应当来源于以下三个方面：其一，交通类法律法规的义务。马克思曾说："你们的法不过是被奉为法律的你们这个阶级的意志一样，而这种意志的内容是由你们这个阶段的物质生活条件所决定的。"法律是阶级意志的产物，具有强制性，与此同时法律也具有义务性，任何法律主体都必须遵守，自动驾驶汽车的研发者当然应在法律明确规定的范围内遵守注意义务。其二，自动驾驶行业规范的义务。与传统汽车行业相比，自动驾驶汽车行业始终处于保护性壁垒中运行，对车辆安全行驶的安全性要求更高，必须依照更为严格的行业规范以避免交通事故，因此对研发者注意义务的要求更高。与此同时，由于较高的行业准入门槛和专属供应商的排他关系组成了行业发展的外部壁垒，因此行业内部的规范则相对简明扼要，这也是基于自动驾驶尚处发展初期鼓励技术发展之必要。行业

---

① 赵司聪. 论自动驾驶的刑事风险及应对［J］. 北方法学，2022（2）：132–142.

规范基于全局性视野，宏观把握技术发展现状并为行业发展指明前进方向，可以填补法律法规尚处空白之处。此外，鉴于技术标准制定过程所受行政干扰小于行政法规、行政规章的客观事实，应当认为行业规范可作为空白罪状补充规范，不会导致法律专属主义担忧的行政权力肆虐危险。[①] 其三，研发者对产品的承诺。出于市场推广的需要和职业道德的约束，研发者对产品的承诺通常高于一般性的交通类法律法规和相对严格的自动驾驶行业规范要求。例如，特斯拉开启自动驾驶必须以驾驶员双手放置于安全盘上为前提，并在行驶过程中持续性触摸方向盘。[②] 研发者对产品的要求与规范，虽然不是法律，却是具有约束力的承诺，体现了其对自动驾驶汽车引发风险的预见程度与监测能力。[③] 与行业规范一样，将研发者的承诺纳入注意规范的依据，可以周延性限缩自动驾驶汽车引发的刑事法律风险，指导技术实现安全有序的发展。

需要指出的是，如果研发者已经尽到慎重勤勉义务，而自动驾驶汽车脱离研发者的控制自主实施危害社会公共安全的行为，当然不能将危害结果归咎于研发者，因为研发者主观上根本不具有预见危害结果的可能。人工智能时代是一个鼓励创新的时代，因此对于合法的限度内产生的技术风险，主观归责不宜过于严苛。涉自动驾驶汽车过失犯罪所带来的刑事归责问题，究其原因是在自动驾驶系统缺陷中判断生产者责任具有一定难度。在司法处理过程中，应当以处罚故意犯罪为原则，过失犯罪为例外，侧重于关注研发者对自动驾驶汽车的注意义务，且只有在刑法有明文规定的情况下，才能动用刑法处理研发者过失犯罪的违法行为。[④]

综上，研发者以实施犯罪为目的设计的自动驾驶汽车所造成的危害结果，应当认定研发者负有直接故意的犯罪心理。反之，研发者并非以犯罪为目的而设计自动驾驶汽车所造成的危害结果，应当综合注意义务和刑法之明文规定，认定研发者系出于过失的犯罪心理。

（三）分级构建自动驾驶汽车相关主体刑事责任认定机制

对于自动驾驶汽车而言，自动化驾驶系统等级越高，智能化程度也随之升高，因此自动驾驶汽车相关主体刑事责任的认定不可一概而论。L3 ~ L4 阶段下的自动化驾

① 冷必元. 论行业技术标准对空白罪状的补充［J］. 河南财经政法大学学报，2023（5）：68–79.

② GOLDSTEIN D, Autonomous Vehicles Will Drive Themselves-But They Won't Regulate Themselves［J］. *Hastings Business Law Journal*，2017，13（2）：242.

③ 彭文华. 自动驾驶车辆犯罪的注意义务［J］. 政治与法律，2018（5）：86–99.

④ 刘艳红. 自动驾驶的风险类型与法律规制［J］. 国家检察官学院学报，2024（1）：114–130.

驶系统具有明显的"工具属性"，不可能发展出"自由意志"，与自然人和单位存在本质区别，该阶段的自动化驾驶系统不具有成为刑事责任主体之可能性。但是 L5 阶段下的完全自动化驾驶系统通过环境感知、智能决策、协同控制等功能，可以超出人类编制和设计的算法和反应机制，自主感知周围环境并自发应对道路突发状况，可以实现由"他控"向"自控"的转变，此阶段下的技术系统具有成为刑事责任主体之可能性。另外，伴随着智能化程度的升高，不同等级下的自动驾驶汽车相关主体的刑事责任承担标准也存在差异。如研发者、生产者、销售者对于自动化驾驶系统的支配力随着技术系统自动化程度的升高而不断扩张，大数据平台运营管理人员的影响力越来越大，随车安全员的注意义务却随之降低。由此可见，分级构建自动驾驶汽车危害行为相关主体的刑事责任认定机制是十分必要的。

1. L3 级有条件自动驾驶汽车

对于 L3 级自动驾驶汽车而言，其无法超出人类编程和算法的设定独立实施危害行为，因而不具有刑事主体资格，学界对此并无争议。原因系 L3 级自动驾驶汽车本质上是通过运行简单算法从而执行使用者的单一指令，协助驾驶员完成驾驶任务的传统交通运输工具。因此，L3 级自动驾驶汽车只能作为犯罪工具加以利用，不具有成为刑事责任主体资格之可能。尽管 L3 级有条件自动化驾驶系统突破了 L1 ~ L2 级辅助自动化驾驶系统在某些算法上的限制，能够持续性执行动态驾驶任务，但系统仍需人工实时接管后援行车任务，无法在行驶过程脱离驾驶员控制而独立执行行车任务，故否定 L3 级自动驾驶汽车的刑事责任主体资格具有正当性。

从刑事责任分配来看，L3 级自动驾驶汽车危害行为的刑事责任与传统机动车辆交通事故的刑事责任在分配机制上是一致的，仍应由未尽驾驶安全义务的驾驶员，违反注意义务的研发者、生产者承担刑事责任。有证据证明智能网联平台运营管理人员恶意扰乱局域网导致汽车肇事的，抑或辅助驾驶人未尽安全监管义务的，应当承担相应的刑事责任。具体而言，当 L3 级自动驾驶汽车处于研发阶段时，研发者违反行业管理规范，开发不符合编程、算法运行技术标准的产品并造成严重后果的，触犯生产、销售不符合安全标准的产品罪。当 L3 级自动驾驶汽车处于生产阶段时，汽车生产厂商在自动化驾驶技术系统中掺杂低劣或盗版的算法程序，汽车销售金额达 5 万元但尚未造成实害结果的，可能构成生产、销售伪劣商品罪。当 L3 级自动驾驶汽车处于市场流通阶段时，销售者故意将 L0 ~ L2 级自动驾驶汽车宣传为 L3 级自动驾驶汽车，抑或销售者明知汽车存在质量缺陷却不主动告知且未积极履行下架义务，致使使用者陷入错误意识购买产品并造成严重后果的，可能触犯虚假广告罪；大数据平台的运营管理人员恶意扰乱局域网导致技术系统故障的，可能构成破坏交通工具罪、破坏计算机信息系统罪和以危险方法危害公共安全罪；辅助驾驶人未尽安全监管义务的，可能构成交通肇事罪、危险驾驶罪、妨害安全驾驶罪等。

2. L4 级高度自动驾驶汽车

区别于 L1 ~ L3 级自动驾驶汽车，L4 级高度自动化驾驶系统已经能够在动态驾驶任务中自动执行最小风险策略，车辆负担全部驾驶任务。然而，L4 级自动化驾驶系统仍然无法具备成为刑事责任主体之可能，因为在行车过程中高度自动化驾驶系统遭遇突发事故时仍对随车安全员或驾驶辅助人接管行车任务抱有期待。以安途智行推出的 RoboTaxi L4 级自动驾驶汽车为例，RoboTaxi 汽车搭载了优越的感知设备和先进的技术系统，充分具备"无人驾驶"的能力，但仍需配备随车安全员，尽管该安全员仅在紧急情况才会进行驾驶操作，绝大部分时间仅需双手置于腿上，眼睛直视前方。由此可见，L4 级自动驾驶汽车在运行过程仍未排除人为因素的介入，高度自动化驾驶系统仍然是"人机混合"的产物，不具备成为刑事责任主体的可能。

需要说明的是，由于 L4 级自动驾驶汽车存在两种行车状态，因此其危害行为的刑责认定也会存在细微差异。第一种状态是 L4 级高度自动化驾驶汽车在行车过程中突发紧急状况，请求随车安全员或驾驶辅助人执行后援驾驶任务但随车安全员或驾驶辅助人未注意到或过于信任技术系统的安全性能，随车安全员或驾驶员应当承担过失责任，即交通肇事罪。第二种状态是 L4 级高度自动化驾驶汽车在行车过程中突发紧急状况并请求后援接管，随车安全员或驾驶人注意到接管指令而拒不执行放任危害行为发生的，可能构成危险驾驶罪或妨害安全驾驶罪等。除此之外，L4 级自动驾驶汽车其他主体实施不法行为需承担的刑事责任不存在差异，如汽车研发者、生产者、销售者可能构成生产、销售不符合安全标准产品罪或生产、销售伪劣商品罪。有证据证明智能网联平台运营管理人员或黑客破坏计算机系统，抑或隐藏身份利用自动驾驶汽车在公共区域实施大规模滥杀行为等不法行为的，可能构成非法侵入计算机信息系统罪、破坏计算机信息系统罪、寻衅滋事罪、以危险方法危害公共安全罪等。

3. L5 级完全自动驾驶汽车

L5 级自动驾驶汽车可以单独成为刑事责任主体，理由如下：其一，以自动驾驶汽车不具有"生命"为由否定其刑事主体资格不具有合理性。根据我国现行刑法的相关规定，刑事责任主体只包括自然人和单位两种。自然人与单位的区别在于单位不具备"生命"，是一个依赖于成员而存在的集合体。然而，单位不具有"生命"却仍然可以成为刑责主体，这说明是否拥有生理意义上的"生命"并不是成为刑责主体的前提条件。当自动驾驶汽车发展到 L5 级完全自动驾驶阶段时，已跻身强智能机器人之列，不仅具备与自然人相似的独立自主决策和自我控制功能，而且在某种程度上，其决策机制甚至比单位的"整体意志"更接近自然人的意志。换言之，完全自动驾驶模式下车辆已经具备了自然人的辨认能力和控制能力，其作为强智能机器人比单位更接近于自然人。其二，"人格"的本质是自主的意志与意识。当L5级自动驾驶汽车通过深度学习发展出自主意志和意识，并在脱离程序控制的情况下作出具有严重社会危害性的行为时，应当承担起相应的刑事责任。[1] 正如英国"未来研究实验室"首席创新馆特雷西·弗洛斯曾预言："到2040年，机器人的犯罪率将超过人类。"尽管这个预言听上去像是天方夜谭，但从人工智能发展的进程来看，机器人犯罪率超过人类的可能性并不是零。以GhatGPT为例，其诞生之初所设定的功能是基于预训练阶段可读的模式和统计规律，消化人类文本而输出回答与对话。然而，实践中大型生成式人工智能大规模收集用户信息隐私并自动上传，除了侵害公民隐私权、著作权外已经产生了自主抓取、整合用户隐私信息并实施诈骗犯罪的苗头。[2] 其三，技术有着特定的社会历史属性，体现着社会关系和社会价值的内在规定性。[3] 从自动驾驶汽车的发展进程来看，完全自动化驾驶系统将在智能交通、智慧城市的建设中发挥巨大价值，势将掀起生产力与生产关系间的重大革命，实现由劳动价值交换向技术价值交换的完全转向，具有成为刑事责任主体之社会价值。综上，完全自动驾驶汽车交通事故系技术系统实施危害行为所致，可以由技术系统本身承担刑事责任。

由于L5级自动驾驶汽车是完全自动化驾驶，车上不再需要配备驾驶员、随车安全员，因此汽车使用者无需就自动驾驶汽车危害行为承担任何责任。其他主体实施危害行为构成犯罪的，与L4自动驾驶汽车致害行为归责不存在差异，如汽车研发者、生产者、销售者可能构成生产、销售不符合安全标准产品罪或生产、销售伪劣商品罪、重大责任事故罪；智能网联平台的运营管理人员或黑客若存在不法行为，可能涉嫌非法侵入计算机信息系统罪、破坏计算机信息系统罪、寻衅滋事罪，以及以危险方法危害公共安全罪等多项刑事罪名。

---

[1] 房慧颖.涉人工智能犯罪刑法规制问题研究［D］.上海：华东政法大学，2021.

[2] 高健.生成式人工智能易引发五类刑事犯罪［EB/OL］.（2023-06-06）［2024-04-11］.https://baijiahao.baidu.com/s?id=1767952635778356607.

[3] 王保民，武朝阳.人工智能技术异化风险的马克思主义法哲学探析［J］.自然辩证法通讯，2024（4）：31-40.

（四）树立科技创新与法益保护的协同理念

科技创新带来了诸多风险和隐患，并持续性对人类社会产生重大影响，刑法必然要介入社会生活。但这并不意味一旦产生风险的苗头就必须动用刑法，也不意味着任何风险都需要纳入刑法保护的范围。笔者认为，人工智能时代树立科技创新与法益保护的协同理念，需要构建二分法的底层逻辑结构。具体而言，科技创新分为两种：一种是应当受到刑法保护的商业秘密、科技成果等创新行为；另一种是名为"科技创新"，实为违法犯罪的恶劣行径。为贯彻落实总体国家安全观，必须合理界定刑法介入的限度，不断更新刑事法律理论和调适立法导向，引领科技创新在法治轨道上健康有序发展。

1. 保持谦抑的自动驾驶刑事法律风险防控

孟德斯鸠曾言："适中宽和的精神应当是立法者的精神。"[①] 刑法治理应保持谦抑性，与我国古代刑法"慎刑"思想是一致的，即在科技创新过程中尚未对公民人身权利或财产权利造成紧迫危险的违法乱象，应当转由民法、行政法等部门进行评价，以确保刑法介入的必要性和正当性。坚持适度预防的立法理念，适度收缩刑事立法权，才能在社会变迁中维护刑法秩序的安定性，并推动立法从活跃期平稳过渡到调整期。[②]

防控人工智能时代科技风险首先应当注重刑法与民法、行政法的衔接，完善行业技术标准和产品应用规则。目前，我国自动驾驶汽车领域的行业标准法规体系较为空泛，未充分考虑自动驾驶汽车犯罪涉及主体，对相关主体的责任分配更是尚未进行规定。其中，以《关于开展智能网联汽车准入和上路通行试点工作的通知》为例，该规范性文件仅对汽车生产企业应承担保证汽车产品质量和生产一致性主体责任进行了规定，尚未对使用者的妥善驾驶和注意义务责任、网络通信部门的信息数据安全保障责任、交通部门的备案监管责任进行明确。另外，我国自动驾驶汽车落地测试工作的立法规以地方性文件居多，且集中于对智能化程度较低的自动驾驶汽车进行规范。故此，完善自动驾驶行业技术标准具体可从以下几个方面作出努力：一是完善汽车生产技术标准。对于汽车行业来说，严格的生产技术标准是最前端的安全保障。自动驾驶汽车不仅对研发、设计人员制造机械、电子配件提出了更高的标准，还要求对自动化驾驶系统的预期安全性能进行多次测试、检验，生产出能够在行车过程中自动执行最小风险策略，有效防止危险的发生的汽车。汽车生产安全标准的制定还需要自动驾驶汽车的生产销售人员的配合，及时上传用户使用报告以便进一步优化用户体验或及时

① 孟德斯鸠.论法的精神（下册）[M].张燕深，译，北京：商务印书馆，1963：286.
② 贾宇.数字经济刑事法治保障研究[J].中国刑事法杂志，2022（5）：3-19.

召回问题车辆，降低对使用者可能造成的伤害。自动驾驶汽车搭载了各种传感器、控制器和执行系统，对生产安全提出了更高的要求，需要行业标准及时予以匹配、更新。二是制定网络数据安全标准。2022 年 3 月，我国工业和信息化部印发《车联网网络安全和数据安全标准体系建设指南》，对自动驾驶汽车数据的网络通信安全标准和数据安全标准等作出了具体规定，但仍缺少对局域网管理人员、司法机关人员保存、调取数据的保管形式、销毁方式、留存时间等问题进行细化规定。自动驾驶汽车的信息化特点导致了数据传输的高频化，使其系统必须与外部环境进行信息交互。这一特性不仅促进了自动驾驶汽车的高度智能化，但同时也带来了网络和数据攻击的风险。①故此，我国自动驾驶相关的网络数据安全标准仍需调整以适应技术的发展需要。三是加强汽车上路资质审核。汽车上路资质审核主要是指政府应当提高科技公司开展自动驾驶上路测试的准入门槛，加强对车企的持续开发能力、安全保障能力、跟踪观察能力、伦理自查能力和资金融通能力等能力的考察，防止车企滥用上路资质侵害公民权益或扰乱社会秩序。

需要强调的是，笔者主张从技术标准层面对自动驾驶汽车危害行为进行宏观防控，原因在于：首先，基于人工智能技术之发展进程与技术系统内部的未知性，在很长一段时间内我们难以制定体系性的法律规范。其次，尖端、前沿的自动驾驶技术的创新与产业发展需要各利益方的积极参与和热情维护，共同分摊科技风险。最后，从各国立法经验来看，初始立法宜粗不宜细，过细的法律规定无法适应新情况以及解决新问题的需要，反将制约自动驾驶车辆的研发、运营与产业发展。故此，初始阶段开展自动驾驶立法工作应尽量在宏观层面给予客观指导。即除专门法案除必不可少的强制性规范外，自动驾驶车辆立法应尽量保持规范化、体系化的发展趋势。

2. 坚持能动的刑法法益保护

法益是指有益于公民个人自由发展，或者是以此为目标的国家制度运转所必要的现实存在和目的设定。②近年来，非法植入基因编辑、克隆胚胎、AI 语音机器人诈骗等人工智能犯罪频发，已然超出现行刑法法益的保护范围。若立法在规定侵害法益的行为时遗漏了与醉驾等行为在盖然性上具有高度相似性的情形，那么坚守罪刑法定原则的结果将是放任那些本应受到惩罚但缺乏具体法律规定的行为。③为防控涉自动驾驶汽车犯罪，人工智能时代的刑事立法应当保持能动性和前瞻性。具体来说：现行刑

---

① 郑志峰. 自动驾驶汽车产品缺陷的认定困境与因应 [J]. 浙江社会科学，2022（12）：48–58.

② 克劳斯·罗克辛. 德国刑法学总论 [M]. 王世洲，译. 北京：法律出版社，2005：15.

③ 冯骁聪. "毒驾"行为的定罪困境及立法完善——以黄某"毒驾"案为切入点 [J]. 广西警察学院学报，2019（1）：8–13.

法相关条文可做出以下修改：

一是交通肇事罪。根据现行刑法第一百三十三条及相关司法解释，交通肇事罪的行为主体被明确界定为那些在从事交通运输或非交通运输活动中，违反交通运输管理法规并因此造成重大交通事故的人员。然而基于自动驾驶汽车关联主体的复杂性，自动化驾驶系统的研发、生产人员负有安全检测、漏洞修复、维护升级等义务，智能网联平台的运营管理人员负有数据监管、定期维护、排除干扰等义务，驾驶辅助人员和随车安全保障人员负有紧急情况下的后援接管义务等，以上人员因未尽安全监管义务导致发生重大交通事故的，在分清责任的基础上，应当承担刑事责任。故此，交通肇事罪应当将自动化驾驶系统的研发、生产人员，智能网联平台的运营管理人员，驾驶辅助人和随车安全保障人员列入犯罪的"一般主体"，并根据犯罪结果中发挥的作用力大小分配刑事责任。

二是妨害安全驾驶罪。基于近年来公共交通工具上乘客殴打司机从而导致重大安全事故的恶性事件频发，我国《刑法修正案（十一）》增设了妨害安全驾驶罪。妨害安全驾驶罪的行为主体通常为抢夺方向盘、殴打司机的乘客和未尽到容忍义务而回击乘客的司机。但是，就完全自动化驾驶模式下的车辆而言，不存在司机甚至也不存在安全员，此时因乘客抢夺方向盘或故意抢控汽车操纵装置而引发的交通事故，妨害安全驾驶罪法条的涵摄范围同样应进行一定程度的扩张。其中最重要的则是应对妨害安全驾驶罪中"使用暴力"的语义进行扩大解释。一方面，乘客使用"暴力"的客体应扩张至自动化驾驶系统。理由在于L5级自动化驾驶模式下，自动化驾驶系统已完全取代司机对交通工具的支配地位，此时对乘客暴力行为的容忍义务应显著降低。另一方面，乘客使用"暴力"应不仅包含抢控驾驶操纵装置，还应当包括恶意强制关闭自动化技术系统、故意使用电信干扰设备导致自动驾驶系统出现系统失灵等情形。

三是重大责任事故罪。对自动驾驶汽车的研发者而言，囿于完全自动化驾驶系统可能发展出自主意识，因此让研发者对一切因系统原因引发的交通事故承担刑事责任，显然与刑法之罪责自负原则相悖。此外，值得注意的是，我国刑法中关于产品质量犯罪的相关罪名均针对故意犯罪。然而，在自动驾驶汽车所引发的交通事故中，研发者和生产者的心态必然是"否定"的，即他们并未故意导致事故的发生。这与故意犯罪中行为人所持的"肯定"心态或"既不肯定也不否定"的心态存在明显区别。①因此，笔者认为对研发者的过失犯罪应以重大责任事故罪进行定罪量刑方能准确实现刑法的目的。原因如下：重大责任事故罪为业务过失类犯罪，与自动驾驶汽车研发者

---

① 邱兴隆.比较刑法（第一卷）[M].北京：中国检察出版社，2001：6.

基于程序缺陷引发交通事故所持的"否定"心态相吻合。其二，重大责任事故罪的实行行为是生产、作业中违反有关安全管理规范，这与研发者在生产过程中应负的安全生产义务相一致。其三，重大责任事故罪属于我国刑法分则第二章之"危害公共安全罪"，这与因程序缺陷损害公共交通安全的结果指向相同。对于完全自动化驾驶系统出现程序缺陷而引发的交通事故，对研发者适用重大责任事故罪兼具合法性和合理性。

总而言之，人工智能时代各项应用正在由"他控"转向"自控"，逐渐动摇了长久以来的"人类中心主义"理念，对现行刑法理论和刑罚法体系造成冲击。为防控自动驾驶汽车为代表的各项人工智能产品可能引发的刑事法律风险，刑法在保持谦抑性的同时，也应当予以前瞻性适度调整现有罪名的构成要件，避免因疏于防控人工智能危害行为，而造成刑事法律风险的外溢。

五、结语

埃隆·马斯克曾说："自动驾驶汽车的问题比人们想象的要简单，但也不是一个人苦干数月便能解决的，它更可能是需要数千人共同奋斗两年才会实现。"作为人工智能时代最大的应用场景，自动驾驶技术的发展正处于关键转折时期。一方面，实践中自动驾驶汽车危害行为屡屡发生，对传统交通事故的归责处理产生了一定的冲击；另一方面，刑事归责认定不清反向限制了科技创新自由发展的空间。如何摆脱自动驾驶汽车发展的"两难"困境，值得认真思考。

本文立足于自动驾驶汽车的运作机制，分别从纵向视角和横向视角梳理自动驾驶汽车引发的刑事法律风险。在此基础上，进一步从犯罪客观阶层和犯罪主观阶层把握自动驾驶汽车危害行为的刑法适用困境。最后，本文就如何摆脱刑法适用困境提出了可行性对策。囿于自动驾驶相关的案例样本数量较少，本文将研究范围扩张至人工智能犯罪领域，力求以前瞻性思维洞悉自动驾驶汽车各方主体的刑事责任认定问题，全局性谋划涉自动驾驶汽车犯罪的刑法治理路径，整体性推动科技创新与法治建设的良性循环。

自动驾驶技术的发展并非一蹴而就，而是需要基于先行、先试的广泛探索，经历长周期、宽领域、跨学科的研究推广，在可控风险的前提下，应对市场短周期波动的不确定性风险。自动驾驶的未来孕育着无限可能，作为法律工作者更应展开审慎而深入的思考，积极提出并解决技术进步所带来的各种法律问题，建立健全与其他部门的协作联合机制，力求在危机中谋求发展，在发展中取得进步。

03

主题三

知识产权新界域

知识产权全球治理中的中小企业融入全球价值链路径探索①

冯汉桥②

（湖南工业大学法学院）

[**内容摘要**] 生产的全球化深刻影响着知识产权全球治理结构和内容的发展。目前，知识产权全球治理结构出现多元化、去中心化的特点，治理职能从协调型向管理型、从产业导向型转向政策导向型转变，从单纯知识产权治理向相关制度领域延伸。知识产权全球治理中，涉及中小企业问题的治理机制可分为全球性国际组织、区域经济社会一体化组织和区域贸易与投资协定三类，在治理内容与方法的各有其特点，但仍存在有规制内容的框架性、规制平台的分散性、实施措施的非强制性和政策目标的不明确性等问题，其问题关键和完善方向是助力中小企业运用知识产权实现融入全球价值链的目标。中小企业在实现这一目标中面临进入困难、被限制在价值链低端、价值链龙头企业不能公平对待中小企业知识产权和政策支持不足等问题，知识产权全球治理向中小企业融入全球价值链友好型发展的关键举措，就是保障中小企业知识产权在全球价值链中的地位。

[**关键词**] 全球治理；知识产权；全球价值链；中小企业

---

① 本文系 2023 年湖南省社会科学评审委员会一般项目"湖南中小企业融入全球价值链的知识产权战略研究"（项目编号：XSP2023FXC022）阶段性成果。

② 冯汉桥，湖南工业大学法学院副教授，硕士生导师。

一、问题的提出

全球治理（global governance）是全球化的产物，是对全球性问题的国际规制[①]。知识产权全球治理规则是国际政治经济力量博弈的结果[②]。现有知识产权全球治理结构与机制主要由发达国家（特别是美国）主导建立，较多反映美欧等发达国家的价值和利益追求，而对于像中国这样的新兴经济体和广大发展中国家的诉求未能得到应有体现。习近平总书记 2016 年 7 月 1 日在庆祝中国共产党成立 95 周年大会上提出的："中国将积极参与全球治理体系建设，努力为完善全球治理贡献中国智慧，同世界各国人民一道，推动国际秩序和全球治理体系朝着更加公正合理方向发展。"实现公正合理的全球知识产权全球治理体系需要提出中国方案，这个方案不仅要反映国际社会发展的现实和需求，反映人类命运共同体的理念，还要找到正确的切入点，得到最大多数国际社会成员的接受和拥护。

现有知识产权全球治理体系对中小企业问题关注度不够，治理机制欠缺，与中小企业在各国经济社会中的地位很不相称。中小企业创新动力强，他们拥有全球知识产权数量的主要部分，如何充分发挥其经济社会价值，不仅关乎数量庞大的中小企业生存和发展，也关乎整个国际经济社会的发展格局。传统上产业竞争关注的是比较优势或产业集群，但现代企业竞争的关键是看企业在整个价值链中的位置以及整个价值链的情况[③]。对中小企业的政策支持应从扶持其国内成长向扶持其通过多种途径融入全球价值链转变[④]。中小企业知识产权在全球价值链（Global Value Chain，以下简称"GVC"）中的地位和作用目前学术和实务界的探讨均有不足，知识产权全球治理对该问题的规则更是难寻踪迹。在基本上由发达国家跨国公司主导的 GVC 下，如何发挥中小企业知识产权在其中的作用，如何防止其被不公正对待，应该是知识产权全球治理的一个重要发展方向。本文拟就此问题进行探讨。

---

① 罗兰·罗伯森.全球化：社会理论和全球文化［M］.梁光严，译，上海：上海人民出版社，2000：11.

② 万勇.知识产权全球治理体系改革的中国方案［J］.知识产权，2020（2）：17.

③ UNCTAD, Integrating Developing Countries SMEs into Global Value Chain, 2010：4.

④ 赵雅玲.中小企业融入全球价值链的政策创新研究——基于自贸试验区制度创新视角［J］.港口经济，2017（3）：29.

二、知识产权全球治理概述

（一）知识产权全球治理结构演进的社会基础

自 18 世纪 60 年代起开始的世界范围内的产业革命以技术创新突破为先导，也导致经济社会管理制度的一系列变革，由于技术本身具有的跨国流动性和促进技术发展的需要，知识产权制度得到快速的发展。第二次世界大战后，全球协作进入发展快车道，生产的全球化使知识产权制度的全球扩张成为必然趋势，各国纷纷建立了知识产权制度。联合国作为国际协调中心，大力推动知识产权全球治理体系的发展，1970年成立的世界知识产权组织（WIPO）和 1961 年成立的保护植物新品种国际联盟（UPOV）是其标志性成果，知识产权的全球治理体系由此基本成型。伴随着国际贸易与投资的迅猛发展，与贸易和投资有关的知识产权问题日益突出，成为知识产权制度国际治理的一个重点发展方向，在大量双边或区域保护的基础上，作为全球多边协议的《关税与贸易总协定》将知识产权问题纳入谈判范围，达成了《与贸易有关的知识产权协定》（"TRIPS 协定"），成为 1996 年 1 月 1 日成立的世界贸易组织（WTO）管理的一个多边协定，大大提高了知识产权的保护标准和保护强度。进入 21 世纪，世界格局发生了一系列重大变化，保护主义和单边主义有所抬头，创新和知识产权问题日益成为国家间竞争的重要手段，知识产权出现了政策工具化的倾向，知识产权规则竞争已成为大国竞争的重要内容[①]。针对特定对象的双边和区域知识产权治理机制大量出现，全球知识产权治理出现"碎片化"趋向。

（二）知识产权全球治理体系概览

目前，知识产权全球治理体系出现多元化、去中心化的特点，大致可分为以下四个体系：

1.WIPO 和 UPOV 体系

WIPO 涵盖了第二次世界大战前成立的各个单项知识产权联盟。作为联合国唯一管理知识产权的专门机构，WIPO 目前有 193 个成员国，41 个政府间国际组织和197 个非政府间国际组织成为其官方认可观察员（Accredited Observers），管理着 26个主要的知识产权国际条约，具有最广泛的知识产权国际协调职能。在处理成员间

[①] 李玲娟，温珂.新形势下我国知识产权全球治理环境挑战与对策建议［J］.中国科学院院刊，2019，34（8）：848.

条约争议方面，没有独立的争端解决机构和强制管辖权，只能在自愿的基础上诉诸国际法院管辖或国际仲裁。1994年成立了世界知识产权组织仲裁与调解中心（WIPO Arbitration and Mediation Center），在日内瓦和新加坡设立了二个办事处，用于处理成员国间私人间的知识产权争端。1999年，该中心又设立了"通用顶级域名争议国际中心"（UDRP），目前已处理超6万件域名争议。此外，该组织还直接受理专利国际申请，商标、地理标志、外观设计的国际注册，以便利知识产权的国际授权。UPOV是目前唯一协调植物品种权保护的全球性国际组织，到2022年6月，该组织共有78个成员（中国1999年加入）。

2.WTO体系

WTO目前有164个成员，该体系下的知识产权治理体系也具有全球性，涉及的是与贸易有关的知识产权问题。除了提高知识产权的保护标准和强化各国保护措施外，其与WIPO下的知识产权治理体系最大的区别在于提供了强制性的成员间知识产权争议解决机构（DSB），目前DSB已受理了44件关于该协议的争端（其中5件中国为被告方），这使其在影响各国知识产权制度方面具有举足轻重的地位。

3. 双边或区域经济一体化组织体系

双边或区域经济一体化组织体系主要包括两类：（1）各区域知识产权机构，目前有10个此类机构，均为WIPO的B类官方认可观察员。职能大致可分为两类：一类主要承担区域知识产权协调与授权职责，如欧洲专利组织（EPO）、欧亚专利组织（EAPO）、非洲知识产权组织（API）、非洲地区知识产权组织（ARIPO）、比荷卢知识产权局（BOIP）、海湾合作组织专利局（GCC Patent Office）等；另一类是知识产权辅助机构，如北欧专利协会（Nordic Patent Institute，NPI）为全球提供现有技术检索服务、维舍格勒专利协会（Visegrad Patent Institute，VPI）为PCT申请提供初步检索报告服务等。（2）双边或区域贸易一体化组织下的知识产权管理机制，主要指区域贸易一体化协定下的知识产权保护机制。此类协定众多，一般设有知识产权专章，将知识产权管理纳入条约管理的范围，以促进区域内知识产权保护的一体化。

4. 非政府国际组织体系

如国际保护知识产权协会（AIPPI）、国际知识产权联盟（IIPA）、国际商标协会（INTA）、非洲知识产权协会（AIPA）、东盟知识产权协会（ASEAN IPA）、国际知识产权律师联合会（FICPI）等，其活动领域十分广泛，主要承担学术研究、业务交流与培训、沟通政府与民间联系等职能，在知识产权国际管理领域发挥着重要作用。

（三）知识产权全球治理职能的演进

从知识产权全球治理体系在 19 世纪末叶建立以后，其职能一直在不断强化，其演进主要体现以下特点：（1）从协调型转向管理型。最初知识产权全球治理体系基本上属于协调各国知识产权制度，推动各国知识产权制度的建立和内容的一致性。随着国际社会经济条件的变化，知识产权国际管理技术援助、国际组织管理、国际授权、国际争议解决的职能不断完善。特别是相关国际知识产权组织相继建立，在这些国际组织框架下设立了各类专门性委员会或者部门，分担不同问题的管理职能，体现出明显管理职能强化的走向；（2）从产业导向型转向政策导向型。知识产权全球治理目标最初着力于保护产业竞争和创新发展，随着国际社会结构的变化，特别是新兴经济体的发展，知识产权成为国际竞争的一种重要手段，知识产权政策目标日益转向国家利益保护和打压潜在对手的方向，从协调本位开始转向取得不当竞争优势的歧路。（3）从单纯知识产权治理向相关制度领域延伸。知识产权全球治理的发展具有扩张性，已经打破单纯知识产权问题的界限，出现与国际贸易和投资、人权、环境、产业政策、中小企业等多个国际协调领域交叉管理的现象。

三、现有知识产权全球治理机制中存在的主要问题分析

（一）知识产权全球治理中涉及中小企业的三大机制简介

1. 全球性国际组织涉及中小企业知识产权的治理机制

在相关知识产权全球治理机构的职能拓展中，一个关注方向就是中小企业知识产权与企业发展问题。WIPO 作为知识产权全球治理最基本、最广泛的平台，关注与知识产权相关的诸多问题。为此，在该组织总干事下设立了 8 个工作部门，其中，"知识产权和创新生态系统部"下设立了"企业知识产权司"（IP for Business Division，原名为"中小企业和创业支助司"），是 WIPO 内与中小企业有关的知识产权事务管理中心，通过传播与中小企业有关的信息及运用工具，以帮助企业建立知识产权战略、实现中小企业知识产权的最大潜能。该部门的主要工作是提供取得、运用和保护知识产权的信息，包括提供如何撰写申请文件、如何取得知识产权融资、如何运用知识产权进入国际市场、如何解决相关争端等方面的出版物和培训。

WTO 有关中小企业知识产权治理有一系列出版物，但并未设立专门机构，这方面的工作主要交由国际贸易中心（International Trade Center, ITC）完成。ITC 于 1964

年在 GATT 框架下建立，现由 WTO 和联合国贸易与发展会议（UNCTAD）共同管理，其主要工作就是为发展中国家的中小微企业（MSME）提供国际贸易增长的机会，其工作领域包括创新产业、全球价值链等项目。在经济合作与发展组织（OECD）下设立了科技政策委员会和产业创新与创业委员会，在产业创新与创业委员会下专门设立中小企业与企业家委员会（Committee on SMES and Entrepreneurship），作为研究和协调各成员中小企业创新政策的专职机构，连续出版了各国的创新政策文件。

2. 区域经济社会一体化组织中涉及中小企业知识产权的治理机制

以欧盟为例，2021 年在欧盟委员会下设立了欧盟创新理事会和中小企业管理局（European Innovation Council and Small and Medium-sized Enterprises Executive Agency），其前身是欧盟中小企业执行局（Executive Agency for Small and Medium-sized Enterprises），其意在于将欧盟全部创新和中小企业问题合并管理，制定各类中小企业知识产权战略，协调与各相关部门关系，为中小企业提供各类服务，并承担为各类中小企业创新项目提供资助的职责。

再如，东盟（ASEAN）在 1995 年设立了东盟中小企业机构工作组（ASEAN SME Agencies Working Group，SMEWG），2016 年该工作组更名为东盟中小微企业协调委员会（ASEAN Coordinating Committee on Micro, Small and Medium Enterprises，ACCMSME）以扩大其工作范围和强化跨部门协调功能。东盟将中小企业发展作为其政策的优先方向，2016 年 ACCMSME 制定了《东盟中小企业发展战略行动计划（2016—2025）》，其主要目标包括促进生产技术发展和创新以及企业的国际化，使创新成为取得竞争优势的关键要素。为此，该行动计划采取了强化创新激励机制、促进知识产权意识和商业化能力、推动东盟原产地标志的商业化、强化东盟现有技术转化中心（Technology Transfer Centres）实现新产品商业化的功能等多项具体措施，近期并制定了中小企业融入全球价值链的计划[①]。

3. 区域贸易与投资协定中涉及中小企业知识产权的治理机制

现有区域贸易与投资协定一般较为关注中小企业问题，协定中一般包含有中小企业和知识产权专章，就此类问题的规定内容大致包括三个方面：第一，将促进中小企业成长作为协定主要目标之一。在《跨太平洋伙伴关系协定》（TPP）、《全面与进步跨太平洋伙伴关系协定》（CPTPP）、《美墨加协定》（USMCA）的序言部分、《区域全面经济伙伴关系协定》（RCEP）的《中小企业》部分均明确宣示：通过提升中小微企业参与并受益于本协定所创造机会能力，支持中小微企业的成长和发展。在 RCEP、

---

① 金丹. 东盟中小企业参与全球价值链研究［J］. 国际贸易，2021（5）：80–89.

USMCA 中，更宣示了中小微企业对经济增长、就业、社区发展、青年参与和创新的极端重要性。第二，成员间就中小企业知识产权和创新问题展开合作。在 RCEP 第十四章《中小企业》部分第 3 条规定了成员间合作的主要领域，包括改善中小企业市场准入以及全球价值链参与度、鼓励创新和使用技术、提高中小企业对知识产权制度的认识、理解和有效使用、共享加强中小企业能力和竞争力的最佳实践等。CPTPP 第十八章《知识产权》第 18.13 条规定了合作涵盖的领域和具体途径，特别强调成员间应就中小企业知识产权问题展开合作。第三，设立具体的合作机制。RCEP 第十四章、CPTPP 第十八章均规定成员应该就中小企业知识产权问题设立专门的联络点，以便利相关问题的信息共享。在 USMCA 中设立了知识产权委员会，其重要职责包括就与中小企业有关的知识产权问题交流信息，促进就相关问题达成协议。

（二）对中小企业融入 GVC 的推动不足是现有机制存在的关键问题

由于中小企业在一国经济社会发展中的极端重要性，中小企业知识产权问题应在国际知识产权治理体系中得到足够的重视和加强。现有知识产权全球治理机制在促进中小企业创新和知识产权运用和保护方面发挥了一定的作用。但是，由于在现有机制的形成过程中，中小企业的参与度和影响力有限，故未能充分反映中小企业的诉求，仍存在明显的不足，主要体现在如下几个方面：

第一，规制内容的框架性和不完整性。从现有主要治理机制来看，其规定具有原则性，实施措施也一般限于成员合作、提供相关信息和方法、鼓励交流有价值经验等，未能明确规制的目标、原则、领域和具体措施，不能满足中小企业知识产权问题的特殊现实需求。

第二，规制平台的分散性。中小企业知识产权全球规制存在诸多相互交叉的平台，没有集中统一的治理体系，也无统一协调的规制内容。这种"巴尔干化"的治理体系一般力量分散、缺乏力度，也加大了成员间实施的难度。

第三，实施措施的非强制性。全球知识产权治理体系中，有关中小企业问题的规则一般具有倡导性，也就是说，即使成员不实施相关规则，也不能诉诸其争议解决机制，其实施完全由成员在自愿基础上进行。

第四，政策目标的不明确性。没有明确的目标必然导致行动上的盲目性和实施成果的低效性。全球知识产权治理体系中，有关中小企业问题的政策目标不明确，具体实施中一般也仅包括提供信息帮助和金融支持等方向措施，缺乏具体、全面的政策方向性规范。

综上所述，现有机制存在的关键问题是对中小企业融入 GVC 的推动不足。在现有国际经济格局和环境下，中小企业发展面临许多难题，知识产权全球治理体系应做出明确而有力的回应。回应的方向应是多方面的，包括采取改善经营环境、提高政府服务水平、强化产业集群布局、促进投资与消费等举措，而帮助中小企业运用知识产权实现融入 GVC 是解决中小企业诸多难题的钥匙，应作为现阶段知识产权全球治理机制主要的发展方向。

四、知识产权助力中小企业融入 GVC 中的作用与面临的问题

中小企业进入产业链的难度很大程度取决于 GVC 的开放性[①]，其开放性取决于 GVC 的治理模式。GVC 中一般包含处于核心地位的龙头企业（lead firm），基本上是规模较大的跨国公司。按龙头企业类型的不同，GVC 可分为"生产者主导型"（如丰田汽车主导的产业价值链）和"购买者（贸易）主导型"（如代加工 OEM、WALMART 主导的价值链等）。Gereffi, Humphrey, & Sturgeon（2005）将 GVC 的治理模式分为五类：第一类为市场化价值链，双方虽然发生购销行为，但并无固定的协议联系，供应商的地位随时可能被其他人取代；第二类为模块化价值链，供应商提供定制化的产品，但购买商可通过提供标准化设备转向其他供应商，供应商的该产品市场支配力量有限。第三类为关联型价值链，供销双方具有高度依赖性，双方能较长时间维持稳定的供销关系。第四类为受限型价值链，小供应商高度依赖于特定的大买家，无法转向其他市场。第五类为层级化价值链，这是一种自上而下的结构，各方纵向整合在一起[②]。

（一）知识产权在助力中小企业在融入 GVC 中的作用

中小企业融入 GVC 主要包括四种模式：（1）代工模式。即中小企业只提供技术性劳务，不涉及自身知识产权，这是我国企业早期融入 GVC 的主要方式。（2）产业链配套模式。即为 GVC 核心企业提供上下游产品或配套服务，一般需要投入研发力量以实现高质量的技术要求。例如，我国科技型公司天津力神在 2000 年时，为外国一家公司配套生产电池并花很大成本通过了相关认证，但此时日本一家工厂生产出

① KANO, TSANG, YEUNG. Global Value Chains: A Review of Multi-Disciplinary Literature [J]. *Journal of International Business Studies*, 2020, 51: 577–622.

② GEREFFI, HUMPHREY, STURGEON T. The Governance of Global Value Chains [J]. *Review of International Political Economy*, 2005,12（1）: 78–104.

更大容量的电池，导致力神公司电池订货骤降，由此该公司认识到配套也不能单纯跟跑，要能领跑，不得不投入大量资金进行创新研发；（3）GVC 关键环节模仿创新替代，这是我国很多企业在"走出去"初期采用的创新战略模式。模仿创新能使中小企业以最小代价、最快速度、最广泛融入 GVC，也能不断促进企业创新能力的提升。（4）自主创新。也称为"率先创新"，一般需要较为雄厚的创新能力和大量创新投入，但其回报往往是巨大的，能够较长期和稳定地占据 GVC 中的位置。例如，美国 Solartex 公司本是一家小公司，2001 年因为发明了一种能吸收太阳能的纤维并取得一系列相关知识产权，现在已经成为一家相关领域产品的全球主要供应商。

世界知识产权组织的一项报告表明，技术、设计和品牌等无形资产（一般包含知识产权）在 GVC 中具有重要地位，消费者购买产品所支付价款的很大部分实际上是为其买单。无形资产决定着哪些企业能够在市场上取得成功，如何在不同区域分布生产任务，以及和谁结成商业伙伴，GVC 组织者对这些问题做出决定往往与其无形资产管理情况紧密相连。该报告还表明，2000—2014 年间，无形资产在产品价值中的平均占比达到 30.4，超过有形资产贡献价值的占比[①]。如图 1 所示，从产品价值增值过程来看，20 世纪 90 年代宏碁公司（Acer）CEO 曾提出制造过程的价值增值微笑曲线，制造过程贡献值占比的下降使这个曲线发生了有趣变化，无形资产在产品价值占比明显提升。

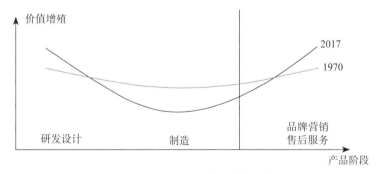

图 1　产品制造过程价值增值微笑曲线示意图

知识产权在助力中小企业在融入 GVC 的作用具体表现在：（1）创造商业机会。企业技术与品牌优势能够提高企业知名度，提升交易对象信心，赢得商业机会；（2）提高商业地位。知识产权增加企业商业价值，提高与交易对象谈判中的地位，便利外贸相关融资及其他政策支持；（3）保持竞争优势。知识产权的排他性能使权利人处于

①　WIPO. *World Intellectual Property Report 2017: Intangible capital in global value chains*［M］. Geneva: World Intellectual Property Organization, 2017 : 5

一定时期的垄断地位，有利于利用其独有性切入 GVC，也能帮助其稳定在 GVC 中地位；（4）促进在 GVC 中的升级。技术开发促进生产方法和产品升级，能够帮助中小企业进入价值链的更高端。

（二）中小企业知识产权在融入 GVC 中所面临的主要问题

1. 中小企业进入 GVC 困难

在各种 GVC 治理模式下，中小企业进入和升级均存在一定的困难。例如，在模块化价值链中，价值模块是依托知识产权、资本、技术等要素来构成的基因模块，基因模块间依靠半独立性、半自律性子模块的相互运动以及基因界面识别形成了模块基因组合[①]。在出现龙头企业产品升级或差异化产品时，中小企业很难做出相应调整。由于 GVC 中龙头企业数量有限并且大多在发达国家，而中小企业数量众多，意味着中小企业供应商进入时竞争十分激烈，而中小企业（特别是发展中国家的中小企业）由于技术、资金和管理结构的限制，很难进入。据世界银行 2020 年的一项研究报告，能够加入 GVC 的企业不到总企业数的 15%[②]。特别是行业技术标准的推行，中小企业由于资金技术的限制，往往改型困难，因达不到行业标准而被排斥在外。

2. 中小企业被限制在价值链的低端且升级困难

由于中小企业进入 GVC 的高度竞争性，其进入的条件和领域只能由龙头企业决定，而中小企业由于技能和基础设施的欠缺，往往被限制在原材料加工、零部件配套等低回报的环节，在向价值链高端（如产品设计研发、品牌营销等）进入困难重重。

3. 龙头企业不能公平对待中小企业知识产权

在跨国公司与中小企业交易中，往往对其自身知识产权收取过高的许可费，而对中小企业知识产权要么低价使用，要么不充分使用甚或不允许使用。另外，跨国公司往往通过开发替代性技术，使中小企业知识产权的市场价值贬低，或者取得对中小企业不公平的谈判优势。

4. 政策支持不足

主要体现在：对 GVC 的培训和研究不够，不能提供足够的相关信息资源，不能有效促进跨国公司与中小企业的联系；政府采购市场未向中小企业充分开放；对中小企业加入 GVC 所需开发经费的财政支持力度不够。

---

① 王熙元.创意产业模块化价值链体系构建与管理研究［J］.东南大学学报（哲学社会科学版），2015，17（增刊）：76.

② WORLD BANK. *World Development Report 2020: Trading for Development in the Age of Global Value Chains*［M］.Washington: World Bank Publications, 2020：58.

五、知识产权全球治理向中小企业融入 GVC 友好型发展的关键举措

知识产权全球治理体系对中小企业问题的关注依然不足，所能使用的政策工具更是有限，不能很好满足中小企业的期待和需求。基于 GVC 对中小企业的重要性，以及中小企业知识产权在融入 GVC 中的重要价值，全球知识产权治理体系发展的一个关键举措应是保障中小企业知识产权在 GVC 中的地位，以实现中小企业有效融入GVC，并能维持和提升其在 GVC 中的位置。具体而言，各类知识产权全球治理机制应采取更加有力的措施，在如下几个方面制定明确而具体的规则：

1. 完善知识产权全球治理体系，强化助力中小企业运用知识产权融入 GVC 的机制。加强分散的全球知识产权治理机制之间的协调和配合，明确各自发展的方向和重点，特别应定位各自在助力中小企业融入 GVC 中的作用途径，精准投放信息和金融资源，为中小企业运用知识产权融入 GVC 提供更多政策工具。

2. 改善 GVC 治理模式，保障 GVC 开放和中小企业自由和平等参与。成员应监督受其管辖的 GVC 治理结构（特别是 GVC 内知识产权分布结构），保障 GVC 信息的透明度和可及性，对于限制封闭型 GVC 进行必要的反竞争行为调查。对于运用强制性技术准入标准的 GVC，应对其可能对中小企业进入和维持 GVC 的影响进行充分评估，对于必要性不强而对中小企业进入 GVC 产生特殊困难的技术标准进行非强制化处理。进一步完善 GVC 中的知识产权管理，对龙头企业和中小企业的知识产权协调问题做出进一步规范和要求。

3. 对龙头企业的不公平行为进行必要控制。强化龙头公司履行公司社会责任意识，不得滥用市场权力。对龙头企业和中小企业间的知识产权交易进行反竞争行为审查，对龙头企业进行替代性技术开发进行必要限制，包括对以打压中小企业为主要出发点的技术开发强化反竞争行为管制。强化电商平台知识产权保护和反竞争行为，维持电商平台之间的竞争，为中小企业提供公平的进入条件。禁止龙头企业利用优势地位强制技术转让及在与中小企业联合开发中剥夺中小企业取得知识产权的合理权利。

4. 提供优化的知识产权服务和保护机制。提高法规政策透明度，为中小企业免费提供 GVC 知识产权检索，降低进入 GVC 的交易成本。为中小企业知识产权的授权、维持、转化和保护提供快速便捷通道。培育中小企业优势产业集群，提高进入 GVC 的整体竞争力。

5. 引入强制性争端解决机制以提高实施强度。在政府保障 GVC 的开放和中小企业自由平等参与、政府采购对于中小企业的开放程度，以及对于中小企业取得知识产

权的某些便利化措施（例如，对于经营较为困难的中小企业给予费用减免等）等方面，可以引入强制性争端解决机制，从而保证治理机制的有效性。

六、结论

知识产权全球治理体系的形成和发展有其深刻的社会物质基础，其与经济的全球化密不可分，也是国际政治和国际社会集团博弈的结果。现有知识产权全球治理体系总体反映出现有国际体系中占据主导地位的少数发达国家的诉求，客观上具有利于创新和公平竞争的有利方面。但是，国际政治在很大程度上受一些财力雄厚的跨国公司影响，知识产权全球治理体系也不例外，其对中小企业知识产权关注和支持不够，整体上更有利于那些处于全球价值链顶端的龙头企业（跨国公司），而中小企业（特别是发展中国家的中小企业）处于被动和不利的地位。中小企业往往被限制在 GVC 的低端，一般只能依附于这些龙头企业从事一些低回报的分工行业，很难向 GVC 高端升级。特别在当今保护主义和全球经济发展困难的条件下，中小企业境遇更加艰难。GVC 应为中小企业提供公平的机会，特别应该改变对中小企业知识产权的不公正对待。因此，知识产权全球治理体系应进行一些改革，应该关注中小企业的特殊诉求。中小企业知识产权是全球经济发展的重要动力资源，如何发挥其在 GVC 中的作用，保障中小企业知识产权在 GVC 中的地位，应是知识产权全球治理体系发展的一个重要导向。

竞争法视角下反网络爬虫技术利用的违法性认定

杨昌彪①

（重庆工业职业技术学院，西南政法大学企业法律风险防控研究中心，重庆401127）

[内容摘要] 网络爬虫技术与反网络爬虫技术本身具有中立性，但由于网络数据具有较大的财产价值成为重要的商业资源。网络爬虫与反网络爬虫二者博弈的背后是数据流通秩序与数据财产权益的竞争。在竞争法领域，有必要探究更为具体的法律规则，认定限制数据抓取行为的违法性，用以克服当下"商业道德""竞争秩序"等抽象原则诱发的司法适用困境。在竞争法领域的未来立法应确定客体类型化规则、损害结果确定性规则、主体关系判定规则以及主观故意识别规则构建限制数网络爬虫行为违法性认定的规则体系，克服司法裁量的不一致性，提升私主体数据纠纷解决与公共数据秩序保护的司法能动性。

[关键词] 反不正当竞争法；网络爬虫；不正当竞争；违法性

一、问题的缘起：限制网络爬虫行为违法认定的实践困局

随着互联网的发展，网络数据被赋予了重大的商业价值，甚至被誉为网络黄金。网络爬虫（Web Crawle）也被称为网络蜘蛛，是依据特定的规则抓取万维网页信息的程序或脚本。网络爬虫技术是一种数据收集技术，可以在未经数据主体许可下访问或获取大量数据。其运行需要依赖一套高效的下载系统，针对目标网页的信息数据，高速下载到本地并形成在线网页镜像备份。② 与此相对应的，反网络爬虫技术主要是针

---

① 杨昌彪，重庆工业职业技术学院讲师，西南政法大学企业法律风险防控研究中心助理研究员，法学博士，研究方向为经济法与环境法。

② 童云峰.大数据时代网络爬虫行为刑法规制限度研究［J］.大连理工大学学报（社会科学版），2022（2）：88.

对通过技术建立反网络爬虫的网络防火墙，进而限制爬虫技术的抓取。技术本身具有中立性，但是其被运用的场景却存在不同的法律风险。①

网络爬虫与反网络爬虫之争的本质是数据权益保护与数据要素流通的博弈。我国现有互联网平台的立法对此并无明确规定，许多规则的确定主要靠司法实践进行探索。通常认为，网络爬虫技术与反网络爬虫技术的冲突主要涉及一般民事侵权、不正当竞争、知识产权等，严重的还涉及刑事责任范畴。其中反不正当竞争法是解决此类案件的重要法律规范，在司法实践中被适用较多②，争议也较大，本文探究的对象也主要是在竞争法视域下网络爬虫与反网络爬虫的合法边界问题。司法实践中，对反网络爬虫行为的"合法性"裁定存在着截然相反的裁判观点，甚至同一法院同一时期的裁判结果也有所不同。③ 比如，2012 年著名的"3B 大战"，奇虎公司与百度公司就 360 搜索引擎是否因违反百度设置 Robots 协议限制抓取数据属于不正当竞争行为先后历经多案，2020 年 7 月，北京市高院认定"百度公司在缺乏合理、正当理由的情况下，以对网络搜索引擎经营主体区别对待的方式，限制奇虎公司的 360 搜索引擎抓取其相关网站网页内容"，构成不正当竞争。同样是北京高院，却在 2021 年 10 月份的"今日头条诉微博案"中，推翻了一审法院的判决，认定微博公司限制今日头条的抓取行为并无不当。

诸如此类相互矛盾的判决不止于此。由于缺少网络爬虫行为与反网络爬虫行为的直接法律规则，司法机关或是援引《反不正当竞争法》第二条"商业道德""诚实信用""扰乱市场秩序"等抽象性规定，通过自由裁量作出是否违法的裁判；或是根据具体的案件情况，援引行业或互联网交易习惯，判断是否构成限制市场交易的结果，进而作出反网络爬虫行为是否违法的裁判。由于不同案件的具体情形存在差异，司法机关的裁判偏好也有所区别，这是造成司法实践同案不同判的直接原因。

综上，因现有法律规则阙无，无法有效引导司法实践，亦无法界分网络数据权益保护与数据流通秩序，有必要对反网络爬虫行为违法性认定做深入研究。

---

① 袁康.金融科技的技术风险及其法律治理［J］.法学评论，2021（1）：115.

② 孙晋，冯涛.数字时代数据抓取类不正当竞争纠纷的司法裁判检视［J］.法律适用，2022（6）：112.

③ 此处的"合法性"主要探讨的是竞争法领域的合法性，即是否构成竞争法领域的不正当竞争，进而在此基础上探究反网络爬虫行为构成不正当竞争的认定条件。

二、反网络爬虫行为违法认定的利益冲突与解决路径之争

（一）反网络爬虫行为违法认定背后的多元利益冲突

一般认为，反网络爬虫与网络爬虫纠纷案件中，涉及的主要利益包括：经营者利益、消费者利益、社会公共利益。[①] 正是源于理论上存在多元利益的冲突，加之竞争法规范的阙无，造成了司法实践对反网络爬虫行为是否构成不正当竞争存在较大争议。

经营者利益一直在反不正当竞争法中占据核心地位，是反不正当竞争法的立法目的和价值取向。但这并不意味着所有经营者利益均可获得法律的保护，在反不正当竞争法的语境下，对经营者利益的保护只能是特定化的，也即经营者利益必须是合理竞争行为下的产物，而非是不正当竞争行为追求的对象。因此对经营者利益的表述，学界一直存在争议。有学者认为经营者利益应当属于交易机会[②]，还有一些学者认为经营者利益是可以从竞争者投资与回报之间的联系加以判断。[③] 质言之，经营者之间的竞争从根本上讲是为了增加己方竞争优势，提高交易可能性，并最终达到业绩增加的目的。因此从这个角度讲，经营者利益应该是能够为经营者带来交易机会，提升业绩的利益。例如在"生命源"诉"福运泉"不正当竞争纠纷案中，法院就将被损害的经营者利益解释为"剥夺他人竞争优势，影响市场销售业绩。"[④]

消费者利益是相对于经营者利益的不特定公众的利益，在反不正当竞争法发展的早期阶段，其通常被归为社会公共利益的范畴。直到互联网经济的快速发展的背景下，消费者利益才逐渐从公共利益脱离开来。其具体表现为消费者的知情权、自主选择权和隐私权。尽管我国在 2017 年反不正当竞争法修改后将消费者利益纳入了行为违法性认定的要素中，但立法仍未就消费者利益的可诉性做出回答，由此导致了法院在认定消费者利益时过于简单随意，往往一笔带过，缺乏对消费者利益受损的认真考量。

社会公共利益是反不正当竞争法保护的终极目标，如今已成为共识。由于经营者利益和消费者利益与社会公共利益之间的重叠性和复杂性，因此司法实践中有时会将经营者利益和消费者利益包含在社会公共利益当中。例如腾讯诉世界星辉案中，法院

---

① 许可.数据爬取的正当性及其边界［J］.中国法学，2021（2）：166.

② 王磊.法律未列举的竞争行为的正当性如何评定［J］.法学论坛，2018（5）：126.

③ 刘维.论网络不正当竞争一般条款的价值取向［J］.交大法学，2021（3）：25.

④ 参见北京市朝阳区人民法院（2003）朝民初字第 13361 号民事判决书。

认为社会公共利益既包括消费者利益，亦包括经营者利益。但持反对意见的理由认为，这三方利益应当是互相平衡从而构成"三元叠加"的保护目标。笔者认为，社会公共利益和个人利益（经营者利益和消费者利益）可以相互转化，但不能相互取代。社会公共利益作为一种具体、独立的利益存在形式，具有自己特定的主体和内容。在2017年修改的《反不正当竞争法》中，将社会公共利益表述为市场竞争秩序，但社会公共利益所包含的内容应当超越了市场竞争秩序，还涉及深层次的自由竞争和公平竞争等竞争法理念。

（二）反网络爬虫行为违法认定的解决路径之争

笔者将偏好于经营者利益保护的裁判路径归结为"私益优先"路径，指法院在审理不正当竞争案件时以保护经营者的数据利益作为裁判价值取向，在认定存在竞争关系后偏好于认定经营者采取的反网络爬虫行为不具有违法性。该解决路径的基本逻辑是通过对经营者之间的竞争关系进行判断，将与经营者有直接或间接竞争关系的经营者是否存在合理的竞争利益作为逻辑起点，围绕着经营者的竞争利益是否受损为核心展开论证。若其他经营者的爬虫行为造成了其竞争利益受损，则通常不认为反网络爬虫行为具有违法性，最终将适用反不正当竞争法中的一般条款认定该竞争行为违反了诚实信用原则和公认的商业道德。造成的利益损失包括：一是直接损失。认定该行为破坏了经营者的商业路径或正当运营，导致了原告经营者的商业优势被削弱，被告因此构成了不正当竞争；二是间接损失。即认定该行为导致原告经营者丧失了潜在的交易机会和相应的商业利益，因而行为具有不正当性。法院在采取这一方式论述时，通常喜欢以"搭便车"行为来形容被告经营者对原告经营者自身竞争优势的不当使用。因此在"私益路径"优先的情况下，法院一般较少地考虑消费者利益和社会公共利益等非直接相关主体的因素，过多地考量经营者利益而忽视了对行为正当性的认定。

相反，将偏好于包括消费者利益在内的社会公共利益的裁判路径归结于"公益优先"路径，这一路径重点考察反网络爬虫行为对市场竞争秩序的影响，若未扭曲或破坏市场竞争秩序，尽管爬虫行为造成了数据经营者利益的损害，也会因为行为对社会公共利益不构成损害从而不具备违法性。"公益优先"路径在司法实践中主要体现为非公益必要不干扰。以"禁止干扰＋公益例外"为逻辑结构，前者赋予所有网络产品极强的排他性，后者则为基于公益目的的排他性例外。该原则一经落地便引起巨大争议，一方面是该原则认为所有互联网不正当竞争行为的特征都是干扰行为；另一方面是该原则赋予了经营者绝对的排他性而忽视了互联网行业共建共享的行业特点，缺乏理论意义和可操作性。

通过对上述两种不同裁判路径的对比分析可以发现，前者的优势在于激励创新和保护私人财产权益，缺点则在于可能会限制竞争、损害消费者的合法利益，比如，获取共享数据的权利，再如消费者隐私泄露的风险；后者的优势在于将行为正当性的判断重新定位于行为本身，符合反不正当竞争法保护竞争而非保护竞争者的立场，缺点在于可能增加社会管理成本，损害制度利益。因此，有必要重新审视司法实践中这两种不同的裁判路径，寻找更为合理可行的利益博弈解决路径，以实现包括上述两个争议案件同案不同判的实践困局。

三、竞争法领域反网络爬虫行为违法认定路径的理据

正如上文所述，两类案例的裁判思路之争背后是多种利益冲突后的不同应对，即"私益优先"路径与"公益优先"路径之争，两者各有优势。竞争法的角度看，维护竞争秩序的"公益优先"路径显然更符合其立法目的，但经营者正当利益的保护同样也有利于鼓励创新与维护竞争利益。因此，两种解决路径本质上并不存在无法逾越的鸿沟。造成反网络爬虫与网络爬虫纠纷解决困境的根源是利益冲突博弈时具体规则阙无，违法认定的应然理据又是抽象的"私益优先"论与"公益优先"论。单纯分析利益冲突解决路径的争议，并提出新的利益冲突解决思路是必要的，但对进一步的违法认定标准的规则建构而言过于抽象，难有说服力。规范表达的前提除了回应利益冲突外，更重要的是刺穿利益冲突背后立法选择的深层原因，即能够明确行为违法的认定标准，摆脱利益冲突解决的简单逻辑。本文认为，有必要在两种路径的基础上探究反爬虫行为违法与否的具体要素，明确反爬虫行为违法的认定标准。

笔者认为反网络爬虫行为违法认定的路径选择宜克服"私益优先"与"公益优先"的抽象利益选择，在竞争法视角下将违法性认定标准或条件明确列出，增加规范适用的可操作性。当然，这并非忽视规则背后的抽象利益，而是在两者平衡保护的基础上明确规则制定的理据，进而完善《反不正当竞争法》的规范体系。笔者对实践中部分司法机关直接根据具体案件，结合行业习惯作出裁判并不认同。一方面，我国非判例法国家，在无明确制定法规则的情形下法院可以适度裁量作出裁决，但长远观之与既有制定法传统有冲突。[①] 另一方面，案情实践纷繁复杂，完全由司法机关根据具体案情比对并筛既提高了司法成本，对审判人员的要求较大，易造成同案不同判的结果。

---

① 胡云腾，于同志. 案例指导制度若干重大疑难争议问题研究［J］. 法学研究，2008（6）：3–5.

有必要在抽象的利益选择理论与具象的案件裁量之间探究指引反网络爬虫行为违法认定的理据。笔者认为可将构成要件论引入反网络爬虫行为违法性认定规范制定，即将此类行为是否构成不正当竞争按照构成要件论展开认定，包括违法所侵害的客体、实施的客观行为、实施主体以及其主观方面。具体理由如下：第一，实现多元利益冲突的平衡。将竞争秩序的公共利益纳入客体要件是反不正当竞争法部门法的基本要求，经营者的利益则可以通过其他要件判断对是否构成不正当竞争实现平衡保护。第二，实现纠纷的有效解决。构成要件论的优势既在于明确清晰具有可操作性，又在于司法机关适用熟悉便于运用，有助于降低司法成本提升司法裁判的一致性。构成要件论在刑法领域发挥了重要作用，为司法机关定罪量刑提供了重要依据。

对此可能有质疑，认为构成要件论源自刑法部门，引入竞争法领域并不合适。笔者认为此种观点看似有理实则是对构成要件论的误读，构成要件论虽是刑法部门的核心理论之一，但并不是刑法这一部门专属。构成要件是"法律构成要件"的简称，是指产生某一法律效果的基本要素。最早在沿革上，由来于中世纪意大利的"纠问程序"，并未专属于刑法。直到贝林在 1906 年出版了《犯罪论》一书，系统阐述了构成要件理论，赋予其实体法意义，使其成为近代刑法学实现教义学化的重要标志。[①] 一般认为构成要件论包括的客体、客观方面、主体以及主观方面，因归责时的合理性与可操作性，使其成为法律责任追究的重要形式被广泛适用，比如，民法中的侵权责任构成要件[②]、行政法中的行政责任构成要件[③]、经济法中的责任构成要件[④] 等，竞争法中运用构成要件论对反网络爬虫行为违法性认定不存在无法逾越的理论鸿沟。

综上，竞争法领域反网络爬虫行为违法性认定的路径可通过构成要件论予以展开，避免通过抽象的理论分析判断是否违反诚实信用或商业道德，规避在纠纷中直接进行抽象的利益选择。当然构成要件论如何在未来反不正当竞争法中具体表达才能将抽象的利益冲突具体化，精准实现反网络爬虫行为的违法性认定，还需要进一步探究。

---

① 陈兴良 . 构成要件论：从贝林到特拉伊宁［J］. 比较法研究，2011（4）：71.

② 王利明 . 我国《侵权责任法》采纳了违法性要件吗？［J］. 中外法学，2012（1）：5；梁慧星 . 中国侵权责任法解说［J］. 北方法学，2011（1）：5；朱晓峰 . 论人格权侵权责任认定中的构成要件与利益权衡［J］. 法学评论，2024（1）：98.

③ 伏创宇 . 行政立法不作为构成要件论［J］. 江汉大学学报（社会科学版），2013（4）：31.

④ 钟维 . 期货市场操纵构成要件论［J］. 法学家，2023（6）：72.

四、竞争法领域反网络爬虫行为违法认定的规范表达

（一）明确反网络爬虫行为对象类型化区分规则

根据构成要件论，在违法行为认定要件的应然构成中，笔者主张引入洛克劳动价值论对行为对象——数据本身进行类型化区分：在数据加工、分析、处理等环节付出了劳动和成本[①]，其中获得增值赋能的数据，对限制方经营者而言具有了商业价值，其限制行为应属于合法；数据控制者为获取数据资源付出的检索和维护等劳动，未对数据进行增值的，即使对限制方经营者具有商业价值，其限制行为应属于违法。

上述观点在各地的司法审判中得到了印证。作为客体构成要件的核心要素，数据的类型化区分应作为反网络爬虫纠纷案件审理考量的首要要件。"今日头条诉微博"案中，今日头条公司抓取微博数据后生成的"微头条"内容，抓取行为的对象正是微博公司通过采集、加工、分析后，利用平台流量推广出的数据内容，对微博公司而言，是其主要的经营业务，具有重要商业价值。因此，微博公司在不损害用户（消费者）正常使用的情形下，可以对这部分数据采取合法形式的限制措施。本案中，法院的裁判思路基本符合上述理论逻辑。法院在审判主文中认为，"网站经营者对数据的收集、整理等基本都付出了相应的人力、物力、财力和时间等经营成本。"同样的表述在"链家、贝壳诉推推99网、推推微店App"中也有所体现，法院认为"二原告长期、大量的资金、技术、服务等经营成本的投入下，建立、维护和不断扩充的具有相当数据规模的房源数据集合，已具有商业价值，属于其核心竞争利益。"[②]在"奇虎诉百度"案中，法院根据《互联网搜索引擎服务自律公约》作出"搜索引擎不应做限制抓取"的行业共识，认为百度反网络爬虫行为违法。笔者认同法院遵照市场原则作出裁判的做法，体现了互联网互联、互通、共享、开放的精神，为了保护公共利益，对搜索引擎做特别约定具有一定合理性。但是，该判决仍有值得商榷之处，因为搜索引擎对数据本身也可能存在增值赋能的情形，而且对限制方经营者来说同样具有商业价值。比如，通过技术投入，使被检索的数据排序靠前进而被更容易获取。经营者同样可以基于此获得相应的"广告收益"和"排序收益"，虽然搜索广告经常被消费者诟病，但不可否认的是，即便是本案的获胜方奇虎公司，同样存在"广告收益"的问题。因此，笔者认为，《互联网搜索引擎服务自律公约》维护公共利益的初衷是好的，

[①]　易继明.评财产权劳动学说［J］.法学研究，2000（3）：95–100.

[②]　参见北京市海淀区人民法院（2021）京0108民初9148号民事判决书。

但从实践来看，各搜索公司不过是以此为名，获取私人利益（广告收益、流量收益、排序收益等）而已。

在竞争法立法层面，也呈现出数据类型化的趋势。2022年11月，国家市场监管总局发布的《反不正当竞争法（征求意见稿）》中，对经营者以不正当行为获取其他经营者数据的类型进行了定义。该征求意见稿第十八条中强调："经营者不得实施下列行为，不正当获取或者使用其他经营者的商业数据，损害其他经营者和消费者的合法权益，扰乱市场公平竞争秩序。"在该条中立法者认为商业数据是企业的合法权益，他人不得随意侵犯。同时该条中对商业数据的定义也进行了相应的解释："本法所称商业数据，是指经营者依法收集、具有商业价值并采取相应技术管理措施的数据。获取、使用或者披露与公众可以无偿利用的信息相同的数据，不属于本条第一款所称不正当获取或者使用其他经营者商业数据。"由此可以得出结论，经营者在利用限制抓取措施防止其他经营者对自身占有数据的抓取时，其限制的对象应属于商业数据，非商业数据的限制将有可能造成不正当竞争行为。征求意见稿中认为商业数据应当具有商业价值，但商业价值的定义为何却未予以明确。笔者认为，为了契合互联网经济互联互通的精神及中央对数据共建共享的工作部署，对此处的商业价值应当做限缩解释，即该商业价值应当是经营者在依法获得的数据基础上做了进一步的加工、分析、整理，付出了相应的人力、物力或财力而得到的能为经营者带来商业利益的数据。或者是经营者合法获取的其他主体通过劳动方式得到的具有商业利用价值的数据，且经营者支付相应的成本。这样的认定方式将一些经营者由合法渠道获取到的，却仅付出了维护数据库等成本支出的数据排除在外，避免了企业不当扩大限制范围，造成信息孤岛现象甚至垄断风险，阻碍互联网共享经济路径的健康发展。

总之，通过司法实证分析，不难看出作为客体要件的数据，在司法裁判实践中呈现出类型化区分的态势。对数据本身进行区分，对初步符合商业数据特征的案件应着重进行审查，若该商业价值是限制方经营者在依法获得的数据基础上做了进一步的增值处理，结合其他构成要件进行判定，在不符合其他违法要件基础上，一般不认为限制行为违法。

（二）明确足以产生实质损害且造成抑制竞争的结果规则

在限制抓取违法性认定的构成要件中，损害后果包括了利益损害的直接损害后果与市场秩序损害的间接损害后果。在具体的适用中，如何有效识别直接损害后果与间接损害后果？笔者认为，通过分析典型案例，从保护合法利益与维护竞争秩序的二元立法目的上讲，在限制抓取纠纷案件中应重点把握以下两个基本要点：

其一，损害后果必须是实质性损害，具体损害后果的识别可以结合不同场景进行确定。在反网络爬虫纠纷案件中，其限制行为违法性认定的损害后果必须是实质性损害，即限制行为实际造成了相对方的无法实现抓取的后果或可能，若实际相对方可以获取该数据，则一般不应直接认定限制方的行为造成了损害后果。

在"今日头条诉微博"案中，两级法院在认定损害后果时产生了重大分歧。一审法院认为微博公司的限制抓取行为给今日头条公司造成了直接的损害后果，具有不正当性。但二审法院北京市高院却认为微博公司的限制行为并未造成实质性的损害结果出现。二审法院的理由基本上与本文的主张的发生实质性损害后果一致。二审法院认为从经营者利益上来讲，尽管微博公司在 Robots 协议中排除了"今日头条"平台的抓取，但该措施仅具有文字上的宣示效果，实际上今日头条公司通过自己的"Toutiaospider"网络机器人实现了抓取，并将抓取后的内容直接"移植"到"微头条"。微博公司限制抓取的行为未造成"今日头条"平台竞争利益受损的后果，不宜直接认定对今日头条公司造成了实质性损害。

其二，损害后果上要具备抑制了市场竞争的可能。除了损害结果需要具有实质性外，还需要对行为造成的市场效果进行考量。市场效果分为积极的市场效果和消极的市场效果，但并非所有的消极市场效果都需要竞争法的调节，只有当消极市场效果出现了抑制竞争的结果时，该行为才会被反不正当竞争法所规制。在"奇虎诉百度"案中，法院认为百度公司凭借其市场先入者的优势地位占据了大量的公共数据资源，后来者无法获取足够的公共数据，其利用 Robots 协议禁止或限制后来者踏入这一领域将有可能出现竞争力不足或竞争消失的情况出现，因而该损害结果可能导致抑制竞争的后果，因此需要予以规制；反之，在"今日头条诉微博"案中，法院认为即使微博公司在文字宣示上对"今日头条"设置了抓取限制，但"今日头条"依然完成了对"微博"数据的抓取，客观上并未出现抑制竞争的结果出现，故而其行为不构成不正当竞争。

综上所述，对客观方面中损害结果的考察，一方面是要考察其是否造成或足以造成实质损害结果，另一方面是要考察其市场效果在客观上是否产生抑制竞争的结果。只有在两个方面都符合条件的情况下，该行为才可能受到反不正当竞争法的规范。

（三）明确应重点考量是否具有竞争关系的主体规则

在竞争法领域，反网络爬虫行为违法主体应具备形式与实质要件。形式上，限制抓取的违法主体应是《反不正当竞争法》规定的经营者；实质上，竞争关系应是违法主体适格的核心考量要素。基于竞争法的立法目的，反网络爬虫纠纷案件的规制目的主要是实现合规有序的竞争。质言之，若反网络爬虫行为主体与网络爬虫行为主体之间并不存在竞争关系，此类纠纷案件不应该适用竞争法予以调整。

关于竞争关系作为主体适格的实质要件在司法解释中已基本予以确认。最高人民法院早在2004年就提出竞争关系是构成不正当竞争的要件，2022年最高人民法院《反不正当竞争法司法解释》第二条规定，经营者在生产经营活动中存在可能的争夺交易机会、损害竞争优势等关系的市场主体，人民法院可以认定为反不正当竞争法第二条规定的"其他经营者"。这一规定一方面强调了竞争关系作为网络爬虫行为违法的构成要件地位，另一方面将竞争关系明确为反网络爬虫行为违法的主体适格要件。

就司法适用而言，难点在于如何认定是存在竞争关系。上文两个经典案例为我们提供了样本，笔者认为可以作为未来反网络爬虫纠纷案件认定主体适格的裁判思路。两案是围绕纠纷主体登记的营业范围、营业场所、营业具体内容、市场机会以及市场份额作出的综合认定。在"奇虎诉百度案"与"今日头条诉微博"案中，无论是原告方还是人民法院，首先对主体适格进行了审查，这不仅直接决定了实体法上的适用区别，比如是适用《反不正当竞争法》，还是适用《民法典》抑或《个人信息保护法》等。在"奇虎诉百度"案中，法院认定奇虎公司与百度公司存在竞争关系，其理由是奇虎公司成立于2007年8月13日，主要从事互联网安全及搜索等服务，经营的互联网产品有360安全卫士、360搜索引擎（网址为hao.360.cn及www.so.com）及360浏览器等。360搜索引擎于2012年8月16日上线。百度网讯公司成立于2001年6月5日，百度在线公司成立于2000年1月18日，两公司共同经营的百度搜索引擎（网址为www.baidu.com）是国内知名的搜索引擎网站，同时还提供互联网内容服务，包括百度文库、百度知道、百度百科等。两者无论是在业务范围还是在市场竞争份额上看，无可争议地存在竞争关系，百度公司通过Robots协议对奇虎公司的360搜索引擎予以"特别限制"，事实上损害了奇虎公司的商业利益和消费者的选择权利。在"今日头条诉微博"案中，法院也是首先对两者所从事的经营业务范围做了审查与界定。而且，在本案中，法院尤其对两公司从事的经营业务进行了阐述，并提出两者不适用于《互联网自律公约》的原因就在于其经营业务并不属于公约中约定的搜索引擎，而是对"数据内容"的直接复制与移植，特别是在类似本案字节跳动公司的"Toutiaospider"网络机器人将抓取后的内容直接"移植"到"微头条"，实现对微博内容实质性替代的应用场景。①

综上，在竞争法领域反网络爬虫纠纷案件的审理应对原被告双方的主体进行审查，尤其是重点审查是否存在竞争关系。若两者之间并不存在竞争关系，人民法院不能适用本文所提出的限制行为违法认定的标准构成。若两者之间并不存在竞争关系，可能基于基础法律关系的不同适用不同的法律规范予以救济。

（四）明确反网络爬虫行为主体存在"故意"的识别规则

在反网络爬虫违法性主观方面构成要件中，对故意的概念理解上并无太大争议，主要的困境是在司法实践的要件判断上有较大难度。因此，笔者试图通过对以"奇虎诉百度"案和"今日头条诉微博"案为代表的反网络爬虫纠纷案件做进一步的分析。

其一，歧视性故意的争议与理解。在"奇虎诉百度"和"今日头条诉微博"两起案件中，原告方均认为被告针对己方设置的限制抓取措施具有故意歧视其他经营者的目的，但最终法院的判决却出现不同的情形。在第一个案件中，法院认为百度公司在禁止 360 搜索爬取其网页内容的同时，却允许其他同类搜索引擎网络爬虫对其网站内容的爬取，且在奇虎公司向百度公司致函公开表示希望"360 搜索"可以抓取其网站内容后，百度公司在合理期限内仍未予以回复并拒绝修改限制措施允许"360 搜索"的抓取。因此，从上述行为中可以推定得出百度公司在明知"360 搜索"希望抓取其网站内容的前提下依然采取限制措施拒绝"360 搜索"的抓取属于歧视性故意。但在"今日头条诉微博"案中，当"今日头条"声称自己旗下的爬虫受到微博公司的故意歧视时，法院没有支持"今日头条"的说法，尽管 robots 协议客观上可能造成对某个或某些经营者的"歧视"，但在不损害消费者利益、不损害公共利益、不损害竞争秩序的情况下，应当允许网站经营者通过 robots 协议对其他网络机器人的抓取进行限制，这是网站经营者经营自主权的一种体现。

从上述两案中法院对所谓歧视性故意的不同态度分析来看，无论是对所有经营者采取限制措施，还是对部分经营者采取限制措施，均可能构成不正当竞争。显然，从危害性的大小来看，限制所有经营者抓取数据的危害并不小于限制某个或某些经营者抓取，过于强调歧视性故意，势必会缩小对反网络爬虫行为的规制范围。所以，歧视性故意不应成为认定反网络爬虫行为违法的构成要件，但可以成为责任承担大小的考

---

① 一审法院认定事实：字节跳动公司成立于 2012 年 3 月 9 日，主要从事互联网信息服务、技术开发、技术推广等，其经营的主要产品为"头条网""今日头条"等。微梦创科公司（微博公司）成立于 2010 年 8 月 9 日，主要从事互联网信息服务、技术开发、技术咨询等。

量因素。

其二，主观故意的实践判定。从认定限制抓取违法标准的应然构成上讲，反网络爬虫违法主观上的故意识别并不存在难度，在意识层面把握"明知"并在意志层面把握"希望或放任"即可。但是在行为违法性认定过程中，基于主观意识的抽象性，使得司法实践中对主观故意的判定存在一定难度。刑法学界部分学者主张从客观表现判断主观心态具有一定参照意义。[①]笔者认为在反网络爬虫的司法审判中，通过以下几个客观表现判断行为人主观上是否存在故意：（1）对行为方面的认识。限制行为人对自己的限制抓取行为本身有明确的认识，通常表现是明知并积极设置 Robots 协议等限制竞争的技术障碍。简言之，就是限制行为人知道自己在干什么；（2）对行为损害后果的认识。限制行人对自己的限制抓取行为后果有明确的认识，明知自己的行为会造成损害其他经营者、消费者的利益，抑或使得自己获得竞争优势，扰乱竞争秩序。通常表现是在网络爬虫人、消费者或其他第三方明确提出利益受损的异议之后，仍然继续实施限制行为；（3）对行为对象的认识。通常表现在明知自己限制抓取的数据是可以公开获取的公共数据之外的其他数据。

---

① 张明楷.也谈客观归责理论——兼与周光权、刘艳红教授商榷［J］.中外法学，2013（2）：300.

个人信息处理行为的风险类型及其治理模式研究

朱　悦[①]

（杭州电子科技大学法学院；浙江汉鼎律师事务所）

[**内容摘要**] 国家数字化战略背景下，不同性质的数据处理者因商业或监管等需求，其所控数据范围正不断扩张，数据流通的场景逐渐丰富。在数据深度聚合与共享过程中，个人信息处理行为带来的典型风险主要有采集、泄露和滥用等风险。针对风险的成因及所涉业务模式，国际上主要形成了以基本权利为核心、以应用场景为核心、以协作执行为核心的治理模式。我国晚近时期的个人信息保护立法逐渐完善，但针对个人信息处理风险的防控，尚存在权责不清、动态化不足等问题。在充分考察我国个人信息处理者及其风险特点的基础上，应在立法、执法与经营合规过程中，促进个人信息处理风险识别义务的明确、风险防控的动态化、个人信息处理主体义务规范的细化，形成基于数据生命周期特点的风险综合治理模式。

[**关键词**] 个人信息；个人信息处理；风险防控；风险治理

数字经济时代，个人信息处理行为具有多样性和持续性。个人信息处理者日益增多，普遍存在于传统行业与新兴行业。我国《个人信息保护法》第四条第二款规定，"个人信息的处理"包括个人信息的收集、存储、使用、加工、传输、提供、公开、删除等，几乎可以涵盖信息生命周期全流程的所有行为。基于业务和技术的创新而逐渐丰富的个人信息处理行为，为信息安全与数据保护带来新的挑战。在数字经济背景下，各类主体对个人信息风险的事前判断能力和可行性下降，尤其是自然人无法因追求信息的绝对安全而完全远离数字经济的宏观架构和微观要素。因此，数据的高效率利用是实时的、显性的，而聚合数据中的个人信息面临的风险则是延迟的、潜在的，呈现出扩大化、跨阶段、过度连结等特点。具体表现为，普遍的个人信息处理行为使

---

① 朱悦，杭州电子科技大学法学院讲师，浙江汉鼎律师事务所律师，浙江大学经济法学博士。

个体被侵害的可能性增加；技术创新与业务关联可能使侵害行为的影响范围扩大。本文基于个人信息处理行为的风险及其制度供给的考察，将个人信息处理风险类型化[①]，探讨其成因及国际上的相关经验，结合我国立法的发展与现实需求，提出个人信息处理风险的治理路径。

一、个人信息处理行为的风险类型

（一）个人信息采集风险

个人信息利用的前提是存在于商业环境和社会治理中的个人信息采集场景。个人信息采集风险主要体现为违法采集和过度采集。[②] 在数据逐渐成为重要战略资源与生产要素的时代，企业之间的竞争也演变成了数据竞争。典型的个人信息应用包括市场营销和信用评估。在市场营销方面，企业通过记录消费者不断产生的信息，描绘消费者在互联网上的所有举动，通过采集消费者的上网痕迹来预测消费者需求，再以广告的形式为消费者提供符合其动态和偏好的产品或服务，是最早的采集场景。[③] 例如，腾讯丰富的产品线为其采集大量个人信息创造了条件。其中，门户网站、电子商务、腾讯视频等在为用户提供服务的同时，充分、完整地采集并存储着人们在互联网上的行为轨迹和其他偏好。腾讯以此为依据，向用户推荐更多相关的内容和服务。[④] 在信用评估方面，由于多维度数据可以更好地展示用户信用画像，且大多数信贷市场中储存的数据比较单一，于是很多信贷服务提供商获取个人的消费习惯、电子邮箱、地理位置等数据，综合评估个人的信用水平。个人信息的商业利用形成了数据人格，其中包括数据人格的初级塑造和深度塑造。初级塑造是指个人静态和动态数据的采集和整理；深度塑造是指利用初级数据的分析和预测。无论初级塑造还是深度分析，都源于日益增多的数据采集场景。

[①] 本文中的类型化并不是指生物学等学科中的"不重复、不遗漏"的分类方法，而是以法治现状和实际发生的案件为基础进行的重点风险类型分析，分类的标准包含如下要素：信息处理的阶段、风险对自然人的影响程度、与其他违法行为的联系、常见商业模式中个人信息处理司法案件的争议焦点等。

[②] 有学术观点认为，过度采集个人信息因违反合同约定或未经信息主体同意，也可视为违法采集。

[③] 涂子沛.数文明［M］.北京：中信出版社，2018：36.

[④] 侯贵强.大数据时代个人信息保护问题与法律对策［J］.西南民族大学学报（人文社科版），2015（6）：106–110.

新业态支持着更多数据企业，在数据合规体系尚未健全的情况下，部分企业未经用户授权擅自采集个人信息。例如，利用恶意软件、无线网络或在其他网站添加代码的方式采集个人信息，或者以将 cookies 植入网页的方式，跟踪用户的浏览记录、IP 地址，甚至用户名和密码。大部分采集行为并不为用户所知，用户也难以监督哪些企业采集了何种信息。可以说，无论用户是否授权，个人信息都会或多或少地被采集。还有一些企业虽获得用户授权，但也存在过度采集行为。在历年的工信部 App 专项整治过程中，大多 App 都曾被消费者投诉并存在强制授权、过度采集、超出约定使用目的利用个人信息等现象，尤其是电子商务、地图导航、快递外卖等常用的 App。移动互联网应用程序的隐私条款不完整、约定使用目的不合理、强制同意格式条款等问题无处不在。随着平台间普遍的账号共享和业务合作，地理位置、手机通讯录等数据成了普遍被过度采集的对象。^①绝大多数企业以概括授权的形式，索取用户的授权。企业以提升服务为由为过度采集个人信息寻找合理性。而用户难以证明隐私协议中哪些个人信息是与服务无关的。企业往往列出极为宽泛的个人信息采集范围，包括现有的应用场景以及将来的使用方式，以此获得最大限度的授权。在云存储等技术的支持下，企业可以更长久地保留这些数据，这将延续风险存续的时间。虽然立法与实践中强调数据最小化和必要性原则，但由于数据授权的法律性质尚有争议，知情同意的理论范围及其实际效果存在差异。^②

（二）个人信息泄露风险

个人信息泄露是指个人信息由于破坏、窃取或未经授权的访问而导致的数据秘密性或完整性受损。^③个人信息的违规采集是个人信息泄露和滥用的起点。^④个人信息泄露风险的增加，源于互联网的高速信息传播能力、众多参与主体以及个人信息为资源支撑的商业模式。我国网民规模的增加（尤其是手机网民的增加）和网络购物场景的丰富，为数据的形成提供了市场基础。个人信息流转过程中涉及大量的机构和个人，数据泄露事件也呈现出持续性、广泛性、后果难以控制等特点。个人信息在网络

① 刘裕，周毅，农颜清.网络信息服务平台用户个人信息安全风险及其治理——基于 117 个 APP 隐私政策文本的内容分析 [J].图书情报工作，2022（5）：33–43.

② 林洹民.论个人信息主体同意的私法性质与规范适用——兼论《民法典》上同意的非统一性 [J].比较法研究，2023（3）：142–154.

③ 叶名怡.个人信息的侵权法保护 [J].法学研究，2018（4）：83–102.

④ 王秀秀.大数据背景下个人数据保护立法理论 [M].杭州：浙江大学出版社，2018：43.

中的每个环节都存在泄露的可能性。^① 除了通过互联网泄露的个人信息，零散的数据泄露也造成了不容忽视的危害。^②

据有关调查结果显示，个人信息泄露有两个主要途径。其一是未经本人同意采集个人信息。相关企业在采集后未尽到安全保护义务，从而让第三方企业盗取了个人信息，或者采集者通过非法手段强行收集信息。其二是运营商或犯罪分子故意向他人披露、出售或非法提供个人信息。由于大型商业机构掌握着大量消费者个人信息，一旦数据泄露发生，将给个人造成巨大的影响。例如，美团平台个人信息泄露事件^③、招聘网站简历泄露事件^④ 和华住开房记录泄露事件^⑤。个人很难知晓自己的哪些数据已经被泄露，以及泄露的时间和途径。^⑥ 只有收到推销电话、骚扰短信、垃圾邮件、诈骗电话或者发现账号密码被盗，才知道个人信息可能已被泄露。个人信息泄露导致甚至积极促成下游犯罪的发生。^⑦ 个人信息泄露往往为网络黑灰产业提供了条件。^⑧ 个人信息泄露使个人遭受后续次生损害的风险陡增，即使我国立法已经将数据泄露纳入重点关注的违规行为，但个体在信息泄露后的权益救济仍然十分艰难。^⑨

（三）个人信息滥用风险

个人信息滥用风险大多发生在采集阶段之后。在利益的驱使下，个人信息滥用现象时有发生。数字经济时代个人信息被滥用的风险显著增加。

首先，大部分个人信息的利用都超出了用户所能理解或预测的范围。个人信息的商业利用不仅仅停留在用户及其对应产品的单一记录上，而是通过大量、多维度的数据进行关联和匹配，从而开发出更多的营销场景和利用的可能性。数据跨企业、跨行业之间的关联已具有普遍性，数据处理能力的增强以及用户数据量的积累，可以使企

---

① 个人信息保护课题组 . 个人信息保护国际比较研究 ［M］. 北京：中国金融出版社，2017：186.

② 例如，二手电脑和手机的网上贩卖商以极低价格出售原机主的信息。

③ 参见搜狐网 . 三重渠道泄露隐私数据，难道用户卸载美团才能自保？［EB/OL］.（2018-04-23）［2024-04-10］. https://www.sohu.com/a/229216672_116553.

④ 央视财经 . 给钱就可随意下载！智联招聘、猎聘等平台简历大量流向黑市［EB/OL］.（2021-03-15）［2024-03-13］. https://baijiahao.baidu.com/s?id=1694303487529673528&wfr=spider&for=pc.

⑤ 银昕 . "华住开房记录泄露案"该如何处罚［J］. 中国经济周刊，2018（45）：42-43.

⑥ 王雪 . 个人信息泄露的风险性损害之证成［J］. 南大法学，2023（3）：172-192.

⑦ 叶名怡 . 个人信息的侵权法保护［J］. 法学研究，2018（4）：83-102.

⑧ 王林 . 网络黑灰产业个人信息泄露是源头［J］. 中国报业，2018（23）：106-107.

⑨ 张茂月 . 大数据时代公民个人信息数据面临的风险及应对［J］. 情报理论与实践，2015（6）：60.

业更准确地掌握用户的行为习惯和需求，探索个性化、精确化和智能化的广告推送服务，形成高于传统广告数倍经济效益的新型商业模式。同时，企业可以通过控制个人信息，找到更有效的方式和途径来增加用户粘性、开发新的产品和服务、降低企业运营成本。[①] 个人信息应用目的和应用场景的扩张，滋生了个人信息滥用风险。例如，"大数据杀熟"即通过分析消费者的消费记录、浏览记录等数据判断其消费能力、价格敏感程度等，并以此为基础进行差别定价。这种数据分析和应用已超出企业营销和商务拓展的合理场景，涉嫌价格歧视，侵害了消费者合法权益。

其次，在数据聚合背景下，个人信息处理使得数据之间相互关联更加容易，数据合理使用与数据滥用的界限十分模糊。虽然预测消费者的需求并向消费者推送广告并不是数字经济时代才有的商业模式，且这些用来分析消费者需求的数据往往具有多个维度，其中有些数据并不属于个人信息，但商业活动中的数据分析和挖掘使数据关联的可能性大幅提升，可能使原本不属于个人信息的内容更容易与特定个人相关联，从而具备纳入个人信息保护的可能。数据量越大越有利于精准营销，越容易使消费者在某种程度上变成可追踪的"透明人"。这与传统营销对个人信息的利用程度存在质的差别。在互联网粗放经营的时代，广告以用户和点击量为支撑，电子商务和会员制服务以用户注册信息和支付账户为支撑。此时的数据基本是单一产品与用户之间的行为记录，缺少产品之间、用户之间，以及更复杂的产品逻辑和用户行为逻辑的数据。在数字经济时代，这些分析结果往往能呈现出更多的可用信息，被用于满足更多的商业目的甚至与采集阶段完全不相关的目的。

最后，大数据背景下的数据高流动性使个人信息相关的主体众多。[②] 同一个人信息可能涉及多个数据控制者或使用者，在数据流转的任意阶段都有被滥用的风险。合法的数据交易、数据黑市交易、相关人员泄露或者第三方窃取等方式都可以导致个人信息的流转。由于模糊的授权和商业利益的驱使，个人信息经过流转后，涉及的主体由两方变为多方，法律关系更加复杂[③]，个人信息被滥用的可能性提升，而滥用的成本则可能降低。其中的风险来源可能是由于不同企业的个人信息保护能力和意愿不同，也可能是内部人员的违规操作。[④]

个人信息滥用已严重影响到个人生活安宁和社会的健康发展。从垃圾短信、广告

① 谢文.大数据经济［M］.北京：北京联合出版社，2016：40.

② 彭诚信.领域法学视野下的数字法问题［J］.政法论丛，2024（1）：4.

③ 王秀秀.大数据背景下个人数据保护立法理论［M］.杭州：浙江大学出版社，2018：47.

④ 史兆琨.大数据时代，谁来守护我们的个人信息安全［N］.检察日报，2023-02-21（05）.

推销、骚扰电话到诈骗导致的生命安全问题①，个人信息滥用衍生的网络诈骗和人身侵害等事件层出不穷，已成为严重的社会问题。

二、个人信息处理风险的治理模式及其发展

针对上述个人信息处理行为带来的风险，综观全球化过程中世界各国立法，其个人信息处理行为风险化解与治理的发展转变大致可总结为三种模式。

（一）以基本权利为核心的框架性治理模式

早在 20 世纪 70 年代，世界上已出现了专门的个人信息保护法。德国黑森州在 1970 年颁布了世界上第一部专门针对个人信息保护的法律，1977 年德国颁布了《联邦数据保护法》，瑞典和法国也分别于 1973 年和 1978 年颁布了有关个人信息保护的法律。美国于 1970 年和 1974 年分别颁布了《公平信用报告法》和《隐私法》。这些法律都对各国在此之后的个人信息立法产生了重要的影响。从欧美立法的趋势来看，个人信息保护呈现路径多样化、规则复杂化的趋势。2016 年 4 月 27 日，欧洲议会通过了《一般数据保护条例》（以下简称《条例》），并于 2018 年 5 月 25 日正式生效。该法全面替代了 1995 年《个人数据保护指令》（以下简称《指令》）。我国已有大量对《条例》的介绍与研究。

晚近时期的个人信息处理具有隐秘性、实时性等特点，从而容易积累潜在风险。因此，法律关注的焦点从事实上的侵权行为转向风险的识别和防范。世界各国都在进行积极地探索，希望制定出更加完善的个人信息保护制度。② 得益于欧洲基本权利保护的文化与传统，欧盟很早便展开了个人信息保护工作，《条例》是在风险规制框架下的尝试。为了使数据控制者的义务更具可操作性和针对性，欧盟提出了"风险进路"的宏观指引。《条例》中认为的风险包括"可能给数据主体造成损害的个人信息处理行为，这些损害包括人身和财产两个方面。典型的风险有：个人信息的处理可能引发歧视待遇、身份冒用或欺诈、财产损失、名誉损害、机密的泄露、化名数据未经授权的披露，以及造成数据主体在经济和社会方面处于严重不利局面时；用户被剥夺既有的控制权时；数据用以揭示种族来源、政治观点、宗教或哲学信仰、商业联盟成员状况、基因信息、健康状况、性生活及犯罪状况等数据时；数据被用以分析或预测

---

① 例如，2016 年，刚收到大学录取通知书的徐玉玉，因个人信息泄露而被骗走全部学费，并因此心脏骤停，伤心离世。

② LANDAU S. Control use of data to protect privacy [J]. *Science*, 2015, 347（6221）: 504-506.

个人的工作、经济状况、健康状况、个人偏好或兴趣、可靠性或行为、位置或行动，以构建或使用个人资料时；处理儿童等弱势群体的数据时；处理大量的个人信息且影响大量的用户时"。[①]风险的进路迎合了时代发展与数据跨境的需要。《条例》在风险评估的基础上，将风险划分为不同的保护等级，从而供欧盟各国确定具体的个人信息保护规则。

基于风险评估的分层保护首先体现在个人信息分类上。《条例》基于对数据主体的影响程度，区分了一般数据与三种特殊数据。其中，一般数据可以在合法性基础上进行处理；种族、民族、政治观点、哲学信仰等特殊数据原则上可以处理，但不得泄露；个人基因、生物特征等特殊数据，不得以识别自然人身份为目的进行处理；健康数据、性生活、性取向等特殊数据，一概禁止处理。[②]除了保护对象的分类以外，风险评估还要求企业等数据控制者在最低保护义务的基础上，对高、中、低不同风险情况下履行不同的保护义务。[③]根据风险程度不同，义务主体在评估报告、风险上报流程、上报时间上均有不同要求。

（二）以应用场景为核心的针对性治理模式

长期以来，美国的个人信息保护都是基于隐私权理论、遵循隐私权保护路径而实现的。在以行业自律为核心的一系列制度之下，美国同世界各国一样，积极应对大数据技术对个人信息权益带来的冲击。但美国的行业自律依据也是传统保护模式下产生的，在隐私治理和数据安全保障等方面均存在不足。[④]

2010 年，美国提出了《消费者隐私权利法案》（以下简称《法案》）的框架蓝图，2012 年正式提出该法案。这部法案的起草是基于特定的时代背景，是大数据时代比较重要的一部草案。大数据对个人隐私的侵犯和威胁已使消费者对数据采集者和已有的数据保护体系丧失了信心。该法案出台的目的是保障消费者个人信息安全、恢复并增强消费者的信心，从而兼顾个人隐私保护和数据合理利用，促进数字经济的发展。《法案》明确了重要的原则性内容：透明度、数据主体的控制、尊重场景、集中收集与有责利用、安全维护、信息获取与信息质量、责任界定。依据其行业自律的传统，

[①]　范为.大数据时代个人信息保护的路径重构［J］.环球法律评论，2016（5）：92–15.

[②]　高富平.个人数据保护和利用国际规则：源流与趋势［M］.北京：法律出版社，2016：126.

[③]　京东法律研究院.欧盟数据宪章:《一般数据保护条例》GDPR 评述及实务指引［M］.北京：法律出版社，2018：101.

[④]　李媛.大数据时代个人信息保护研究［D］.重庆：西南政法大学，2016：63.

各个行业应在结合现实需求的基础上制定细则来落实法案中的原则性条款。该法案采用细化风险程度与类别的方式，对个人信息相关的风险进行评估。与过于僵化的知情同意原则相比，基于"应用场景"的风险度量，能细化风险的分类，使个人信息保护措施更具有针对性。同时，企业负有风险评估和预防的义务，对高风险的数据使用场景将更为谨慎。风险的"场景化"弥补了个人丧失控制权产生的不良后果。与个人控制理念相比，场景理念吸纳了更多的参考因素，更具灵活性。与被动的知情权相比，动态的、主动的场景化评估具有明显的优势。[①] 场景化思维是将个人信息处理的合理性以及应给予的保护程度与具体环境相关联，避免脱离具体场景而做出普适性的预判。这种思维贯穿于完整的数据生命周期。[②] 换言之，从判断一项信息是否属于个人信息时，就应开始运用场景化思维。场景的变化是多样的，这也就意味着风险评估要素也要随之调整。总之，《法案》体现了个人信息风险评估的综合性特点。场景化思路是"程度性"的判断，而传统保护模式是基于"全有全无"的判断，这是二者之间最大的区别。影响场景界定的客观因素包括：数据类型、数据使用者类型、设备类型、采集方式和使用方式；主观因素包括：数据主体对数据处理者的信任程度和提供个人信息是否能给自身带来利益。该报告还进一步建议，应制定基于场景的保护制度，并采取技术措施，细化场景，从而对个人信息采取恰当程度的保护。[③] 在场景理论的实践经验深远地影响了后续立法。2021 年初，弗吉尼亚州颁布了《消费者数据保护法》，此后，美国部分地区颁布了相应的隐私法案，不同程度地体现了场景理论。

（三）以协作执行为核心的防控性治理模式

在各国立法经验的基础上，国际组织也针对经济全球化背景下的数据跨境等场景进行了规则的探索。大数据时代的数据流动具有全球性的特征，数据保护将是有计划的全球行动。国际组织在促进数据保护统一规则形成的过程中，确立了最低保护标准和数据流通秩序。从国际组织规范性文件的变革中可以看出，个人信息保护的基本原则在数字经济时代具有新的内涵，鉴于个人信息保护涉及主体众多、数据具有实时性等特点，以协作执行为核心的个人信息保护规则需要进一步落实，而落实个人信息保护要求则需要具有可操作性的方案和确定的执行机构。

---

① 文艳艳，彭燕 . 个人信息的保护机制研究 ［J］. 情报杂志，2018（7）：129.

② 余立，张檀，黄萃 . 面向公共数据融合的个人信息风险演化与保护机制 ［J］. 现代情报，2023（2）：158–167.

③ 个人信息保护课题组 . 个人信息保护国际比较研究 ［M］. 北京：中国金融出版社，2017：45.

世界各国的生产要素不同程度地实现了全球范围内的流动。与传统意义上数据转移的附属性不同，数字经济时代的数据流通具有独立的需求。在某种程度上说，数据流通不再依赖于其他生产资料的流动，而可以单独作为一种资源在全球范围内流动。在互联网技术高度发达的时代，企业和个人也参与数据流转过程中。数据资源中，有大量的数据带有个人信息属性。全球范围内的社交平台及云服务商，控制着大量的个人信息，而这些个人信息可能来自世界各地。国际组织在关注全球经济贸易发展的同时，通过制定规范性文件来确定个人信息保护的国际标准，旨在促进数据流通和保障数据安全，协调国际组织内的国家和地区在个人信息保护程度上的差异，防止个人信息被不当地存储、利用或泄露。

早在 1974 年，经济合作与发展组织（以下简称 OECD）就成立了专门的研讨小组，对个人信息跨国传输中的安全问题进行探讨。经过了相关的论证，OECD 理事会于 1980 年提出了《隐私保护和个人数据跨境流通指南》（以下简称经合组织《隐私指南》）。① 虽然在经合组织《隐私指南》出台之前，就已有部分国家制定了个人信息保护法规，但该指南对世界范围内个人信息保护框架的形成具有重要的影响。早期的个人信息保护立法几乎都遵循了经合组织《隐私指南》所确定的基本原则，立法目标也是为了在本国具体落实这些基本原则，以达到国际组织要求的数据保护水平。

为应对新时期外部环境的变化，经合组织于 2010 年开始启动修订工作，重新审视经合组织《隐私指南》基本原则在大数据背景下的内涵和具体操作问题。经过 OECD 理事会的审议，理事会关于《隐私保护和个人数据跨境流通指南》的建议（以下简称《2013 版隐私指南》）于 2013 年正式通过并生效。《2013 版隐私指南》延续了 1980 年所确定的基本原则和主导思想，但在具体实践问题的解决上，纳入了更多的考量因素，尤其是个人信息使用原则的落实和风险化解方案的执行。新增的"实施责任"部分，突出了实施隐私管理规划的义务和数据安全损毁的通知义务。修订后的条款体现了个人信息风险评估的具体操作方案。这些更加具体的条款丰富了个人信息保护基本原则的内涵，同时强调了数据控制者的责任、明确了权利救济途径。从《隐私指南》的修订可以看出，经合组织对个人信息保护问题的关注，已从事前的告知与同意规则转向全方位的保护。异国投诉与执法授权的倡导体现出经合组织对个人信息合

---

① 经合组织《隐私指南》确定了个人数据保护的八项基本原则，分别是收集限制原则（Collection Limitation Principle）、数据质量原则（Data Quality Principle）、目的特定化原则（Purpose Specification Principle）、使用限制原则（Use Limitation Principle）、安全保护原则（Security Safeguards Principle）、公开原则（Openness Principle）、个人参与原则（Individual Participation Principle）和责任原则（Accountability Principle）。

作治理的呼吁。[①]

　　除上述《隐私指南》外，考虑国际协作问题的领域最典型的代表是电子商务行业。APEC地区的电子商务发展规模长期处于全球领先地位，数据对于电子商务行业无疑是重要的经济资源。为了促进数据自由流通和保障消费者的隐私权，APEC电子商务小组于2003年成立个人数据隐私团队，探讨隐私保护方式。此后，《APEC隐私框架》于APEC第十七届年度部长会议上得到确认，并于2004年10月正式出台。该框架要求各经济体采取综合的、具体的措施落实框架内容。《APEC隐私框架》的指导思想与经合组织1980年《隐私指南》的基本原则几乎相同，代表着个人信息处理基本原则和协作执行的国际共识。

　　《APEC隐私框架》在实际执行层面建立了跨境隐私规则体系（CBPR）。CBPR被亚太经合组织称为"规范APEC成员经济体企业个人信息跨境传输活动的自愿的多边数据隐私保护计划"。[②]2007年APEC部长会议上签署了"数据隐私探路者"项目。经过了几年的实践和总结，形成了《APEC跨境隐私执行合作安排》（CPEA），并于2010年7月生效。随着OECD《2013版隐私指南》的修订，亚太经合组织于2015年对框架进行了更新。新版隐私框架充分考虑了亚太经合组织地区不同的法律特征和社会环境，旨在促进经济与贸易信息能在发达地区和欠发达地区能自由流通。更新后的隐私框架仍然坚持促进电子商务发展的初衷，但更重视框架原则与具体执行准则之间的协调，例如CPEA和CBPR系统，以及与其他地区隐私安排的互通性。[③]

三、基于数据生命周期特点的风险综合治理

（一）个人信息处理风险识别义务的转移

　　通过欧美立法和国际组织经验的分析和总结，可以看出，数字经济背景下的个人信息保护规则更重视动态化的风险治理。无论依循风险进路还是场景理论，其核心都是数据处理对个人影响程度的预判。风险评估也是基于特定场景的评估，可以说欧美的个人信息保护在晚近时期都突破了传统模式，而体现了更多的风险规制的思想，以

---

① 高富平．个人数据保护和利用国际规则：源流与趋势［M］．北京：法律出版社，2016：18.

② 弓永钦．个人信息保护问题研究：基于跨境电子商务［M］．北京：人民日报出版社，2018：119.

③ See APEC Privacy Framework（2015）Part I.

数据控制者为核心，倡导多主体、多层次的保护规则，并且在基本理念上殊途同归。[①]

由于数据复制、流通的成本较低，同一数据可能有多个控制人，这些控制人可能处于数据生产过程的同一阶段，也可能是不同的阶段，比如数据的初步收集阶段和数据加工处理阶段。数据经过分析和处理后，从原始数据变成增值数据。此时，由于数据分析中融入了人力、物力，因此对数据享有收益权的主体会增加。随着数据处理、分析和传输频率的增加，同一主体几乎同时具有数据控制人和原权利人的身份。因此，数据使用者包括数据采集、处理、加工、传输以及最后的数据应用者。这些主体通常具备共同的特点，即相对于个人拥有强大的数据加工能力。在严重的信息不对称情况下，契约关系难以保证数据交易的公平性。

用户个人信息的自我保护，在理论上不符合利益平衡原则，在实践上亦缺乏可操作性。目前的网络经营者（尤其具有强大数据采集和分析能力的平台）在一定程度上承担着社会管理的职能。部分企业具备了以前只有政府能做到的数据采集能力。实践中，数据使用者应承担起保护数据人格和数据财产的双重责任。虽然个人信息的商业化利用，多数仍属于平等主体之间的民事关系，但个人信息滥用事件频发，可见契约制度并不能为个人信息提供完整的保护。个人信息保护规则必须通过制度手段将风险识别义务适当转移给企业。

（二）个人信息处理风险动态防控的实现

风险治理的思路，在某种程度上突破了传统个人信息保护路径中首先判断需要保护的对象是否为个人信息的思维定势，将重点放在风险防范上。如果风险在适当的水平之下，即便属于个人信息，也可以采取较低程度的保护方式。既然涉及风险评估，就离不开具体场景。根据评估结果将数据风险划分为不同等级，采取相应的保护措施，是一种动态保护方式。这种方式以风险为主导因素，贯穿数据生命周期的全过程，最终将风险控制在可接受的范围内。[②]

个人信息风险动态防控首先体现在保护对象的界定上。个人信息处理过程中的风险要素，实现了从事前的静态已识别到动态可识别的突破。[③]此外，各国具有不同法律传统和立法习惯，对人格权、隐私权的理解存在偏差。但风险治理模式可以淡化各

---

① 丁晓东.《个人信息保护法》的比较法重思：中国道路与解释原理［J］.华东政法大学学报，2022（2）：73–86.

② 范为.大数据时代个人信息保护的路径重构［J］.环球法律评论，2016（5）：92–115.

③ 王秀哲.大数据时代个人信息法律保护制度之重构［J］.法学论坛，2018（6）：115–125.

国法律对权利的不同解释，而将重点放在保护水平上。通过特定场景的动态保护，通过不同因素的权重控制，化解数据处理的风险，将是一个可行的路径。由于欧美关于数据和隐私的管辖范围都比较宽泛，这会对我国企业产生重大影响。例如，按照欧盟《条例》第三条的内容，当我国企业为欧盟内的自然人提供服务时，即受到《条例》的规制。如果我国的企业通过相关数据分析欧盟某成员国的消费者数据以准备供货订单，或者分析中国公民在欧盟内活动的数据，即使他们使用的是诸如微信、淘宝等平台，也可能受到《条例》的规制。①《条例》关于个人信息主体权利的规定已经超越了我国现有的法律体系。但我国企业可以通过提供全流程的风险防控和分层规制来达到相应的保护水平，从而降低经营与合规风险。

以"信息场景"和"风险等级"为抓手，辅助数据控制者在数据利用的过程中审慎行事，相较于传统的、被动的个人知情权而言，更具科学性。②一旦采用了风险治理的思路，就要求对个人信息风险进行持续性地评估，各主体也对自身行为有持续性的评价和预期，完善数据合规体系③，数据生命周期的参与者共同摒弃全有全无式的保护规则，从多维度实现动态的个人信息处理风险的防控。

（三）个人信息处理主体义务规范的细化

结合国际上个人信息处理的风险治理模式变革，我国应在相应层级的法律文件中着重体现三个层次的义务，即：原则义务、一般义务和具体义务。其中原则义务处于指导性地位；一般义务是通用场景中需要履行的义务也可以说是最低标准的义务；具体义务是基于特定场景和风险评估后需要履行的义务。④原则义务包括合规义务和举证义务。合规义务是指数据控制者有责任保证个人信息的处理符合相关立法和行业监管的要求；举证义务是指数据控制者能够向监管机构展示和解释其处理行为，以证明其合规义务的履行，更多地体现为数据流转过程的留痕。企业要以可见的方式实现合规，并要保存处理活动的记录。一般义务体现企业数据合规体系的建立与完善，并在具体业务的人事权限中体现数据保护流程。在数据收集、存储、处理、转让和删除的

---

① 丁晓东.什么是数据权利？——从欧洲《一般数据保护条例》看数据隐私的保护［J］.华东政法大学学报，2018（4）：39–53.

② 文艳艳，彭燕.个人信息的保护机制研究［J］.情报杂志，2018（7）：127–131.

③ 谢登科.网络民营企业数据合规的风险防范与体系建设——以Z公司非法获取计算机信息系统数据案为视角［J］.苏州大学学报（哲学社会科学版），2024（1）：71.

④ 京东法律研究院.欧盟数据宪章：《一般数据保护条例》GDPR评述及实务指引［M］.北京：法律出版社，2018：95.

全过程中，明确各个环节的具体责任人，以确保安全标准的实施。具体义务则是基于风险评估结果而需履行的义务。完善个人信息处理风险评估报告，可能是兼顾形式与实质的义务履行方式。企业先针对各自的信息处理活动做出自我诊断，企业个人信息保护标准需要研究企业内控体系的完善和管理效率的提升。单纯依赖法律学科无法完成个人信息利用风险的多维度评估，也无法量化风险要素的权重设置。^① 因此，包括但不限于针对企业性质、业务范围、应用场景、处理目的及影响自然人权等要素的评估及责任承担的预设等行业指引，仍是今后研究的重要课题。

四、结语

以"场景"和"风险"为导向，个人信息处理风险治理模式的转变回应了技术变革带来的新状况，同时也促进了法律对技术发展的适配性。个人信息保护的路径探索是一场世界对新常态的适应过程，各个国家都在不懈努力，寻求更为全面、合理的规制框架。个人信息处理风险的治理应是各个法律部门与自律规范的有机结合，数据主体与企业之间应形成相互协调的信赖和激励的关系。在风险治理的具体路径上，应结合法律与技术手段，探索更恰当的权限协调、主体协调、规范协调的综合治理方案。

---

① 朱悦.大数据背景下的个人信息法律保护研究综述［J］.图书馆论坛，2020（7）：36—45.

云计算服务提供者避风港规则的实证观察

崔馨予①

（辽宁省高级人民法院）

[**内容摘要**]党的二十大报告明确指出，"健全网络综合治理体系"。云计算服务日益普及，不再局限于仅通过电脑访问数据，大大提高了互联网使用效率。然而，以云平台为载体而发生的侵权现象屡有发生，加重了云计算服务提供者的间接侵权责任。我国对此已有相关法律规定，设置避风港规则以保护互联网行业发展，但并未对云计算进行特别规制。实证研究发现，我国司法实践对云计算网络服务提供者的侵权认定标准存在差异化，对其注意义务要求也有"同案不同判"等现象发生。目前，我国云计算领域避风港规则存在三点困境：主体适格困境、商业竞争困境、"必要措施"困境。对此，云计算服务提供者应适用避风港规则，并在比例原则的框架下，将"转通知"引入"必要措施"当中，进而助力数字经济的创新性进步和风险性预防。

[**关键词**]避风港规则；云计算；网络服务提供者；比例原则

一、问题的提出

互联网在我们的日常生活中扮演着不可或缺的角色，几十年来已成为我们获取信息、教育、新闻和娱乐的主要来源。随着互联网技术发展，各类信息的收集、处理和利用存在的需求愈加增多。② "随着数字技术的蓬勃发展，IBM 公司提出了'智慧地球（Smart Planet）'这一理念。"③ 近年来，网络平台性质不断变化，所提供的服务和功能

---

① 崔馨予，辽宁省高级人民法院法官助理。

② 李好 . 个人信息商业化利用中的基本权利冲突及解决［D］. 长春：吉林大学，2023.

③ 钱大军，郭金阳 . 从示范区域到区域示范：教育示范区运行优化研究——以智慧教育示范区为例［J］. 教育发展研究，2023（19）：68.

也多种多样，尤其是云计算服务这一技术的出现和兴起。云计算正在成为人们互联网生活中必不可少的一部分。这种将文件存储在远程服务器上的新方法，降低了社会成员访问数据时对电脑和外置硬盘的依赖程度。^① 随着云计算的日益普及，人们能够在第三方服务器上保存、存储、访问和编辑自己的文件，并随时随地方便地查阅。最新的云计算模式包括纯粹作为存储驱动器的远程服务器。用户可以注册这些提供商的服务，然后在这些远程服务器上上传、存储和访问个人文件。任何具有互联网功能的设备都可以访问这些服务器，从而极大地方便了用户使用。这种云计算模式从两个方面为使用者带来好处：一方面，不再局限于仅通过电脑访问数据，可以从任何具有互联网功能的设备上检索存储的数据，从而提高了用户的便利性。另一方面，便利性的提高也提高了效率，因为存储在云服务上的文件可以随时随地通过任何具有互联网功能的设备进行访问。由于这些原因，云计算变得特别有吸引力，其使用率也急剧上升。^②但随之而来，技术革新也滋生了诸多权利侵犯现象。^③ 当遭遇侵权的使用者无法追踪到真正的侵权人时，一般将追究云平台的间接侵权责任作为维权的潜在路径，导致云计算网络服务提供者与权利人之间的纠纷日益增多，云平台承担责任过重矛盾问题成为网络乱象的争论焦点。

对此，世界各国均积极寻求对云计算网络服务提供者与权利人的平衡之法。域外，在互联网发展相对较早的时期，美国国会就主张为互联网服务提供商（ISP）和其他网络平台提供法律保障，也给权利人提供快速处理网络侵权的机制。美国《数字千年版权法案》（Digital Millennium Copyright Act，以下简称 DMCA）于 1998 年颁布，是版权持有者与在线服务提供商在版权侵权问题上的妥协产物，以适应数字时代的需要。^④ 该法的两个主要条款即限制互联网服务提供商在特定情况下的侵权责任，并规定了例外情形。其中，避风港条款限制了平台对"由于用户存储等与平台运营无关的侵权行为的责任。DMCA 的核心内容是《美国法典》第五百一十二条，网络平台在

---

① ROBISON W J. Freeat What Costs？ : Cloud Computing Privacy Under the Stored Communications Act ［ J ］ . *Social Science Electronic Publishing*, 2010, 98（4）: 1195.

② CHOW C. Capitol Records, Inc.: Holding No Public Performance Violations for Deleting Duplicative Files Off Cloud Serversand the Positive Future Implications Regarding Consumer Efficiency ［ J ］ . *Journal of Intellectual Property Law*, 2012, 20（1）: 121.

③ 吴梓源，游钟豪 . AI 侵权的理论逻辑与解决路径——基于对"技术中立"的廓清 ［ J ］ . 福建师范大学学报（哲学社会科学版），2018（5）: 64.

④ Viacom 诉 YouTube 案。

收到权利人的通知后，必须采取删除等措施，这一制度被称为"通知—删除"。①该条建立了一个避风港机制，使版权持有者能够向在线服务提供商发送简短的"删除"请求，这些请求应迅速得到满足，并允许这些通知的目标通过"反通知"程序对请求提出异议。网络服务提供者只要遵守《数字千年版权法》的通知和删除（NTD）规则，就可以免于承担侵犯版权的次要责任。例如，Amazon.com 在其用户协议的显著位置发布了"版权侵权索赔通知和程序"。从那时起，该法律和程序一直指导着互联网上的版权保护，并被其他几个国家大量采用。②比如，欧洲也在许多应对网络非法行为的文件中宣布适用避风港规则。我国也适应国际发展和数字时代的需要，自2006年起，便在《网络信息传播权保护条例》（以下简称《条例》）中引入避风港规则，在《民法典》中更是将网络服务提供者的范围扩大化。

但是，随着新行业和新格局的不断发展，已有的避风港规则在处理来自互联网领域，特别是以云服务商为代表的新型网络服务提供者所带来的版权间接侵权纠纷上，多少显得有些无力。学界上，不少学者对于云计算领域是否能够适用避风港规则提出疑问，主张应适时修订现行法以适用技术发展需要，尤其指出云计算领域是在"立法时并未出现新技术"的情况，需审慎讨论。③对此，笔者认为，对待云计算也应如生成式人工智能一般，站在"法律应当鼓励创新、预防风险的立场"④进行研究和治理，努力建设标准化环境而反过来促进技术创新。⑤通过对从避风港规则下以云计算服务提供者为主体的司法实践出发，探究当前云计算服务提供者适用避风港规则出现的困境，寻求云计算避风港问题的解决之路。

二、避风港规则下以云计算服务提供者为主体的实践检视

（一）样本的选取与说明

文章样本来源于"威科先行"数据库2010—2023年14年中公开生效的裁判文书。为提高案件搜索的精确度和覆盖面，样本检索分为两部分，第一部分以"避风港＋

① SAG M. Internet Safe Harbors and the Transformation of Copyright Law [J]. *Notre Dame Law Review*, 2017, 93（2）：499.

② URBAN J M, KARAGANIS J, SCHOFIELD B L. Notice and Takedown in Everyday Practice [J]. *Journal of the Copyright Society of the U.S.A*, 2017（3）：64.

③ 朱巍. 新时期网络综合治理体系中的法治与技术 [J]. 青年记者，2023（1）：92.

④ 王利明. 对生成式人工智能法律规制的几点思考 [EB/OL].（2023-08-13）[2023-09-08]. https://mp.weixin.qq.com/s/fGYeySaP5UtG-XtU6YSAuA.

⑤ 丛俊骐. 财政支持技术标准创新的国际比较研究 [J]. 财政科学，2023（5）：160.

云计算＋网络服务"为关键词，第二部分以"避风港原则或云计算"为关键词进行全文检索，共得有效案例 624 份。鉴于司法实证的实用性和研究法院裁量的针对性，又将以上关键词限定为"法院认定"部分，并剔除刑事案件和重复案件，经筛选共得237 份有效裁判文书，以此构成本文的实证样本。

（二）样本实证与分析

经分析，避风港规则下以云计算服务提供者为主体的司法实践呈如下特点：

1. 时空分布存在差异

一方面，从样本的地区分布来看，237 份案例不均衡地分布在 16 个省区中。相比较，北京市裁判文书数量最多（55 份），占比超 20%，上海市（41 份）、浙江省（39份）分别位列第二、第三，辽宁省（1 份）、福建省（1 份）案例相对较少，共占比不足 1%，体现了案例分布的省间不均衡。

另一方面，从样本的时间分布上来看，样本的审结年份分布不均衡。如图 1 所示，由于 2010—2015 年间数字经济尚属发展缓慢阶段，随之而来的案件纠纷也寥寥无几，各年份几乎以个位数爬行。2016 年开始，样本数量开始迅速攀升，直至 2018年达到 59 份，该年即约占样本总量的 25%。自此以后，样本数量基本数量未有明显变化，但 2021 年后相比于 2018 年稍有下滑趋势。

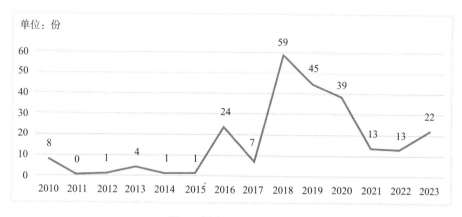

图 1　样本时间数量变化

2. 法院级别、审理程序有所区别

图 2 表明了样本中法院级别分布情况。中级人民法院和专门人民法院以避风港原则为纲、审理云计算诉讼案件数量为绝大多数，共 175 份，占样本总量的 70% 以上，

明显高于高级人民法院（8 份）和基层人民法院（54 份）。与其他类型案件的司法实证研究相比，最明显的区别是涉及云计算案件比普通案件的审理级别高，这是因为云计算案件需要的专业性、技术性更强。而从审理程序上看，二审率较高，共 95 份样本，占比 40% 以上，相较于其他类型司法实践，二审率处于较高态势。值得一提的是，样本中适用的简易程序也有 56 份，占比超 20%，对于云计算类型的复杂案例，是否能够以如此之多的简易程序进行审判，笔者认为仍值得商榷。

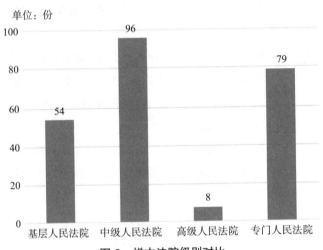

图 2 样本法院级别对比

3. 案由分布以知识产权与竞争纠纷为主

图 3 展示了样本案由详细分布数量及比例。可以看出，避风港规则下以云计算服务提供者为主体的司法实践中，主要以知识产权与竞争纠纷为主，共占比 90% 以上。其中，极少数为不正当竞争纠纷（33 份），而大部分集中于知识产权权属、侵权纠纷，占总样本 75% 以上。知识产权权属、侵权纠纷又分布为商标权（11 份）、著作权纠纷（173 份）。其中，以著作权占绝大多数，具体表现为侵害作品信息网络传播权纠纷（159 份），超样本总数的 65%，争议焦点一般在于，提供网络存储空间的网络服务商，明知其用户上传侵犯他人信息网络传播权的作品，但未采取预防和补救措施，是否应承担赔偿责任？[①]

无论案由为何，关键之处在于，对网络服务提供者侵权责任的司法认定。一方面，关于权利人通知义务的司法认定中，法院依据权利人是否证明身份信息和发出通

---

① 上海某豆网络科技有限公司与上海某网络有限公司侵犯著作财产权纠纷上诉案，上海市第一中级人民法院（2010）沪一中民五（知）终字第 142 号民事判决书。

知以确定网络服务提供者对侵权行为存在明知或应知，这与国外相关案例解决途径相似[①]。例如，向星瑞与王学冉等网络侵权责任纠纷案[②]及北京字跳网络技术有限公司与行吟信息科技（上海）有限公司侵害作品信息网络传播权纠纷案[③]中，法院均认为网络服务提供者出于审慎的态度，要求出示营业执照等信息以确认必要的身份信息的行为并无不妥，且并非难以完成之事，由此，网络服务提供者对于侵权行为不存在明知或应知，并无过错；此外，在郑天明与上海东方报业有限公司、北京百度网讯科技有限公司名誉权纠纷案[④]及其他侵害商标权纠纷案件[⑤]中，法院认为用户提供的证据不能证明在诉讼前未就被诉侵权行为向网络服务提供者发出过警告和其他维权措施。另一方面，关于网络服务提供者采取必要措施的司法认定，要判断网络服务提供者是否采取必要措施[⑥]，例如，在优酷与百度公司侵害作品信息网络传播权纠纷案中，法院认为："对于断开链接已足够及时、未导致明显损害这一争议事项，百度公司既有能力提交相关数据予以证明，亦负有相应的举证证明责任……在收到通知后并未及时对全部涉案链接采取断开措施，放任部分涉案链接持续、大量传播涉案作品，致使侵权范围和规模进一步扩大，应对由此导致的损害扩大部分与网络用户承担连带责任。"[⑦]同时，也要对"必要措施"是否适当进行认定。部分法院采用了比例原则。如在"微信小程序"案中，法院认为，网络服务提供者应综合考量相关网络服务的性质、形式、种类，侵权行为的表现形式、特点、严重程度等具体因素，以技术上能够实现，合理且不超必要限度为宜。[⑧]

---

① IO Group 诉 Veoh 案。

② 向星瑞与王学冉等网络侵权责任纠纷案，北京互联网法院（2020）京 0491 民初 16945 号民事判决书。

③ 北京字跳网络技术有限公司与行吟信息科技（上海）有限公司侵害作品信息网络传播权纠纷案，北京互联网法院（2021）京 0491 民初 26735 号民事判决书。

④ 郑天明与上海东方报业有限公司、北京百度网讯科技有限公司名誉权纠纷案安徽省合肥市庐阳区人民法院（2020）皖 0103 民初 8003 号民事判决书。

⑤ 上海伟毅餐饮管理有限公司、广州领瞰企业管理有限公司等侵害商标权纠纷案，广东省广州市白云区人民法院（2022）粤 0111 民初 11513 号民事判决书。

⑥ 江苏墨瑞股权投资基金管理有限公司与被告北京天眼查科技有限公司名誉权纠纷案，江苏省南京市鼓楼区人民法院（2019）苏 0106 民初 9692 号民事判决书。

⑦ 优酷网络技术（北京）有限公司与北京百度网讯科技有限公司侵害作品信息网络传播权纠纷案，北京知识产权法院（2020）京 73 民终 155 号民事判决书。

⑧ 杭州刀豆网络科技有限公司与长沙百赞网络科技有限公司、深圳市腾讯计算机系统有限公司侵害作品信息网络传播权纠纷案，杭州互联网法院（2019）浙 01 民终 4268 号民事判决书。

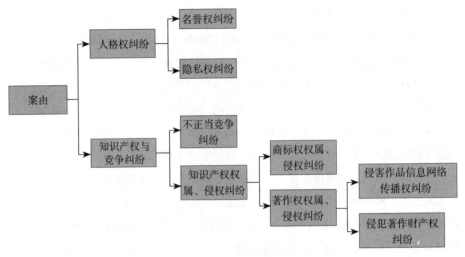

图 3　样本案由详细分布

4. 法院对云计算网络服务提供者的侵权认定标准差异化，关于避风港规则的法院支持率存在参差，对其注意义务要求不一

第一，样本中关于侵权认定标准的差异主要分为采取"服务器标准"和适用"用户感知标准"。"服务器标准"要求将作品上传到公开服务器，构成直接侵权，占样本比例的 85% 以上，而剩余少部分则为"用户感知标准"的适用，通过权利人无从得知设链原网的具体来源而推定云计算网络服务提供者在主观上存在过错，并在客观上为侵权行为提供帮助。

第二，关于避风港原则的法院支持率，样本中支持和否定适用"避风港规则"的比重基本各占一半，支持诉请的样本为 145 份，否定诉请的样本为 128 份。支持诉请的理由大致为：作为网络服务提供者，仅提供搜索链接服务，符合适用"避风港规则"的条件进而不承担赔偿责任。而否定诉请的法院裁判理由为认定网络服务提供者具有"应知"的过错，一般体现在未经许可提供涉案影视作品侵权行为明显，且从中收取了相关费用。①

第三，对于云计算网络服务提供者注意义务的要求不一。样本中，云计算网络服务提供者未达到注意义务要求的案例占四成，如法院认为百度公司运营的百度文库一方面鼓励用户在多个网页上上传文件，同时对文件的格式、大小和数量进行了较为宽松的限制；同时，也强调了"通知——删除"的原则，把打击盗版的工作完全依赖于

---

① 海南玄创网络科技有限公司与北京晓明筑梦数据服务有限公司侵害作品信息网络传播权纠纷案，北京知识产权法院（2021）京 73 民终 2998 号民事判决书。

网友们的自觉和不够健全的技术手段，这也导致了百度文库中的某些栏目，在很长一段时间里，都成了盗版的"重灾区"，"要求百度公司应更加注重百度文库经营管理规范化的问题，从而切实保护著作权人权利。"①法院认为达到注意义务要求的占六成，"阿里案"中，法院认为云计算行业的发展现状决定了对阿里云公司注意义务的要求不能过于苛责。"根据中国信息通信研究院发布的《云计算发展白皮书（2018 年）》，全球云计算市场趋于稳定增长，我国云计算市场处于高速增长阶段……本案侵权民事责任规则之设定，涉及当事人之间利益之平衡，亦会影响整个云计算行业的发展。从我国云计算行业的发展阶段来看，若对云计算服务提供者在侵权领域的必要措施和免责条件的要求过于苛刻，势必会激励其将大量资源投入法律风险的防范，增加运营成本，给行业发展带来巨大的负面影响。动辄要求云计算服务提供者删除用户数据或关闭服务器，也会严重影响用户对其正常经营和数据安全的信心，影响行业整体发展。故要求阿里云公司履行转通知的义务，属于比较公允合理的必要措施。"②

三、云计算服务提供者适用避风港规则的困境

（一）主体适格困境：云计算服务提供者是否均属于我国避风港规则的适用主体尚待夯实

自 2006 年《条例》引入避风港原则以来，我国一直在努力扩展和完善这一原则，并逐步将其纳入《侵权责任法》《电子商务法》和《最高院关于审理侵害信息网络用户权益民事纠纷案件适用法律若干问题的规定》中，在《民法典》也加以阐述。可见，我国现行避风港规则条款散见于多部法律条文中。而上述法律的一个共同论点是，只有网络服务提供商才能适用避风港原则。识别这一主体的关键在于回答什么是"网络服务"。然而，目前我国各法律文本并没有一个统一详细的正面回答。

司法实践中，确定一个主体是否属于"网络服务提供者"通常为两种路径：其一，以列举式的《条例》为基础，大致分为以下四类，即接入、缓存、搜索、信息存储服务提供者。在早期不够发达的信息时代，网络服务提供者的运作模式和侵权样态

---

① 韩寒与北京百度网讯科技有限公司侵害著作权纠纷案，北京市海淀区人民法院（2012）海民初字第 5558 号民事判决书。

② 阿里云计算有限公司与北京乐动卓越科技有限公司案，北京知识产权法院（2017）京 73 民终 1194 号民事判决书。

尚未多样化，这一相对粗略的类型化方式尚可胜任。① 然而，近年来网络技术不断进步，基于新技术原理的复合网络服务商业模式持续发展，用列举式的法规难以涵盖云计算网络服务提供者的所有类型，就算试图用类推解释将云计算网络服务提供者囊括在"网络服务提供者"语境下也略显牵强。例如，在时效性作用下的"网络服务"含义不确定性在阿里案中暴露无遗，云计算平台很难被归类为四类网络服务提供商之一。② 其二，从普遍意义的《民法典》出发，以相关主体的服务涉及了网络为由，采用文义解释，将相关主体解释为《民法典》中的"网络服务提供者"。从文本描述本身看，《民法典》的避风港规则的适用主体为所有互联网服务提供者，该主体所有的民事权利都受《民法典》保护。③ 但是，这种外延过于宽泛，如果只要与网络有细枝末节的联系就被定义为"网络服务提供者"，并因此在适用避风港规则的基础上，会导致与《条例》中"网络服务提供者"狭义概念的立法目的相背离，由此造成主体认定参差。以 IAAS 和 PAAS 为主的云计算服务并非传统意义上的网络服务，其涉及的计算资源只是通过网络和云计算这一通道运输存储至云端。因此，若以《民法典》为视角来判定云服务商是否为避风港规则的适用对象，则明显存在着逻辑上的漏洞。

显然，无论是关于避风港规则适用主体笼统概述的《民法典》，还是列举式参照的《条例》，都无法充分说明云计算服务提供者的主体地位问题。尽管云计算改变了服务器的交易模式，但其在整个信息技术系统体系结构中的地位并没有发生变化，因而云计算不能当然成为避风港规则的适用对象。而且，云计算服务提供者的类型是不固定的，还应根据其所在的 IT 系统的具体层级做出判定。生硬照搬《条例》或是笼统依据《民法典》均不利于云计算的保护和发展。

（二）商业竞争困境："删除"与否难以平衡权利人利益

一方面，"删除"云计算服务中的资源虽然能够降低云计算网络服务提供者自身的运营风险，进而促进数字经济的创新发展，但云计算平台往往会利用避风港规则而滥用"删除"这一"挡箭牌"，在权利人发现自己权利受损后，云计算网络服务提供者为了不被起诉或寻求胜诉，会直接采取简单的删除侵权行为而达到免除责任的目

---

① 蔡元臻，白睿成. 云计算服务平台适用避风港规则的局限性及其破解［J］. 知识产权，2020（4）：42.

② 冯刚. 云计算知产侵权第一案云计算服务提供者侵害著作权责任边界之澄清［EB/OL］.（2019-07-10）［2023-09-10］. https://mp.weixin.qq.com/s?__biz=Mzg4MDgwOTA4Mw==&mid=2247489891&idx=1&sn=645d4174c3929fd437902646728ceb5f&source=41#wechat_redirect.

③ 崔国斌. 著作权法：原理与案例［M］. 北京：北京大学出版社，2014：775.

的，却为网络黑灰产业的猖獗提供了沃土。过度、无理和错误的"通知—删除"是网络大量存在的事实——电影制片厂、音乐出版商和行业协会等都曾利用避风港规则来达到不正当的目的。通过将传统的商业模式复制到网络空间中，不同商业主体之间的复杂关系也进入了网络平台，尤其是不正当商业竞争的惯犯利用原有的避风港规则进入网络空间。云计算网络服务提供者收到"通知"后，相关内容即被"删除"。在"通知—删除"程序下，云计算网络服务使用者几乎没有理由思考自己的内容是否真的侵害他人权利即被"删除"，数以百万计的云内容成为删除对象，但与大量的删除、屏蔽行为相比，云平台其实很少遭到后续诉讼。① 通过恶意通知云平台，以竞争对手侵害相关权利，促使网络服务提供者不得不删除或屏蔽竞争对手原本可能合法运营或储存的产品。这种"通知—删除"程序一旦完成，被通知方要恢复其产品往往需要高昂的成本，而这一程序的逆转也成为被通知方的一个严重问题，从而使恶意通知方达到其不正当竞争的目的。②

另一方面，作为社交生活重要组成部分的云计算平台不勤勉尽职地"删除"云计算服务中的不正当资源，则可能助长错误信息和其他未经授权的内容的扩散。③ 在互联网发展初期，正如域外的 DMCA 和《通讯风化法案》（Communications Decency Act）第二百三十条的安全港条款旨在保护互联网的民主性质那样，美其名曰让平台对用户发布的内容承担法律责任会阻碍言论自由，扼杀互联网的发展。为了减轻这种威胁，促进网络领域的多样性和参与性，立法机构限制了托管数字内容的网站对其用户造成的损害所承担的责任（即避风港），被视为"保护互联网蓬勃发展的创新的最有影响力的法律"。④ 诚然，避风港成为云计算网络服务提供者保护自身权益的有力保障，但往往由于这一避风港的存在和创作自由等呼声，导致云平台认为只要被"通知"后"删除"即可，那么将存在许多隐藏在云平台内部未被权利人发觉的侵权行为。事实上，当前世界多地的政府、权利人和用户都在敦促网络平台完善其筛选功能，审查有争议的内容，主张平台既然从内容储存、下载和分享中获益，它们就应有能力有效防范不正当内容，如果要对用户的内容负责，它们就应采取行动解决非法内

---

① Hosseinzadeh v. Klein, 16-cv-3081, 2017WL3668846（S. D. N. Y. Aug. 23, 2017）.

② 王立梅. 网络空间下避风港原则的完善与网络服务提供者责任分类［J］. 江西社会科学，2020（5）：158.

③ DANIELLE, KEATS, CITRON, ET AL. The Internet Will Not Break: Denying Bad Samaritans § 230 Immunity［J］. *Fordham Law Review*, 2017, 86（2）：401-404.

④ ELKIN-KOREN, NIVA, ET AL. Is It Time to Abolish Safe Harbor? When Rhetoric Clouds Policy Goals［J］. *Stanford Law & Policy Review*, 2020, 31（1）：1-50.

容的传播问题。^① 甚至有部分外国学者认为平台可能变得过于强大，实际上已成为新的网络管理者。^②

（三）"必要措施"困境：难以衔接云计算技术发展

首先，云计算网络服务提供者若能适用避风港原则，首要问题是如何认定平台存在过错，与其他普通的网络服务提供者面临的问题不同的是，云平台面临的问题更为严峻，尤其显化为认定和采取"必要措施"上。站在目的解释的视角来看，"必要措施"即防止侵权造成的损害后果进一步扩大。然而，审视具体条文发现，《侵权责任法》第三十六条规定的"必要措施"仅仅包括屏蔽、删除和断开链接三种措施，且三种措施之间必须选择适用，实践中需要根据具体情况由专业的网络服务提供者来自行决定适用哪种措施做出选择。虽然《民法典》第一千一百九十五条第二款赋予了网络服务提供者采取必要措施的权利，即以侵权的初步证据和服务类型为根据，但其第一款规定，权利人有权通知网络服务提供者采取"删除、屏蔽、断开链接等必要措施"。我国在扩大"必要措施"外延的同时，也为"必要措施"这一概念提供了充分的阐释余地，以应对多种情形的发生。但立法者未能列举或概括出详细完整的必要措施，而且该法规定的典型必要措施仍主要限于原来《侵权责任法》规定的三类措施。虽以"等"字作为外延和兜底，但"等"所代表的必要措施应与删屏断的程度或性质作同类解释，也即如果网络服务提供者的行为没有达到上述效果，侵权风险仍将不同程度地存在。

其次，云计算服务提供者这一特殊主体与其他网络服务提供者有明显区别，其性质使得采取上述必要措施成为困难，云计算中的 IAAS 和 PAAS 类型尤为如此。由于技术和成本问题，云平台基本难以通过采取"删、屏、断"的措施达到制止侵权的目的，其遏制侵权行为的唯一办法是关闭服务器，终止服务关系，并强制删除服务器上的所有数据。上述措施虽然不是不能实现，但执行成本和社会成本过高，并收益与成本严重失衡。由于 IAAS 和 PAAS 提供者只对构建和运营平台的基础设施和架构负责，并不参与内部处理器项目，更不会直接参与到对特定数据内容的处理中，因此，他们对用户的行为的控制力也比较弱，很难像其他网络服务提供者那样采取传统三类

---

① JLIPTON J D. Law of the Intermediated Information Exchange［J］. *Florida Law Review*, 2012, 64（5）: 1337, 1343-1346.

② KLONICK K. The New Governors: The People, Rules, and Processes Governing Online Speech［J］. *Harvard Law Review*, 2018, 131（6）: 1598-1670.

"必要措施"。例如，"阿里云"案①中体现了这一问题。对被告阿里云来说，在技术上不可能删除、屏蔽或断开链接，因为它只提供云服务器服务，唯一的办法就是对服务器进行"强行格式化"甚至关停，这种极奢侈的方式客观上也很难做到，尤其云计算的系统关闭很可能会影响到其他用户云服务的正常使用。

此外，《民法典》也并未赋予"转通知"以"必要措施"地位。上文提及，一些案件②中，视具体情况，法院认为"转通知"可以成为"必要措施"。也就是说，在特殊情形下，权利人向云平台通知后，云平台可将通知转至直接侵权人，从而免除连带侵权责任。除了前述的判决之外，一些学者也赞成将转通知包括在"必要措施"之内。③但是，《民法典》与司法实践之规则却相背离。从《民法典》的相关法条来解读，可以看出，在立法上，"转通知"并未被法律明文规定为一种"必要措施"。从《民法典》第一千一百九十五条"将通知转送相关用户，并采取必要措施"的表述看，该法律条文中的"并"字说明，《民法典》概念中的"转通知"与"必要措施"并非等同视之。因此，转通知仍不是必要措施。④综上，这种形式化的表达方式，并没有直接切入到网络服务的本质，而是一种对这种行为进行了简单的总结。所以，当云计算等新兴的互联网服务商出现问题时，"避风港"所规定的行动与手段就会变得难以适应。

四、云计算服务提供者适用避风港规则的路径探索

（一）云计算服务提供者均应成为避风港规则的适用主体

云计算服务提供者作为网络新主体，并未被《条例》中的四类网络服务商所囊括，那么云计算网络服务提供者是否可以适用一般网络服务提供者的规定呢？有学者对此表示否定，认为避风港原则不应适用于云计算网络服务提供者。若要求云平台根据避风港规则对数据进行审查和删除，若未履行义务就承担间接侵权责任，则会对数据安全造成威胁，从而增加了云平台的负担，制约了大数据和云计算技术的发展，不

---

① 参见北京字跳网络技术有限公司与行吟信息科技（上海）有限公司侵害作品信息网络传播权纠纷案，北京互联网法院（2021）京 0491 民初 26735 号民事判决书。

② 威海嘉易烤生活家电有限公司与永康市金仕德工贸有限公司、浙江天猫网络有限公司侵害发明专利权纠纷案，浙江省高级人民法院（2015）浙知终字第 186 号民事判决书。

③ 孔祥俊．"互联网条款"对于新类型网络服务的适用问题——从"通知删除"到"通知加采取必要措施"［J］．政法论丛，2020（1）：58.

④ 姚志伟．《民法典》网络侵权条款评释［J］．法治论坛，2021（3）：43.

利于维护云服务商、著作权人和用户的三方利益。① 然而，我国《民法典》对所有广义上的网络服务提供者责任进行了规定。不适用特别法的情况下，云平台可以适用一般网络服务提供者的规定，进而依法援引避风港规则保护自身权益。根据该条，而云计算网络服务提供者的义务为："通知＋采取必要措施"。在必要措施的形式上，《民法典》对此持开放态度，即除了"删、屏、断"措施外，还可以根据自身特点，采用适当的必要措施，以实现在不违背云产业伦理基础的前提下，为用户提供高质量的云计算服务。

不过，云计算始终与一般的网络服务有所区别，如何以云计算特性为基础而适用避风港规则是需要讨论的重要问题。欧洲试图平衡不同的价值观，如保护言论和信息自由、维持高水平的消费者保护以及促进创新和经济增长，通过为所有云平台提供有条件的避风港，同时施加一定的尽职调查和风险缓解义务，以减轻系统性威胁。② 由此，分类豁免就显得尤为重要，在宏观上和微观上使得云平台受益。在宏观方面，意味着云平台不再需要对每一起侵权事件做出回应。③ 在微观方面，域外也有学者主张为云服务提供商设置分类豁免的避风港，使之免于承担部分可能的侵权责任④，通过立法的方式为其提供分类避风港。⑤ 但遗憾的是，分类豁免实际上只适用于非常明确的情况，有许多云计算服务纠纷处于中间位置。那么，通过采取中断、终止服务的方式或许可以为云平台提供可选择性和可操作性。要求云平台承担间接侵权责任，这是平台治理的必然要求，从行业发展的角度来看，目前最重要的问题就是要为这一主体设定具有一定可操作性的避风港规则。其中，虽然云计算平台现有 IaaS、PaaS、SaaS 三种不同的服务模式，对服务内容之间的控制对象和控制能力也均有不同，但是就目前的技术发展水平和技术法治研究现状上出发，仍应将三者服务模式均纳入避风港规则保护的主体范围内。

---

① 王渊. 数据安全视角下 Iaas 模式云服务商版权责任研究——以阿里云版权侵权案为例［J］. 中国科技论坛，2020（8）：63.

② ARCILA B B. Is It A Platform? Is It A Search Engine? It's ChatGpt! The European Liability Regime for Large Language Models［J］. *Journal of Free Speech Law*, 2023, 3（2）: 455-488.

③ KATYALF S K, GRINVALD L C. Platform Law and the Brand Enterprise［J］. *Berkeley technology law journal*, 2017, 32（3）: 1135-1181.

④ MCGEVERAN W. The Trademark Fair Use Reform Act［J］. *Boston University Law Review*, 2010, 90（6）: 2267, 2272.

⑤ RAMSEY L P. Increasing First Amendment Scrutiny of Trademark Law［J］. *Social Science Electronic Publishing*, 2008, 61（2）: 381-456.

对此，应在《条例》等专门法律中，为云计算服务平台等新型互联网服务提供者制定有针对性的避风港规则。在收到删除通知并进行审核后，原则上仅对具有严重侵权情形的恶意侵权及反复侵权进行处理。其中，对恶意侵权行为的认定，可参照国家、省、市、自治区、直辖市的主要司法文件；在对重复侵权行为进行认定时，可以将"三振出局"制度运用到多个法律领域，以此来降低该制度的严肃性，增强避风港的可操作性。具体来说，云平台在接到版权人的第一次投诉后，应向被指控侵权的使用者发出警示，并要求使用者立即删除侵权内容，并通知后续的投诉可能会导致服务中断，乃至中止。在接到第二次投诉之后，如果确定被指称侵权的内容仍然存在，或者是用户已经进行了第二次的侵权行为，那么云平台首先应该向用户发出警告，并令其在限定时间内下架侵权内容。如果在一个合理的时间内没有将该网站的内容全部删除，则云平台将立即停止对该网站的访问。如果用户希望继续使用该服务，则必须在登录界面后的一个合理的时间内，对云计算服务平台进行下架；如果有三次以上的投诉，或者有两次以上的投诉，但没有将有关的内容删除，云平台将会将该用户的服务终止。三个投诉之间要有一个合理的时间间隔，在用户被取消服务时，所花时间不能超过一审的期间，并应将上述内容在网络合同中写明。但根据"红旗原则"，若上述侵权行为从一开始即情节严重，则云平台应在接到首次通知后立即采取最严厉的措施。

（二）尝试将比例原则引入云计算中的避风港规则

"阿里云案"中，法院认为，如果阿里云公司采取删屏断或其他相似的必要措施，会对云计算产业造成不利后果。在"微信小程序案"中，腾讯公司也试图突破避风港规则下的"通知—删除"程序。[①] 上述司法实践均表明，网络服务提供者是避风港原则的义务主体，当其在其所处的互联网络法律关系中的行为受到行业规范、合同相对性和产业发展的需求等多种因素的制约时，要求其履行旧有的"通知—删除"义务是不契合的。行为义务主体的责任应符合其在现实生活中的实际行为的范围，也就是遵循一种行为限度和责任方式限度的比例原则。

传统形式的比例原则为界定和限制政府的监管自由提供了工具，"为公共当局对公民私人领域的干预设定了实质性的限制"。[②] 最初，德国法院使用比例原则来评估警方采取的措施是否超出了为实现某一目标所必需的干预程度，因此比例原则是作为控

---

① 唐塞潇. 微信小程序侵权案件：规则适用困境及解决路径 [J]. 中国出版，2020（9）：50.

② SCHWARZE J .The principle of Proportionality and the Principle of Impartiality in European Administrative Law [J]. *Rivista Trimestrale Di Diritto Pubblico*, 2003（1）：53.

制行政机关行使自由裁量权的一种手段发展起来的。^①但比例原则并不是一个标准化的法律概念，在很大程度上取决于使用它的法律制度。解释比例原则的最简单的公式是禁止使用"蒸汽锤敲碎坚果，前提是坚果钳也可以敲碎"。现今，比例原则已经发展成为一种审查标准，并被用于不同场域。^②正如在知识产权领域，有学者认为比例原则是最重要的一项原则，衡量知识产权的适当范围十分必要，并认识到知识产权的功利主义和道德权利观点的双重作用^③，主张消除"不成比例回报"的思想，反对杠杆优势与内在价值不成比例的强制执行。^④一项正确法律制度的基础是比例原则，即财产所有者的回报必须与所有者提供的利益成正比。这一原则不同于效率原则关注法律制度的总收益和总成本。比例原则针对的是权利人的权利范围。而如何衡量比例原则呢？在实践中，法院应考虑禁止被告侵权行为的价值，损害赔偿措施也可作为比例原则的代用指标。^⑤但这些充其量只是粗略式救济方法，要更严格地适用比例原则，就必须评估权利人从使用中获得了什么，从侵权中损失了什么。这就意味着在某些情况下，用户的利益将高于创作者的利益。

在比例原则的分析框架之下，对云计算服务平台应履行的义务进行再次审视，可以看到，尽管它的目标同样是阻止侵权，但如果采取与删屏断相同强度的方式，就会与比例原则相违背。因而，在特定情形下，网络服务提供商所应承担的责任要对应实施的"必要措施"，遵守其所具有的行动能力和所采取的治理措施之间的成正比的规则，从而不会给权利人带来损害。在传统"必要措施"制度下，简单地采用"删除"手段，无法有效地解决信息网络环境下的侵权问题，相反，"删除"义务的主体——权利人、竞争者等，会对此予以滥用，从而使真正权利人无法获得有效保护。在此基础上，当受到限制时，相应的商家无需再负担过度的"必要措施"的责任，仅需被侵权人履行"转通知"的责任，从而构建权利救济途径。

---

① EKKEHART STEIN, GÖTZ FRANK. *Staatsrecht*［M］. Tübingen: Mohr Siebeck, 2007.

② MADS, ANDENAS, ZLEPINIG, et al. Proportionality: WTO Law: in Comparative Perspective［J］. *Texas International Law Journal*, 2007, 42（3）: 371.

③ SHUBHA G. Managing the Intellectual Property Sprawl［J］. *San Diego Law Review*, 2012, 49（4）: 979-1032.

④ 罗伯特·P. 莫杰思. 知识产权正当性解释［M］. 金海军，史兆欢，寇海侠，译，北京：商务印书馆，2019：312—313.

⑤ LEE P. The Accession Insightand Patent Infringement Remedies［J］. *Michigan Law Review*, 2011, 110（2）: 175-241.

（三）增加"转通知"为必要措施

"阿里云案"一、二审案件的判决，为云计算服务提供者提供了运用"转通知"的新思路。建立"转通知"程序的意义在于：一是云平台对用户的数据进行严格的保密，如果采用传统的删屏断措施易导致云计算网络服务提供者违约，进而引发用户对云服务的不信任，从而对云计算网络服务提供者的可持续发展造成不利的影响。二是通过"转通知"可以使云计算网络服务提供者为版权人和用户之间搭建"桥梁"，同时也可以警告那些确实存在侵权行为的用户，从而有利于抑制侵权行为的发生。然而，有学者反对将"转通知"纳入必要措施当中，认为其很难发挥制止侵权的作用，权利人通过发送侵权通知来实现其停止侵权、排除妨害的目标，不符合"通知删除"制度的精神；另外，作为"通知删除"程序的一环，"转通知"也有其自身的程序性价值，它承载了立法机关对于程序正义的内核。[①] 针对这一问题，笔者认为应从"比例原则"和"效益最大化"考虑，即云计算网络服务提供者如果要承担删除屏断的责任，不仅代价高昂，而且还会影响到日常中普通用户的普通运营，带来不必要的损失。

最后，删屏断和"转通知"并不是对立的。在我国立法中，既有"通知—再通知"这一措施来源的依据，又有对删屏断的直接规定。有学者认为，在"必要措施"中引入"转通知"，并不局限于删屏断及"转通知"两种形式，而是应根据具体情形，对实施的先后次序进行区分。[②] 将"转通知"和删屏断相结合，可以成为一种全新的"必要措施"应用模式，有助于丰富和完善云计算相关权利的保障体系，通过对内容进行自下而上的审核，也能增强云平台的责任感。[③] 但这可能会增加网络服务提供者的运营投入，不过对于权利保护与产业发展冲突无法解决的当下，暂且可适用"转通知"为简单的必要措施加以过渡。

[①]　梁志文 . 论通知删除制度——基于公共政策视角的批判性研究［J］. 北大法律评论，2007（1）：177.

[②]　杨立新 . 电子商务交易领域的知识产权侵权责任规则［J］. 现代法学，2019（2）：77-90..

[③]　ELKIN-KOREN N, DE GREGORIO G, PEREL M. Social media as contractual networks: A bottom up check on content moderation［J］. *Iowa Law Review*, 2022, 107（3）：987-1049.

五、结语

在充满创新的互联网时代，诸如人工智能、大数据之类的新型信息技术应运而生。这类技术去空间化，去地域化，改变了以往以行政区划为基准的模式。[①] 云计算平台作为网络空间中必不可少的骨骼，提供了灵活高效的计算资源模式，新型网络服务提供者更创造了弹性的管理功能以连接传统技术与新技术。但同时，它也拉近了侵权行为实现的时空，网络侵权行为层见叠出。而法律具有滞后性，面对迅速发展的新技术、新模式，已出台的法律难以满足特殊的云计算相关纠纷。对此，我们应基于比例原则的内核下，充分梳理条文的立法目的和精神，将云计算主体纳入避风港规则的辐射，同时不断关注技术创新与技术法治的长足进步，共建绿色健康的信息网络空间。

---

① 钱大军、郭金阳.碎片整合与条块重构:区域协同立法兴起的二重逻辑［J］.河北法学,2023（12）:24-41.

群体隐私理论视角下——基因隐私保护的现实困境与优化路径

夏民强[①]

（湖南工业大学法学院）

[**内容摘要**] 在大数据时代使原本孤立的个体基因隐私利益彼此关联，同时生发出群体层面的隐私形态。仅关注个人利益来保护基因数据是不够的，因而需要从公共利益的角度出发，群体隐私理论便在大数据时代焕发新生。通过汲取群体隐私理论的长处，弥补现有隐私保护范式的不足，从而更好地保护群体的隐私权利。在群体隐私理论的视角下，基于个体隐私理论建构的保护范式有知情同意原则的不足和隐私问责机制的欠缺。通过建立分级的协商知情同意制度作为传统知情同意原则的补充，其重点是在尊重个人意愿的前提下，在决策过程中与其家庭成员和亲属进行协商。通过参照集体诉讼进行基因数据的隐私问责，有助于缓解个体与基因数据机构或使用者之间的法律资源差距，使更多的人能够参与到维护自身隐私利益的行动中。

[**关键词**] 群体隐私理论；基因数据；个体隐私理论；知情同意原则；集体诉讼

随着基因组学和医学研究的快速发展，我们的基因信息不仅是个体身体的密码，更是一份包含着群体健康命运线索的宝贵图谱。个人基因数据在过去几年间发生了一场革命性的转变，从孤立的基因片段逐渐演变成为照亮整个群体医学的数据宝库。然而，更为引人注目的是，这些个体密码究竟如何相互交织、共生，构成了整个群体健康面貌的宏伟画卷。通过深入挖掘个人基因数据，我们能够窥见群体中共享的遗传特征，揭示出一系列对疾病风险、药物反应等方面具有群体性意义的宝贵信息。

基因数据所体现的群体性，与社会利益紧密联系。近年来进行的大规模基因研究，例如，基因组计划、人类基因组多样性计划等，这些研究采集了广泛的个人基因

---

① 夏民强，湖南工业大学法学院硕士，湖南省包装标准与法规重点研究基地研究助理。

数据，并通过对这些数据的集体分析揭示了人类群体之间的共性和变异。并且将个人基因数据汇聚成群体数据（基因数据库）可以提供更全面的信息，有助于提高医疗决策的精准性和效率。但大规模的基因测序研究无形的推动着基因数据群体性特质的显现。一个个单独的基因数据背后隐藏的是家族或种族的共性。而这背后显现出的基因收集、储存和利用所体现的隐私问题，是无法忽略的。

一项权威的关于中国人基因大数据研究成果已经公布。不仅揭示了汉族与其他少数民族之间的先天差异，还展示了中国人的固有特征，这些特征在很大程度上受到丝绸之路和大规模移民等历史事件的影响。此外，这项研究还发现，不同的经纬度对中国人的饮食习惯和日常生活产生了深远的影响。[①] 由此可见，个体的基因数据并不仅仅表达出个人的身体状况、致病风险基因缺陷等信息。还在一定程度上包含了关于个体的家庭，甚至关于他们的种族、地理或语言的信息。

冰岛科学家通过全基因测序，从基因库比对中发现了基因和疾病的关系。在全球范围内，许多国家都建立了基因组数据库以支持科研工作。例如，中国设有国家基因组科学数据中心和国家基因库生命大数据平台，该平台收集和储存了大量的基因组数据，为科研工作者提供了丰富的资源。同样，美国的国家生物技术信息中心（NCBI）提供了包括 PubMed（生物医学文献）、BLAST（序列比对）、Gene（基因信息）和 Genome（基因组信息）等多种资源。此外，日本的 KEGG 数据库提供了丰富的基因和代谢通路信息。英国也不例外，他们的基因组计划已经建立了一个包含英国人基因信息的数据库。这些数据库都在推动着全球的基因研究工作，为人类健康和疾病治疗提供了宝贵的信息资源。

毫不夸张地说，基因数据是一个人乃至族群最重要的隐私。随着基因数据的发展，面临着保护群体利益的困境。由于个人与公共利益之间的冲突导致了个人隐私保护理论的不足。为了解决群体利益保护的问题，国外学者提出了群体隐私的概念，但这与主流的权利主体理论存在矛盾。但仅关注个人利益来保护基因数据是不够的，因而我们需要从公共利益的角度出发，在坚持个人自主理论的基础上增加新的保护方式。

---

① LIU S, HUANG S, CHEN F, et al. Genomic analyses from non-invasive prenatal testing reveal genetic associations, patterns of viral infections, and Chinese population history [J]. *Cell*, 2018, 175 : 347-359.

一、群体隐私理论及相关文献综述

随着大数据技术的发展，个体隐私保护的不足日益显现，而从个体到群体的分析转变使得以个体为中心的隐私保护模式受到了挑战。国外学者便将目光放在了群体隐私理论上，提出由个体隐私理论延伸的群体隐私（group privacy）理论。卢西亚诺·弗洛里迪（Luciano Floridi）主编的书 Group Privacy：New Challenges of Data Technologies 中将群体隐私分为基于身份关系的群体隐私理论、基于尊严的群体隐私理论以及基于个体的群体隐私理论。

（一）群体隐私的国外研究现状

1. 基于个体隐私理论延伸的群体隐私理论

爱德华·布劳斯坦（Edward J.Bloustein）认为群体隐私是个人隐私的延伸。受群体隐私保护的利益是人们聚集在一起，交流信息，分享感受，制定计划并采取一致行动以实现其目标的愿望和需要。[1] 他所构建的群体隐私体系是以个人主义为中心的，并且否认了以群体享有隐私利益。在大数据时代，乌戈·帕加洛（Ugo Pagallo）认为群体权利应被视为群体及准群体的权利，或者作为对个人权利保护和执行的补充。[2] 帕加洛没有对群体隐私定义做进一步探讨，仅仅将群体隐私作为个人隐私的延伸。

2. 基于身份关系的群体隐私理论

卢西亚诺·弗洛里迪认为群体隐私是一项基本权利，这就意味着关于隐私权的谈判都得尊重这一权利的立场开始。揭示了大数据可能侵犯自由、自主权以及带来偏见、歧视和不公正的新隐私风险。个人隐私理论在隐私保护方面的不足，并提出了群体隐私的概念化方法（属性优先实体）。这种方法打破了定义的本质主义方法，群体的构建是基于目的的。此外，隐私不再仅仅是个人的孤立理解，而是反映在关系中的隐私。监视、分类、歧视和不公正都被视为隐私问题，它们侵犯了群体，影响了群体成员和个人的自主权和身份。[3] 他为群体隐私的合理性提供了辩护和解释，指出在大数据时代群体隐私是一种属于群体而非个人的隐私权利，它旨在保护群体的身份、特征和利益不受数据分析技术的侵害。

---

[1]　EDWARD J. *Bloustein*［M］. Cham：Springer, 2017:64.

[2]　PAGALLO U. *The group, the private, and the individual*：*a new level of data protection?*［M］. Cham：Springer, 2017: 159-173.

[3]　FLORIDI L. *Group privacy*：*New challenges of data technologies*［M］.Cham：Springer，2017：83-100.

3. 基于尊严的群体隐私理论

拉娜·卡穆里耶（Lanah Kammourieh）指出算法群体是一种新型的群体，它不是由个人自主选择或认同的，而是由平台根据自身的目的和利益所构建的。算法群体需要一种新的隐私保护机制，它能够保护群体作为一个整体的信息，以及群体的身份、特征和利益。[①] 他们将群体隐私的理论根基放置在群体尊严上，依托群体的自决权和数据主权概念，强调群体作为一个整体应该享有隐私权。但过于强调了群体的尊严和自主性在隐私保护中的重要性，会带来如何界定和保护群体的隐私，如何处理群体内部的隐私权冲突等问题。

4. 基于个体的群体隐私理论

亚历山德罗·曼特尔罗（Alessandro Mantelero）在文章中提出了群体隐私是作为人格不可侵犯的权利的观点。[②] 他强调了在大数据分析背景下，隐私和数据保护不仅仅是个体的权利，而是共同存在于被数据收集者分组的个体之间的权利。曼特尔罗认为，这种基于个体权利的方法与传统的将群体视为成员关系总和的观念一致。因此指出，新的数据收集规模需要认可另一个层面，即群体对其集体隐私和数据的保护权利。曼特尔罗还强调了群体利益的性质和法律救济的重要性，以及代表这些集体利益的机构可能发挥的潜在作用。

（二）群体隐私理论缺陷

群体与隐私是一个矛盾的话题，长期以来谈论的隐私是以个人为本位的，其主体只能是个人。从西方个人权利视角来看，个人是法学学者在自由主义政治理论中形成的，并达成共识的法律主体，即一个抽象的、无实体的个人。[③] 法律上的"自然人"并不是指生物学意义上的人，而是指在法律秩序中，具有一定权利和义务的主体。群体或组织，如法人或非法人组织，由于其本质上是由多个自然人构成的集合，其行为和信息往往涉及多个自然人的权益，因此，将群体或组织视为隐私权的主体会引发一系列复杂的问题，如隐私权的冲突、权益的平衡等。

Group Privacy：New Challenges of Data Technologies 书中采用本质主义的概念化

---

① KAMMOURIEH L, BAAR T, BERENS J, et al. *Group privacy in the age of big data*［M］.Cham：Springer, 2017：37-66.

② MANTELERO A. *Towards a new dimension of privacy and data protection in the big data era*［M］.Cham：Springer, 2017：139-158.

③ 考夫曼，哈斯默尔 . 当代法哲学和法律理论导论［M］.郑永流，译，北京：法律出版社，2013：198.

方法试图找到隐私的"本质"，但这种方法往往会导致定义过于狭窄或过于宽泛，无法涵盖隐私的所有重要方面。同样，当试图定义群体隐私时，也会遇到类似的问题。群体隐私涉及的问题比个人隐私更为复杂，它不仅涉及个体的权利，还涉及群体内部成员之间以及群体与外部世界之间的关系。因此，书中众多学者对群体隐私进行讨论，但并未完整的对群体隐私定义。并且过于片面的强调群体的某一个属性，并未形成理论共识。如弗洛里迪强调要赋予群体完整的隐私权，而曼特尔罗则认为将群体作为有效权利的持有人是更为复杂的问题，超出文章讨论。虽然群体隐私理论在现阶段可能存在一些缺陷，但提供了一个新的视角，看到了群体利益的重要性。通过汲取群体隐私理论的长处，我们可以弥补现有隐私保护范式的不足，从而更好地保护群体的隐私权利。

（三）基因隐私的群体利益的国内研究现状

在中国文化中，存在着强调群体意识和社会性的传统。这种传统强调社会和群体对个人的约束，而不是突出个人和个性。因此，群体的隐私利益在很大程度上被视为比个人隐私利益更重要。但在大数据时代对于基因数据的保护，个人隐私理论已经出现不足，却又忽略了对群体的利益保护。中国最早由杨立新教授提出"相关隐私"既包含本人的隐私，也包含其他相关的人的隐私。法律保护自然人的隐私及其权利，就要保护相关隐私。认为保护好个人的隐私利益即保护了群体或他人的隐私利益。[①] 他从正面指出了应注意保护涉及多人的隐私利益，这是人格权利益准共有的一部分。但在大数据时代保护范式失位，导致个人基因隐私无法得到有效保护，其所涉及的"相关隐私"保护也处于空白状态。

我国其他学者也意识到在大数据和人工智能时代对隐私的以个人为中心的保护制度乏力，尤其是对医学领域的"匿名化""去标识化"基因信息数据隐私保护。吕耀怀、曹志指出基因信息隐私的权利不仅仅局限于个体，它也涉及群体的权利。[②] 即群体有理由对基因信息隐私进行保护的权利。需要强调承认隐私的群体利益的重要性，并需要对可识别信息进行重新理解。尽管在传统的数据处理活动中，个人可识别信息仍然具有价值，但在健康医疗大数据的背景下，我们应该更加关注与类别或群组相关

① 杨立新.论人格利益准共有［J］.法学杂志，2004（6）：12—15.

② 吕耀怀，曹志.大数据时代的基因信息隐私问题及其伦理方面［J］.伦理学研究，2018（2）：86—91.

的信息。^①而在健康医疗大数据中，最核心、最重要的部分即基因数据，因此我们应该在基因数据库中更加重视对隐私的群体利益保护。

二、基因隐私保护的现实困境

（一）个体自主隐私理论的缺陷

"privacy"在西方表示的是人权，主要表示个人有不被打扰的权利、有私事不必告人的权利，是个人主义的产物。隐私，从诞生之初就与三个核心问题有关。其一：自由，隐私被视为保障个体在社会中享有自由的手段，即有权不受打扰。路易斯·布兰代斯和塞缪尔·沃伦将隐私权在法律上的定义是"不受外部打扰的权利"，隐私权是人格权的一部分，将隐私与人格尊严联系起来，提出应该将保护隐私作为一项个人权利确立下来。b其二，自主权，个体有权决定哪些信息可以被收集、储存、使用和分享。艾伦·威斯汀（Alan F. Westin）在他的著作 Privacy and freedom 中讨论隐私的概念，并引入信息自主权（informational self-determination）强调个体对自己个人信息的掌控。其三：自己控制信息的权利，个体在多大程度上能够控制或者允许他人访问自己的信息。

个体自主隐私理论主要包括两个部分：一是基于控制的隐私理论，二是限制接近的隐私理论。两者都将个体置于中心位置，确保了个体在私人领域内的信息和决策得到了充足的保护。无论是基于控制的隐私理论还是限制接近的隐私理论，都将社会解构为由独立个体组成。隐私从此便与社会独立，成为个人与社会之间的界限。

1.控制隐私理论

艾伦将隐私定义为个人对自己信息的控制，即个人可以选择把哪些与自己有关的信息传达给别人。^③安德烈·马莫尔（Andrei Marmor）他将隐私描述成是人们有权以合理的方式控制自己向他人展示自己的方式。^④这类隐私理论都表达了对隐私信息的控制，从而衍生出了隐私的自主权。由控制隐私理论可见，隐私可以被看作是一种自主的表现：它构成了个人如何塑造自我形象，并在不同的生活环境中向他人展示自己

① 刘士国，熊静文．健康医疗大数据中隐私利益的群体维度［J］．法学论坛，2019（3）：125-135.

② WARREN S D, BRANDEIS L D. The Right to Privacy［J］．*Harvard Law Review*, 1890, 4（5）：193-220.

③ WESTIN A F. Privacy and Freedom［J］．*Administrative Law Review*, 1969, 25（1）：101-106.

④ MARMOR A. *What is the right to privacy*?［M］．Philosophy & Public Affairs, 2015 : 4.

的能力。[①]

但也有学者指出控制理论在网络世界可能引发"控制悖论"（Control Paradox），即增加个人对私人信息的发布和访问的感知控制，将增加他们披露敏感信息的意愿，如果他们泄密的意愿增加得足够多，这种控制的增加反而会使他们更加脆弱[②]。索洛夫批评个体隐私控制理论的理由之一就是其太过宽泛和模糊，对隐私的保护不力。[③]

2. 限制隐私理论

埃德温·劳伦斯·戈德金（Edwin Lawrence Godkin）提出了"受限访问"（limitedaccess）理论，即每个人都有将自己的事务保密的权利，并且由自己决定在多大程度上让自己的私人事务成为公众观察和讨论的话题。[④]露丝·加维森（Ruth Gavison）将隐私认定为个体在社会活动中有权限制其他个体或组织收集其个人信息。[⑤]当隐私变为限制人们对信息的访问，为个体的发展和自主权提供了基础。当个体在做决定或采取行动时，如果其行为持续受到观察或监控，那么这些行为就不能被视为真正的自主行为。隐私权通过防止他人在个体不愿意的情况下接近或接触个体，从而为个体的自主权提供了必要的保护。[⑥]

限制访问理论强调了隐私与保密的联系。导致隐私长期处于负面的光环之中。例如，只有那些不愿意公开的私事和负面信息才被认为是隐私。这为掩盖反社会行为提供了理由。然而，该理论强调了个人主动寻找适合的隐私环境以避免他人的侵犯是至关重要的。同时，它也肯定了科技进步对隐私保护的积极影响，并将保护隐私的重点转向了对第三方的约束。

（二）基因数据中个人隐私保护范式缺位

隐私，有两个方面的属性：一是隐，即并非公开的状态，如果已经被自然人自行公开或者合法公开的，就不是隐私；二是私，即私人的事情，与他人权益、公共利益

---

① NISSENBAUM H. *Privacy in Context Technology, Policy, and the Integrity of Social Life*［M］. Redwood City: Stanford University Press, 2009 : 149-151.

② BRANDIMARTE L, ACQUISTI A, LOEWENSTEIN G. *Misplaced Confidences*: *Privacy and the Control Paradox*［J］. *Social Psychological and Personality Science*, 2013, 4（3）: 340-347.

③ SOLOVE D J. *Understanding Privacy*［M］. Harvard University Press, 2010 : 103.

④ GODKIN E L. The Rights of the Citizen: to His Reputation［J］. *Scribner's Magazine*, 1890, 8（1）: 58-67.

⑤ GAVISON R. Privacy and the Limits of the Law［J］. *The Yale Law Journal*, 1980, 89（3）: 421-471.

⑥ NISSENBAUM H. *Privacy in Context*: *Technology, Policy and the Integrity of Social Life*［M］. Stanford Law Books, 2009, 58 : 82.

等无关。^①《民法典》中定义为自然人的私人生活安宁和不愿为他人知晓的私密空间、私密活动、私密信息^②。而个体的基因数据不仅含有自身的健康信息、遗传疾病倾向等。其背后可以反映出他的家族历史，包括他的亲属关系、种族背景，甚至可能反映出他的祖先的迁徙路径。以黑尿症、白化病、先天性葡萄糖病 - 半乳糖吸收不良症、镰刀型红细胞贫血病等常染色体疾病为例，只要父母中有一方携带有相关基因，其子女就会患病。当某个人决定进行基因检测并分享其基因信息时，尽管其他家庭成员会不愿意不公开他们的基因信息，但仍有可能被间接推测出来，这与他们的个人意愿相冲突。^③由此可以毫不夸张地说，基因数据是一个人最重要的隐私。

1. 大数据技术对隐私范式的冲击

最初的基因检测技术采取生化检测、染色体测序之后对基因序列进行解读。而大数据时代到来后，利用数据库进行基因数据比对，从而得出个人的基因信息。在基因库的大数据处理中，我们并不是通过识别个人来进行可能的隐私侵犯，而是将个人的基因数据分配到数据集中的各个不同数据组中，然后从群体层面进行分析。在确定关于个人的信息和对个人采取行动时，算法通常会用群体特征来代替个人特征，这让个人信息的匿名化变得无关紧要。基因数据与其他公开数据或信息相结合，可以轻易地窥见相关个体和群体的隐私。大数据技术主要是通过整体识别群体成员而非个体来挖掘信息。因此，群体作为权利、价值观和风险的承载者，成了真正的关注焦点。尽管个人可以在群体中隐藏，但群体面临风险，个人也无法逃脱。并且基因数据具有生物学唯一性，一旦在互联网中泄露则可能被永久留存。

2. 隐私保护范式的失灵

中国现有的隐私保护相关立法均体现出对个人隐私的重视。如《民法典》将隐私权界定为具体的人格权，《中华人民共和国数据安全法》将保护个人合法的数据权益设置为立法目的，《个人信息保护法》分别在第一条、第二条中分别规定保护个人信息权益与强调个人信息受法律保护，《中华人民共和国人类遗传资源管理条例》第十二条规定采集人类遗传资源信息需要征得人类遗传资源提供者的"书面同意"^④。但在完善隐私保护立法的过程中，需要考虑到基因信息等具有群体特性的个人信息的特殊性，加强对相关方面的监管和规范，同时平衡个人隐私权和社会公共利益之间的关系，以确保隐私保护立法在保护基因信息等敏感个人信息方面能够更加有效地发挥作用。

---

① 程啸. 我国民法典对隐私权和个人信息的保护［N］. 人民法院报，2020-07-30（05）.

② 《中华人民共和国民法典》第一千零三十二条第二款.

③ 吕耀怀，曹志. 大数据时代的基因信息隐私问题及其伦理方面［J］. 伦理学研究，2018（2）: 88.

④ 《中华人民共和国人类遗传资源管理条例》第十二条第一款.

（1）隐私和个人信息的界限模糊

在中国基因信息有隐私和个人信息的双重属性，如 DNA 信息可以识别单独个人，即属于个人信息。而又包含了个人的深度信息，因此也被视为隐私。在数据时代，隐私权的保护客体与个人信息的保护客体发生了重叠。这使得隐私和个人信息的界限变得模糊，给隐私保护带来了挑战。基因数据和个人信息类似，都需要在一定程度上的流通、共享中才能得以充分的利用。例如，基因数据是"潘多拉魔盒"，医疗研究人员可能需要访问大量的基因数据来研究疾病的遗传因素，或者制药公司可能需要基因数据来开发针对特定基因突变的药物。基于公共利益的考量又不得不去利用这些基因数据，我们需要在基因数据保护和公共利益中找到平衡点。这无疑加剧了基因数据的保护难度。

（2）知情同意原则的困境

知情同意原则被学者称为"帝王条款"。但在大数据背景下基因研究中并没有发挥其真正的作用。个人在处理他们的信息时，往往无法做出有意义的决策，这是因为在信息交换的过程中，个人与个人，以及个人与组织之间的知识和权力存在不平等。基因数据收集者提供的隐私政策条款往往是"篇幅冗长、排版混乱、结构复杂且文字佶屈聱牙的"，这使得用户往往无法完全理解并同意这些条款。基因数据不仅揭示了个人的信息，还能反映出家庭和相关群体的信息，因此，仅仅获得个体的同意并不足以满足隐私保护的需求。例如，张三和李四是一对双胞胎，张三患有先天心脏病，当其基因数据被共享时，无疑会损害李四的利益。受大数据影响，知情同意原则面临着许多挑战，正逐渐改变其原有的形态。被剥离了自决灵魂的同意只剩躯壳，以自决的让渡换取使用便利，成为一种时代性"变节"，而我们每个人都是无奈的变节者。

（3）匿名化处理不足

基因数据进行保藏时会删去大部分可识别个人的信息。但基因数据时高度独特和可识别的。即使进行匿名化的处理，也可以和其他公开数据集进行比较，从而得出基因数据的来源。并且在进行亲子鉴定和刑事取证时，我们可以利用 DNA 进行搜索和匹配，从而实现亲属鉴定和犯罪嫌疑人的识别。然而，由于 DNA 的唯一性以及其与遗传、健康、表型和血缘关系的关联，DNA 的搜索和匹配可能会导致个人隐私的泄露，甚至可能引发家庭基因组数据的隐私泄露问题。[①] 对某种基因疾病研究或群体药物研究并不是基于个人的基因数据进行的。而是从基因库中某一类或具有相同特征的

---

① 刘海，彭长根，吴振强，等. 基因组数据隐私保护理论与方法综述［J］. 计算机学报，2021（44）：1430–1480.

群体进行分析。如果发生损害其侵犯的就不是单一个人，而是这类群体及群体的亲属。由于基因信息的复杂性和专业性，普通人往往难以发现自己的基因信息被泄露，更不用说知道其亲属的信息被泄露。其所造成的损失往往难以评估。伴随而来的是基因歧视，如被保险公司知道时，其关联群体的保费也必定会上升甚者出现拒保现象。

三、基因隐私的群体利益保护路径补充

隐私利益与社会关系息息相关。人们的自私本性和资源的有限性导致了人与人之间的竞争，正是这种竞争推动了人们之间的合作，从而形成了一个具有共同利益的社会群体。人与人之间竞争与合作同时存在的复杂关系构成了社会的基本形态，对这种关系的规范也是社会制度的根本目标和价值，即如何形成公正的和有效率的社会群体，而减弱个人自私性所导致的囚徒困境给这个群体的共同利益造成的损害。①

在大数据时代，隐私保护的问题变得越来越复杂，需要反思现有的个人隐私保护范式，考虑其对群体利益的保护是否足够。隐私主体被理解为"自决的、无负担的、个人的，仅仅与他人通过选择发生联系的形象"。②隐私涵盖了个人与他人之间的关系，可分为主动关联和被动关联。在主动关联的情况下，需共同参与基因数据隐私保护，从个人控制转向协商式管理，共同肩负保护共享隐私的责任。对于被动关联的隐私，重点在于限制数据处理者的权力。为了实现这一目标应引入"隐私的群体问责"，在实施过程中对侵犯隐私的行为进行问责。

（一）基于协商的知情同意原则构建

哈贝马斯的商谈伦理学主要包括两个基本原则，即商谈原则和道德原则。③商谈原则强调在道德论证中，所有参与者应达成对某项规则的一致意见，要求参与者处于一个已经规定好的规范中，以便理解彼此观点并形成有效的互动关系。而道德原则则强调道德判断的真理性和普遍性，哈贝马斯认为真理是由所有主体之间的理性交往形成的共识，道德判断的普遍化原则建立在主体间商谈所达成的普遍同意之上。这两个原则为隐私的群体利益协商管理提供了理论指导，突显了隐私的动态性和多层次性，以及社会规则在隐私决策中的关键作用。

① 吴伟光.从隐私利益的产生和本质来理解中国隐私权制度的特殊性［J］.当代法学，2017（31）：50–63.

② 余成峰.数字时代隐私权的社会理论重构［J］.中国法学，2023（2）：169–188.

③ 芬利森.哈贝马斯［M］.绍志军，译，南京：译林出版社，2019：77–80.

个人的隐私权、知情权和自主权是维护其尊严、自由乃至推动民主社会多元化的关键。① 传统的知情同意原则旨在保护个人的自主权，确保处理基因数据的行为不会违反个人的意愿。个体拥有完全的自主权，只有在得到个体的明确同意后，才能对其数据进行处理。而基因数据的影响范围超越了个体，延伸到他们的家庭成员和亲属。分享基因数据可能会给家庭成员带来风险，这与尊重个体的自主权利存在冲突。在基因数据中知情同意的原则开始变得不清晰，个人的自主权利并未得到充分的保障，反而产生了冲突。

因此，构建"基于协商的知情同意原则"可以弥补知情同意原则在基因数据方面的不足。其重点是在尊重个人意愿的前提下，在决策过程中与其家庭成员和亲属进行协商。劳拉·M. 贝斯科夫（Laura M. Beskow）认为医学遗传大数据关联着个体、家庭和群体的信息，因此，仅获得个体的同意是不足的。② 彼特·I. 欧萨基（Peter I. Osuji）也提出要与个体的社会关系相联系，在伦理决策中，患者不仅是独立的个体，也是社会网络的一部分。家人、朋友和亲戚等应参与伦理决策，以全面考虑可能造成的影响和后果。③ 法兰士·贝朗格和塔比瑟·詹姆斯提出的"多级信息隐私理论"。④ 即我们需要一个更通用的多层次描述来探索涉及共享（群体）信息的复杂隐私决策。将群体和个人信息隐私定义为个人或群体构建、规范和应用管理他们的信息和与他人互动的规则的能力。

具体到基因数据中来说，笔者认为，应建立分级的协商制度。（1）在纯获利情形下决定进行基因检测以及是否公开检测结果并非个人专属权利，而应与相关人员协商。"相关人员"可以参照中国民法典中对禁止直系血亲结婚的规定，决定进行基因检测的个人应与三代以内的直系亲属协商。在更为复杂的情况下，检测机构和相关伦理审查委员会应基因检测的深度和范围确定协商的具体范围，以确保决策的全面性和透明性。（2）在紧急情况下应由个人自主决定，如患者危及生命、利用基因治疗疾病时。但其基因数据被医疗机构或基因数据库保藏时，应当有一定的跟进监督责任，防止自己的基因数据被滥用。

---

①　张新宝. 从隐私到个人信息：利益再衡量的理论与制度安排 [J]. 中国法学，2015（3）：38-59.

②　BESKOW L M, BURKE W, MERZ J F, et al. Informed consent for population-based research involving genetics [J]. *JAMA*, 2001, 286（18）：15-21.

③　OSUJI PETER I. Relational autonomy in informed consent（RAIC）as an ethics of care approach to the concept of informed consent [J]. *Med Health Care Philos*.2018, 21（1）：101-111.

④　BÉLANGER F, TABITHA L J. A Theory of Multilevel Information Privacy Management for the Digital Era [J], *Information Systems Research*, 2020, 31（2）：510-536.

（二）隐私问责—参照集体诉讼

对于大多数普通人来说，他们可能并不清楚自己的基因数据包含了什么信息。亚里士多德认为，无论是"出于无知"还是"处于无知状态"，虽然行为的动机可能不同，但他们的根源都在于无知。[①] 也就是说，无论是由于缺乏知识而行动，还是在无知的状态下行动，其背后的原因都是缺乏足够的知识或理解。因此，我们有必要让自己摆脱无知的状态，并对自己的决定所产生的后果负责。虽然对于患者来说需要医疗机构或数据使用者所提供的医疗服务，这是对自身有利的。并且对于个人来说是不计后果积极追求的。然而医疗机构或数据使用者，与患者本就不是平等的存在，患者有求于人，如果不同意则可能会被拒绝提供医疗服务。患者往往忽略了对其相关亲属的愿意，当造成泄露甚至造成其他损害时，亲属或其他相关者往往难以追究医疗机构或数据使用者的责任。这些书面同意书反而容易变成医疗机构或数据提取者的"避风港"。

"隐私问责"是一种通过实施问责机制来保护和管理个人隐私的方法，最早在1981年，经济合作与发展组织的第十四条准则中首次提出。目前，对于问责的基本共识是，问责必须由外部权威对个人或组织的行为进行追究。因此，问责的关键在于"对谁问责""为什么问责"以及"问责需要与谁达成共识"。如华大基因、药明康德、上海华山医院等6家公司或机构因违反人类遗传资源管理规定，遭到了科技部的处罚。[②] 这些公司或机构未经许可，将部分人类遗传资源信息从网上传递出境。其中，华大基因研究院收集了超过14万名中国孕妇的部分基因组样本，药明康德未经许可将5165份人类遗传资源（人血清）作为犬血浆违规出境。尽管科技部对其进行处罚，但对所泄露基因组数据的个人权益及与个人相关的家庭或亲属却难以维护，甚至没有渠道进行维护。

在基因群体利益缺乏保护的背景下，对于基因数据的保护不适用于民事诉讼法第五十五条所规定的共同诉讼。损失较小的受害者，由于诉讼成本的考虑，他们中的大多数会选择放弃追索权利，从而使加害者能够逃避法律的制裁，获取非法利益。[③] 在基因数据保护中即出现这种情况，原告可能需要承担诉讼收益亏损的风险，没有惩罚性赔偿，最多赔偿原告能证明的损失，这使得诉讼收益低于成本。2020年7月31日，

① 亚里士多德.尼各马可伦理学［M］.廖申白，译，北京：商务印书馆，2021：61-75.
② 参见澎湃新闻.科技部：六单位违反中国人类遗传资源管理规定被罚［EB/OL］.（2018-10-25）［2024-02-22］.https://www.thepaper.cn/newsDetail_forward_2563678.
③ 章武生，杨严炎.群体诉讼的价值与功能［J］.法学评论，2007（5）：27-33.

中国最高人民法院发布了《关于证券纠纷代表人诉讼若干问题的规定》，集体诉讼制度为权利受损的中小投资者提供了便利、低成本的维权渠道，其聚沙成塔、集腋成裘的赔偿效应能够对证券违法犯罪行为形成强大的威慑力和高压态势。[①]因此，笔者认为在基因数据的群体隐私问责可以参照集体诉讼来进行维权。集体诉讼作为一种法律手段，其成本效益显著。相较于个体独立提起诉讼所需承担的高昂法律费用，集体诉讼能够合并多个案例，从而降低每个参与者的法律负担。这有助于缓解个体与基因数据机构或使用者之间的法律资源差距，使更多的人能够参与到维护自身隐私权的行动中。此外，集体诉讼还能够推动对数据处理机构的法律责任。通过法律程序，群体能够追究数据机构在保护基因数据隐私方面的责任，并要求其采取更加严格的隐私保护措施。促使医院或数据机构更加审慎地处理和管理基因数据，降低数据泄露和滥用的风险。

　　参照集体诉讼作为基因数据群体隐私的问责机制，有待解决下面两个问题。其一，诉讼主体的确定：在证券集体诉讼中，受损的投资者是明确的诉讼主体。然而，在基因数据的群体隐私保护中，诉讼主体可能包括数据主体（即基因数据的所有者）和其他可能受到泄露信息影响的个体。确定这些诉讼主体，并确保他们的权益得到有效保护，是一个需要解决的关键问题。其二，损害赔偿的计算：在证券集体诉讼中，损害赔偿的计算相对明确，通常基于投资损失的具体数额。然而，在基因数据的群体隐私保护中，损害赔偿的计算可能更为复杂，因为基因数据的泄露可能导致各种直接和间接的损害，包括身份盗窃、歧视、精神损害等。因此，需要制定一种公正、公平的赔偿计算方法，以确保受害者的权益得到有效保护。

四、余论

　　德沃金在《法律帝国》中指出"法律是一种不断完善的实践，虽然可能因其缺陷而失效，甚至根本失效，但它绝不是一种荒唐的玩笑。"随着大数据和人工智能的发展，基因数据隐私的群体利益问题凸显，需要加以关注和保护。隐私权不仅具有权利性质，其完整与否与人的尊严紧密相关，更是一种人权。隐私权具有演化、动态的特质，其渐增性和继承性特征是对社会变迁的回应。[②]在这个数字时代，我们应重新审视隐私的保护，将其从仅关注个体权利的角度拓展到群体利益的层面。虽然群体隐私

---

① 林文学，等.《关于证券纠纷代表人诉讼若干问题的规定》的理解与适用［J］.人民司法，2020（28）：36—41.

② 余成峰.数字时代隐私权的社会理论重构［J］.中国法学，2023（2）：169—188.

理论在现阶段存在缺陷，但应当看到其对隐私群体利益的认可和保护，使得基因数据隐私的群体利益保护不再缺位。倡导协商式知情同意原则和群体隐私问责机制，以平衡科技发展和隐私保护之间的关系，确保个体、群体以及整个社会在大数据时代都能够自由、自主地发展各自的利益。

跋

《技术法治研究》第 1 卷共载论文 20 篇，所收录的论文紧紧围绕技术法治这一核心主题，反映出不同领域针对科技发展所引发的实践问题的前沿理论探索，内容涵括刑法学、民商法学、地方立法学、法理学、宪法学等法学诸多领域。本卷分为数字法学新进展、新兴技术法律治理和知识产权新界域三个主题，其中主要刊载了如下优秀成果：

刘科、赵梦园的《帮助信息网络犯罪活动罪中"明知"的认定规则》一文，对帮助信息网络犯罪中"明知"主观要素及推定规则的规范适用进行了研究。

罗蓉蓉、肖攀诚的《智慧养老视域下的告知同意规则：缘起、认定与适用》一文，从认定及适用方面对智慧养老服务过程中告知同意规则的适用路径进行分析。

姜美、杨铄的《数字经济下智能税收征管的制度构建》一文，以税收法定为核心，从管理服务、征收监管、税务稽查、税务执行四个方面对税收征管制度进行全面优化。

冷必元的《犯罪认定与技术标准的脱节与协调》一文，认为在危险物质犯罪案件的处理中，应当实现刑法、行政法、技术标准三者的协调统一。

刘跃挺的《新论近现代技术进步与哲学和刑法学发展之辩证唯物关系》一文，认为科学技术的发展决定了刑事法"理念"的进步与发展。

冯汉桥的《知识产权全球治理中的中小企业融入全球价值链路径探索》一文，对中小企业运用知识产权实现融入全球价值链的目标进行了深入分析。

杨昌彪的《竞争法视角下反网络爬虫技术利用的违法性认定探究》一文，认为在个人信息处理的风险治理模式变革中，我国应在相应层级的法律文件中着重体现原则义务、一般义务和具体义务。